权威·前沿·原创

皮书系列为

“十二五”“十三五”国家重点图书出版规划项目

2018年
河南经济形势分析与预测

ECONOMY OF HENAN ANALYSIS AND FORECAST
(2018)

主　编／王世炎
副主编／赵德友　刘朝阳

社会科学文献出版社
SOCIAL SCIENCES ACADEMIC PRESS (CHINA)

图书在版编目(CIP)数据

2018 年河南经济形势分析与预测 / 王世炎主编. -- 北京：社会科学文献出版社，2018. 3
（河南经济蓝皮书）
ISBN 978 -7 -5201 -2264 -1

Ⅰ. ①2… Ⅱ. ①王… Ⅲ. ①区域经济 - 经济分析 - 河南 - 2017 ②区域经济 - 经济预测 - 河南 - 2018 Ⅳ. ①F127. 61

中国版本图书馆 CIP 数据核字（2018）第 024547 号

河南经济蓝皮书
2018 年河南经济形势分析与预测

主　　编 / 王世炎
副 主 编 / 赵德友　刘朝阳

出 版 人 / 谢寿光
项目统筹 / 任文武
责任编辑 / 张丽丽　高振华

出　　版 / 社会科学文献出版社 · 区域与发展出版中心（010）59367143
地址：北京市北三环中路甲 29 号院华龙大厦　邮编：100029
网址：www. ssap. com. cn
发　　行 / 市场营销中心（010）59367081　59367018
印　　装 / 北京季蜂印刷有限公司

规　　格 / 开 本：787mm × 1092mm　1/16
印 张：26. 5　字 数：400 千字
版　　次 / 2018 年 3 月第 1 版　2018 年 3 月第 1 次印刷
书　　号 / ISBN 978 -7 -5201 -2264 -1
定　　价 / 89. 00 元

皮书序列号 / PSN B -2007 -086 -1/1

《河南经济蓝皮书》编委会

摘　要

2017 年是实施“十三五”规划的重要一年，是供给侧结构性改革的深化之年，全省上下以迎接党的十九大和学习领会贯彻十九大精神为统领，认真落实中央和省委省政府各项决策部署，牢牢坚持稳中求进工作总基调，狠抓各项政策落实，全省经济继续保持总体平稳、稳中向好发展态势。

本年度“河南经济蓝皮书”将十九大对经济社会发展的新指导思想、新论断和对未来发展的新举措融入河南经济社会发展分析研究中去，为省委省政府和社会公众提供高质量的决策参考依据。本年度蓝皮书分为主报告、分析预测篇和专题研究篇三部分。

主报告由两篇构成。主报告 1《2017 ~2018 年河南省经济形势分析与展望》认为 2017 年河南经济呈现总体平稳、稳中有进、稳中提质、稳中向好态势，2018 年全省经济发展虽面临诸多困难和挑战，但河南经济发展总体向好的基本面没有改变，经济发展的韧性、协调性、可持续性在不断增强，只要深入贯彻落实党的十九大和中央经济工作会议精神，坚持高质量发展的根本方向，宏观经济仍将呈现总体平稳、稳中有进的发展趋势。主报告 2《牢记总书记嘱托　聚焦打好“四张牌”让中原更加出彩》深入总结了近四年来河南省委省政府贯彻落实习近平总书记调研指导河南工作时重要指示精神、发挥优势打好“四张牌”方面的实践以及取得的成效。

分析预测篇重点反映了 2017 年供给侧结构性改革背景下河南各行业和各领域年度发展状况，深入挖掘运行中出现的新变化、新趋势和新特点，对各行业和各领域未来发展前景进行预测和展望，并就如何贯彻落实十九大精神，促进各行业、各领域发展，提出相应的发展思路和对策建议。

专题研究篇立足河南实际，紧密结合党的十九大提出的一系列新的重大论断和决策部署，重点围绕“四张牌”、“三区一群”、“四大攻坚战”、决胜全面小康社会以及促进经济高质量发展等河南当前的一些重大问题进行了深入研究。

Abstract

2017 was an important year for the implementation of the "13th Five - Year Plan", and was a year to deepen the supply side structural reform; under the leadership of welcoming the 19th National Congress, learning and implementing the spirit of the 19th National Congress, the whole province earnestly carried out the decisions and arrangements of the central and provincial governments, firmly adhere to the overall tone of seeking improvement in stability, and pay close attention to the implementation of policies; the provincial economy continued to maintain a general stable and better development trend.

Economic Blue Book of Henan for this year will apply the new guiding ideology and new judgments on economic and social development and the new measures for the future development of the 19th National Congress to the analysis and research of economic and social development of Henan, to provide high-quality decision-making reference for the provincial committee and government and the public. This year's blue book is divided into three parts: Main Report, Analysis and Prediction chapter and Monographic study chapter.

Main Report consists of two parts. Main Report 1 "Analysis and Prospect of Henan Economic Situation in 2017 - 2018" holds that Henan economy in 2017 has beengenerally smooth, made progress, improved quality and has a better development trend; the development of Henan economy in 2018 will meet many difficulties and challenges, but the general trend of Henan economy towards growth will remain unchanged, and the resilience, coordination and sustainability of economic development will constantly increase; the macro-economy will still show a general stable and better development trend, provided that the spirit of the 19th National Congress and the Central Economic Work Conference is deeply implemented and the fundamental direction of high quality development is adhered to. Main Report 2 "Keep General Secretary's Entrustment in Mind and Focus on

Playing 'Four Cards' to Make the Central Plain Develop Better" summarizes thoroughly the practices and achievements made by the provincial committee and government of Henan in the implementation of the important instructions for Henan given by the General Secretary Xi Jinping and application of advantages in "four cards" in the past four years.

Articles selected in Analysis and Prediction Chapter reveal the annual development situation of all industries and fields of Henan in 2017 under the background of supply-side structural reform, explores deeply the new changes, new trends and new features during operation, forecasts and prospects the future development prospects of various industries and fields; in addition, this part also puts forward the corresponding development thinking and countermeasures on how to implement the spirit of the 19th National Congress and promote the development of various industries and fields.

Articles elected in Monographic Study Chapter base on the actual situation in Henan, which closely combines with a series of new major judgments, decisions and arrangements of the 19th National Congress and mainly conducts a thorough research on some of the current major problems in Henan including the "four cards", "three areas and one agglomeration", "four tough tasks", decisive winning of an overall well-off society as well as promotion of high-quality economic development, etc.

目录

Ⅰ 主报告

Ⅱ 分析预测篇

Ⅲ　专题研究篇

CONTENTS

I General Reports

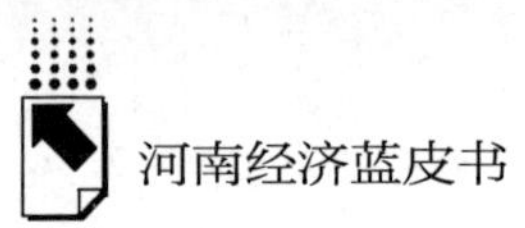

Ⅱ The Analytical Prediction Part

Ⅲ Monographic Study Part

主 报 告

General Reports

B.1
2017~2018年河南省经济形势分析与展望

河南省统计局*

摘　要： 2017年，面对错综复杂的外部环境，河南省委省政府科学决策、周密部署，全省经济保持平稳健康发展，供给质量效率不断提升，经济转型发展呈现良好态势，经济社会发展大局和谐稳定，为河南全面建成小康社会奠定了坚实基础。2018年全省发展依然是机遇与挑战并存，既面临不少有利条件，又存在一些长期影响经济平稳运行的结构性矛盾和深层次问题，稳增长、调结构、转方式、提质量、增效益任务艰巨，要深入贯彻党的十九大和中央经济工作会议要求，切实推动

---

* 课题组成员：王世炎，高级统计师，河南省统计局局长；赵德友，博士，高级统计师，河南省统计局副局长；朱启明，高级统计师，河南省统计局国民经济综合统计处处长；张亚丽，河南省统计局国民经济综合统计处副处长；徐委乔，河南省统计局国民经济综合统计处。执笔人：张亚丽、徐委乔。

经济由高速增长转向高质量发展。

关键词： 河南 经济形势 高质量发展

2017年，全省上下以迎接党的十九大和学习领会贯彻十九大精神为统领，认真落实中央和省委省政府各项决策部署，坚持稳中求进工作总基调，以提高发展质量和效益为中心，着力发挥优势打好“四张牌”，积极推进“三区一群”四大发展战略，扎实开展“四大攻坚战”，狠抓各项政策落实，全省经济继续保持总体平稳、稳中向好发展态势。供给侧结构性改革有序推进，转型升级取得积极进展，新旧动能接续转换，经济发展提质增效。2018年河南发展面临的形势依然错综复杂，稳增长、调结构、转方式、提质量、增效益任务更加艰巨。

一 2017年全省经济总体平稳、稳中有进、稳中提质，呈现稳中向好态势

（一）经济运行稳的基础不断巩固

初步核算，2017年全省生产总值44988.16亿元，比2016年增长7.8%，增速高于全国平均水平0.9个百分点。

1. 第一产业生产形势良好

第一产业增加值4339.49亿元，同比增长4.3%，增速同比提高0.1个百分点；对GDP增长的贡献率为6.0%，同比提高0.1个百分点。粮食生产形势正常。河南加强农业供给侧结构性改革，全力推进“四优四化”，粮食生产保持稳定。2017年，粮食总产量1194.64亿斤，比2016年增产5.38亿斤，为历史第二高产年份。其中，夏粮总产量710.80亿斤，比2016年增产15.50亿斤；秋粮总产量483.84亿斤，比2016年减产10.12亿斤，夏增补秋减，全年粮食总产量仍然高于2016年。畜牧业生产基本平稳。2017年，全省猪牛羊禽肉总

产量655.90万吨，同比增长3.4%；禽蛋产量422.80万吨，同比增长0.1%。全年生猪出栏6220万头，同比增长3.6%；年末存栏4390万头，同比增长2.5%。

2. 第二产业平稳增长

第二产业增加值21449.99亿元，同比增长7.3%，增速同比持平；对GDP增长的贡献率为45.6%，同比提高2.1个百分点。工业生产平稳增长。河南深入开展工业稳增长、调结构、增效益活动，加强工业经济运行协调，有效稳定了工业经济运行。2017年，规模以上工业增加值同比增长8.0%，高于全国平均水平1.4个百分点，全年累计增速自3月份起连续稳定在8.0%～8.2%的增长区间（见图1）。农副食品加工业，非金属矿物制品业，电气机械和器材制造业，通用设备制造业，专用设备制造业，计算机、通信和其他电子设备制造业，食品制造业，汽车制造业，医药制造业等9大行业月度累计增速保持较快增长，有力地支撑了规模以上工业的增长（见表1）。2017年这9个行业占规模以上工业48.3%，对规模以上工业贡献率为70.3%，拉动规模以上工业增长5.6个百分点。建筑业生产增速加快。建筑业总产值10085.49亿元，首次突破万亿元大关，河南向建筑业强省迈出了重要的一步。增加值同比增长（现价）18.1%，同比提高11.8个百分点。

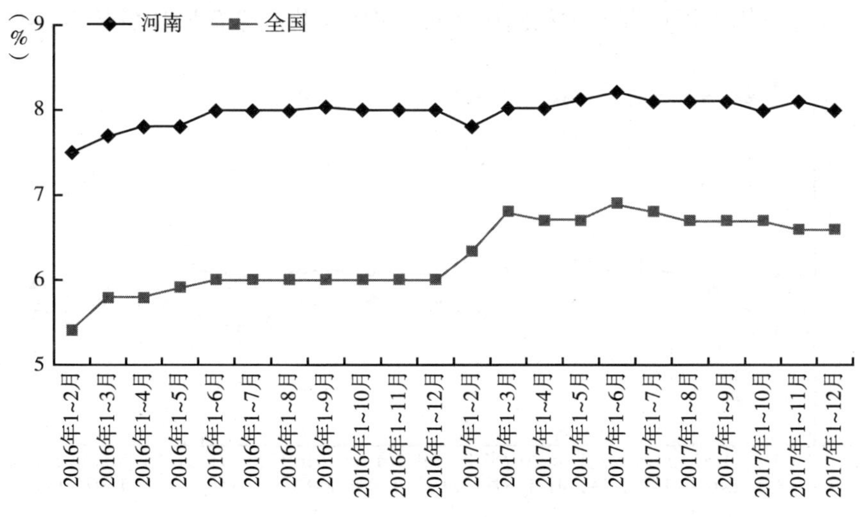

图1　2016年以来河南与全国各月规模以上工业增加值累计增速

表 1 2017 年拉动河南规模以上工业增长的主要行业

单位：%，个

行业名称	增速	比重	贡献率	拉动百分点
农副食品加工业	10.4	7.6	10.2	0.8
非金属矿物制品业	5.7	12.4	9.0	0.7
电气机械和器材制造业	17.6	4.0	8.4	0.7
通用设备制造业	13.5	4.8	8.0	0.6
专用设备制造业	13.3	4.8	8.0	0.6
计算机、通信和其他电子设备制造业	16.1	3.5	7.2	0.6
食品制造业	13.9	4.1	7.0	0.6
汽车制造业	12.6	4.0	6.3	0.5
医药制造业	16.4	3.1	6.2	0.5

3. 第三产业保持平稳较快增长

河南持续落实促进服务业发展的各项政策措施，力度不断加大，政策效应逐步显现，推动了服务业较快发展。2017 年，第三产业增加值 19198.68 亿元，同比增长 9.2%，增速高于全国 1.2 个百分点（见图 2）。货物运输量、周转量分别增长 11.7%、11.2%，机场旅客、货邮吞吐量同比分别增长 16.5%、10.1%，邮政、电信业务总量分别增长 42.7%、97.0%。12 月末，金融机构人民币存款余额同比增长 9.4%，贷款余额同比增长 14.4%。

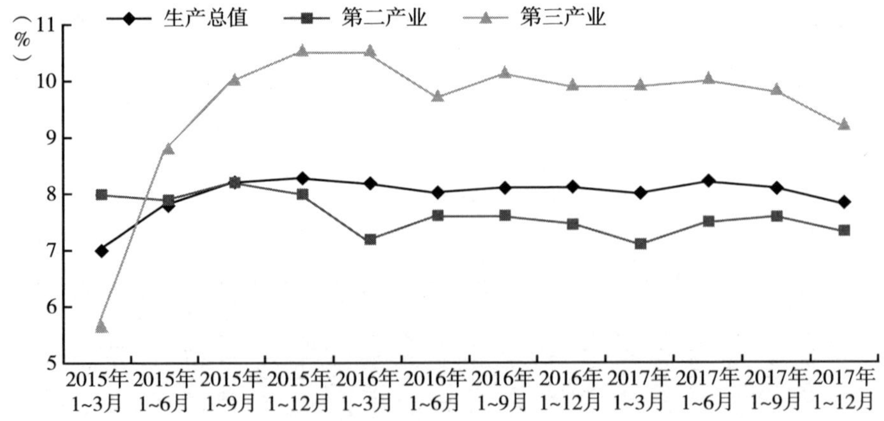

图 2 2015 年以来全省各季度 GDP 及第二、三产业增加值累计增速

4. 固定资产投资增速基本平稳

河南围绕发挥投资关键作用，在投资拉动上突出抓产业投资、民间投资，开展重大项目建设服务督导活动，稳定了投资增长。2017 年，固定资产投资 43890. 36 亿元，同比增长 10. 4%，增速高于全国平均水平 3. 2 个百分点。全年固定资产投资累计增速自 4 月份连续稳定在 10. 4% ~10. 9% 的增长区间（见图 3）。民间投资同比增长 9. 1%，工业投资同比增长 3. 5%，基础设施投资同比增长 30. 4%，房地产开发投资同比增长 14. 7%。

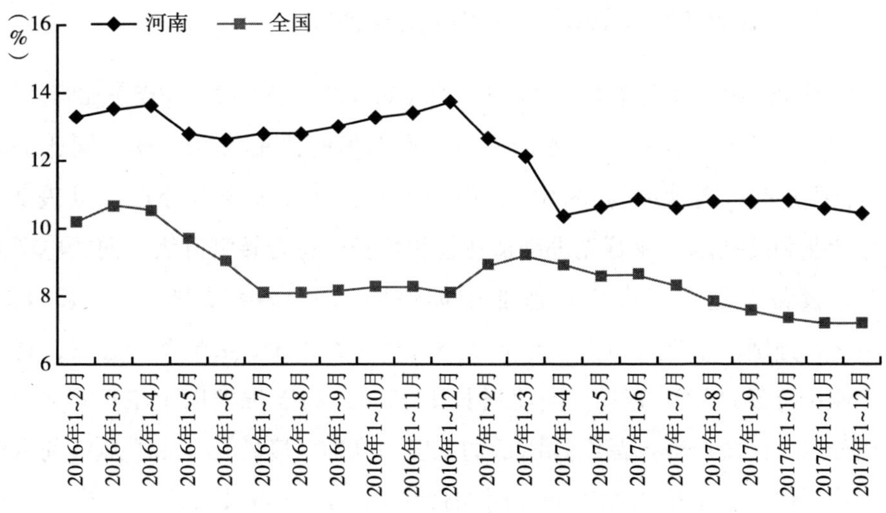

图 3　2016 年以来河南与全国各月固定资产投资累计增速

5. 消费品市场平稳运行

随着经济稳定增长的基础不断巩固和居民收入水平的提高，全省消费品市场保持平稳较快增长态势。2017 年，社会消费品零售总额 19666. 77 亿元，同比增长 11. 6%，增速高于全国 1. 4 个百分点。全年累计增速延续了 2016 年以来的增长水平，当月增速月度间波动不超过 0. 5 个百分点。限上单位消费品零售额 8182. 03 亿元，同比增长 11. 2%，下半年以来增速稳中趋缓。

6. 就业和物价形势总体稳定

据人社部门统计，2017 年城镇新增就业 144.21 万人，失业人员再就业 43.98 万人，就业困难人员实现就业 17.00 万人，均超额完成年度目标。全年新增农村劳动力转移就业 63 万人，转移就业总量达 2939 万人，其中省内转移 1762 万人，占 60%。居民消费价格同比上涨 1.4%，保持温和上涨，涨幅稳定在 0.9%~1.4%；工业生产者出厂价格同比上涨 6.8%，购进价格同比上涨 7.3%，工业生产者价格高位运行，涨幅基本平稳。

（二）结构调整和转型升级取得积极进展

1. 产业结构加快迈向中高端，第三产业对经济增长的拉动作用更加明显

2017 年，全省第三产业增加值占生产总值的比重为 42.7%，同比提高 0.8 个百分点；贡献率为 48.4%，高于第二产业 2.8 个百分点（见表 2）。主导产业和高技术产业等先进制造业较快增长。符合转型升级方向的电子制造业、装备制造业、汽车制造业增加值同比分别增长 16.1%、13.4%、12.6%，分别高于规模以上工业增速 8.1 个、5.4 个、4.6 个百分点；高技术产业保持强劲发展势头，同比增长 16.8%，高于规模以上工业增速 8.8 个百分点。传统产业产品结构由低加工度向高加工度转化，由产业链前端向中后端延伸。下游精深加工和高附加值压延产品产量较快增长，铝工业中铝型材、铝板材、铝带材、铝箔材产量同比分别增长 35.6%、14.7%、9.4%、10.6%，而初级产品电解铝产量同比下降 4.0%。化学工业中精甲

表 2　2017 年河南三次产业增加值增速、比重及贡献率

单位：%

	增速	比重	贡献率
生产总值	7.8	100.0	100.0
#第一产业	4.3	9.6	6.0
第二产业	7.3	47.7	45.6
#工业	7.4	41.8	40.9
第三产业	9.2	42.7	48.4

醇产量同比增长13.1%，高于上游原煤增速14.9个百分点；合成聚酯纤维产量同比增长12.8%，而上游精对苯二甲酸（PTA）同比下降20.2%；橡胶轮胎外胎产量同比增长10.1%，而上游合成橡胶同比下降11.0%，炭黑同比下降7.2%，橡胶助剂同比下降13.7%。

2. 消费继续发挥经济增长“稳定器”作用，投资结构持续改善

消费支撑了经济的平稳增长。2016年，社会消费品零售总额累计增速低于固定资产投资1.8个百分点，2017年高于固定资产投资1.2个百分点。消费升级继续加快。2017年，电子出版物及音像制品类零售额同比增长28.2%，计算机及其配套产品同比增长20.6%，通信器材类同比增长15.9%，体育娱乐用品类同比增长12.0%，分别高于限上单位商品零售额增速17.0个、9.4个、4.7个、0.8个百分点。1～11月，文化、体育和娱乐业营业收入比上年同期增长26.9%，居民服务、修理和其他服务业比上年同期增长30.7%，分别高于规模以上服务业企业营业收入增速10.3个和14.1个百分点。调结构、促创新等领域投资力度加大。服务业投资增速高于固定资产投资5.3个百分点，占投资比重为50.9%，同比提高2.4个百分点。工业企业技术改造项目投资同比增长47.5%，高于工业投资增速44.0个百分点；占工业投资比重为15.6%，同比提高4.7个百分点。

（三）新动能加快孕育成长

1. 创业、创新蓬勃发展

“放管服”改革取得明显成效，在全国率先实行“三十五证合一”和商事登记全程电子化，企业活力增强。2017年，全省新设立各类市场主体110.95万户，其中新设立企业29.87万户，日均新增818户。年末全省共有各类市场主体503.18万户，其中企业128.70万户。大力推动外出务工人员返乡创业，新增回乡创业22.65万人，带动就业251万人。郑洛新国家自主创新示范区新增高新技术企业334家，新设立院士工作站22家。国家大数据综合实验区加快建设，核心区龙子湖智慧岛已吸引入驻大数据相关企业超过100家。

2. 新产业、新产品较快增长

2017 年，战略性新兴产业同比增长 12.1%，高于全省规模以上工业增速 4.1 个百分点。高附加值、高技术含量的新产品快速增长，液晶电视机产量同比增长 76.4%，锂离子电池同比增长 229.4%，太阳能电池同比增长 84.3%。

3. 新业态、新模式茁壮成长

互联网相关行业高速增长。2017 年，通过公共网络实现的商品零售额同比增长 30.6%，高于限上单位消费品零售额增速 19.4 个百分点。快递业务量同比增长 28.0%，2017 年以来继续保持快速增长。1 ~ 11 月，规模以上互联网及相关服务业营业收入与上年同期相比增长 51.0%，高于规模以上服务业 34.4 个百分点。鲜易网、中钢网等六家电商企业入选商务部 2017 ~ 2018 年度电子商务示范企业。成功举办首届全球跨境电商大会并达成“郑州共识”，EWTO（电子世界贸易组织）核心功能集聚区启动建设。

（四）经济发展提质增效

1. “去降补”重点任务有序推进

全年关闭煤矿 101 对，退出煤炭产能 2012 万吨，关停 103 万千瓦煤电机组，煤炭行业去产能任务提前完成，22 家“地条钢”企业全部拆除到位。商品房去库存周期保持在 6 个月左右，郑州等热点城市房价过快上涨势头得到有效遏制。企业负债率持续下降，11 月末规模以上工业企业资产负债率为 47.6%，同比下降 0.3 个百分点。出台 8 大领域 40 条降成本新措施，预计全年可减轻企业负担 450 亿元。短板领域财政支出及投资快速增长，财政用于扶贫、城乡社区、科学技术、教育等领域的支出同比分别增长 114.6%、30.2%、45.3% 和 12.2%；生态保护和环境治理业投资同比增长 78.3%，互联网和相关服务业投资同比增长 67.1%，公共设施管理业投资同比增长 34.7%。

2. 经济效益不断改善，企业利润较快增长

2017 年 1 ~ 11 月，规模以上工业企业利润总额 5110.55 亿元，与上年

同期相比增长10.3%，增速同比提高4.3个百分点；规模以上其他服务业企业营业利润639.05亿元，与上年同期相比增长38.0%，增速同比提高19.6个百分点，在2016年同期较快增长的基础上，2017年以来继续保持高速增长。国企改革攻坚取得阶段性成果。比国家规定时间提前一年半完成剥离省属企业办社会职能工作。国有企业效益逐步好转，1～11月规模以上国有控股工业企业利润总额同比增长347.9%，亏损企业亏损额同比下降24.7%。启动实施千家"僵尸企业"处置工作，168家省属"僵尸企业"完成处置105家。财政和税收收入增长好于2016年。一般公共预算收入同比增长10.4%，同比提高2.4个百分点，其中税收收入同比增长13.3%，同比提高4.4个百分点，占一般公共预算收入比重为68.6%。

3. 发展质量持续提升，环境治理成效逐步显现

完善生态补偿机制，严格环境监督执法，积极应对重度污染天气，尤其是12月份依法实行最严细的管控、最严格的监督、最严肃的问责、最严厉的处罚，有效遏制了冬季采暖期大气污染反弹，圆满完成国家大气十条规定的目标任务，空气优良天数224天，比2016年增加28天，超200天目标提前一个半月完成。节能降耗持续推进，初步预计，万元生产总值能耗同比下降5%以上。

4. 人民生活持续改善，居民收入稳定增长

2017年，居民人均可支配收入20170元，同比名义增长9.4%，增速同比提高1.7个百分点，总体保持平稳增长。其中，城镇居民人均可支配收入29558元，同比增长8.5%；农村居民人均可支配收入12719元，同比增长8.7%。脱贫攻坚扎实推进。全年100万以上农村贫困人口实现稳定脱贫，易地扶贫搬迁10万人安置点基本建成。社会事业强力推进。郑州大学、河南大学入选国家"双一流"建设高校行列，"全面改薄"工作完成项目学校7822所，惠及178.9万名中小学生；国家儿童区域医疗中心、阜外华中心血管病医院投入使用；在全国率先全面建立困难群众大病补充医疗保险制度，覆盖860万名困难群众；开工棚改安置房58万套、基本建成62万套，改造农村危房8万多户，均超额完成国家下达任务。

总的来看，面对错综复杂的外部环境，河南省委省政府科学决策、周密部署，坚持发展第一要务，统揽全局、综合施策，把稳增长保态势作为全局工作的重中之重，经济保持平稳健康发展；坚持把推进供给侧结构性改革作为经济工作的主线，扎实推进重点任务落实，供给质量效率不断提升；坚持转型发展，出台12个重点产业转型发展专项方案，培育扶持一批高技术、高成长、高效益企业，经济转型发展呈现良好态势；坚持改革发展稳定统筹平衡，重大改革试点取得阶段性成果；坚持保民生增福祉，十件重点民生实事全面完成，全省经济社会发展大局和谐稳定，实现了“三个同步”、“三个高于”的目标，为河南全面建成小康社会奠定了坚实基础。

二 2018年全省经济发展面临的机遇与挑战

2018年全省发展依然是机遇与挑战并存。外部环境的不稳定、不确定因素依然很多，河南发展面临诸多困难和挑战，但仍处于大有可为的重要战略机遇期，经济发展总体向好的基本面没有改变，战略地位更加凸显，战略格局更加完善，战略优势更加彰显，战略保证更加有力。

（一）经济平稳发展的外部环境总体较好

从国际环境看，世界经济经过多年的深度调整，2017年以来复苏势头明显，IMF两次上调对全球经济增长的预测值，这是近年来第一次；根据IMF预测，2018年全球经济有望实现3.7%的经济增长，不仅高于2008~2017年危机期间年均3.3%的增速，还高于1980~2017年3.5%的历史平均增速。WTO对2017年度全球贸易增速的最新预测是3.6%，五年来第一次和经济增速持平，扭转了过去五年间贸易增长低于全球经济增长的不正常状况。从主要经济体看，OECD监测的45个国家和地区都将实现正增长。

从国内环境看，一是全国经济发展稳的态势愈加明显。从2015年三季度到2017年全年，GDP累计增速连续10个季度稳定在6.7%~6.9%。二是党的十九大胜利召开给经济发展带来新动力。党的十九大做出了中国特色社会主义进入了新时代、社会主要矛盾已经转化为人民日益增长的美好生活需要和不平衡不充分的发展之间的矛盾等重大论断，确定了决胜全面建成小康社会、开启全面建设社会主义现代化国家新征程的目标，对新时代推进中国特色社会主义伟大事业和党的建设新的伟大工程做出了全面部署，必将有力推动全国经济实现更高质量、更有效率、更加公平、更可持续的发展。三是中央经济工作会议强调2018年积极的财政政策取向不变，稳健的货币政策保持中性，结构性政策要发挥更大作用，社会政策要注重解决突出民生问题，改革开放要加大力度，各项政策统筹协同，有利于河南抢抓机遇加快经济转型发展。

从河南发展动力看，近年来谋划实施的一大批打基础、管长远、增后劲的政策措施效果逐步显现，发展“稳”的格局在巩固，“进”的态势在强化，“好”的基础在夯实，全省经济发展的韧性增强、协调性增强、可持续性增强，仍将保持稳定增长态势。随着“三区一群”等国家战略深入实施，战略叠加效应将会更加凸显，有利于河南创新体制机制，提高创新能力，扩大开放程度，实现更高质量、更好效益发展；随着现代立体综合交通网络加快建设，科学发展载体不断提升，有利于河南形成综合竞争优势；河南四化同步发展的空间依然广阔，特别是一些传统农区一产比重依然偏大，仍处于工业化城镇化快速推进阶段，有利于保持经济持续较快发展。

（二）经济发展面临许多突出矛盾和问题，下行压力较大

从外部环境看，世界经济仍存在不确定性与不稳定性。第一，全球复苏日益改善，全球性宽松货币政策渐次退出，加剧了主要经济体货币政策的不确定性，可能引致全球金融环境收紧，催生资产市场泡沫风险和新兴市场货币风险；第二，全球财政失衡总体舒缓，但局部区域的财政巩固压力持续聚集；第三，贸易保护主义愈演愈烈、逆全球化思潮抬头等问题也给世界经济发展带来不确定性，这些因素都威胁着全球复苏的可持续性。我国正处在转变发展方式的关键阶段，劳动力成本上升、资源环境约束增大、粗放的发展方式难以为继。人口老龄化等客观情况使得我国低成本劳动力优势减弱；随

着我国资源价格改革的不断深入和环保力度的不断加大，资源环境的低成本优势减弱；随着我国发展水平的不断提升，模仿、学习、借鉴国外先进技术和经验的空间越来越小，后发优势减弱，制造业竞争压力加大。而在新旧动能转换的关键时期，新技术革命带来最大机遇的同时，也带来了极大挑战，在未来的产业竞争和新技术革命中抢占制高点，以及应对相关行业可能出现的大规模失业冲击，都给我国发展带来新挑战。

从河南自身发展看，长期积累的结构性问题与深层次矛盾持续存在，发展压力明显加大。一是产业发展层次偏低的问题依然存在。2017 年河南第三产业增加值占 GDP 比重仍低于第二产业 5.0 个百分点，低于全国平均水平 8.9 个百分点。工业产品仍集中在产业链上游和价值链低端，2016 年能源原材料工业占规模以上工业增加值比重为 38%，2017 年受钢铁、煤炭、电解铝、铜、黄金等产品价格较高影响，能源原材料行业增加值占比 38.5%，同比反而提高 0.5 个百分点。二是科技创新能力依然是发展的最大短板。从 R&D 经费投入看，2016 年河南 R&D 经费支出占 GDP 比重仅相当于全国平均水平的 58.7%，占比依然偏低；工业企业技术改造投资意识不强，技改投资占工业投资比重低于全国近 30 个百分点，适应市场需求的高质量、高附加值产品不多。从人力资源看，2016 年全省普通本专科在校学生数占全国的 7.0%，招生数占全国的 7.3%，高等学校数占全国的 5.0%，而全省常住人口占全国的 14.5%，同时河南还面临着高技术人才引进难、高技能人才招工难等问题。三是实体经济发展依然面临较多困难与问题。企业成本偏高，盈利空间受限。2017 年以来企业利润增速虽保持两位数增长，但是在 2015 年几乎零增长、2016 年低速增长的基础上实现的，一方面恢复性增长因素较大，另一方面主要得益于能源原材料产品价格的上涨。实际上河南工业品价格自 2016 年 12 月份以来基本持续“高进低出”，初级产品价格涨幅高于中间产品，中间产品价格涨幅高于最终产品，购销剪刀差增加了企业成本，挤压了企业利润。1～11 月，规模以上工业每百元主营业务收入中的成本为 87.70 元，2017 年以来持续增加，高于全国平均水平 2.44 元，40 个工业大类行业中 30 个高于全国。而受供需两侧双重影响，2018 年能源原材料产品价格走势具有较大不确定性，特别是随着基数的提高，价格保持2017年涨幅的可能性不大；即使价格继续上涨，受去产能等政策因素影响，企业产能扩张有限，利润空间可能收缩。企业融资问题依然存在。一方面钢铁、有色等行业特别是其中的压延环节效益较好，但受产能过剩行业信贷政策制约；另一方面河南新兴产业多集中在中小企业，因其生产经营风险大，融资中间环节费用高，中小企业融资难、融资贵问题依然突出。

总体上看，2018年全省经济运行中面临着不少有利条件，但结构性问题与深层次矛盾突出，保持经济平稳增长、推动经济转向高质量发展任务艰巨。

三　促进全省经济平稳健康发展的对策建议

2018年是贯彻党的十九大精神的开局之年，是决胜全面小康、实施“十三五”规划承上启下的关键一年，也是新一届省政府履职的起步之年，我们认为做好经济工作需要注意以下几个方面。

（一）继续把稳增长作为事关全局的突出任务，坚持质量第一、效益优先

经济稳定增长才能调结构、促转型、惠民生，增长速度一旦滑出底线，就会对脱贫攻坚、就业、稳定产生重大影响，因此要把中央和省出台的各项稳增长政策措施落到实处。党的十九大报告明确要求坚持稳中求进工作总基调，坚持新的发展理念，坚持高质量发展的根本方向。近年来，河南经济结构与质量效益虽有所改进与提升，朝着高质量发展方向不断迈进，但层次与水平依然偏低，提质增效的任务更加艰巨，要更多地调结构、转方式、提质量、增效益，推动经济尽快进入高质量发展轨道。

（二）继续深化供给侧结构性改革，提高供给体系质量

扎实推进“去降补”五大重点任务。聚力于现代化经济体系建设的主

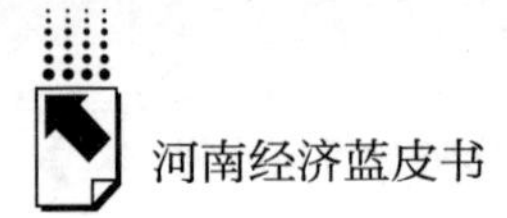

攻方向，强化“四个强省”建设，坚持传统产业升级和新兴产业培育“双轮驱动”，促进工业化和信息化、制造业和服务业深度融合，提升农业质量效益和竞争力，繁荣网络经济，推动产业向中高端水平迈进。改善实体经济生产经营环境，在市场准入、融资条件、政府服务等方面给予民营经济同等待遇，推动民营经济快速发展，实现以民补国、以小扶大、以实代虚。

（三）大力实施创新驱动发展战略，增强经济发展动能

以推进大众创业、万众创新强化活力根基，以推进科技创新为核心的全面创新培育动力源泉，增强现代化经济体系建设的第一动力，抓好主体、机制、专项、人才等关键环节，强化重大战略平台引领作用，深化重点领域改革，进一步优化创新创业环境，打造富有竞争力的中西部地区科技创新高地，迈进创新型省份。

（四）继续强化基础能力建设，提升综合竞争优势

持续强化产业集聚区、服务业“两区”等载体功能，增强要素集聚和辐射带动能力，打造四化同步发展的主导支撑。发挥人口大省优势，以提高质量为核心，加快教育改革发展，推进以人力资本为核心的二次人力资源开发，培养引进和用好用活各类人才，打造教育水平高、高技能人才充裕的人力资源强省，增强经济增长内生动力。

B.2

牢记总书记嘱托　聚焦打好“四张牌”让中原更加出彩

河南省统计局*

摘　要： 发挥优势打好“四张牌”，是习近平总书记对河南的殷切期望。四年来，河南全省上下始终牢记习近平总书记嘱托，坚持打好产业结构优化升级牌，产业结构向中高端迈进；坚持打好创新驱动发展牌，新动能加快培育；坚持打好基础能力建设牌，综合竞争优势持续提升；坚持打好新型城镇化牌，城镇承载能力稳步提升。四年来，河南在抢抓机遇中乘势而上，在转型攻坚中砥砺前行，全省经济呈现持续向好发展态势，经济实力显著增强，竞争优势日益凸显，为决胜全面小康、让中原更加出彩打下坚实基础。

关键词： 产业结构　创新　基础能力　城镇化

习近平总书记2014年5月在河南调研指导工作时，要求河南围绕加快转变经济发展方式和提高经济整体素质及竞争力，着力打好“四张牌”，以发展优势产业为主导推进产业结构优化升级，以构建自主创新体系为主导推

---

* 课题组成员：王世炎，高级统计师，河南省统计局局长；赵德友，博士，高级统计师，河南省统计局副局长；朱启明，高级统计师，河南省统计局国民经济综合统计处处长；张亚丽，河南省统计局国民经济综合统计处副处长；徐委乔，河南省统计局国民经济综合统计处。执笔人：张亚丽、徐委乔。

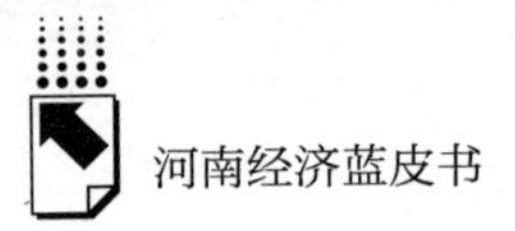

进创新驱动发展，以强化基础能力建设为主导推进培育发展新优势，以人为核心推进新型城镇化。

近四年来，河南省委、省政府团结带领全省广大党员干部群众，牢记习近平总书记嘱托，深入贯彻习近平总书记治国理政新理念、新思想、新战略，聚焦发挥优势打好“四张牌”，精心谋划理思路、脚踏实地抓落实，产业结构优化升级迈出坚实步伐，科技创新能力持续增强，发展基础支撑更加坚实，新型城镇化进程明显加快，全省经济呈现持续向好发展态势，经济实力显著增强，为决胜全面小康、让中原更加出彩打下坚实基础。

一　打好产业结构优化升级牌，产业结构向中高端迈进

河南以建设“四个强省”为重点，积极适应消费升级新趋势，立足提高产业竞争力，着力构建产业发展新体系，大力实施转型发展攻坚战，深入推进供给侧结构性改革，加快推动产业结构战略性调整，努力破解转型发展瓶颈制约，产业格局出现重大变化，供给体系质量和效率明显提升。

（一）产业转型升级取得重大进展，第三产业成为拉动经济增长的第一动力

1. 第三产业快速增长，产业格局出现重大变化

近年来河南加大力度出台了进一步促进服务业发展若干政策、服务业发展重点领域专项行动方案、“互联网 +”行动实施方案等一系列政策措施促进服务业发展，在经济增速换挡回落的背景下，第三产业保持平稳较快增长，“领跑”全省经济。2014 ~2017 年第三产业增加值年均增长 10.0%，高于 GDP 年均增速 1.7 个百分点，高于第二产业 2.1 个百分点，高于全国第三产业 2.1 个百分点。产业结构调整取得重大突破，第三产业占比大幅提高。2017 年，第三产业增加值占 GDP 的比重为 42.7%，比 2013 年提高 7.2 个百分点（见图 1）。

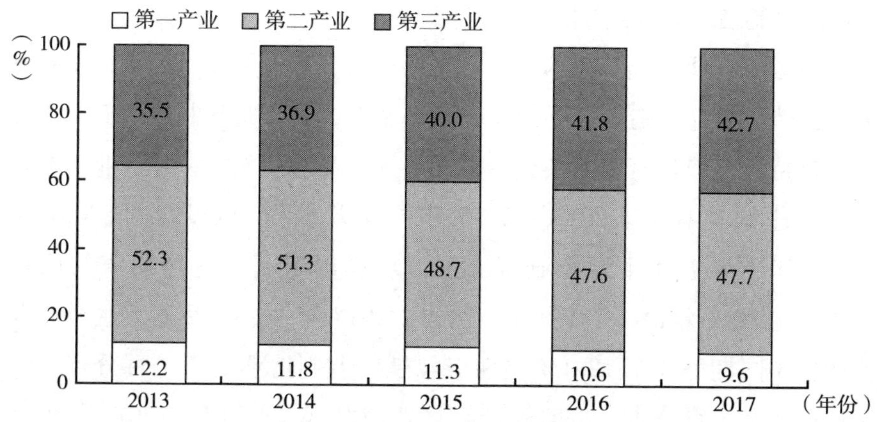

图1　2013～2017年河南三次产业增加值占生产总值比重

2. 第三产业贡献大幅提升，成为支撑经济增长的主要动力

第三产业对经济增长的贡献率从2013年的36.3%提高到2017年的48.4%，超过工业7.5个百分点，超过第二产业5.7个百分点。经济增长从主要由第二产业拉动向第二、三产业共同拉动转变，第三产业成为经济增长的第一拉动力量。

（二）做大总量与调优结构并重，制造业转型提质成效明显

大力实施“中国制造2025”河南行动，推进制造业供给侧结构性改革，坚持做大总量与调优结构并重，加大对实体企业的扶持力度，组织开展“政策落实进万企”等活动，实施技术改造升级等工程，全省制造业保持平稳较快增长，市场竞争力明显增强。

1. 制造业规模不断扩大

按照建设先进制造业大省总体部署，选准着力点、找准突破口，制造业加快发展，规模不断扩大。2013～2016年全省规模以上制造业增加值年均增长11.2%，高于规模以上工业1.3个百分点，2016年制造业增加值达1.5万亿元；2017年1～11月，规模以上制造业增加值与上年同期相比增长8.4%，高于规模以上工业0.3个百分点。

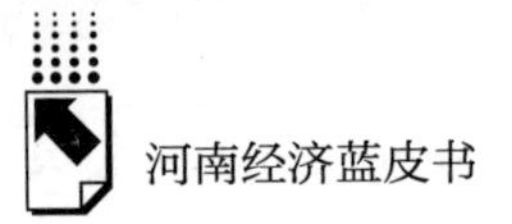

2. 先进制造业不断发展壮大

综合考虑产业基础、技术条件、发展空间、产业关联等因素，全省确立了装备制造、食品制造、电子制造、汽车制造、新型材料制造等五大主导产业。通过特色优势培育、龙头企业带动、知名品牌引领，主导产业不断发展壮大，占比快速提高。2013～2016 年，五大主导产业增加值年均增长 12.7%，2016 年五大主导产业增加值占规模以上制造业增加值的比重为 49.0%，比 2013 年提高了 1.3 个百分点；2017 年 1～11 月五大主导产业增加值比上年同期增长了 12.1%，高于规模以上制造业 3.7 个百分点，高于传统产业 9.2 个百分点。战略性新兴产业茁壮成长。2013～2016 年，战略性新兴产业增加值年均增长 16.5%，高于规模以上制造业 5.3 个百分点；2017 年 1～11 月同比增长 11.7%，高于规模以上制造业 3.3 个百分点，支撑作用更加明显。高技术产业快速增长。2013～2016 年，高技术产业增加值年均增长 21.7%，高于规模以上制造业 10.5 个百分点，2017 年 1～11 月同比增长 15.9%，高于规模以上制造业 7.5 个百分点；2016 年占制造业比重为 9.7%，比 2013 年提高了 2.1 个百分点，对制造业增长的贡献率为 16.1%，比 2013 年提高了 3.9 个百分点。主导产业、战略性新兴产业和高技术产业等先进制造业的较快增长，有效弥补了传统产业增速回落的影响，促进了制造业的平稳增长。

3. 传统产业转型升级成效显现

通过承接转移、延链补链、技术改造、兼并重组、淘汰落后等手段，传统产业产品技术、工艺装备、能效环保等水平不断提升，产品结构正逐步由低加工度向高加工度转化、由产业链前端向中后端延伸。2016 年钢铁产业中，中厚宽钢带产量是 2013 年的 1.5 倍，镀层板（带）是 2013 年的 1.5 倍；有色产品中，铝材是 2013 年的 1.4 倍，其中铝型材、铝板材、铝带材、铝箔材分别是 2013 年的 3.7 倍、1.5 倍、2.3 倍和 1.2 倍。在下游精深加工和高附加值压延产品产量快速增长的同时，水泥、粗钢、氧化铝、电解铝、平板玻璃等初级产品产量增长放缓甚至下降，产品结构持续优化。高载能制造业占比持续下降，2016 年化学原料和化学制品制造业、非金属矿物制品业、黑色金属冶炼和压延加工业、有色金属冶炼和压延加工业等高载能制造业占规模以上制造业的比重为32.3%，比2013年下降5.1个百分点。

4. 制造业竞争力显著增强

在结构调整、转型升级的进程中，经过重点培育，河南品牌知名度和市场占有率明显提升。中铁装备的盾构产品国内市场占有率连续五年位居第一；双汇连续21年名列全国肉类行业第一；中国客车第一品牌宇通客车，2016年国际市场占有率超过15%，销量位居全球第一；郑州航空港产业集聚区智能终端产业从“一颗苹果”起步，目前已吸引了177家相关企业签约入驻，手机产量约占全球手机产量的1/7，全球重要的智能终端生产基地基本建成，河南打造了一批在全国乃至世界上叫得响的知名品牌。

（三）坚持需求导向，服务业发展层次持续提升

把扩大有效供给、提高质量效率作为主攻方向，扎实推进服务业供给侧结构性改革，促进生产性服务业向专业化和高端化跨越、生活性服务业向精细化和高品质化提升，服务业发展层次持续提升。

1. 现代服务业逐渐壮大，物流业特别是冷链物流快速发展

全省社会物流总额突破10万亿元，物流业成为新的支柱产业，郑州航空国际物流园、河南保税物流中心成为国家级示范物流园区。作为国家重点支持发展冷链物流的10个省份之一，8家企业入选全国冷链物流百强，鲜易、双汇稳居国内冷链物流10强。“金融豫军”加快崛起。中原银行仅用两年半时间在港交所主板成功上市，注册资本金居国内城商行第一位；中原证券先后完成香港上市、在港增发和A股上市；中原农业保险公司、中原股权交易中心、中原资产管理公司等相继组建运营。2017年金融业增加值2530.32亿元，占GDP的比重由2013年的4.0%上升至5.6%，成为现代服务业发展的重要支撑。

2. 旅游、文化、体育、健康、养老等“幸福产业”快速崛起

旅游消费快速增加，2016年旅游总收入5764亿元，比2013年增长48.7%。举办了河洛文化旅游节、安阳航空运动文化旅游节等活动，河南旅

游知名度大幅提升。文化产业繁荣发展，2016 年文化及相关产业增加值 1203.23 亿元，是 2013 年的 1.5 倍；占 GDP 比重为 3.0%，比 2013 年提高 0.46 个百分点。文化艺术业、娱乐业、体育业发展势头强劲，其规模以上企业营业收入增幅均在 30% 以上。健康、养老等服务业快速发展。许昌鄢陵以花木产业为依托，优先发展健康养老等新兴先导服务业，牢固树立“绿色增长”理念，完善“政府主导、部门协作、社会参与”的工作机制，加大养老服务体系的公共财政投入力度，健康养老城市品牌逐步形成。

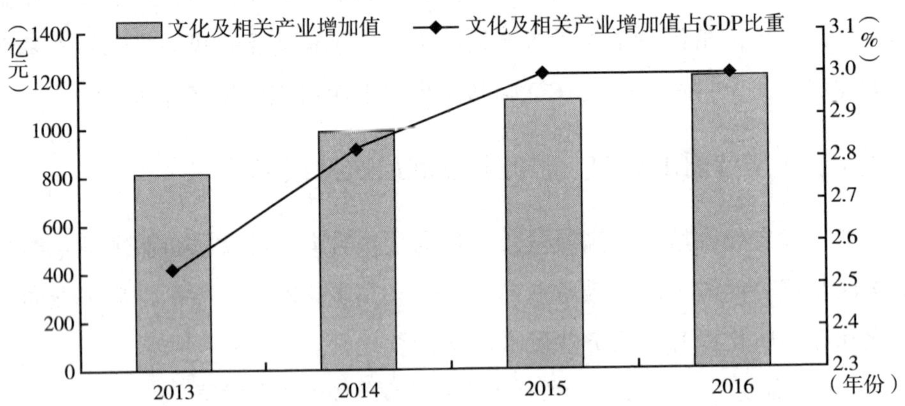

图 2　2013～2016 年河南文化及相关产业增加值及其占 GDP 比重

3. 传统服务业不断改造提升

通过不断引入现代管理理念、信息技术和新型业态模式，竞争新优势不断凸显。房地产业发展对新型城镇化和提高居民居住水平起到了重要支撑作用，房地产市场快速发展，2014～2017 年全省房地产投资年均增长 15.8%，2017 年开发投资规模超过 7000 亿元；坚持因城施策、分类指导的调控政策，郑州等地房价过快上涨势头得到遏制，供给结构不断优化，房地产业健康有序发展。强化交通枢纽功能，交通运输业进一步健康发展。航空、高速铁路、高等级公路持续快速发展，交通运输业对经济增长的拉动作用增强，2017 年前三季度全省交通运输业增加值为 1533.62 亿元，同比增长 7.9%，为 2012 年以来季度增速峰值，对 GDP 增长的贡献率为 4.6%，比 2013 年提高 2.4 个百分点。

（四）强化农业基础地位，农村一、二、三产业融合发展

持续推进国家粮食生产核心区建设，加快实施农业高标准粮田建设、现代农业产业化集群培育和都市生态农业发展“三大工程”，颁布全国首部高标准粮田保护条例，大力发展农产品精深加工，粮食生产王牌优势更加凸显，农业综合效益和竞争力持续提高。

1. 粮食综合保障能力巩固提高

坚持把粮食生产作为河南的“一张王牌、一大优势”来培育，深入实施藏粮于地、藏粮于技战略，大力加强粮食生产核心区建设，建设高标准粮田 5741 万亩，粮食综合生产能力稳定在 1100 亿斤以上，2015 年跨越 1200 亿斤大关，粮食总产量保持全国前两位，约占全国的 1/10（见图 3）；夏粮产量稳居全国第一，小麦产量约占全国 1/4，2017 年夏粮生产再创历史新高，对全国夏粮增产的贡献率达 58.8%。《全国新增千亿斤粮食规划》要求河南到 2020 年增产 155 亿斤粮食的任务已经提前 5 年实现，为保障国家粮食安全做出了积极贡献。

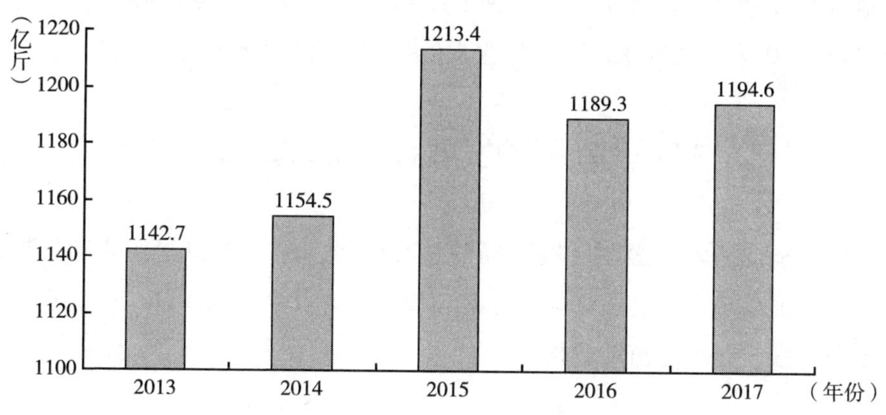

图 3　2013 ~ 2017 年河南粮食总产量

2. 种养业结构稳步调整

在保障粮食安全的前提下，深入推进种养业供给侧结构性改革，“四优

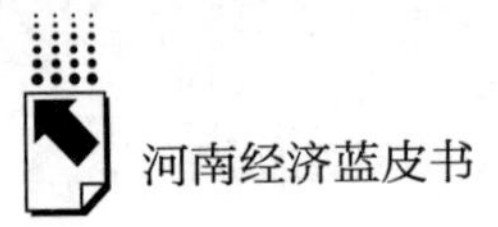

四化”建设取得初步成效，重点发展优质小麦、优质花生、优质草畜、优质果蔬，2016 年全省种植优质专用强筋、弱筋小麦 600 多万亩；2017 年秋作物种植结构调整中，压缩量大价低的玉米种植面积 250 万亩，部分地区玉米改种大豆、杂粮等粮食作物，部分改种花生、蔬菜等经济作物，2017 年全省花生种植面积比 2013 年增长 22.7%。

3. 产业融合发展稳步推进

把产业链、价值链等现代产业组织方式引入农业，积极探索农村三次产业相融共生之路。以农业优势资源为基础，大力发展农产品精深加工，打造“全链条、全循环、高质量、高效益”的农业产业化集群。2017 年全省规划培育发展的农业产业化集群达到 542 个，农产品加工业营业收入超过 2 万亿元，形成了以三全、思念为代表的速冻食品产业链，以双汇、牧原为代表的猪产业链，以花花牛、科迪为代表的奶产业链，以伊赛、科尔沁为代表的牛产业链，以华英、永达为代表的禽产业链，以好想你枣、灵宝苹果为代表的果产业链。培育休闲农业和乡村旅游。启动建设了一批融生产、生活、生态于一体的都市生态农业示范园区试点，评选出信阳平桥区郝堂村、修武县一斗水村等河南十佳美丽乡村，形成了以旅助农、以农支旅、城乡互动新局面，预计 2017 年全省休闲农业从业人员 34 万人，营业收入 154 亿元。

二　打好创新驱动发展牌，新动能加快培育

河南坚持把创新摆在发展全局的核心位置，深入实施创新驱动发展战略，强力推动郑洛新自主创新示范区建设，培育壮大创新主体，全省创新能力不断增强，新动能茁壮成长。

（一）郑洛新国家自主创新示范区建设迈上新台阶

把郑洛新国家自主创新示范区作为带动全省创新发展的核心载体，初步形成省统筹、市建设、区域协同、部门协作的推进机制，自创区建设不断加快。自创区集中了全省 60% 的国家级创新平台、55% 的高新企业、

50%的创新型龙头企业、1/3 的科技型中小企业和 80%以上的国家重点实验室，成为引领全省创新发展的核心增长极。2016 年自创区所在的郑洛新三市高新技术产业增加值占规上工业增加值的比重达 43.3%，高于全省 8.4 个百分点。2017 年 1～11 月，郑洛新三市高新技术产业增加值分别增长 8.5%、15.7%、12.6%，分别高于各市规模以上工业 0.8 个、6.9 个、3.8 个百分点。

（二）科技创新基础能力不断增强

创新平台快速发展，实施企业创新能力培育工程，为企业搭建科技创新平台，营造良好创新发展环境。2016 年国家级重点实验室 14 个，省级以上企业技术中心和省级以上工程实验室（工程研究中心）1075 个和 459 个，是 2013 年的 1.2 倍和 1.7 倍，其中国家级企业技术中心、工程实验室（工程研究中心）达 127 家，是 2013 年的 1.3 倍。创新能力稳步提高，2016 年有效发明专利是 2013 年的 2.3 倍，2014～2017 年累计获得国家科技奖励 93 项。可见光通信、客车智能驾驶、高端矿山重型装备等重大技术和产品研发取得突破，在超硬材料、特高压输变电装备、新能源客车、盾构等先进领域发展壮大了一批掌握核心技术的行业龙头企业。

（三）企业在创新中的主体地位增强

以市场为导向，优化科技资源配置，引导企业持续增加研发投入，强化企业技术创新主体地位。2016 年全省 R&D 经费投入 494.19 亿元，是 2013 年的 1.4 倍，占 GDP 比重达 1.22%，比 2013 年提高 0.12 个百分点（见图 4）。其中，企业研发投入多、占比大，居主导地位。2016 年企业投入 437.49 亿元，居全国第 7 位，增长 14.33%，占全省研发投入比重达 88.5%，比 2013 年提高 1.7 个百分点。创新型企业和高新技术企业加快培育，2017 年创新型龙头企业 100 家，高新技术企业 2270 家。大众创业、万众创新方兴未艾。“放管服”改革取得明显成效，在全国率先实行“三十五证合一”和商事登记全程电子化，企业活力增强。2017 年，全省新设立各类市场主体 110.95 万户，其中新设立企业 29.87 万户，日均新增 818 户。2017 年末全省共有各类市场主体 503.18 万户，其中企业 128.70 万户。

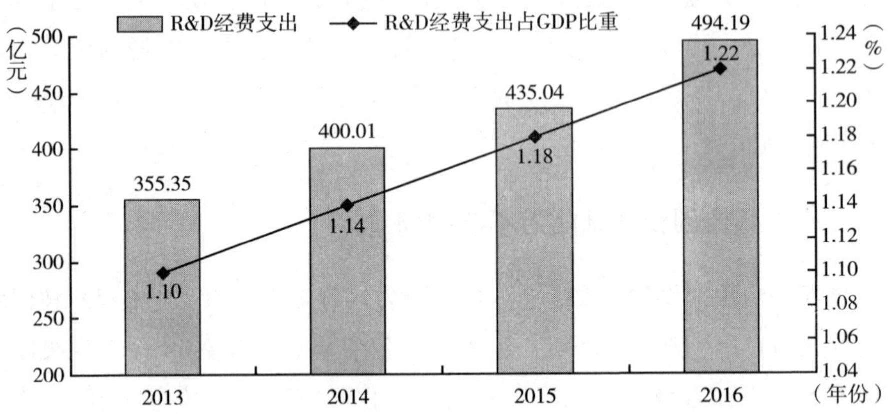

图 4　2013～2016 年河南 R&D 经费支出及其占生产总值比重

（四）新业态、新模式茁壮成长

以互联网、云计算、大数据为代表的新一代信息技术与现代制造业、生产性服务业等融合创新，打造出一批新的经济增长点，带动了互联网相关行业高速增长。2015～2017 年，网上零售额年均增长 38.0%，高于社会消费品零售总额 26.1 个百分点。快递业务量从 2013 年的 19444 万件增加到 2017 年的 107378 万件（见图 5）。众创空间、星创天地等创业孵化载体大量涌现，省级以上科技企业孵化器达 235 家，实现了省辖市和国家高新区全覆盖，数量居中西部省份前列，中信重工、汉威电子入选首批国家级专业化众创空间。

三　打好基础能力建设牌，综合竞争优势持续提升

河南坚持弥补短板、筑牢支撑，强化弱项、综合提升，突出重点、激发动能，提高基础设施水平，发展基础不断夯实，发展后劲稳步蓄积，综合竞争优势不断增强。

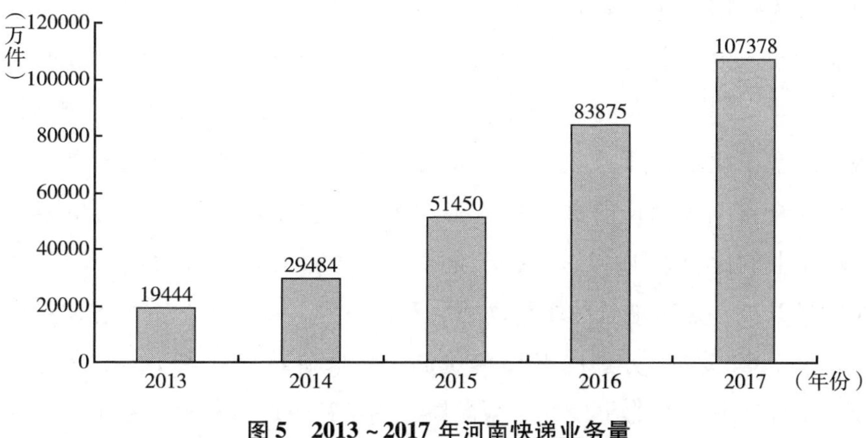

图5　2013～2017 年河南快递业务量

（一）现代综合交通体系日趋完善

牢记习近平总书记“建成连通境内外、辐射东中西的物流通道枢纽，为丝绸之路经济带建设多做贡献”的嘱托，以郑州立体综合交通枢纽为中心，以航空网、干线铁路网、高等级公路网为主骨架的现代综合交通运输体系初步建成。郑州—卢森堡“空中丝绸之路”建设稳步推进，枢纽功能不断提升，郑州航空港经济综合实验区加快发展，实现“五年成规模”发展目标，郑州机场二期工程建成全面投入运营，2017 年郑州机场旅客吞吐量突破 2400 万人次，货邮吞吐量突破 50 万吨，在中部机场中实现“双第一”，为“空中丝绸之路”人流物流的集输、中转、分拨、配送等奠定坚实基础。“米”字形高速铁路网建设提速，郑徐高铁通车运营，郑万、郑合高铁建设加快，郑济、郑太高铁如期开工，以郑州为中心的“米”字形高速铁路网战略构想全部落地实施，河南交通区位优势不断夯实，高速铁路已建成投用 1196 公里。公路网络更加完善，覆盖广度、通达深度、畅通程度显著提升，高速公路网连通所有县城，2017 年末高速公路通车里程达到 6523 公里。

（二）科学发展载体功能持续强化

产业集聚区、商务中心区和特色商业区、自由贸易试验区保持良好发展态势，成为转型发展的突破口、招商引资的主平台和经济发展的增长极。产业集聚区快速发展，2016 年全省 182 个省级产业集聚区中，规模以上工业主营业务收入超百亿元的有 151 家，超千亿元的有 3 家。2016 年产业集聚区规模以上工业主营业务收入占全省的 65.2%，产业集聚区规模以上工业增加值对全省工业增长的贡献率达 91.0%，高技术产业增加值占集聚区规模以上工业的比重达 12.2%，高于全省 3.5 个百分点，有力地带动了全省工业转型升级，是稳增长的主要动力。利用省外、境外资金占全省比重分别为 59.3%、69.2%，分别比 2013 年提高 1.0 个和 12.5 个百分点。依托主导产业、支柱产业，产业集聚度日益提高，一批特色产业集群正在不断形成和发展壮大。长葛市产业集聚区以“高端转型、创新升级”为主线，形成电力装备、汽车及零部件、超硬材料及制品、食品及冷链物流等 4 个超百亿产业集群。民权县产业集聚区制冷制造产业链条逐步完善，制冷产品所需 160 多个零部件基本实现区内全配套，冰箱冰柜年产能达 1800 万台，占全国的 1/10；冷藏保温车年产能达 2 万辆、实际产量达 1.2 万辆，产能和产量均占全国同行业的 60% 以上。商务中心区和特色商业区“两区”建设全面提速，正在成为带动全省服务业发展、加快建设现代服务业强省的重要引擎和有力支撑。2014 ~2016 年，“两区”累计完成固定资产投资 4831.07 亿元，增长 1.05 倍，年均增速达 43.2%；“两区”增加值年均增长 27.9%；吸纳从业人员、实现税收收入年均增长速度分别达到 37.1%、32.3%。特色化、专业化、集群化发展初露端倪。2016 年，星级以上服务业“两区”达到 66 个，营业收入超百亿元的服务业集群达到 8 个。全省初步形成了以林州建筑业总部大厦等为代表的 199 栋特色专业楼宇，以开封鼓楼、内乡县衙等为代表的 116 条特色街区和以新郑华南城、平顶山中原玉石城等为代表的 167 个新型专业市场。中国（河南）自由贸易试验区建设高速推进。2017 年 4 月 1 日自贸区挂牌运行，郑州片区在构建多式联运的现代物流体系、开封片区在深化简政放权的商事制度改革、洛阳片区在探索投资贸易便利化等方面均实现了较快发展，通过对照 160 项任务清单，突出建设重点，不断拓展开放领域，全面加强对外合作，形成全方位、多层次的开放新格局。截至 2017

年11月底，自贸区注册企业18978家，注册资本合计2443亿元；其中外商投资企业125家，合同外资82064.75万美元，实际利用外资49649.31万美元；新设外资企业数量占全省的1/3，区内国内外500强企业占全省的近50%。

（三）人力资源水平不断提升

坚持实施人才强省战略，加快由人口大省向人力资源强省的转变。积极培育和引进高层次人才，组织实施高层次专业技术人才集聚和培育工程、新型高层次科技人才队伍建设工程、高层次科技人才引进工程等。“杂交水稻之父”袁隆平受聘担任河南粮食作物协同创新中心水稻首席科学家，2016年底在豫两院院士人数达到27人、长江学者5人、全国杰出专业技术人才6人，全省公有制专业技术人才达139万人。引智工作力度不断加大，实施对外开放专项行动计划、国际人才交流合作项目资助计划、海外英才中原行活动等一系列项目，郑州航空港引智试验区建设加快推进，实现“外专千人计划”零的突破，建成各级各类留学人员创业园11家，留学回国人员总数2.3万人。增强技能人才队伍建设，2014～2017年全省累计参加职业培训超过1400万人次，职教攻坚二期工程深入实施，职业教育质量明显提升。

四　打好新型城镇化牌，城镇承载能力稳步提升

坚持以人的城镇化为核心推进新型城镇化建设，以中原城市群为支撑，提高城镇化水平，实施百城提质建设工程，公共服务能力明显提升，城乡区域发展更加协调，城镇综合实力显著增强。

（一）中原城市群一体化发展活力凸显

谋划中原城市群纳入国家发展战略，将中原城市群由省内9市扩充为周边30市，2016年12月28日，中原城市群发展规划获国务院批复。着力构建“一核四轴四区”网络化空间格局，积极推进郑州建设国家中心城市，郑州与周边毗邻城市进一步联动融合发展，辐射带动能力增强。2016年郑

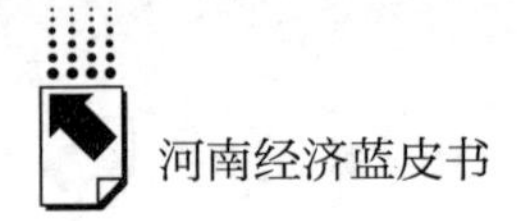

州市常住人口达到972.4万，城镇化率达到71.0%，GDP占全省的比重提高到19.9%，一般公共预算收入超千亿元，增速居中部省会城市首位。洛阳副中心城市综合实力提升，中原城市群初具规模，人口和经济集聚度逐步提高，大中小城市和小城镇协调发展的格局初步形成。

（二）新型城镇化稳步推进

坚持以人的城镇化为核心，以“三个一批人”为重点，促进农业转移人口市民化，强化“一基本两牵动三保障”，实行城乡统一的户口登记制度，推进城镇基本公共服务常住人口全覆盖，使进城农民能够融入城市。2016年末，全省常住人口城镇化率达到48.50%，比2013年末提高了4.7个百分点，增速不仅高于全国水平，在中部6省中也位居前列，居全国的位次由2015年的第27位提升至第25位。预计2017年全省常住人口城镇化率突破50%。城镇化发展质量不断提升，吸纳就业大幅增加。2016年末，全省城镇从业人员1924万人，比2013年末增加389万人，占全省从业人员的比重为28.6%，比2013年末提高了4.6个百分点。

（三）百城建设提质工程强力推进

实施百城建设提质工程，坚持以水润城、以绿荫城、以文化城、以产兴城的城市发展理念，推进地下综合管廊、海绵城市、智慧城市建设，市政设施和生态环境设施扩容提质，城市功能不断完善，城市建设和管理服务水平全面提升。2016年，许昌、濮阳、焦作、郑州、洛阳、平顶山、商丘、安阳等8个省级海绵城市试点建设区域面积达340平方公里。百城建设提质工程首批启动45个市县，汝州市以城市修补、生态修复“双修”为重点，大力实施“三供三改三化三网”工程（即供水、供气、供暖，改路、改水、棚户区改造，环境净化、生态绿化、地下管线优化，智慧信息网、精细管理网、便民服务网），着力提升城市承载能力，综合效果明显。永城市将日月湖这一原来的煤矿采陷区，打造成高端生态休闲旅游区和现代服务业集聚区，提升城市品位。2016年全省106个县（市）城区人口达到1910万人，比 2016 年增加 55 万人；106 个县（市）的 117 个产业集聚区及所在县城城区常住人口合计达到 2060 万人，比 2016 年增加 107 万人，人口加快向城镇集聚，城镇承载力持续增强。

回顾既往，河南全省上下始终牢记习近平总书记嘱托，勠力同心，砥砺奋进，在抢抓机遇中乘势而上，在转型攻坚中砥砺前行，经济保持总体平稳、稳中有进，新旧动能加快转换，质量效益得到提升，基础支撑愈加坚实，竞争优势日益凸显，人民生活明显改善，综合实力显著提升，GDP 迈上 4 万亿元新台阶，稳居全国第 5 位，四年来累计完成固定资产投资超 14 万亿元，社会消费品零售总额是 2013 年的 1.6 倍，人民币存贷款余额是 2013 年末的 1.6 倍，居民人均可支配收入超 2 万元，是 2013 年的 1.4 倍。

展望未来，在新的历史起点上开启新征程，改革转型任务依然繁重，前进道路上的挑战前所未有，但拥有的机遇也前所未有，我们要牢记习总书记嘱托，强化责任、不辱使命，坚定不移地把进一步发挥优势打好“四张牌”作为谋划推动经济社会发展的根本遵循和全局任务，推动河南经济高质量发展，为决胜全面建成小康社会、建设富强民主文明和谐美丽的社会主义现代化强省不懈奋斗，在实现中华民族伟大复兴的中国梦进程中谱写中原更加出彩的新篇章。

分析预测篇

The Analytical Prediction Part

B.3
2017～2018年河南省农业形势分析与展望

李丽　李鑫*

摘　要： 2017年，河南农业经济运行总体平稳，“稳定器”和“压舱石”作用更加凸显。粮食产能稳定提升，种植业结构持续优化，畜牧业生产保持基本稳定，农业发展新动能持续增强。展望2018年，乡村振兴战略的实施将为全省农业农村发展带来重大机遇，农业经济将保持平稳发展态势，但也应关注农业效益、农村发展质量、一二三产业融合发展等问题。

关键词： 河南　农业发展形势　农村发展质量

* 李丽，高级统计师，河南省统计局农业统计处；李鑫，河南省统计局农业统计处处长。

2017 年，全省认真贯彻中央及省委农村工作会议精神，坚持稳中求进工作总基调，稳定粮食生产，持续深化农业供给侧结构性改革，调优农业产品结构，调新农村产业结构，全省农业经济呈现总体平稳、稳中有升、稳中有进的发展态势。2018 年农业发展面临一些突出矛盾和问题，但支撑增长的有利条件依然较多，河南农业仍有望保持稳定增长。

一 全省农业运行总体平稳

2017 年全省农林牧渔业增加值达4510.75 亿元，同比增长4.5%，增速比上年加快0.1 个百分点，对全省经济增长的贡献率为6.5%，比上年同期提高0.1 个百分点，农业的“稳定器”和“压舱石”作用更加凸显（见表1）。

表1 2017 年全省农林牧渔业增加值及增速

项目	增加值(亿元)	增速(%)	增速增幅(个百分点)
农林牧渔业	4510.75	4.5	0.1
第一产业	4339.49	4.3	0.1
农业	2833.84	5.3	0.1
林业	84.39	6.3	1.3
牧业	1326.60	2.5	0.3
渔业	94.66	6.4	0.3
农林牧渔服务业	171.26	9.9	0.3

（一）粮食产能稳定提升，优质小麦丰产又增收

河南始终把维护国家粮食安全的基本政治责任扛在肩上，认真落实“藏粮于地、藏粮于技”战略，持续推进粮食生产核心区建设，粮食综合产能稳步提高。

1. 粮食种植结构调整优化

河南在主要口粮作物小麦、稻谷播种面积保持基本稳定的基础上，主动调整粮食种植结构，适当调减库存较多的玉米种植面积。2017 年全省粮食

播种面积15233.23万亩，比上年减少196.00万亩。其中，小麦8212.50万亩，比上年增加14.01万亩；玉米4725.29万亩，比上年减少250.00万亩。

2. 粮食总产再获丰收

2017年夏粮产量710.80亿斤，比上年增产15.44亿斤，其中小麦709.90亿斤，比上年增产16.70亿斤，夏粮及小麦产量均超过2015年的生产水平，再创历史新高，为保障国家口粮安全发挥了重要作用。受玉米种植面积调减和玉米生产效益下降的影响，2017年全省秋粮产量为483.84亿斤，比上年减少10.12亿斤，下降了2.0%。尽管秋粮产量下降，但夏增补秋减，全年粮食总产量达1194.64亿斤，比上年增加5.32亿斤，同比增长0.5%，仍为历史第二高年份。

3. 优质小麦丰产又增收

2016年河南秋播的优质专用小麦种植面积达到600万亩，约占全省小麦种植面积的7.3%。优质专用小麦实现优质优价，收购价格高于普通小麦约0.1元/斤，按照全省小麦平均亩产432.2公斤计算，种植一亩优质小麦可多收入86.4元，比普通小麦收益高19.6%，对农民增收做出一定贡献，并带动2017年全省秋播优质专用小麦种植面积增加到840万亩。

（二）花生种植面积调增，产量快速增加

据调查，花生的种植收益是小麦的3.3倍，是玉米的7.8倍，具有明显优势。在利益驱动和政府推进优质花生政策的带动下，花生种植成为农民调减玉米后的优先选择。2017年全省花生播种面积1908.53万亩，比上年增加216.27万亩，增长12.8%，增速比上年加快7.8个百分点；全年花生产量112.68亿斤，比上年增产10.84亿斤，增长10.6%，增速比上年加快5.7个百分点。

（三）蔬菜瓜果生产面积稳定，供应总体充足

2017年全省蔬菜及食用菌播种面积2759.78万亩，比上年同期增加100.98万亩，增长3.8%；产量1666.34亿斤，比上年同期增加104.82亿斤，增长6.7%。从种植品种看，除食用菌产量下降外，叶菜类、白菜类、

甘蓝类、根茎类、瓜菜类、豆类、茄果类、葱蒜类、水生菜类产量均呈现增长态势，其中葱蒜类增长 14.5%，茄果类增长 7.7%。全省瓜果播种面积 538.92 万亩，增长 2.2%；产量 369.33 亿斤，减少 5.2%。

（四）生猪养殖保持盈利，供应持续恢复

据省畜牧局价格监测，2017 年生猪价格先降后升，总体下降。1～6 月，受生猪市场阶段性供过于求的影响，猪价持续回落；7 月份以来猪价波动回升，12 月份全省生猪平均价格 14.75 元/公斤，比年初下降 18.7%。全年猪粮比虽有下降，但仍保持在 7∶1 以上，高于盈亏平衡点 6∶1，生猪养殖保持较高盈利（见图 1）。据调查，自繁自养规模猪场出栏每头生猪收益 200 元左右。全省生猪生产稳定增长，全年生猪出栏 6220.0 万头，增长 3.6%，增速由负转正，比上年提高 6.3 个百分点；猪肉产量 466.9 万吨，增长 3.6%，增速比上年提高 7.3 个百分点。

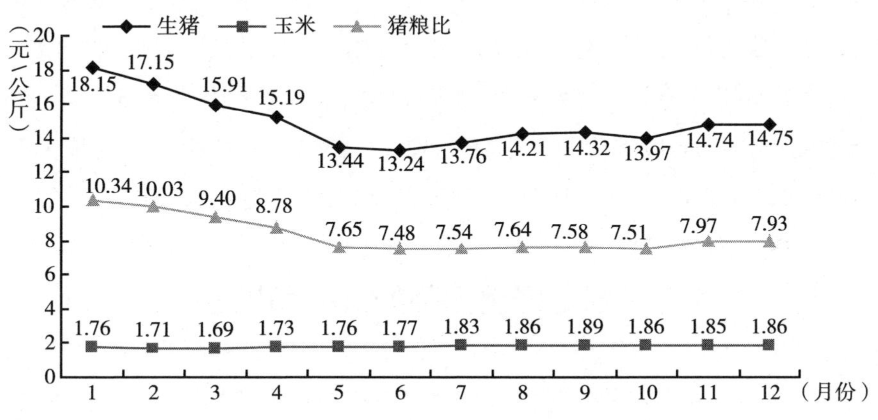

图 1　2017 年全省生猪、玉米价格及猪粮比

（五）肉牛生产基本稳定，养殖效益较好

2017 年以来，河南大力推进优质肉牛建设，37 个基础母牛扩群增量项目县新增犊牛 13.3 万头，肉牛生产基础产能进一步巩固。全年全省牛存栏

372.7 万头，同比增长 7.0%；牛出栏 233.0 万头，增长 0.8%；牛肉产量 35.0 万吨，增长 0.5%。全年活牛和牛肉价格基本稳定，育肥牛头均养殖效益在 2000 元左右。

（六）肉羊供应减少，效益扭亏为盈

由于前期活羊、羊肉价格低迷，2017 年各地小散养殖户大幅度缩减生产，全年全省羊存栏 1682.0 万只、出栏 2145.0 万只，分别下降 9.5%、1.1%；羊肉产量 26.1 万吨，减少 1.3%。受供应减少影响，5 月以来，活羊及羊肉价格持续上涨，养殖效益扭亏为盈。据测算，按照目前价格，育肥一只肉羊已可实现盈利 200 元左右。

（七）家禽养殖逐步恢复，禽肉禽蛋供给增加

前 5 个月，受供给增加、禽流感冲击等影响，全国范围内家禽产品特别是肉鸡、鸡蛋价格出现大幅下跌，养殖户严重亏损，或提前淘汰蛋鸡以减少存量、降低成本，或压缩生产规模、减少亏损。6 月以来，市场价格波动回升，蛋鸡养殖扭亏为盈，养殖户补栏积极性提高，家禽生产逐步恢复。2017 年全省家禽存栏 65019.5 万只，下降 9.0%；出栏 97437.1 万只，增长 4.3%；禽肉产量 127.9 万吨，增长 4.4%；禽蛋产量 422.8 万吨，增长 0.1%。

二　农业经济面临的挑战和机遇

下一阶段，河南农业经济发展依然是挑战与机遇并存。一方面，农业发展面临一些突出矛盾和问题，保持全省农业经济平稳发展的困难依然较多；另一方面，支撑农业增长的有利条件依然较多，农业发展新动能持续增强。

（一）农业发展面临一些突出矛盾和问题

1. 粮食生产比较效益低，农民种粮积极性不高

据河南省地调队对 40 个县 600 个农户抽样调查，2017 年全省小麦、玉

米粮食作物的亩均生产收益分别为440.7元、174.3元，明显低于外出务工收入，不利于激发农民投入粮食生产的积极性。

2. 农田水利设施依然薄弱，农业抵御自然灾害能力仍显不足

近年来，全省农田水利投资虽然持续高速增长，但全省大部分中型灌区未完成升级改造，老化失修严重，尤其是末级渠系改造投入严重不足，3150万亩低洼易涝耕地存在排水不畅问题。2017年秋收后期，河南省出现了自2003年以来最严重的秋季持续阴雨天气，降水异常偏多，导致部分已经收获的农作物（如花生、大豆、玉米等）因无法及时晾晒，出现霉变、发芽现象，“靠天收”的传统依然占主导地位。

3. 部分农产品价格波动剧烈

2017年以来，部分畜产品价格经历了忽高忽低的剧烈波动。生猪最贵时18.27元/公斤，最便宜时12.42元/公斤；鸡蛋最贵时9.16元/公斤，最便宜时4.4元/公斤，跌破历史最低点；此外，白菜、西红柿、黄瓜、青椒等部分蔬菜价格也出现了较大波动。除了受天气、疫情及病虫害影响外，供求关系是部分农产品价格剧烈波动的根本原因，信息不对称是重要原因，投机性资金是助推因素。广大普通农民单一抗风险能力较差，鸡贱伤农、猪贱伤农、菜贱伤农等事件极大影响了农民收益的稳定，增加了农业生产风险。

（二）农业发展新动能持续增强

1. 农业生产基础持续夯实

全省切实加大农业基础设施建设投入力度，在农村电网、农村公路、农田水利等领域全力推进打基础、增后劲的重点项目建设，农业生产条件有效改善。高标准粮田建设持续推进。2017年1~10月，全省建设高标准粮田457万亩；截至10月底，全省累计建设高标准粮田5814万亩，完成全部规划任务的91.3%，为保障粮食安全打下了坚实基础。农林牧渔业投资快速增长。2017年，全省农林牧渔业投资完成额2574.42亿元，同比增长19.2%，比全省固定资产投资（不含农户）增速高出8.8个百分点。重点涉农领域保障能力明显增强。农网供电保障能力持续提升，10千伏户均配

变容量由 2015 年的 1. 05 千伏安提升至 1. 78 千伏安，已有 93. 7% 的加工作坊用上了动力电。持续加大农村公路建设投入力度，截至 11 月底全省农村公路完成里程 1. 4 万公里，占年度目标的 93. 3%。

2. 新型农业经营主体逐步壮大

据河南省工商局统计，2017 年全省新设立农民专业合作社 23024 家，日均新增 63. 1 家。截至 12 月底，全省实有农民专业合作社 16. 02 万家，同比增长 14. 9%；出资总额 4915. 10 亿元，增长 14. 8%。据河南省农业厅调查，截至 10 月底全省共有家庭农场 3. 7 万家、专业大户 4. 3 万家、市级以上龙头企业 5014 家；新型农业经营主体流转土地面积达 1713 万亩，占流转总面积的 44. 5%。

3. 一、二、三产业融合发展势头良好

深度挖掘农业多种功能，加快培育农村新产业、新业态，着力构建农业与二、三产业交叉融合的现代产业体系。农业产业化集群培育取得阶段性成效。截至 2017 年底，规划培育的全链条、全循环、高质量、高效益的农业产业化集群已达 542 个，分布在全省农业领域 11 个产业、50 多个子产业，基本覆盖全省优势农产品产业和区域性特色产业。农产品加工业较快增长。发挥农产品资源优势，积极推进农产品加工转化，2017 年 1 ~ 11 月全省规模以上农产品加工企业 7960 家，实现增加值增长 9. 6%，增速快于全省规模以上工业 1. 5 个百分点；实现利润总额 1744. 47 亿元，增长 5. 3%，占规模以上工业利润的 34. 1%。农村电商高速发展。建立农业大数据中心，全面实施信息进村入户工程，既解决了“小农货”对接“大市场”的问题，又解决了贫困农村农产品“卖难”问题。据河南省商务厅监测，1 ~ 10 月全省电商进农村综合示范县建成县级电商公共服务中心 50 个、乡镇电商服务站 478 个、村级电商服务点 8304 个，覆盖 2019 个贫困村；新开网店 4. 69 万个，开展电商培训 34. 3 万人次，带动就业创业 16 万人，其中贫困人口 5. 4 万人；电商交易额 1117 亿元，农产品网络零售额 587 亿元。休闲农业蓬勃兴起。加快培育农村新产业、新业态，推进农业、林业与休闲度假、旅游观光、健康养老等的深度融合，博爱县、卢氏县被农业部认定为 2017 年全国休闲农业和乡村旅游示范县，武陟县西滑封村、西平县芦庙村等6个村被农业部认定为2017年中国最美休闲乡村。

总体上看，2018年全省农业经济运行中面临着不少有利条件，但影响农业经济运行的不利因素依然存在。只要我们坚定信心、抢抓机遇、直面挑战、迎难而上，全省农业仍有望平稳健康增长。

三 促进全省农业平稳健康增长的对策建议

2018年是实施乡村振兴战略的开局之年，是推进高效种养业和绿色食品业转型升级的攻坚之年，做好农业农村经济工作意义重大。要以实施乡村振兴战略为引领，以推进高效种养业和绿色食品业转型升级为抓手，着力提升粮食产能，着力推进“四优四化”，着力推进产业融合，进一步提高农产品质量效益和竞争力，加快现代农业强省建设。

（一）提高粮食生产效益

目前，河南粮食生产仍以散户为主，生产效率不高，应继续推进适度规模经营，鼓励耕地向种粮大户、家庭农场、农业生产经营单位等新型农业经营主体流转，提高机械化率，降低人工成本、物质费用成本等。大力推广优质专用小麦，实现专种专收专储，提高农民种粮收益。

（二）要持续加大农业投资力度

把农业基础设施建设放在更加突出的战略位置，科学规划，严密实施，扎实推进，为农业发展奠定更加坚实的物质基础。加大科技投入力度，引入和选育抗逆性强的农作物品种。扩大农业保险覆盖面，减轻自然灾害给农民带来的损失，保护农民切身利益和种田的积极性。

（三）避免农产品价格大起大落

健全重要农产品市场监测预警公共信息平台建设，进一步加强农产品生产、流通、消费各个环节的信息监测、预警和发布机制建设，密切跟踪市场形势和变化趋势，完善农产品供求和价格信息发布制度，增强调控的科学性和预见性，避免盲目调整种植结构、盲目扩大或缩小养殖业规模，确保农产品市场供给，保持农产品市场价格相对平稳发展。同时，强化农产品市场调控的物质基础，完善储备吞吐调节机制，采取投资、补贴支持等方式，引导和鼓励建立以企业为载体的重要农产品储备体系，提高应对市场波动的调控能力。还应采取措施打击对蔬菜等生活必需品的囤积炒作，完善行政立法，在法律上对炒作行为形成高压，形成完善的市场监督体制。

B.4
2017~2018年河南省工业形势分析与展望

杨森山 *

摘　要： 2017年，面对错综复杂的国内外经济形势，河南积极推进供给侧结构性改革，努力推动工业结构转型升级，工业经济运行总体平稳，新动能不断成长，呈现出结构优化、效益回升的向好态势。但目前乃至今后一段时间，河南工业仍处于转型升级的关键时期，全国宏观环境依然错综复杂，去产能政策持续推进，环保管控措施不断加力，制约工业可持续发展的因素仍然较多。本文对2017年河南省工业经济运行状况进行了分析。揭示了工业经济运行中存在的突出问题，并对2018年全省工业经济走势进行了初步判断，提出了保持工业稳中有进的政策建议。

关键词： 河南省　工业经济　转型升级

2017年以来，河南全省上下认真贯彻落实中央和省委、省政府各项决策部署，坚持稳中求进工作总基调，以供给侧结构性改革为主线，着力优化工业产业结构，全省工业经济保持总体平稳、稳中向好态势。但当前乃至今后一段时间，宏观经济形势依然错综复杂，大气治理与环保

* 杨森山，统计师，河南省统计局工业处。

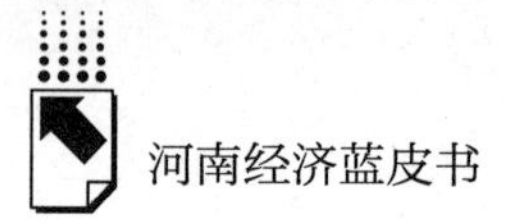

措施持续加强，结构调整任务仍然艰巨，全省工业经济增速进一步提升的空间有限。

一　全省工业经济运行平稳向好

（一）工业生产平稳增长

2017 年，全省工业增加值同比增长 8.0%，增幅较前三季度回落 0.1 个百分点，较上半年回落 0.2 个百分点，与 2016 年全年持平。从分月情况看，11 月，受鸿富锦公司新产品市场回暖、烟草增长较快等因素拉动，当月工业增加值同比增长 9.2%，为年度最高；12 月，受环保治理等因素影响，工业增加值增速大幅回落，当月增加值同比增长 7.5%（见图 1）。

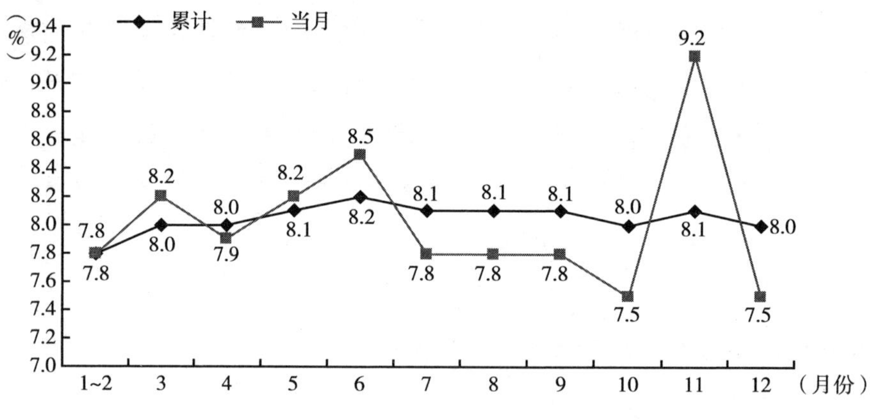

图 1　2017 年河南工业增加值分月增速

1. 近九成行业实现增长

2017 年，全省 40 个工业行业大类中，35 个行业增加值实现增长，增长面达 87.5%，较前三季度回落 2.5 个百分点，较上半年回落 5.0 个百分点。其中，金属制品机械和设备修理业、废弃资源综合利用业、家具制造业、电气机械和器材制造业、医药制造业、计算机通信和其他电子设备制造业、化学纤维制造业、纺织服装服饰业、食品制造业、燃气生产和供应业、通用设备制造业、专用设备制造业、汽车制造业、开采辅助活动、烟草制品业、仪器仪表制造业、农副食品加工业17行业较快增长，增速在10%以上，占工业增加值比重的43.0%，对工业增长的贡献率为73.5%，拉动工业增长5.9个百分点。黑色金属冶炼和压延加工业、石油加工炼焦和核燃料加工业、黑色金属矿采选业、造纸和纸制品业、石油和天然气开采业等5个行业增速同比下降。

2. 逾四成行业增速较上半年回升

与上半年相比，化学纤维制造业、燃气生产和供应业、石油和天然气开采业、黑色金属冶炼和压延加工业、皮革毛皮羽毛及其制品和制鞋业、汽车制造业、其他制造业、食品制造业、烟草制品业、有色金属冶炼和压延加工业、酒饮料和精制茶制造业、造纸和纸制品业、文教工美体育和娱乐用品制造业、化学原料和化学制品制造业等18个行业增加值增速回升，回升面为45%。其中，开采辅助活动、废弃资源综合利用业、黑色金属矿采选业、石油加工炼焦和核燃料加工业4个行业回升明显，增速回升在10个百分点以上。

3. 六成以上产品产量实现增长

2017年，全省重点监测的105种工业产品中，有66种产品产量实现增长，增长面达62.9%，较前三季度回落5.1个百分点，较上半年回落2.1个百分点。食品类产品中，鲜冷藏肉、冻肉、冷冻蔬菜、乳制品、饮料5种产品产量分别增长10.7%、11.2%、14.0%、14.9%、11.3%。化工类产品中，烧碱（折100%）、精甲醇、合成洗涤剂3种产品产量分别增长10.6%、13.1%、65.9%。建材类产品中，商品混凝土、瓷质砖、平板玻璃3种产品产量分别增长12.9%、13.8%、59.9%。装备类产品中，锻件、金属切削机床、起重机、矿山专用设备、收获机械、发电机组（发电设备）6种产品产量分别增长15.5%、12.8%、17.8%、11.9%、12.2%、21.2%。

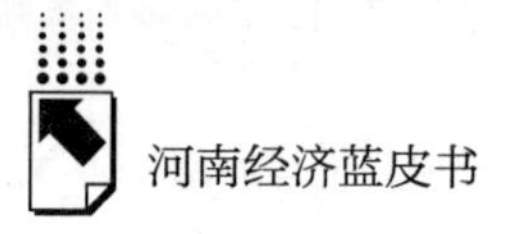

（二）供给侧结构性改革持续推进

一是去产能有效推进。2017 年，全省生铁、电解铝和水泥过剩领域产品产量同比分别下降 4.0%、4.0%和 2.6%。受“地条钢”专项整治行动影响，钢材产量同比下降 7.3%。二是去库存效果明显。2017 年 1～11 月，全省工业企业产成品存货同比增长 4.7%，增幅较上半年和前三季度分别回落 0.1 个和 1.7 个百分点。三是去杠杆持续有效。2017 年 1～11 月，全省规模以上工业企业资产负债率为 47.6%，较上半年回落 0.9 个百分点。四是企业费用有所降低。2017 年 1～11 月，规模以上工业企业每百元主营业务收入中的费用为 4.97 元，同比下降 0.16 元，较一季度和上半年分别减少 0.21 元和 0.04 元。

（三）结构调整步伐加快

1. 五大主导产业快速增长

2017 年，全省电子信息产业、装备制造业、汽车及零部件产业、食品产业、新材料产业等五大主导产业同比增长 12.1%，增速高于规模以上工业平均增速 4.1 个百分点。

2. 高技术产业快速增长，比重提高

2017 年，全省高技术产业增加值同比增长 16.8%，增速高于规模以上工业 8.8 个百分点，占工业增加值比重的 8.2%，较上半年提高 0.5 个百分点；

3. 高载能行业增速回落，比重降低

2017 年，全省高载能行业增加值同比增长 3.2%，增速低于规模以上工业 4.8 个百分点，占工业增加值比重的 32.7%，较上半年下降 0.7 个百分点。

（四）质量和效益有所改善

一是企业利润提升。2017 年 1～11 月，规模以上工业企业利润同比增长 10.3%，增幅较 2016 年提高 3.9 个百分点。二是亏损企业单位数减少，亏损额明显下降。2017 年 1～11 月，全省亏损企业 1089 家，同比减少 1.7%，较上半年减少 72 家；亏损企业亏损额 267.70 亿元，同比下降

17.8%。三是节能降耗效果明显。2017 年前三季度，全省万元生产总值能耗同比下降 6.10%，万元工业增加值能耗同比下降 8.28%。

二　河南工业平稳向好的态势有望持续

2017 年，全省工业经济延续了稳中向好的发展态势，供给侧结构性改革持续推进，工业结构不断优化，企业生产动能不断增强，工业平稳增长的基础渐趋牢固，河南工业平稳向好的态势有望持续。

（一）工业平稳增长的基础渐趋牢固

2017 年，全省非金属矿物制品业、农副食品加工业、化学原料和化学制品制造业等前十大行业占工业增加值比重的 55.1%，较三季度和上半年分别提高 0.2 个、0.6 个百分点，对工业增长的贡献率为 63.4%，拉动工业增长 4.9 个百分点，对工业经济增长的支撑作用进一步增强（见表 1）。

表 1　2017 年全省前十大行业工业增加值情况

单位：%，个

行　业	增速	比重	贡献率	拉动百分点
非金属矿物制品业	5.7	12.4	9.0	0.7
农副食品加工业	10.4	7.6	10.2	0.8
化学原料和化学制品制造业	4.5	5.4	3.0	0.2
专用设备制造业	13.3	4.8	8.0	0.6
通用设备制造业	13.5	4.8	8.0	0.6
有色金属冶炼和压延加工业	3.3	4.1	1.7	0.1
食品制造业	13.9	4.1	7.0	0.6
电气机械和器材制造业	17.6	4.0	8.4	0.7
汽车制造业	12.6	4.0	6.3	0.5
电力、热力生产和供应业	3.4	3.9	1.8	0.1

（二）符合转型升级方向的新动能快速增长

2017 年，规模以上工业中的战略性新兴产业增加值同比增长 12.1%，

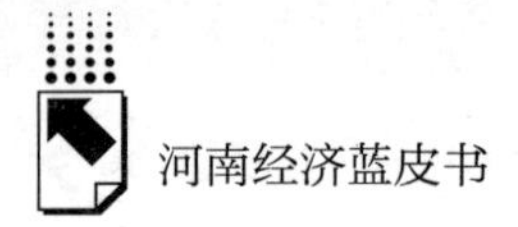

高于规模以上工业4.1个百分点，占工业比重12.1%。高技术产业和装备制造业增加值分别增长16.8%和13.4%，较同期提高1.3个和0.7个百分点，对规模以上工业增长的贡献率分别为16.7%和27.4%，同比提高0.8个和2.2个百分点。

（三）供给侧结构性改革成效逐步显现

1. 制造业增速加快，比重提升

分三大门类看，2017年，采矿业增加值同比增长3.9%，制造业增长8.5%，电力、热力、燃气及水生产和供应业增长4.3%。制造业增加值增速较采矿业和供应业分别提高4.6个和4.2个百分点，占工业增加值比重为89.1%，较上半年和一季度分别提高0.3个、0.5个百分点。

2. 大型企业对工业增长的龙头带动作用增强

2017年，全省大型企业增加值同比增长7.6%，增速较上半年加快0.7个百分点，较上年同期加快2.8个百分点，对工业增长的贡献率为32.6%，较上半年提高5.4个百分点，较上年同期提高13.1个百分点。拉动工业增长2.6个百分点，较上半年多拉动0.4个百分点。

3. 主导产业继续延续快速增长势头

2017年，电子信息、装备制造、汽车及零部件制造、食品制造、新材料等5大主导产业分别增长16.1%、13.4%、12.6%、11.0%、7.3%，对规模以上工业增长的贡献率达67.2%，拉动全省工业增长5.4个百分点，主导地位和支撑作用充分显现。

三　影响工业持续增长的因素仍然较多

2017年以来，全国宏观环境依然错综复杂，国家去产能政策持续推进，煤炭、钢铁、电解铝等过剩产能出清步伐加快，环保管控措施不断加力，影响工业持续增长的不确定因素仍然较多，全省工业生产运行压力依然较大。

（一）全国工业经济总体稳中有落

2017年，全国规模以上工业增加值同比增长6.6%，增速较上半年放缓0.3个百分点。预计今后一个时期，全国工业经济发展形势不会出现大的波动，高速增长的可能性较小。全国工业经济发展从需求端影响河南工业增长，三季度以来，全国工业经济波动起伏但总体呈回落态势，必然会对河南工业经济持续增长产生下行压力。

（二）需求形势持续走弱

2017年，全省社会消费品零售总额同比增长11.6%，增速较上半年和2016年分别回落0.4个、0.3个百分点。房地产调控等政策对河南工业需求也产生较大影响。2017年，全省房地产开发投资同比增长14.7%，增速较2016年回落13.5个百分点。从全国情况看，房地产市场高速增长难以持续，未来将以平稳增长为主，房地产投资的走弱将对以建材生产为主的行业产生不利影响。

（三）去产能、环保治理不断加力

2017年三季度以来，受国家去产能政策持续推进影响，全省煤炭、钢铁、电解铝等过剩产能出清步伐加快。在环保管控措施不断加力等因素影响下，全省传统产业生产放缓，主要产品产量下降。2017年，占全省工业比重44.2%的传统支柱产业增加值同比增长2.7%，较同期回落2.6个百分点，对工业增长的贡献率为14.9%，较同期回落15.6个百分点。受去产能等因素影响，全省小微型企业生产持续回落。2017年，全省小微型企业增加值同比增长8.2%，增速较上半年回落3.5个百分点，较2016年回落4.2个百分点。

（四）部分支柱产业增加值增速回落

1. 手机制造产业增速回落

2017年，全省通信终端设备制造业增加值同比增长7.0%，增速较2016

年回落 3.8 个百分点。全省生产手机 2.97 亿台，同比增长 14.5%，增速较 2016 年回落 15.8 个百分点。其中，生产智能手机 1.48 亿台，同比下降 14.9%，增速较 2016 年回落 23.5 个百分点。2017 年 9 月，新款苹果 iPhone8 系列产品上市销售，但市场对于 iPhone8 的需求较为疲软，销售未达到预期，受此影响，鸿富锦公司全年生产智能手机 9867 万台，产量同比下降 21.4%。

2. 汽车整车制造业增速回落

2017 年，全省汽车整车制造业增加值同比增长 7.8%，增速较 2016 年回落 5.9 个百分点。全年共生产汽车整车 47.1 万台，同比下降 9.3%。其中，新能源汽车 3.1 万辆，同比增长 17.1%；运动型多用途乘用车（SUV）28.8 万辆，同比下降 3.9%；轿车 5.5 万辆，同比下降 35.7%；客车 8.0 万辆，同比下降 12.8%。

（五）工业持续增长潜力不足

1. 工业投资增速持续低迷

2017 年，全省工业投资同比增长 3.5%，低于固定资产投资 6.9 个百分点，较 2016 年和 2017 年上半年分别回落 5.4 个和 2.8 个百分点。工业投资占全部投资的比重为 43.7%，较 2016 年降低 2.9 个百分点。工业投资对全部投资增长的贡献率为 15.7%，较 2016 年和 2017 年上半年分别回落 15.8 个和 11.4 个百分点。

2. 新增企业拉动作用有所减弱

2017 年以来，全省规模以上工业新增入库企业（含新开工投产和规模以下升为规模以上企业）2527 户，较 2017 年上半年减少 247 户，占规模以上工业企业单位数的 10.5%；实现增加值占工业比重为 2.9%，对全省工业增长的贡献率为 20.9%，较 2017 年上半年下降 8.7 个百分点，拉动工业增长 1.7 个百分点，较上半年减少 0.7 个百分点。

四　对2018年工业经济形势的判断和建议

虽然 2017 年全省工业经济增长较为平稳，但由于国内外经济环境仍然错综复杂，各种不确定因素仍然较多，河南工业经济发展机遇和挑战并存，虽有稳定增长的动力，但也面临较大的下行压力。目前，全国经济正在由高速增长阶段向高质量发展阶段转变，河南工业正处在转变发展方式、优化经济结构、转换增长动力的攻关期。2018 年，随着工业提质增效、转型升级步伐加快，全省工业经济仍将保持平稳增长态势，但增速进一步提升的空间有限。

（一）加快推进工业结构转型升级

一是积极做大做强五大主导产业。以产业高端化为目标，重点发展电子信息、装备制造、汽车等主导产业。加快智能手机向设计、研发、制造及应用服务等方向发展，提升电子信息产业产品结构，积极发展智能终端及信息通信设备。紧紧围绕航空航天、轨道交通、智能制造、海洋工程等高端制造行业，积极招商引资，合理产业布局，推动河南制造向高端制造跨越。积极补齐汽车整车制造短板，加快引入和培育更多带动力强的汽车整车制造和关键零部件总成制造的龙头企业。二是积极改造传统产业。以提高产业链配套能力、增加产品附加值为重点，立足于引进精深加工项目，延长链条、弥补短板，进一步改造提升化工、有色、钢铁等传统优势产业，推动产品向系列化、品牌化、高端化发展。

（二）积极打造工业经济新动力

一是要持续推进工业供给侧结构性改革，积极推动制度变革、结构优化和要素升级，提高劳动力、资本、技术和土地等资源要素的配置效率和使用效率，提高全要素生产率，增强供给新动力。二是大力发展新技术、新产品、新业态、新模式，通过新供给催生新需求；同时不断提升产品质量和档次，通过新需求改善供给，积极适应消费者对产品的个性化需求，创造需求新动力。三是要全面推进实施工业强省战略，大力推动《中国制造 2025 河南行动纲领》，促进全省制造业由大变强。积极拓展全省装备产业发展空间；同时顺应科技革命浪潮，大力发展高技术制造业和战略性新兴产业，加速凝成产业新动力。

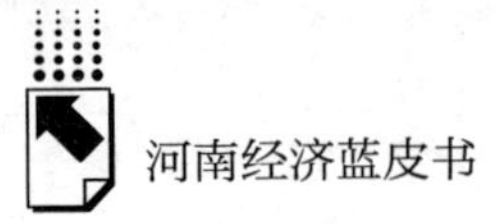

（三）积极培育新的工业经济增长级

一是努力发展智造经济。加快高端数控机床、机器人、智能制造专用装备、智能仪器仪表及控制系统等产业成长，积极培育智能装备重点骨干企业。二是努力发展地铁经济。积极谋划与地铁相关的基础建设、装备制造、电器设备、公共运营全产业链建设，筹建轨道交通装备制造集团，打造轨道交通装备产业园。三是大力推动军民融合发展、军民资源共享，重点发展航空电子、新材料等产业，争创国家级军民融合产业发展基地。

B.5
2017~2018年河南省第三产业形势分析与展望

王予荷　孟静　陈哲*

摘　要： 2017年，河南全力推进供给侧结构性改革，加强战略谋划，创新发展载体，落实加快服务业发展的各项政策措施，全面提升服务业发展规模、质量和效益，着力稳增长、保态势，第三产业总体呈现加快发展态势，为国民经济增长提供强有力的支撑。随着河南加快服务业发展的政策措施效果逐步显现，2018年服务业将保持快速增长势头。面对当前存在的问题，河南要按照服务业供给侧结构性改革总体要求，着力壮大服务业主导产业，积极培育新兴产业，全面提升传统服务业，为全省经济增长提供新动能。

关键词： 河南省　第三产业　新兴产业

大力发展服务业是河南调结构、转方式、促升级的战略重点，也是扩大就业、改善民生的内在要求。2017年，河南省委、省政府高度重视服务业发展，出台多项政策措施，各地、各部门紧紧抓住重要机遇，乘势而上，积极作为，大力推进服务业发展，服务业呈现发展提速、比重提高、水平提升的良好态势，成为全省经济发展的重要引擎和转型升级的助推器。

---

* 王予荷，河南省统计局服务业统计处处长；孟静，河南省统计局服务业统计处副处长；陈哲，河南省统计局服务业统计处主任科员。

一　2017年河南省第三产业发展状况

（一）第三产业成绩斐然，贡献份额明显提升

1. 贡献近半，第三产业成为经济增长新动能

服务业总量位次居前，增速快于全国。2017 年全省第三产业增加值 19198.68 亿元，同比增长 9.2%，高于全省生产总值增速 1.4 个百分点，分别比第一、第二产业增加值增速快 4.9 个和 1.9 个百分点。随着服务业的快速发展，三产占 GDP 的比重不断提高，产业结构进一步优化。2017 年三产占全省 GDP 的比重为 42.7%，较上年同期提高 0.9 个百分点；对 GDP 贡献率达 48.4%，高于二产 2.8 个百分点；拉动 GDP 增长 3.8 个百分点，高于二产 0.3 个百分点，三产对经济增长的拉动作用日益凸显，成为河南经济增长新动能。

2. 投资加大，第三产业成为吸引投资主领域

在加快发展服务业各项政策作用下，服务业投资已占半壁江山，增速超过工业投资和全部投资。2017 年，第三产业投资 22335.07 亿元，同比增长 15.7%，占全部投资的比重为 50.9%，投资结构“三二一”格局基本确立。第三产业中，随着河南推进国家大数据综合试验区建设实施方案和若干意见政策的出台与推进，18 家大数据产业园区和 60 个大数据领域创新平台建设加速，“互联网 +”等信息工程建设步伐不断加快，信息传输、软件和信息技术服务业投资连续四个季度增长超过 43%。民生领域投资力度加大，健康服务业投资同比增长 23.9%，科教文卫投资同比增长 16.1%，其中教育投资同比增长 39.8%，文化、体育和娱乐业投资同比增长 22.4%。

3. 转型升级，新型消费发展迅速

2017 年，全省社会消费品零售总额 19666.77 亿元，同比增长 11.6%，比上年同期回落 0.3 个百分点。其中，限额以上零售额 8182.03 亿元，增长 11.2%，同比提高 0.3 个百分点。按消费类型分，限额以上商品零售额

6671.04 亿元，增长 11.3%，限额以上餐饮收入 440.93 亿元，增长 12.6%。新兴业态发展迅速，网上零售快速增长。

新型消费发展迅速，新型商业模式蓬勃发展。传统百货加快经营模式创新，从单一购物消费主导向集购物、餐饮、文化、娱乐等体验式消费于一体的商业综合体模式转变，全省城市商业综合体共 35 家，比 2016 年增加 2 家。郑州国家信息消费示范城市建设深入推进，2017 年前三季度河南跨境电商持续增长，郑州海关累计监管跨境电商进出口清单 6040.4 万票，商品总值 77.4 亿元，分别增长 40.8% 和 72.1%。

4. 改革发力，市场主体快速增加

2017 年，河南加大简政放权改革力度，深入推进企业"多证合一、一照一码"改革，推动全省市场主体快速增长。据河南省工商局数据显示，截至 2017 年 10 月末，全省服务业市场主体达到 409.67 万户，同比增长 17.9%，占市场主体总数的 85.1%；新登记注册服务业市场主体 71.69 万户，较上年同期增加 6.73 万户，同比增长 9.4%，占全部新登记企业的 85.6%。

5. 成效明显，第三产业成为税收主要来源

2017 年，第三产业税收收入 2691.17 亿元，同比增长 14.3%，增速比上年同期高 7.8 个百分点；第三产业占全部税收的比重为 58.5%。其中，房地产业，批发零售业，金融业，公共管理、社会保障和社会组织，租赁和商务服务业五个行业，分别占第三产业税收收入的比重为 35.7%、26.4%、17.1%、5.8% 和 4.1%，合计达 89.1%，对全省服务业税收支撑作用较强，税源构成及变化反映了河南经济产业结构调整的趋势向好，成效显著。

（二）供给结构持续改善，重点领域亮点纷呈

2017 年 4 月，中国（河南）自由贸易试验区正式揭牌，定位贯通南北、连接东西的现代立体交通体系和现代物流体系，成为服务于"一带一路"建设的现代综合交通枢纽、全面改革开放试验田和内陆开放型经济示范区。2017 年，河南服务业供给结构持续改善，重点领域亮点纷呈，服务业基础

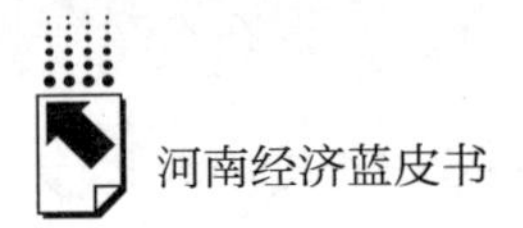

设施建设硕果累累，交通运输业发展态势良好，金融业运行持续稳健，幸福产业步入繁荣发展。

1. 固本强基，基础设施建设硕果累累

2017 年河南加大交通设施基础建设力度，累计完成交通运输业投资 2487.54 亿元，同比增长 27.9%，比上年同期提高 25.9 个百分点，占第三产业投资比重达 12.9%。铁路建设方面，郑万、郑阜、商合杭高铁如期建设，太焦高铁、郑济高铁郑州至濮阳段征地拆迁工作 2017 年 10 月底全面开工，商合杭高铁、蒙西至华中铁路、机场至郑州南站城际铁路等进展顺利，霸州至商丘、兰考至菏泽高铁、港区至许昌市郊铁路如约推进；高速建设方面，商登高速郑州境航空港至登封段建成通车，其余 15 个高速公路续建项目总体进展顺利，预计全年新开工高速公路 1000 公里；民航建设方面，郑州机场国际航线网络持续加密拓展，新开卢森堡经郑州至亚特兰大、萨拉戈萨至郑州、仁川经郑州至布鲁塞尔全货机航线，国内首条直飞台北跨境电商全货机航线，郑州至胡志明、河内国际客运航线。年内新开至莱比锡全货机航线，至墨尔本、悉尼洲际客运航线。

郑欧班列在全国率先实现满载运输、往返均衡、高频常态开行，截至 2017 年 10 月末累计开行 337 班，总货值达 43.57 亿美元，总货重 41.95 万吨。2017 年 8 月 21 日，首趟河南郑州开往德国慕尼黑的中欧班列从莆田站发车，慕尼黑成为继汉堡之后在欧洲的第二个终点站，极大增强了中欧班列（郑州）对南德和南欧地区的辐射能力，达到每周“去八回六”高频往返常态化运营。班列总载货量、货物种类、合作伙伴及业务覆盖范围、往返高频次对开等综合实力在全国中欧班列中持续保持领先。

2. 平稳增长，交通运输业发展态势良好

客货运输量和周转量保持稳定增长。2017 年，全省货物运输量 22.94 亿吨，同比增长 11.7%；货物周转量 8160.34 亿吨公里，同比增长 11.2%；旅客周转量 1945.20 亿人公里，同比增长 4.7%，邮政行业业务总量为 332.71 亿元，同比增长 42.7%，比上年同期提高 6.7 个百分点，增速首次居全国第 1 位。

航空运输业持续发展。随着郑州航空港经济综合实验区战略措施的逐步实施，郑州机场航空货邮吞吐量增速大幅提升。2017 年，全省机场旅客吞吐量2596.58 万人次，同比增长16.5%；货邮吞吐量50.51 万吨，同比增长10.1%。其中，郑州机场旅客吞吐量2225.26 万人次，同比增长17.2%；货邮吞吐量 44.78 万吨，同比增长 10.5%，货邮量在中部机场中遥遥领先。郑州机场旅客和货邮吞吐量占比分别为93.7%和99.5%。

3. “豫军”发力，金融业运行持续稳健

从2015 年河南省《政府工作报告》首次正式使用“金融豫军”这一概念，到中原银行、证券在港上市，中原农险获批筹建，中原航空港产业投资基金获批，地方金融发展呈现蓬勃生机。2017 年11 月末，金融机构本外币各项存款余额为60527.5 亿元，同比增长 9.1%，增速较上月回落 1.7 个百分点。其中，人民币各项存款余额为 59380.0 亿元，同比增长 9.3%，增速较上月回落1.5 个百分点。

各项贷款持续较快增长，金融支持实体经济力度进一步加大。2017 年11 月末，金融机构本外币各项贷款余额为42455.3 亿元，同比增长 15.4%。其中，人民币各项贷款余额为 41566.0 亿元，同比增长 14.9%。11 月末，全省人民币余额和新增存贷比（各项贷款/各项存款）分别为 70.0%和93.8%，较上年同期分别提高3.4 个、23 个百分点。

中原银行在港成功上市，注册资本金154.2 亿元高居国内城商银行第一位；棉纱期货郑商所成功上市，2017 年 8 月 18 日正式挂牌交易；龙湖金融岛外环项目整体开发加快推进，郑东新区累计入驻金融机构近300 家，郑东新区金融集聚核心功能区建设进一步扩容提质。

4. 稳步推进，幸福产业步入繁荣发展

2017 年，在一系列产业政策的引领下，河南紧紧围绕文化、旅游、体育、健康养老、教育培训等幸福产业重点领域，加大投入力度，不断提升服务品质，增加服务供给，幸福产业快速崛起，步入发展快车道。一是文化、旅游产业蒸蒸日上。成功举办开封清明文化节、南阳玉雕节、洛阳牡丹花会等文化节会，加快推进郑州、洛阳国家文化消费试点城市建设，安排 1.1 亿元财政专项资金扶持78个文化产业和新型文化业态项目。全省旅游业转型发展工作会议、“中华源”沿黄九省（区）国际精品旅游线路采购大会等推介活动成效显著，2017年上半年，全省共接待海内外游客3.41亿人次，同比增长16.8%，旅游总收入3369.05亿元，同比增长18.2%。文化产业建设取得长足发展，整体实力和竞争力不断提升。继2015年河南省文化及相关产业增加值突破1100亿元之后，2016年再次突破1200亿元大关，增加值总量居全国第九位、中部六省第二位，文化及相关产业增加值占GDP比重为3.0%，比2012年提高了0.7个百分点，占比呈逐年提高的态势，文化产业对国民经济增长的贡献稳步提升。二是健康养老转型升级。随着《河南省“十三五”健康老龄化规划》等政策文件相继出台，深入推进郑州、洛阳、濮阳等11个国家和省级医养结合试点城市试点工作逐步展开，与省内外金融机构签订开发性金融支持河南省健康养老体系建设合作协议逐步完善，截至2017年9月初，全省在建和规划中的养老产业示范园区或养老社区超过96个，养老床位总数近51万张，每千名老人拥有床位数33张。三是教育投入稳步增长。2017年前三季度，全省教育经费总投入1289.88亿元，同比增长24.1%，占一般公共预算八项支出的比重为23.7%，比上年有所提高。教育经费的逐年增加，有力地支持了教育事业的发展，全省各级各类教育规模持续扩大。民办教育和职业教育快速发展，规模以上技能培训、教育辅助及其他教育营业收入增长22.2%。

5. “两区”加速，载体建设成效显现

全省商务中心区和特色商业区营商环境持续优化，集聚能力不断提高，转型升级步伐加快。“两区”加快发展，固定资产投资快速增长，入驻企业持续增加，新业态、新模式不断涌现，实现营业收入、吸纳从业人员稳步增长。2017年1~11月，全省“两区”完成固定资产投资2498.69亿元，比上年同期增长26.2%。“两区”投资增速比全省投资增速和第三产业投资增速分别高15.6个和11.8个百分点。营商环境日益优化，“两区”吸引力增强，集聚力不断提升。截至2017年11月底，全省服务业“两区”共入驻服务业企业1.53万家，比上年同期增加1078家，增长7.6%，其中规模以上服务业企业达到4437家，同比增加1099家，增长32.9%；“两区”服务业企业从业人员达到57.07万人，同比增长38.7%。2017年全省星级以上服务业“两区”66个、营业收入超百亿元服务业集群8个，初步确定郑州国际物流园区等28个第一批省级现代服务业专业园区建议名单，郑州国际物流园、商丘豫东产业集聚区申报国家示范物流园区等项目亦蓄势待发。

（三）重点监测企业运行良好，新兴服务业快速发展

2017年，服务业重点监测的规模以上服务业企业总体运行平稳，行业结构日趋优化，新兴服务业快速发展，生产性服务业、科技服务业同步向好，对整体经济稳中向好、转型升级起到了有力支撑。1～12月，全省规模以上服务业企业达到9286家，比上年同期增加1261家，单位数在全国位居第七、中部六省第一；营业收入同比增长15.5%，比上年同期增速提高4.9个百分点。随着“互联网+”政策的持续发力和大数据战略的积极推进，互联网和相关服务、软件和信息技术服务业等新兴服务业企业蓬勃发展，1～12月实现营业收入214.45亿元，同比增长42.9%，高于全省平均水平27.4个百分点。重点领域服务业竞相发展，生产性服务业、科技服务业势头良好，同比分别增长15.1%、11.7%；战略性新兴服务业、高技术服务业孕育成长，同比分别增长8.2%、8.4%。

二　2018年第三产业形势分析与预测

（一）经济持续增长，发展后劲不断增强

从全国大环境看，在一系列改革创新举措作用下，中国经济成功战胜风险挑战，稳定运行格局继续巩固。2017年，河南省国内生产总值82.7万亿元，同比增长6.9%，经济连续10个季度运行在6.7%～6.9%的区间，增长的稳定性不断提高。第三产业增加值增速比第二产业快1.9个百分点，占国内生产总值的比重为51.6%，比第二产业高11.1个百分点；对经济增长

的贡献率达到58.8%，比第二产业高22.5个百分点，服务业主导作用持续发挥。现代服务业快速增长，前三季度信息传输软件和信息技术服务业、租赁和商务服务业增加值同比分别增长23.5%和10.5%。分享经济、平台经济、数字经济广泛渗透，新服务不断涌现，发展势头良好。

2017年11月，服务业商务活动指数为53.6%，持续处于景气区间。其中，批发业、零售业、航空运输业、装卸搬运及仓储业、邮政快递业、电信广播电视和卫星传输服务业、互联网及软件信息技术服务业、保险业等行业商务活动指数均位于55.0%以上的较高景气区间。从市场需求看，服务业新订单指数为51.2%，连续7个月位于景气区间。

（二）政策给力，积极因素不断叠加

从本地政策面看，近年来，为促进河南服务业大发展，河南省委、省政府密集出台了一系列文件，既有服务业发展的纲领性文件，又有针对服务业发展特定领域的专项文件，这些纲领和措施为河南服务业发展提供了强有力的政策支撑，河南服务业发展的大好局面已初步形成。2016年底，省政府相继出台了《河南省推进服务业供给侧结构性改革专项行动方案》和《关于印发河南省“十三五”现代服务业发展规划的通知》。2017年，省政府又下发了《关于物流业转型发展规划（2018～2020年）》、《推进健康养老产业转型发展方案若干政策和产业布局规划》、《旅游产业转型升级行动方案》等一系列专项文件，2018年政策效果将逐步释放。全省正处于大力推进经济转型，着力壮大服务业主导产业，积极培育新兴产业，全面提升传统服务业的关键时期，为全省服务行业发展提供了广阔的空间和难得的机遇。

（三）形势严峻，不利因素尚存

2018年，全省宏观经济形势仍面临较大压力。外部环境依然严峻。世界经济处于深度调整期，国内经济面临较大下行压力，服务业发展外部环境的不稳定、不确定因素依然较多，区域竞争日趋激烈。各省纷纷把加快发展现代服务业摆在重要位置，市场、资本、人才、技术等领域的竞争压力加

大，内部制约亟待破解，行业和部门条块分割依然存在，服务业发展的制度环境有待完善。创新能力、高端人才、龙头企业和知名品牌缺乏，服务业有效供给能力不足。制造业服务化步伐较慢，城镇化率和居民收入水平偏低，影响生产和生活服务需求释放。化解产能过剩、治理环境污染，依赖第二产业发展的生产性服务业行业仍受到影响。

综上所述，随着服务业供给侧改革的深入，"十三五"规划及全省经济社会发展目标的推进，河南加快服务业发展的政策措施效果逐步显现，2018年河南服务业将保持快速增长势头，预计2018年全省服务业增加值增速将保持在9%以上。

三　加快河南服务业发展的对策建议

（一）强化落实，持续推进各项服务业政策措施

围绕全省服务业"十三五"规划和《关于印发河南省推进服务业供给侧结构性改革专项行动方案（2016~2018年）的通知》，围绕省委省政府加快发展生产性服务业、生活性服务业、文化旅游产业、健康养老体育产业、信息产业、物流业、电子商务等一系列政策意见，把加快重点领域服务业发展作为拉动经济增长的重要抓手，加强监督、检查和监测，切实把省委、省政府出台的促进服务业发展的各项政策措施落实到位。密切关注服务业发展相关指标态势，加强部门间的沟通协调，确保服务业平稳较快增长。

（二）培育龙头，增强企业带动力和辐射力

针对河南大中型服务业拉动乏力、服务业百户领军企业带动力不强等现状，应进一步制定和实施有利于服务业企业发展的政策和措施，给予企业更多优惠，加强与企业对接，了解企业经营中存在的困难和问题，帮助企业破除发展瓶颈。针对目前有发展前景而发展较慢、有困难的大型服务业企业，"一企一策"，精准帮扶，切实解决企业发展中的实际问题，增强企业竞争

力和盈利能力，使企业更大更强。针对规模较小的服务业企业、大型个体户，相关职能部门要协调联动，加快推进“个转企、小升规”工作，扶持中小企业快速成长。

（三）多措并举，推动新兴服务业业态尽快形成规模

高度重视新兴服务业业态，以满足需求为导向，加快培育一批创新活力强、发展潜力大、带动作用足的服务业新业态，积极扶持“三新”企业发展壮大，为河南服务业健康发展培育新生力量。相关部门要积极出台相关政策，为新兴业态创造良好的发展环境。各地要加强对新业态的调研，密切关注以电子商务、现代服务业以及产业集聚区为代表的各类经济功能区等“三新”重点领域，特别是具有当地特色的新业态，要加强调研分析，研究建立能够反映新业态发展的统计指标体系，真实反映新业态发展状况。

总之，要以党的十九大精神为统领，认真贯彻落实党中央、国务院各项决策部署，坚持稳中求进工作总基调，更好地把握稳与进、稳与防的关系，巩固经济行稳基础；同时要站在经济长周期和结构优化升级的角度，深入推进改革创新，以改革深化增活力，以创新驱动增动能，不断提高河南服务业发展的速度、质量和效益。

B.6

2017~2018年河南省产业集聚区发展形势分析与展望

袁祖霞 司曼珈 司景贤*

摘 要： 本文通过对2017年前11个月河南全省产业集聚区发展情况，规模以上工业经济、固定资产投资运行的基本态势和特点进行分析，指出产业集聚区发展中需要关注的结构调整步伐放缓、行业支撑力度下降、投资增速回落等问题，并对2018年全省产业集聚区工业经济、投资发展的运行走势进行预判，探讨提出相关建议。

关键词： 河南 产业集聚区 运行分析 展望

2017年以来，全省深入贯彻落实发展新理念，以供给侧结构性改革为主线，强化引导，推进产业集聚区建设发展。全省产业集聚区经济运行发展总体向好，产业转型和经济结构不断优化，规模以上工业生产增速保持平稳向上、质量效益提升；投资结构不断改善和优化，制造业重点优势行业投资发展较快。但工业企业成本压力较大、投资资金趋紧、新开工大项目减少、完成投资增速持续放缓等问题需引起高度关注。

---

* 袁祖霞，高级统计师，河南省统计局副局长；司曼珈，高级统计师，河南省统计局统计监测评价考核处处长；司景贤，高级统计师，河南省统计局统计监测评价考核处副处长。

一 2017年产业集聚区发展主要指标运行良好

（一）承载能力增强，生产要素集聚

至2017年三季度末，全省产业集聚区建成区面积达到2119.42平方公里，比上年同期增加84.42平方公里，同比增长4.1%，建成区面积达到规划面积的52.6%，比上年同期提高0.1个百分点。

2017年11月末，全省产业集聚区中纳入规模以上工业、有资质的建筑业、限额以上批发和零售业、限额以上住宿和餐饮业、全部房地产开发经营、规模以上服务业（以下简称“四上”企业）统计的企业16801家，比上年同期增加607家，增长3.7%，占全省“四上”企业个数的26.5%，较上年同期降低0.1个百分点。其中，规模以上工业企业10592家，比上年同期增加360家，增长3.5%，占全省规模以上工业企业个数的44.2%，比上年同期提升0.1个百分点，占产业集聚区“四上”企业的63.0%，较上年同期降低0.2个百分点。前三季度全省产业集聚区新入驻企业单位6274家，比上年同期多739家，增长13.4%。

2017年三季度末，全省产业集聚区规模以上工业企业从业人员为458.29万人，比上年同期增加14.86万人，较全省规模以上工业多增3.5万人，同比增长4.4%；产业集聚区规模以上工业从业人员占全省规模以上工业（以下简称工业）的比重达到65.9%，比上年同期提高1.1个百分点。

（二）工业生产稳中趋升，支撑作用增强

工业生产稳步回升，2017年1～11月全省产业集聚区工业增加值同比增长12.5%，增速达到年内高点，比前三季度提高0.4个百分点，比上半年高2.2个百分点，比一季度高2.9个百分点，比年初（1～2月）高3.0个百分点，增幅高于同期全省工业增加值平均增长水平4.4个百分点，比上年同期提高0.9个百分点（见图1）。

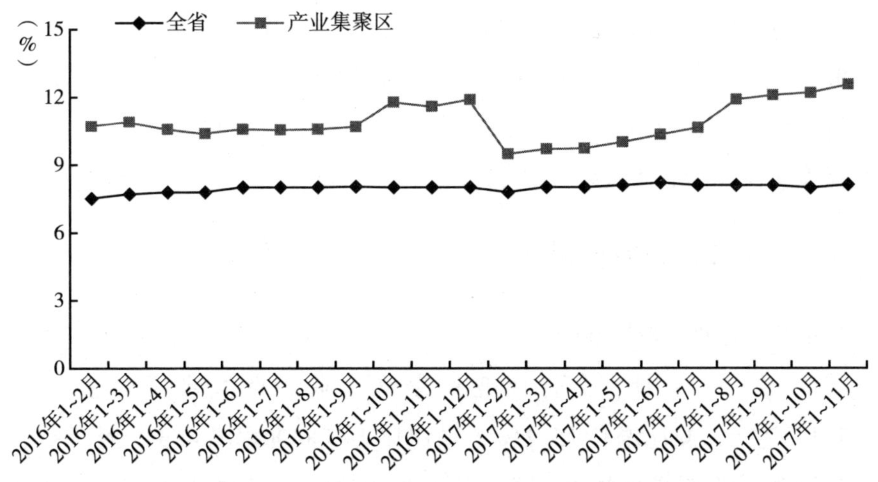

图1　全省、产业集聚区规模以上工业增加值累计增速走势

分行业看，全省产业集聚区工业行业增加值占比排前10位的行业中，8个行业的增加值保持两位数增长，7个行业快于产业集聚区工业平均增长水平，增加值增速与上年同期相比呈“三升七降”。其中，电气机械和器材制造业、食品制造业、专用设备制造业增加值增速位居前3，同比分别增长23.2%、19.4%、17.4%，增速比上年同期分别回升3.3个、回落0.6个、回升11.0个百分点；增加值占比最大的非金属矿物制品业同比增长9.2%，增速较上年同期回落2.5个百分点。制造业中，仪器仪表制造业、通用设备制造业、计算机通信和其他电子设备制造业、橡胶和塑料制品业、纺织服装服饰业、皮革毛皮羽毛及其制品和制鞋业、家具制造业等重点行业增加值增速均较上年同期有所加快。

分省辖市看，18个省辖市中，濮阳、许昌、驻马店三市产业集聚区工业增加值增长较快，增速位居前3，同比分别增长19.0%、16.9%和16.4%；有12个市增速比上年同期提高，其中许昌、济源、南阳三市提高较快，分别提高5.9个、3.6个和3.0个百分点，1个市持平，5个市增速有回落。17个市产业集聚区工业增加值增长速度快于全市工业增长水平，高的超过10个百分点。

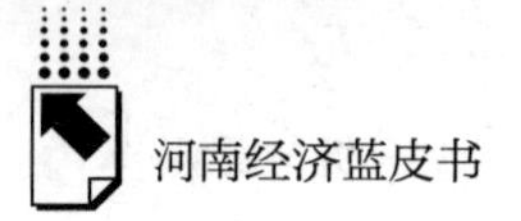

对全省工业增长的支撑作用增强。2017 年 1 ~ 11 月，产业集聚区工业增加值占全省工业增加值的比重为 63.6%，比上年同期提高 1.4 个百分点；对全省工业增加值增长贡献率达 95.1%，较上年同期提高 7.8 个百分点，产业集聚区拉动全省工业增加值增长 7.7 个百分点。

（三）工业质量效益提升

1. 主营业务收入较快增长

2017 年 1 ~ 11 月，全省产业集聚区工业企业实现主营业务收入 51415.17 亿元，同比增长 15.1%，增速比上年同期提高 4.3 个百分点，增幅高于全省工业主营业务收入增长 5.6 个百分点。从增速走势看，产业集聚区一季度工业主营业务收入增速延续了上年逐月提升的走势；进入二季度，增速开始有所下滑，到上半年下滑幅度收窄；三季度，增速止跌回升；进入四季度，增速小幅回落（见图 2）。产业集聚区工业主营业务收入占全省工业的比重为 66.6%，比上年同期提高 2.4 个百分点；对全省工业主营业务收入增长的贡献率为 100.4%，拉动全省工业主营业务收入增长 9.5 个百分点。

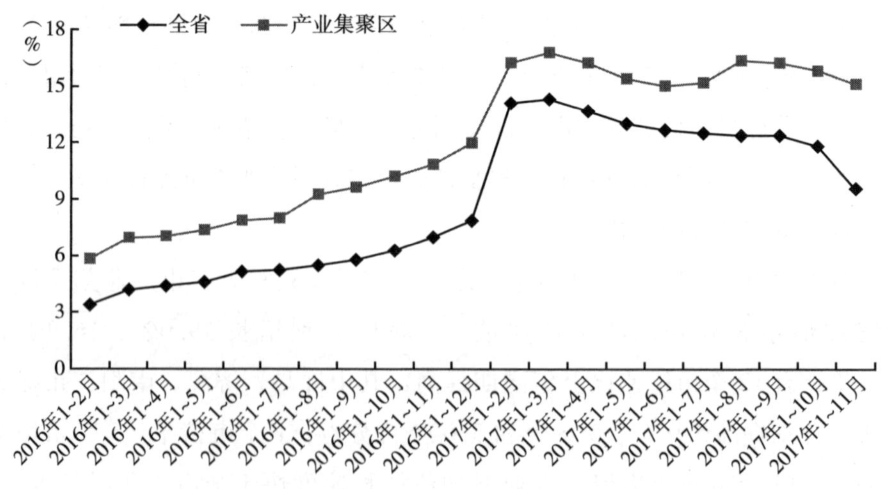

图 2　全省、产业集聚区规模以上工业主营业务收入增速走势

2. 利润总额增长达到较高水平

2017年1～11月，全省产业集聚区工业企业实现利润总额3064.35亿元，同比增长21.1%，增速在前三季度达到2014年以来最高水平后小幅回落，比前三季度回落1.5个百分点，仍比上半年、一季度高2.9个、1.0个百分点，增幅比同期全省工业利润总额增长水平高9.3个百分点，比上年同期提高10.3个百分点；产业集聚区工业利润占全省工业利润总额的比重为60.0%，比上年同期提高3.7个百分点；对全省工业企业利润总额增长的贡献率为105.5%，拉动全省工业企业利润总额增长10.9个百分点。

3. 主营业务收入利润率提高

全省产业集聚区工业企业主营业务收入利润率为5.96%，比上年同期提高0.23个百分点。每百元主营业务收入中的成本为88.58元，较上年同期减少0.13元。

（四）工业结构优化

全省经济发展进入新常态后，实现转型升级是各级政府抓经济的重中之重，产业集聚区工业内部结构持续优化。2017年1～11月，产业集聚区高技术制造业增加值同比增长16.6%，增速比产业集聚区全部工业增长高5.0个百分点，比上年同期提高2.2个百分点；高技术制造业增加值占产业集聚区工业增加值的比重为11.3%，对产业集聚区工业增加值增长的贡献率为15.9%，拉动产业集聚区工业增加值增长2.0个百分点。产业集聚区高技术制造业增加值占全省高技术制造业增加值的比重达到88.5%，对全省高技术制造业增加值增长的贡献率为96.1%，成为全省高技术制造业发展的主体。

产业集聚区中高成长性行业增加值同比增长16.3%，增速保持提升态势，比上年同期提高3.2个百分点，增幅高于同期产业集聚区全部工业增长3.8个百分点；高成长性行业增加值占产业集聚区工业增加值的比重为53.5%；对产业集聚区全部工业增加值增长的贡献率达到70.1%，拉动产业集聚区工业增加值增长8.9个百分点。其中，电子信息产业增加值增长

15.5%，装备制造业增长17.1%，汽车及零部件产业增长12.2%，食品产业增长14.9%，现代家居产业增长22.1%，服装服饰业增长18.9%。

（五）投资总量保持增长，增势明显趋缓

2017年1~11月，全省产业集聚区固定资产投资额19608.21亿元，同比增长4.1%，增速比上年同期回落10.1个百分点。从增长走势看，投资增速呈先扬后抑态势，特别是进入6月份后持续呈个位数增长且逐月下滑，全年增速回落势头明显（见图3）。产业集聚区投资占全省完成投资额的比重为49.7%，比上年同期下降3.1个百分点；对全省完成投资增长的贡献率由上年同期的55.6%下降到20.5%，仅拉动全省完成投资增长2.2个百分点。

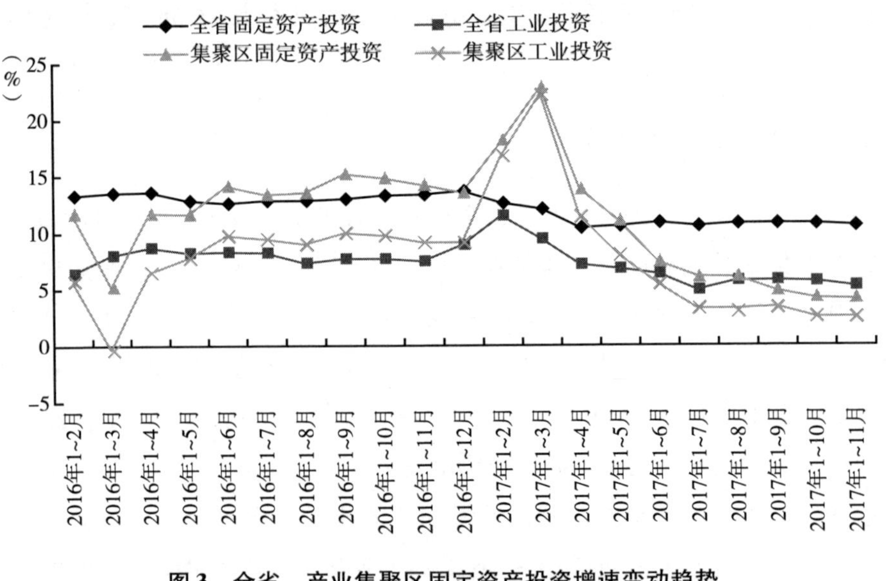

图3 全省、产业集聚区固定资产投资增速变动趋势

（六）制造业中新动能发展较好，重点行业增长较快

2017年1~11月，全省产业集聚区制造业投资11715.71亿元，同比增长1.7%，增速比上年同期回落5.9个百分点。制造业投资中，新动能产业投资发展较好，其中战略性新能源产业、新能源汽车完成投资同比分别增长

18.2%和14.1%，增速比产业集聚区制造业投资增速高16.5个和12.4个百分点；高端装备制造业投资同比增长4.0%，增速比产业集聚区制造业投资增长高2.7个百分点。从制造业主要行业看，各产业集聚区围绕主导产业集群加快重点优势产业发展，主导优势行业投资加速增长，产业集聚区家具制造业投资同比增长43.1%，专用设备制造业增长13.2%，汽车制造业增长5.2%，橡胶和塑料制品业增长22.9%，纺织业增长4.7%，产业集聚区重点发展行业完成投资保持较快增长，行业增速大幅高于产业集聚区制造业投资增长速度。

（七）民间资本活力释放，民间投资增强

随着鼓励与支持民间资本投资政策措施的进一步实施，民间资本活力释放，民间投资增长较快。2017年1～11月，全省产业集聚区民间投资额为15968.26亿元，同比增长4.4%，增幅高于产业集聚区全部投资增长0.3个百分点。民间投资增速企稳提升，在前三季度增速呈现2016年以来高于产业集聚区全部投资增速后，持续保持高于全部投资增长态势。民间投资占产业集聚区全部完成投资额的81.4%，比上年同期提高0.2个百分点；对产业集聚区投资增长的贡献率为87.2%，拉动产业集聚区投资增长3.6个百分点。

二　产业集聚区发展中需要关注的问题

（一）产业结构调整步伐有所放缓

2017年以来，产业集聚区高技术制造业增加值受制于计算机、通信和其他电子设备制造业年内移动通信手持机（手机）新产品减少、价格下降，增加值在产业集聚区增速回落、占比下降，高技术制造业增加值增速比1～2月回落1个百分点，增加值占产业集聚区工业增加值的比重为11.3%，较上年同期下降0.8个百分点，且高技术制造业中一业独大现象突出。与此同

时，高耗能行业增加值年内持续回升，1～11 月同比增长 7.4%，增速比年初提高 3.7 个百分点。

（二）部分重点行业支撑力下降

2017 年，产业集聚区中黑色金属冶炼和压延加工业增加值持续负增长，1～11 月同比下降6.6%，增速比上年同期回落5.1 个百分点，下拉产业集聚区工业增加值增长0.3 个百分点。产业集聚区重点发展行业中非金属矿物制品业、汽车制造业、纺织业、酒饮料和精制茶制造业等行业增长放缓，增加值增速同比分别回落 2.5 个、2.7 个、2.2 个、0.2 个百分点，增加值占产业集聚区工业增加值的比重较上年同期下降0.7 个、0.3 个、0.3 个、0.2 个百分点，对产业集聚区工业增长的支撑力也呈不同程度的下降。

（三）投资增速持续回落，下行压力不断加大

2017 年1～11 月，特别是进入二季度后，全省产业集聚区投资增速持续回落，前11 个月增速回落至4.1%，是产业集聚区开发建设以来的历史低点。无论是分地区还是分产业，无论是民间投资还是基础设施投资，无论是制造业还是服务业，投资增速均呈回落之势，投资下行压力不断增大。

（四）新开工亿元项目个数、投资持续下降，增长后劲乏力

2017 年1～11 月，全省产业集聚区新开工项目个数、计划总投资和完成投资同比分别增长79.0%、下降11.2%、下降9.7%，其中亿元以上项目新开工个数、完成投资分别下降18.7%、26.9%。新开工项目完成投资年内已连续处于负增长状态，特别是亿元以上项目及完成投资降幅仍在扩大，投资增长后劲乏力。

（五）投资资金来源日益趋紧

2017 年1～11 月，全省产业集聚区本年到位资金 18697.65 亿元，同比增长1.9%，增速虽在持续7 个月回落后有所回升，但仍低于1～4 月8.8 个

百分点，比上年同期低10.3个百分点，增幅低于同期完成投资增长2.2个百分点。投资资金增速回落，资金来源趋紧明显，且到位资金增长与同期完成投资增长速度差距呈扩大趋势，对投资增长产生不利影响。

三 2018年产业集聚区发展展望

2017年，国内市场及信心预期向好，在9月份全国制造业采购经理指数达到2012年5月以来的最高点52.4%，非制造业商务活动指数为2014年6月以来的最高点55.4%；11月份均持续在次高位，制造业采购经理指数高于年均值0.2个百分点，非制造业商务活动指数高于年均值0.3个百分点；消费者信心指数稳步上升，11月份消费者信心指数达到近年以来的新高，国内经济发展预期保持在较为乐观区间，处于近年来的较好水平。河南经济运行总体平稳、稳中向好发展态势的基本面不会改变，有序推进供给侧结构性改革，围绕提高质量效益、强化转型攻坚任务，预计产业集聚区工业主要指标将保持提升态势，投资总量增加，增速低位将会企稳。

展望2018年，全球经济发展格局仍将错综复杂，有利和不利因素相互交织。从有利因素看，国际市场需求将延续缓慢复苏态势，世行及其他经合组织上调中国经济增长，中国发展的软实力在国际上进一步增强，特别是11月份中美元首北京会晤，双方达成了丰硕的经贸成果，这将减少中国对外贸易中双边及多边贸易摩擦，促进经贸合作。国内将大力实施党的十九大提出的各项战略，深化供给侧结构性改革，持续推进减税降费措施，降低制度性交易成本政策显效，加快发展实体经济，推动经济优化升级，中国经济稳中向好态势会进一步巩固扩大。河南将继续坚持稳中求进工作总基调，着力发挥优势打好“四张牌”，聚力产业结构优化升级，着力稳定工业经济增长，扩大有效投资，着力增强发展新动能，提高质量效益。从不利因素看，外部环境仍然存在许多不稳定、不确定因素，如美国“缩表”进程加快可能对新兴国家资本金融市场产生冲击；日益加剧的贸易保护形势、持续发酵的全球债务风险、地缘政治风险等。国内经济深层次结构性矛盾仍然比较突出，传统过剩产能仍未出清。河南经济转型升级任务依然艰巨，产业层次偏低、产品附加值低、企业成本偏高，投资减弱、结构欠优，特别是工业投资不足，主导产业中的装备制造、食品制造、新型材料制造投资下降，不利于全省产业结构调整和转型升级发展，经济下行压力依然较大。

综合分析，预计2018年产业集聚区经济将继续保持较快发展，工业增加值增长速度在10%以上，工业效益提升，主营业务收入利润率达到6%以上，全年工业主营业务收入超6万亿元；固定资产投资总量增加，完成投资增长在7%左右，工业技改投资、高技术行业投资加快增长，制造业投资占全省制造业投资的比重超过80%。

四　促进产业集聚区发展的几点建议

（一）优化企业经营环境

便捷高效的政务环境是经济顺畅发展的先决条件，深入推进“放管服”改革，清理调整审批事项，让企业办事更方便、更快捷。产业集聚区管委会及各经济主管部门要形成合力，共同助力于企业的培育，协调解决企业生产经营中存在的困难和问题。加大帮扶企业力度，引导帮助企业用足用好降成本等政策措施，帮助企业降低运营成本，减轻企业负担；在融资、用工、土地等方面给予帮助和协调，切实解决企业发展难题，扶持企业尽快达产增效。

（二）坚持深化供给侧结构性改革

强力推进提质增效，抢抓供给侧结构性改革、市场供需关系改善和部分领域风险压力有所减缓契机，加快技术创新步伐，推进产业转型升级，推动传统产业优化升级改造，转变发展方式，调整增长动力。

（三）努力扩大有效投入

研究建立涵盖土地、税收、资金等方面的一揽子产业项目吸引政策，进一步强化预期管理，利用产业规划、政策引导、激励机制等多种方式稳定企业家发展信心，营造好的投资营商环境和产业发展环境，激发民间投资潜力和创新活力。加大招商引资力度，筹划重大建设项目，做好增量引进，储备和落地一批投产快、效益好的产业项目，努力保持投资较快增长。

（四）聚焦发展重点，加大投资结构调整力度

全省产业集聚区建设发展以来，产业集聚区中基础设施建设基本完善，工业基础初具规模，年完成投资额已达到2.2万亿元左右，在经济发展进入新常态的形势下，要在如此大的投资基数上依靠规模扩张保持较高的增速已较困难，也易造成重复建设、产能过剩、资源浪费，关键要优化产业集聚区投资结构、提高投资效益，着重抓好有效投入，加快发展动力转换。要结合河南制造业发展实际，在产业集聚区精心谋划实施一批技术改造和创新项目，鼓励和引导企业加大技术改造投入力度，发挥各级技改专项资金的激励作用，实施一批投资规模及产业关联度大、带动作用强、技术水平高、市场前景好的重点技术改造项目，进一步提升产品的质量品质和企业生产效率。

B.7

2017 ~2018年河南省固定资产投资形势分析与展望

顾俊龙　邱　倩*

摘　要： 十八大以来，河南固定资产投资围绕稳增长、调结构、补短板、惠民生的实际需求，着力扩大合理有效投资，固定资产投资平稳快速增长，投资结构进一步优化，投资建设成果丰硕。同时，市场预期仍不乐观，经济运行中的不稳定、不确定因素逐步增多，投资增长的内生动力仍然不足，投资总量偏大、投资效率低的问题突出，持续快速增长难度越来越大。本文对2017年及十八大以来河南固定资产投资运行状况进行了分析，揭示了投资运行中存在的突出问题，并对2018年固定资产投资走势进行了初步判断。

关键词： 河南　固定资产投资　投资结构

十八大以来，面对复杂的外部环境和繁重的发展任务，河南把扩大合理有效投资作为推进供给侧结构性改革、促进经济平稳健康发展、提升中长期发展潜力的重要抓手，着力促进固定资产投资持续稳定增长，投资建设成果丰硕，在促进社会经济协调发展中发挥了关键作用。但当前投资增长的内生动力不足，投资总量偏大、投资效率低的问题突出，下行压力依然较大。

* 顾俊龙，博士，河南省统计局固定资产投资处处长；邱倩，河南省统计局固定资产投资处副处长。

一　固定资产投资运行的主要特征

（一）有效投入不断增加

十八大以来，河南固定资产投资持续快速增长，规模不断扩大，为全省经济发展奠定了坚实的基础。从投资规模增速看，2013～2016年，全社会固定资产投资年均增长18.3%。其中，固定资产投资（不含农户，下同）年均增长19.2%。从投资对经济贡献看，2013～2016年，全省投资对经济增长的贡献率达74.7%，拉动经济增长3.8个百分点以上，固定资产投资增长有力支撑经济平稳运行，拉动全省经济总量提升。但纵观近几年投资增长形势，增速总体上呈逐年下行态势（见图1）。

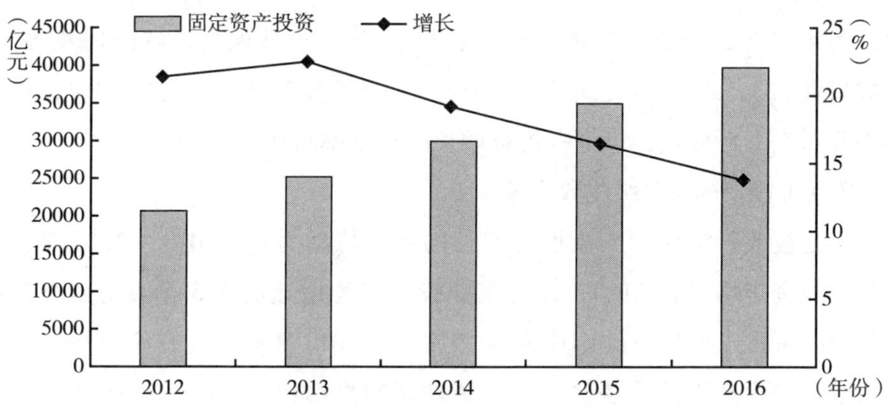

图1　2012～2016年河南省固定资产投资走势

2017年，在供给侧结构性改革政策的推动下，河南实施“5818”扩大有效投资行动和百城建设提质工程，加大对基础设施、创新能力建设等补短板重点领域的投入力度，固定资产投资保持稳健增长。2017年，固定资产投资43890.36亿元，比上年增长10.4%，增速高于全国平均水平3.2个百分点，投资总量位居全国第三。

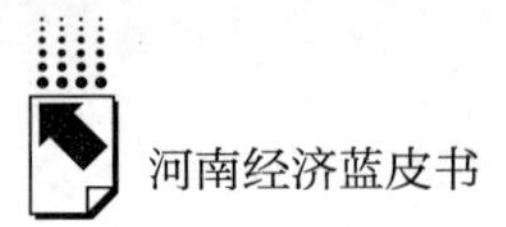

（二）产业投资优化升级

1. 三次产业投资比重更趋优化

2013～2016 年，三次产业投资年均增长分别是 25.1%、15.5% 和 23.0%。2016 年，三次产业的投资结构为 4.9∶46.6∶48.5，第三产业投资的比重较 2012 年提升 5.8 个百分点，第二产业投资比重则回落 7.1 个百分点，第三产业投资比重代替第二产业成为三次产业投资结构中最高的，投资结构先行调整为“三、二、一”结构。

2017 年，三次产业投资增速呈“一、三、二”格局。第一产业投资高速增长，完成投资 2382.58 亿元，比上年增长 23.3%；占全部投资的比重为 5.4%，较上年提高 0.5 个百分点。第二产业投资增速持续回落，完成投资 19172.7 亿元，增长 3.5%，增速较上年回落 5.5 个百分点，比一季度、上半年、前三季度分别回落 5.9 个、2.7 个和 2.2 个百分点；占全部投资的比重为 43.7%，较上年下降 2.9 个百分点。第三产业保持较好的增长势头，完成投资 22335.07 亿元，增长 15.7%；占全部投资的比重为 50.9%，较上年提升 2.4 个百分点，对全省投资增长的贡献率高达 73.4%。

2. 工业投资转型升级成效显著

一是技改投资成为工业投资增长的重要拉动力量。2013～2016 年，工业技改投资年均增长 21.0%，比工业投资年均增速高 5.5 个百分点，2016 年技改投资占工业投资的比重为 10.9%，比 2012 年提高 3.9 个百分点。二是代表先进生产力的装备制造业投资增速明显加快。2013～2016 年，装备制造业投资年均增长 18.3%，比工业投资年均增速高 2.8 个百分点；2016 年装备制造业投资占工业投资的比重为 22.4%，比 2012 年提高 2.0 个百分点。三是产能过剩行业投资呈下降态势。钢铁、水泥、铝冶炼、平板玻璃和金属船舶制造业五大产能过剩行业投资占比逐渐减少，整体呈下降态势，2013～2016 年，五大产能过剩行业投资年均下降 9.2%，占工业投资的比重分别为 2.7%、2.5%、2.1% 和 1.1%。

2017 年，工业投资完成 19190.97 亿元，比上年增长 3.5%。其中，工业企业技术改造项目投资增长47.5%，比全部工业投资增速高44个百分点，比上年加快10.5个百分点；占工业投资的比重为15.6%，较上年提升4.7个百分点，成为带动工业投资增长的最主要力量。工业领域化解过剩产能工作扎实推进，2017年，五大产能过剩行业投资比上年下降20.4%，其中钢铁、平板玻璃、水泥投资分别下降1.1%、73.3%和77.8%。

3. 技术进步投资快速增长

深入贯彻国家创新驱动发展战略纲要，实施创新驱动发展，增加创新科技投入，促进新产业、新业态加快成长。2013～2016年，高技术产业投资年均增长23.2%，比全部投资年均增速高4.0个百分点；其中，高技术服务业投资年均增速高达37.7%，比全部投资年均增速高18.5个百分点；高技术制造业投资年均增长20.0%，比全部投资年均增速高0.8个百分点。新动能加速培育，大量新兴产业项目建成投产，2016年全省高技术产业增加值增长15.5%，高于全省工业增速7.5个百分点。新能源汽车产量比上年增长29.1%，风力发电增长26.7%，太阳能电池、卫星导航定位接收机、环境污染防治专业设备等产品产量均快速增长。

2017年，高技术产业投资完成2733.22亿元，比上年增长10.2%，占全部投资的比重为6.2%。其中，高技术服务业投资高速增长，完成906.82亿元，增长37.7%，比全部服务业投资增速高22个百分点。

（三）补短板、惠民生领域不断增强

1. 基础能力建设加快实施

紧贴稳增长、调结构、补短板、惠民生的实际需求，不断增加基础设施领域投入，补短板效应凸显。2013～2016年，基础设施累计完成投资19159.83亿元，年均增长23.4%，比全部投资年均增速高4.2个百分点；2016年占全部投资的比重为17.0%，比2012年提高3.6个百分点。其中，交通运输业投资年均增长19.3%；电力、燃气及水的生产和供应业投资年均增长27.0%；水利管理业投资年均增长23.0%；信息传输业投资年均增长28.1%，生态保护和环境治理业投资年均增长47.3%，公共设施管理业投资年均增长21.4%。

2017年，随着百城建设提质工程、环保水利、公共服务设施、现代交通体系等建设加快推进，全省基础设施投资高位加速。全省基础设施投资完成8831.39亿元，比上年增长30.4%，比全部投资增速高20个百分点。基础设施投资对全省投资增长的贡献率为49.8%，拉动全省投资增长5.2个百分点，是支撑投资增长的主要力量。其中，交通运输业和邮政业投资增长39.4%；电力、燃气及水的生产和供应业投资增长12.3%；水利管理业投资增长19.8%；信息传输业投资增长54.6%；生态保护和环境治理业投资增长78.3%；公共设施管理业投资增长34.7%。

2. 民生领域投入力度不断加大

坚持不断加大民生领域投入力度，有效供给持续增加，人民生活不断改善。2013～2016年，公园和旅游景区管理业投资年均增速高达54.5%；文化及相关产业投资年均增长44.9%；随着全民健身、群众性体育活动广泛开展，医学研究及保健、养老服务等产业需求旺盛，健康服务业（含体育、健康及养老）领域投资年均增长25.3%。2017年，旅游、文化、教育、健康等相关领域投资保持良好增长态势，健康服务业投资同比增长20.0%；旅游及相关产业投资增长27.8%；文化及相关产业投资增长20.0%；教育和体育投资分别增长43.0%和57.4%。

（四）住房保障有效推进

住房是最大的民生，近年来，全省商品房、廉租房、公租房、城中村改造安置加快建设，住房保障进一步改善。2013～2016年，房地产开发投资累计完成19217.53亿元，年均增长19.2%；房屋累计销售面积35052.49万平方米，年均增长16.0%。2016年全省城镇居民人均拥有房屋面积为42.2平方米，比2012年增长7.5平方米，城乡居民的住房条件显著改进，居住面积大幅增加，居住环境大幅改善，逐步实现了从“居者忧其屋”到“居者有其屋”的转变。

2017年，全省房地产开发投资完成7090.25亿元，比上年增长14.7%，增速高于全国平均水平7.7个百分点，居全国第五位；房地产开发投资占全部投资的比重为16.2%，对全省投资增长的贡献为22.0%，拉动全省投资增长2.3个百分点，有力地支撑了全省固定资产投资增长。

（五）民间投资稳步回升

全省认真贯彻落实国家决策部署，采取一系列措施和做法，促进民间投资健康发展。2013～2016年，河南民间投资累计完成107147.89亿元，年均增长20.0%，比全部投资增速高0.8个百分点；占全部投资的平均比重为82.5%，比2012年提高1.6个百分点。

2016年，全省民间投资仅增长5.9%，为2001年来的最低点，结束了多年以来大幅领先的状况。针对民间投资增速大幅下滑的严峻形势，河南及时出台实施促进民间投资健康发展的26条措施，帮助民营企业稳定发展预期、增强投资信心。随着促进民间投资的政策效应不断显现，民间投资持续低位徘徊的不利局面得到扭转，2017年，民间投资完成34276.03亿元，增长9.1%，较上年加快3.2个百分点。

二　2018年固定资产投资运行形势展望

展望2018年，各种积极因素有力支撑投资增长，同时，制约投资增长的因素也不容忽视。初步预计，2018年河南固定资产投资总体上仍将保持稳定增长的态势，但增速较2017年明显放缓。

（一）支撑河南投资增长的有利因素

河南仍处在工业化、城镇化加速发展时期，今后一段时间内，扩大有效投资仍然是稳定经济增长的关键手段，固定资产投资保持一定的增长速度是河南经济发展的现实需求，也有着客观的支撑因素。从投资空间上看，国家“一带一路”战略加快推进，郑州－卢森堡“空中丝绸之路”建设全面展开，“三区一群”建设和“四大攻坚战”深入实施，全省战略规划和平台的组合叠加效应日益明显，有利于拓展投资新空间。从投资潜能上看，全省将深入推进脱贫攻坚、百城建设提质工程、产业转型攻坚、补短板等工作，持续加大在创新能力建设、民生保障、基础设施、产业升级、生态环保、棚户区改造等领域的投入力度，形成新的投资增长动力。从项目支撑上看，随着全省新型城镇化进程加快和“四项重大项目促进计划”组织实施，以及一批全局性、带动性、标志性的重大项目持续落实实施，全省新开工项目持续下滑的压力将得到有力缓解，对2018年全省投资增长形成较强的支撑。从投资环境上看，投融资体制改革深入推进，核准权限进一步下放，投资环境将进一步优化，企业投资活力将得到进一步激发。

（二）稳定增长面临较多困难和问题，下行压力加大

在外部环境复杂和经济下行压力加大的背景下，目前，市场预期仍不乐观，经济运行中的不稳定、不确定因素逐步增多，固定资产投资稳定增长的基础还不牢固，持续快速增长难度越来越大。

1. 投资增长动力不足，新开工项目不足

2017年，新开工项目计划总投资仅增长2.0%。其中亿元及以上新开工项目较上年同期减少1029个，计划总投资、完成投资同比分别下降14.2%和23.0%。新开工项目是影响后期投资走势的先行指标，新开工项目不足尤其是亿元及以上新开工项目不足，将对2018年投资增长带来不利影响。制造业投资增速低迷。受部分产品结构不优、竞争能力不强，原材料成本、财务成本、人力成本居高不下，环保成本上升、市场销售难和企业盈利空间变小的多重影响，企业投资意愿不强，全省制造业投资增速低迷。2017年，全省制造业完成投资16739.77亿元，比上年仅增长3.1%，处于1999年以来的最低水平，增速分别低于全省投资、工业投资增速7.3个和0.4个百分点；占全省工业投资的比重为87.2%，较上年同期下降0.4个百分点。制造业占工业投资比重高、增速低，是下拉全省工业投资以及全部投资增速的最主要原因。

2. 转型升级任务艰巨

一是五大主导产业投资负增长。代表工业转型升级方向、需着力发展壮大的五大主导产业投资下降5.7%。二是技术改造、高技术制造业投资规模偏小。2017年，工业技术改造投资占全省工业投资的比重为15.6%，远低于全国45.5%的平均水平；规模和比重既低于广东、江苏、浙江、山东等工业大省，也低于工业经济总量小于河南的安徽、湖南、湖北等省份，规模仅相当于安徽省的40.7%、湖南省的一半。高技术制造业投资占全省工业投资的比重为9.5%，低于全国平均水平1.8个百分点。三是高耗能行业投资增长仍然较快、占比较高。受钢铁、有色、水泥等产品价格回升较多影响，高耗能行业投资增速加快。2017年，高耗能行业投资增长4.6%，高于全省工业投资1.1个百分点，占全部工业投资的比重为26.5%，对全省工业投资增长的贡献率达34.3%。目前，河南工业投资增长仍主要靠高耗能等行业拉动，代表工业转型升级方向、需要着力发展壮大的新型产业投资增速下降，新生动能还不能充分发挥替代作用，新旧动力青黄不接，投资结构调整任重道远。

3. 政策约束趋紧

房地产市场调控政策因素。2017年，河南房地产开发投资虽然增长较快，但增速自四月份开始持续回落，回落幅度超过10个百分点，房地产开发投资对全省投资增长的支撑作用也明显减弱，对全部投资增长的贡献率由年初的35.1%逐步降低至22.0%。房地产调控政策效应持续传导，决定后续投资增长的先行指标房屋新开工面积、土地购置面积分别下降6.9%和7.1%，资金保障日显不足等多因素交织，对2018年房地产开发投资的稳定增长造成较大压力。环保治理政策因素。随着大气环境治理和生态环境保护力度持续加大，不仅部分新开工项目迟迟不能开工，也影响在建项目的施工进度。特别是处在京津冀大气污染传输通道的郑州、新乡、焦作等7市首当其冲，项目建设受到直接影响，对全省投资增长带来压力，这一状况短时间内难以改变。“去产能”政策因素。钢铁、水泥、有色、煤炭既是河南传统优势产业，也是持续推动“去产能”的主要对象，这些行业的投资将进一步受到限制。土地政策因素。土地政策严紧，土地变更不到位，土地审批时间长，环评极其严格，影响到部分项目无法及时落地或项目不能按时开工。

4. 资金保障趋紧

实际到位资金增速长期低于投资增速，资金增速与投资增速的差距拉大。2017 年，全省建设项目投资实际到位资金增长 8.9%，较上年同期回落 3.3 个百分点，比全省投资增速低 1.5 个百分点。资金来源渠道主要依靠企业自筹，自筹资金占到位资金的比重高达 79.4%，正规的金融体系远远不能满足企业的现实需求。银行贷款低速增长，2017 年，银行贷款同比增长仅 0.3%，建设项目获得银行贷款的难度加大，企业普遍感到资金紧张，融资难、融资贵问题普遍存在，投资资金不足的问题一直制约着投资增长。

5. 投资总量偏大、投资效率低的问题突出，制约着投资快速增长

从投资总量上看，自 2003 年以来，河南固定资产投资以年均 29.0% 的速度高速增长，目前总量居全国第三位、中部第一位。2017 年投资总量位居河南之前的山东、江苏分别增长 7.3% 和 7.5%，为个位数增长。可以看出，随着投资规模的扩大，继续快速增长的难度也在加大。从投资效率上看，一般而言，投资与 GDP 之比超过一定比率后继续上升，反映了投资拉动经济增长的效果变差，固定资产投资中的无效投资增多。近年来，河南固定资产投资占国内生产总值的比重不断提高，2017 年超过全国平均水平 21.2 个百分点，投资效率低的问题较为突出。

三　未来投资领域的几点建议

下一阶段，我们要全面贯彻党的十九大精神，落实省委省政府打好“四张牌”、推进“三区一群”建设、实施“四大攻坚战”等重大决策部署，按照推进供给侧结构性改革要求，更加注重投资质量、效益和结构，扩大合理有效投资，更好地发挥投资对经济增长的关键作用。

（一）加强项目储备

围绕国家重大工程、中央预算内投资等，支持重点领域，瞄准关键领域和薄弱环节，在产业转型升级、基础能力提升、科技创新、民生保障、脱贫攻坚、生态环保等领域谋划实施一批重点项目，并且尽快完善前期条件，建立快速审批通道，加快开工建设。

（二）加快项目建设进度

加强项目建设督导督查，抢赶工期，确保重点项目完成全年建设目标。兼顾经济发展与环境保护，分类施策，有的放矢，主动化解环保等不利因素，尽量减少停工歇工时间，保证项目建设进度。

（三）加大招商引资工作力度

始终把开放招商作为稳增长促转型的重大举措，持续深化“放改服”改革，积极培育以“亲”、“清”为特征的新型政商关系，主动服务，减少审批，简化流程，降费减负，进一步优化投资环境，力争引进更多更好的项目。通过大力引进实体经济项目，逐步摆脱投资增长主要依靠房地产投资和基础设施投资拉动的格局。

（四）强化资金保障

突出重点领域金融支持，围绕全省重大战略、重点项目、重点企业和短板领域，加强与各金融机构总部战略合作，争取驻省金融机构对主要项目的资金支持，扩大融资规模。配合有关部门在全省范围内继续组织实施金融服务专项活动，向金融机构推介优质民间项目，着力解决抽贷、断贷、压贷、倒贷、惜贷等突出问题，切实保障国家向中小微企业倾斜的各项政策落到实处。

B.8
2017 ~2018年河南省消费品市场形势分析与展望

赵 杨 董 军 周文瑞*

摘 要： 十八大以来，河南扎实推进“稳增长、调结构、促改革”各项政策落实，积极推动消费结构优化升级，消费品市场不断扩大，新型消费快速发展，居民消费水平稳步提高。2017年，全省消费品市场平稳发展，全省社会消费品零售总额19666.77亿元，增长11.6%，较2016年稍有回落。展望2018年，河南消费品市场面临着汽车等传统消费拉动作用减弱、新的消费热点形成尚需一定时间等诸多方面的压力。但只要全省上下坚定贯彻中央与省有关决策部署，全省消费品市场仍有望保持稳中趋缓的态势。

关键词： 河南省 消费品市场 平稳发展

党的十八大以来，在以习近平同志为核心的党中央坚强领导下，河南认真贯彻落实稳增长、促消费的各项政策措施，以需求为导向持续推进供给侧结构性改革，新型消费增长迅速，消费品市场平稳发展。

---

* 赵杨，高级统计师，河南省统计局贸易外经统计处处长；董军，河南省统计局贸易外经统计处副处长；周文瑞，河南省统计局贸易外经统计处。

一　十八大以来全省消费品市场发展情况

（一）消费品市场较快增长，市场规模持续扩大

十八大以来，河南消费品市场保持11.5%以上的较高增速，市场规模持续扩大。2017年，全省实现社会消费品零售总额19666.77亿元，比2012年增长80.2%，2013～2017年年均增长12.5%，高于同期全国平均增速1.2个百分点。

（二）城乡市场同步发展，区域结构不断优化

城乡市场较快发展，市场规模不断扩大，乡村市场持续快于城镇。2013～2017年，城镇市场社会消费品零售总额年均增长12.2%，乡村市场年均增长13.8%，高于城镇1.6个百分点。2017年，乡村市场占全省消费品市场18.4%，比2012年提高1个百分点。

（三）消费水平不断提高，消费升级类快速发展

随着城乡居民收入持续提高，商品供应品种增多、质量提高，人民消费理念转变，消费水平提高，消费结构进一步优化。

1. 住行类和高档消费品类商品占比提高

2017年，反映居民消费水平提高的汽车类、家具类和建筑及装潢材料类分别占限上商品零售额的31.4%、2.7%和1.4%，占比分别比2012年提高3.0个、0.6个和0.4个百分点。高档消费品的金银珠宝类和化妆品类分别占比2.0%和1.8%，分别比2012年提高0.6个和0.4个百分点。

2. 消费升级类商品增长迅速

反映居民消费质量提升的消费升级类商品增长迅速。2013～2017年，体育娱乐用品类、电子出版物及音像制品类和中西药品类年均分别增长20.2%、20.1%和15.0%，分别高于同期限上商品零售额增速8.3个、8.2个和3.1个百分点。

（四）新商业模式不断涌现，网上零售快速发展

随着经济持续增长和人们消费水平不断提高，集商品销售、餐饮、文化、娱乐等于一体的城市商业综合体不断涌现。2016 年末河南共有 35 家城市商业综合体纳入统计，其中 2013 年以来新开业 17 家，占商业综合体总数的 48.6%。同时，网上零售发展迅速。随着信息化程度不断加深，物流业快速发展以及电子移动支付方式便捷化，线上线下交易加快融合，河南网上零售额增长迅速且呈加快发展趋势。2016 年，河南网上零售增长 47.2%，比 2015 年提高 10.4 个百分点，实物商品网上零售额占社会消费品零售额的 3.6%，比 2015 年提高 0.9 个百分点。2017 年以来，河南网上零售额增速保持在 60% 以上。2017 年，实物商品网上零售额占社会消费品零售总额的 5.0%，比 2015 年和 2016 年分别提高 2.3 个和 1.4 个百分点。

二　2017年全省消费品市场运行情况

2017 年，全省社会消费品零售总额 19666.77 亿元，增长 11.6%，比 2016 年同期回落 0.3 个百分点。增速高于全国 1.4 个百分点，居全国第 8 位、中部六省第 3 位。其中，限额以上零售增长 11.2%，比 2016 年同期提高 0.3 个百分点。

2017 年 12 月份，全省社会消费品零售总额 1903.61 亿元，同比增长 11.4%，增速比 2016 年同期回落 1.5 个百分点。其中，限额以上零售额同比增长 10.6%，比 2016 年同期回落 2.5 个百分点。

（一）住宿业明显提高，零售业小幅回落

2017 年，全省批发和零售业零售额同比增长 11.6%，比 2016 年同期回落 0.3 个百分点（见图 1）。其中，批发业增长 10.7%，提高 0.1 个百分点；零售业增长 11.6%，回落 0.5 个百分点。住宿和餐饮业零售额增长 12.7%，

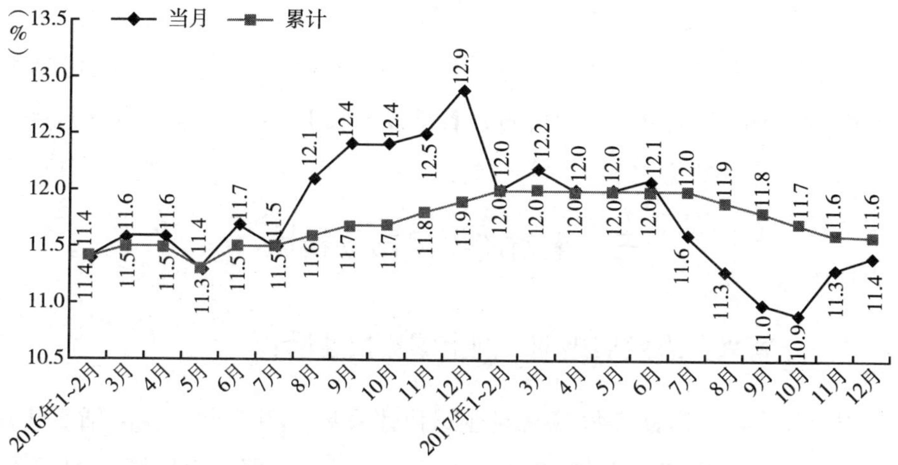

图1　2016～2017年河南社会消费品零售额增速走势

比2016年同期提高0.3个百分点。其中，住宿业增长10.3%，提高1.3百分点；餐饮业增长12.9%，提高0.2个百分点。

（二）城乡市场均有所回落

2017年，城镇市场零售额同比增长11.4%，比2016年同期回落0.3个百分点，其中，城区增长11.1%，提高0.9个百分点。乡村市场零售额同比增长12.5%，比2016年回落0.2个百分点。

（三）餐饮收入增速高于商品零售

2017年，餐饮收入零售额同比增长12.7%，比2016年同期提高0.2个百分点，高于商品零售1.2个百分点。

（四）批发业销售额回落明显

2017年，全省消费品市场销售额（营业额）43375.96亿元，同比增长13.6%，比2016年同期回落0.5个百分点。批发和零售业销售额39091.10亿元，增长13.4%，比2016年同期回落0.5个百分点。其中，批发业增长

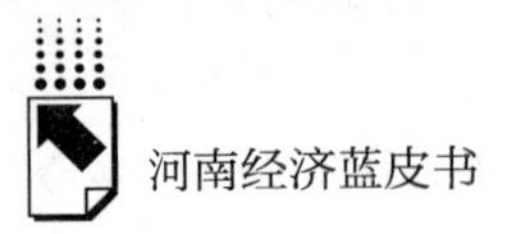

12.2%，回落1.1个百分点；零售业增长14.8%，提高0.1个百分点。住宿和餐饮业营业额4284.86亿元，增长15.4%，与2016年持平。其中，住宿业增长12.8%，提高0.1个百分点；餐饮业增长15.8%，与2016年持平。

三　全省消费品市场特点

（一）新兴业态发展迅速，网上零售快速增长

限上零售业无店铺零售等新兴业态快速发展，2017年，无店铺零售增长31.8%，高于有店铺零售20.9个百分点。其中，网上商店增长41.3%，高于有店铺零售30.4个百分点。限上批发和零售业企业通过公共网络零售商品增长30.6%，高于限上商品零售额19.4个百分点。根据国家统计局反馈数据，2017年全省网上零售增长51.5%，其中实物商品网上零售增长47.8%，分别高于社会消费品零售额39.9个和32.6个百分点。

（二）消费升级类商品较快增长，基本生活类稳中有升

2017年，反映消费升级的化妆品类、电子出版物及音像制品类、通信器材类、中西药品类、家用电器及音像器材类和体育娱乐用品类限上零售额分别增长37.5%、28.2%、15.9%、15.8%、14.9%和12.0%，保持较高增长速度。其中，化妆品类、电子出版物及音像制品类和通信器材类增速居限额以上商品零售前5位。2017年，反映人们生活消费的粮油食品类、饮料类和烟酒类商品分别增长15.6%、14.1%和12.5%，分别比2016年同期提高1.2个、1.6个和0.4个百分点。

（三）大型零售企业运行良好

2017年，零售额前100名的限上零售业企业合计增长8.5%，比2016年同期提高1.0个百分点。这100家企业中，同比增长的有68家，增速比2016年同期提高的有51家。

四　全省消费品市场平稳发展的有利因素

（一）宏观经济平稳发展，产业结构持续优化

2017 年以来全国及河南经济总体平稳。初步核算，2017 年，全省 GDP 增长 7.8%，高于全国 0.9 个百分点。产业结构持续优化，第三产业快速发展。2017 年，全省第三产业增加值增长 9.2%，高于 GDP 增速 1.8 个百分点。第三产业增加值占 GDP 比重为 42.7%，比 2016 年同期提高 0.8 个百分点，对生产总值贡献率达 48.4%，分别高于第一产业和第二产业 42.4 个和 2.8 个百分点。社会消费品零售总额增速高于固定资产投资 1.2 个百分点，消费对经济增长拉动作用明显。

（二）居民消费信心提高

居民收入持续增加，2017 年，全省居民人均可支配收入增长 9.4%，比 2016 年同期提高 1.7 个百分点。12 月末，全省人民币存款余额增长 9.4%，低于 2016 年同期 3.9 个百分点；贷款余额增长 14.4%，保持较快增长。这从侧面反映了居民消费信心的提高。

（三）消费品市场潜力巨大

目前河南城镇化水平不高，人均消费水平仍落后全国。消费品市场存在巨大发展潜力。但随着河南城镇化加快推进，消费品市场平稳较快发展，消费潜力正加快释放。从城镇化发展进度来看，2016 年河南常住人口城镇化率为 48.5%，比 2015 年提高 1.6 个百分点，高于全国提高点数 0.3 个百分点。据测算，未来一段时间河南常住人口自然增长率若仍保持 2016 年水平，城镇化率保持年均提高 1.6 个百分点，每年城镇消费者将增加 170 万人以上，按照 2016 年城镇居民人均生活消费支出高于农村居民人均生活消费支出 1 万元左右水平计算，城镇化将带动河南消费品市场每年扩大 160 亿元以

上。从人均消费水平来看，2016 年河南人均社会消费品零售总额 18483 元，同比增长 11.3%，高于全国增幅 1.5 个百分点。

五　消费品市场存在的问题

（一）传统业态增速相对缓慢

2017 年，包括百货店、专业店、专卖店等在内的传统有店铺零售限上零售额同比增长 10.9%，低于全省限上零售 0.3 个百分点。其中，占限上商品零售额 53.8% 的专业店和专卖店分别增长 9.9% 和 9.3%，分别低于限上零售 1.3 个和 1.9 个百分点。

（二）汽车类消费增速下滑

2017 年以来小排量汽车购置税减免比例由 50% 降为 25%，消费热度下降。汽车类消费在上年增速较高的基础上，同比增速呈逐月回落态势，由 3 月份的 9.5% 回落到 12 月份的 5.0%，回落 4.5 个百分点。2017 年全省限额以上汽车类商品增长 6.4%，比 2015 年回落 6.4 个百分点。由于汽车类零售额占全省限上商品零售额 30% 以上，汽车类消费下降成为下拉全省零售额增速的主要因素。

（三）购买力通过网上零售分流

近年来，网上零售发展迅速，对实体零售业冲击明显。根据国家统计局反馈数据，2017，全省网上零售额增速保持在 50% 以上，买卖比为 1.63∶1，存在购买力通过互联网外流现象。

六　全省消费品市场展望与政策建议

2017 ~2018 年，全省消费品市场平稳增长的动能依然存在，但在新常态下宏观经济保持中高速运行背景下，河南消费品市场面临着汽车等传统消费拉动作用减弱，新的消费热点形成尚需一定时间等诸多方面的压力。但只要全省上下坚定贯彻中央与省有关决策部署，全省消费品市场仍有望保持稳中趋缓的态势。

当前，河南正处于经济转型发展的关键时期，消费保持平稳增长是经济增长的主要驱动力，对经济增长的基础性作用持续增强。进一步完善消费品市场政策措施，维护消费品市场健康平稳发展对全省经济平稳健康运行具有重要作用，为此，建议如下。

（一）进一步完善消费品市场政策措施，持续提高城乡居民收入水平

一要稳步提高城镇居民收入。建立健全收入增长机制，改革和完善收入分配制度，落实职工带薪休假制度，健全社会保障机制，千方百计地增加低收入人群收入水平。二要提升农村居民收入水平。优化农村产业结构，鼓励发展镇村企业，促进农业体验经济和乡村旅游健康发展，完善农村社保体系，加快城镇化进程，推动农村劳动力向城镇转移。三要继续鼓励大众创业，万众创新。加大对“双创”活动的政策扶持力度，降低创业门槛，切实保护知识产权和研究成果，提高人民创业、创新积极性。

（二）加强消费引导作用，持续推进供给侧结构性改革

一是抓住互联网消费等新型消费特点，以河南加快推进“互联网＋外贸”的跨境电子商务实验区建设为契机，加大信息消费基础设施建设力度，加快推进传统商贸领域与电子商务融合发展。加快推进第三方交易平台建设，大力发展电子商务。二是抓住节能、环保、安全等新的消费理念，完善落实相关鼓励政策，加大资金、技术投入力度，鼓励研究创新，进一步释放绿色消费、安全消费的动力。三是抓住教育、医疗、养老、家政、旅游等消费需求旺盛与有效供给不足现状，加快推进相关产业有效供给，切实提高服务质量，加快推进供给侧结构性改革。四是落实促进消费融资政策，拓宽融

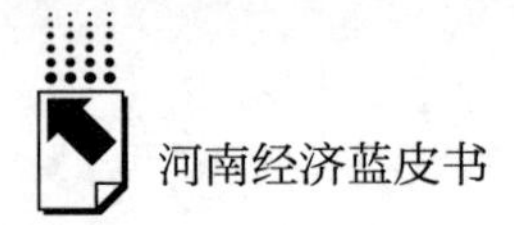

资渠道，鼓励符合条件的民间资本进入，落实完善相关财税政策，改进综合管理服务措施，改善融资服务水平，创新支撑消费升级的金融产品，扩大消费信贷规模。

（三）强化市场监管，进一步改善消费环境

要严把产品质量关，规范市场经营秩序，严厉打击违法经营行为，切实维护消费者权益。要健全企业竞争机制，促进企业优胜劣汰，维护有序竞争。要继续加强企业诚信建设，提升企业品牌信誉。要及时制定可行的法律法规，维护流通市场公平交易，创造公平有序的交易环境。

B.9

2017 ~2018年河南省对外贸易形势分析与展望

付晓莉　郭 谦*

摘　要： 2017 年，河南省外贸进出口值首次突破5000 亿元，再创历史新高。河南对外贸易市场更趋多元化，新兴市场交易活跃，跨境电商业务、邮政口岸均取得了不俗的成绩。2018 年，乃至整个“十三五”时期，全省外贸的发展仍具有坚实基础，但外部风险和不确定因素依然较多，贸易保护主义不断抬头，国内要素成本继续上升，企业经营压力增大。为此，本文建议大力推进外贸行业供给侧结构性改革，进一步提高贸易便利化水平，深化与“一带一路”沿线国家贸易合作等，确保河南外贸由高速增长转向高质量发展。

关键词： 河南　外贸进出口　外贸供给侧改革

据海关统计，2017 年，河南省外贸进出口值达 5232. 79 亿元，同比增长 10. 9%，其中出口 3171. 81 亿元，同比增长 11. 8%；进口 2060. 98 亿元，同比增长 9. 6%，再创历史新高，位居中西部第一，全国第十。

---

* 付晓莉，郑州海关综合统计处处长；郭谦，郑州海关综合统计处主任科员。

一　2017年河南省外贸进出口主要特点

（一）12月当月进出口值创历史新高

2017 年 2 ~8 月份，全省外贸进出口值均维持在 300 亿元左右，进入 9 月份，伴随着“苹果”新款手机的发布，市场需求逐步释放，第 4 季度外贸进出口值快速攀升。12 月份当月，进出口值 811.8 亿元，同比增长 50.4%。其中，出口 554.2 亿元，同比增长 59.8%；进口 257.6 亿元，同比增长 33.4%（见图 1）。

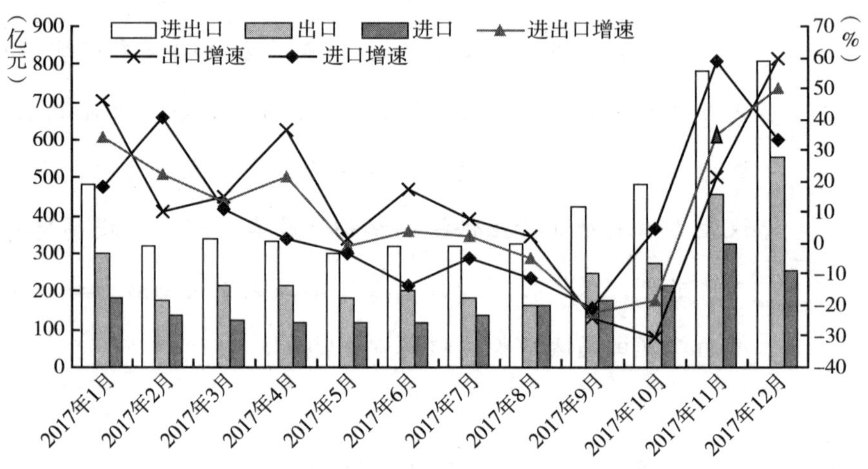

图 1　2017 年河南省对外贸易月度走势

（二）加工贸易占比超六成，一般贸易大幅增长

2017 年，全省加工贸易进出口 3501.03 亿元，同比增长 8.9%，占同期全省外贸总值的 60.5%，比 2016 年同期下降 2.7 个百分点；一般贸易进出口 1594.85 亿元，同比增长 21.4%，占同期全省外贸总值的 66.9%，比上

年同期提高4.5个百分点；此外，以海关特殊监管方式进出口108.03亿元，同比下降30.9%。

（三）对美国、日本、东盟等主要市场增长态势良好，对部分"一带一路"沿线国家进出口快速增长

2017年，河南省对美国进出口1083.49亿元，同比增长25.4%，占同期全省外贸总值的20.7%。对日本、东盟分别进出口475.67亿元、460.13亿元，同比分别增长14.8%、27.2%。同期，对印度、俄罗斯、阿联酋这三个"一带一路"沿线国家进出口同比分别增长29%、18.9%、32.2%，均高于全省整体增速。

（四）外商投资企业占据主导地位，民营企业增势显著

2017年，全省外商投资企业进出口3592.35亿元，同比增长9.5%，占同期全省外贸总值的68.7%；民营企业和国有企业分别进出口1219.03亿元和418.91亿元，同比分别增长17.6%和4.8%。

（五）机电产品、高新技术产品出口持续增长，集成电路是第一大进口商品

2017年，河南机电产品出口2345.7亿元，同比增长9.4%；高新技术产品（与机电产品有重合）出口2070亿元，同比增长10.2%，其中手机出口1933.5亿元，同比增长7.9%；服装、箱包、家具等传统劳动密集型产品出口173.7亿元，同比增长6.4%；农产品出口149.2亿元，同比增长16%；发制品出口87.7亿元，同比增长11.7%；此外，铝材出口76.8亿元，同比增长39.9%；汽车零配件出口45.5亿元，同比增长9.3%。进口方面，集成电路是河南省第一大进口商品。2017年，河南省进口集成电路782.0亿元，同比增长4.6%；同期进口农产品105.7亿元，同比增长14.8%、进口铜矿砂及其精矿66.8亿元，同比增长4.1%；进口美容化妆品及护肤品64.9亿元，同比增长89.8%（见表1）。

表1　2017年河南省主要出口、进口商品一览

出口商品	出口值（亿元）	同比（%）	进口商品	进口值（亿元）	同比（%）
手机	1933.50	7.9	集成电路	781.95	4.6
农产品	149.18	16.0	无线电讯设备零附件	225.53	94.8
未锻轧铝及铝材	76.81	39.9	农产品	105.70	14.8
纺织纱线、织物及制品	63.39	12.1	铜矿砂及其精矿	66.82	4.1
服装及衣着附件	57.55	2.8	美容化妆品及护肤品	64.88	89.8
汽车零配件	45.54	9.3	铁矿砂及其精矿	62.71	2.1
汽车	41.77	-10.5	大豆	58.62	17.4
新的充气橡胶轮胎	31.09	0.7	计量检测分析自控仪器	28.74	82.8
陶瓷产品	22.79	29.9	印刷电路	26.61	34.6
钢材	22.47	-13.3	手机	24.71	-76.6

二　2017年全省外贸进出口的新亮点

（一）龙头企业集中度高，引领作用凸显

为了充分发挥龙头企业的带动作用，全省大力支持发展速度快、增长有潜力的重点企业扩大进出口规模，使得龙头企业在外贸发展的引领作用越来越显著。2017年，鸿富锦精密电子（郑州）有限公司、河南豫光金铅股份有限公司、河南中原黄金冶炼厂有限责任公司的进出口值分别为3277.01亿元、65.59亿元、56.30亿元，上述3者合计占全省外贸进出口总值的65.0%。

（二）市场更趋多元化，新兴市场增势显著

2017年以来，全省除传统贸易市场保持较高增速外，新兴市场增长也较为显著。2017年，河南省对美国进出口1083.49亿元，同比增长25.4%；对台湾地区进出口521.5亿元，同比增长36.7%；对日本进出口475.67亿

元，同比增长14.8%。与此同时，积极开拓东盟、拉丁美洲等发展潜力较大的新兴市场。全省对东盟和拉丁美洲进出口同比分别增长27.2%和7.3%。

（三）跨境电子商务等新型贸易业态快速增长

在河南保税物流中心保持先发优势的同时，郑州机场、新郑综保区、铁路东站、邮政口岸等现场相继开展跨境电商业务，许昌跨境电商业务于2016年底正式开通，跨境电商“多点开花”局面初步形成。目前，河南跨境电子商务平台每秒处理单量约3票，峰值达到每秒35票。2017年，郑州海关累计监管跨境电商进出口清单9128.70万票，同比增长59.1%。其中，进口清单7366.91万票，同比增长32.7%；出口清单1761.79万票，同比增长8.5倍。服务消费者遍及全国，验放清单及货值在全国范围内保持领先地位。

（四）中欧班列(郑州)大幅增加，进一步提升区域对外开放水平

2013年7月18日，首趟中欧班列（郑州）始发，当年开行班列13班。2017年，中欧班列（郑州）共发出470班，同比增加95.8%；货运量22.72万吨，同比增加98.7%；货值140.53亿美元，同比增长102.4%。中欧班列（郑州）已经覆盖了境内全国3/4的省（区、市），集疏范围达到1500公里，网络遍布欧盟和俄罗斯及中亚地区24个国家121个城市。开行班次、往返均衡、货值、货重、满载率在中欧班列中均名列前茅。目前，中欧班列（郑州）全程运行时间已经从最初的18天压缩到13天，是海运的1/3左右，大大提高了货物的运转效率，进一步提升区域对外开放水平。

（五）消费升级为全省外贸带来新的发展动力

近年来，在居民消费升级的背景下，国际物流业、新型贸易业态快速发展，消费品进出口贸易也成为新的热点。2017年，全省消费品进口80.7亿

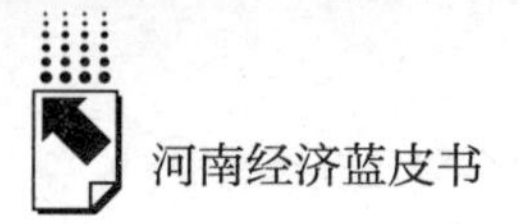

元，同比增长76.7%，高出同期全省进口总体增速60个百分点。其中，食品类、日化用品类、服装类等均实现大幅度增长，全省居民的消费结构进一步优化。为全省外贸转型升级提供了有效支撑，未来或将继续发挥河南外贸增长动力作用，并切实提升外贸发展的质量和效益。

（六）郑州邮政口岸强势崛起

近年来，随着人民生活水平日益提升、跨境电商的快速发展，郑州邮政口岸发展走上“高速路”。2017年，郑州海关共监管进出境邮件3452.8万件，同比增长114.8%，日均监管量为9.4万件，成为推动河南省对外开放的强劲“新动力”。目前，郑州已开通郑州至新西伯利亚、郑州至芝加哥和郑州至布鲁塞尔三条国际邮件集散包机航线，2017年，郑州海关共监管国际邮件货机包机82架次、邮袋15万件。其中，飞往俄罗斯新西伯利亚航班70架次，飞往美国芝加哥航班5架次，飞往布鲁塞尔航班7架次。目前，郑州邮政口岸已开通郑州至亚、欧、美、澳等32个国际城市的直航航线，郑州成为中国邮政全国8个二级节点口岸之一，借助郑州国际航班资源，实现了90%的省内国际快件通过郑州直航出口发运。

三 2018年河南省外贸发展环境面临的不利因素

（一）全球贸易保护主义有所“抬头”

一些长期信奉自由贸易的主要经济体把收入差距、贸易逆差等问题主要归咎于经济全球化，在这些经济体出现了政策的转向，贸易投资保护主义明显“抬头”。据统计，仅2017年上半年，中国产品共遭遇来自15个国家和地区发起的37起贸易救济调查案件，其中反倾销28起、反补贴4起、保障措施5起，印度、美国分别以12起和11起的立案数列前两位；涉案金额总计53亿美元。虽然案件数量和金额均有明显下降，但与过去5年相比，仍然处于高位，中国目前仍然是贸易救济调查的最大目标国。2017年8月18

日，美国正式对中国启动“301”调查，引发各界对美国采取单边行动损害中美经贸关系的担忧，相关影响不容忽视。

（二）全球金融环境趋紧潜藏新一轮金融风险

随着经济复苏势头向好，发达经济体货币政策开始收紧。2017年3月16日，美联储宣布加息25个基点，联邦基金利率从0.5%~0.75%调升到0.75%~1%。2017年9月21日，美联储主席耶伦宣布从10月开始缩减其数万亿美元的资产负债表（简称“缩表”），维持1%~1.25%的基准利率目标区间不变，2017年12月14日，美联储宣布第三次加息，加息25个基点至1.25%~1.5%。2017年4月起，欧洲央行将量化宽松规模从每月800亿欧元缩减至600亿欧元。全球金融环境趋紧，市场利率上行，流动性极度宽松局面发生变化，将对新兴经济体产生新一轮冲击。新兴经济体资金持续净流入的态势可能发生逆转，货币贬值压力加大，一些外债较多的新兴经济体甚至面临爆发金融危机的危险。在此形势下，土耳其、墨西哥、印度等新兴经济体先后提高基准利率或其他重要利率，将在一定程度上影响本国经济增速。

（三）新一轮产业竞争更加激烈

国际金融危机以来，无论是发达国家还是发展中国家，都更加重视发展实体经济特别是制造业，纷纷采取措施提高本国制造业竞争力，抢占国际市场份额。中国周边的新兴经济体大幅度放宽外资准入，在土地、税收等方面实施引资优惠政策，积极吸引国际投资发展出口加工业。发达国家推出“再工业化”战略，大力促进制造业回归，不断提升本国制造业信息化、智能化水平。而国内各项要素成本持续攀升，以工资为例，自1993年国家实行最低工资标准以来，各省（区、市）最低工资标准基本为两年一调整，呈现稳步上升态势。最新数据显示，上海、天津的月最低工资标准超过了2000元。其中上海最高，每月2300元，河南为1720元，据测算，国内劳动力成本已经是周边新兴经济体的2~6倍。此外，制造业传统竞争优势不断削弱，出口订单和产业向外转移增多。在机械装备等产业领域，国内产品的竞争力虽然呈上升之势，但与发达国家相比，质量、服务、标准等方面还存在短板，开拓国际市场面临激烈竞争。

四 2018年河南省外贸形势展望及相关建议

2018 年是贯彻落实党的十九大精神的开局之年，是改革开放 40 周年，是决胜全面建成小康社会、实施“十三五”规划承上启下的关键一年，是开启新时代河南全面建设社会主义现代化新征程的重要一年，2018 年，乃至整个“十三五”时期，全省外贸的发展仍具有坚实基础，但也面临着严峻挑战。随着世界经济稳步复苏、中国经济平稳增长，全省外贸面临的需求环境和发展条件总体是有利的。但外部风险和不确定因素依然较多，经济因素和非经济因素相互交织，贸易保护主义不断抬头，国内要素成本继续上升，企业经营压力增大，河南对外贸易发展仍面临不少困难和挑战。要深刻认识世界贸易的普遍规律和中国外贸的特殊规律以及河南的具体省情，准确把握外贸发展趋势，既要增强做好外贸工作的紧迫感，也要坚定做好外贸工作的信心，主动适应经济发展新常态，为此建议如下。

（一）大力推进制造业供给侧结构性改革，提升国际竞争力

面对新一轮科技革命和产业变革，河南省产业层次相对低、初级产品多、资源消耗大、环境污染重等结构性矛盾日益凸显，调整结构、提质增效刻不容缓，要坚决落实供给侧结构性改革要求，深入实施“中国制造 2025”，推动制造业发展尽快实现动力转换、方式转变和结构优化。大力气调结构，积极化解过剩产能。

（二）抓紧推动外贸综合服务企业试点工作

目前，外贸综合服务企业主要分布在广东、浙江、福建等省市。建议进一步通过制度创新、管理创新和服务创新，探索建立适应外贸综合服务企业

发展的监管服务模式，持续提升河南贸易便利化水平，坚持培育本土企业和引进省外企业相结合，打造一批服务功能完善、辐射带动能力强的外贸综合服务企业，为外贸企业特别是中小企业提供专业集成服务，帮助企业降低贸易成本、开拓国际市场，助推全省外贸稳增长和调结构。

（三）加大招商引资力度，不断增强经济发展后劲

当前，河南省正处于黄金的发展时期，作为后发展地区，招商引资就是“借梯登高”，是实现追赶超越的必由之路。不断增强经济发展后劲。全省上下需要围绕当前省内产业链条缺失和薄弱环节进行“补链”，重点支持电子信息、汽车制造、生物医药等行业补齐“短板”。对通过招商引资落户河南的具有龙头带动作用或在拉长产业链中起关键作用、技术领先的项目，按照“一事一议”方式，给予重点扶持。加大国内外高端企业和项目引进力度，认真研究、持续关注国际知名电子信息企业产业需求和投资动向，进行重点招商，努力引进技术领先、可持续发展的优质企业，避免当前由于企业集中度过高导致的外贸增长的大幅波动。

（四）进一步推进贸易便利化水平

贸易便利化是各国经济开放发展的大势所趋，对于降低国际贸易成本、提高贸易效率和促进全球经济增长具有极为重要的意义。2017 年 2 月 22 日，世界贸易组织《贸易便利化协定》议定书得到超过 2/3 的成员核准，正式生效。中国是较早履行了该项协定批准程序的国家之一。全省各有关部门需进一步梳理并简化管理职能，取消或下放行政审批事项，简化办事程序，清理规范有关收费项目和收费标准，切实减轻外贸企业负担；切实解决进口环节制度性成本高、检验检疫和通关流程烦琐、企业投诉无门等突出问题。

（五）深化与“一带一路”沿线国家贸易合作

稳定劳动密集型产品等优势产品对沿线国家出口，抓住沿线国家基础设

施建设机遇，推动大型成套设备及技术、标准、服务出口。顺应沿线国家产业转型升级趋势，加快机电产品和高新技术产品出口。加快与相关国家开展食品农产品检验检疫合作及准入谈判，扩大与沿线国家食品农产品贸易，加快与相关国家的食品农产品认证国际互认合作。扩大自沿线国家进口，促进贸易平衡。

B.10
2017 ~2018年河南省财政形势分析与展望

胡兴旺　赵艳青*

摘　要： 2017年河南财政收支运行总体平稳，为全省经济社会发展提供了有力支撑。但同时，财政运行和管理中也存在收支矛盾突出、资金使用效率不高、改革进展不均衡等问题。2018年坚持以习近平新时代中国特色社会主义思想为指导，深刻把握新时代对财政工作的新要求，全面深化财税体制改革和实施更加有效的财政政策，更好发挥财政在国家治理中的基础和重要支柱作用。

关键词： 河南　财政收支　体制改革

2017年以来，全省各级财政部门认真贯彻落实河南省委省政府决策部署，着力实施积极的财政政策措施，大力支持供给侧结构性改革，落实减税降费政策，扩大支出规模，优化支出结构，不断提高保障和改善民生水平；依法加强收入征收，财政收入增速与经济发展相适应，财政收入质量逐步改善。深化财税体制改革，创新财政投入方式，引导社会资本参与公共基础设施和公共服务的供给，全面提升财政绩效管理，财政运行情况总体较好，有力推动了河南经济稳中向好的发展态势。

* 胡兴旺，博士，河南省财政厅政策研究室主任、研究员；赵艳青，河南省财政厅政策研究室。

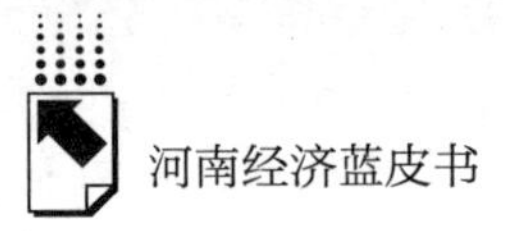

一　2017年河南省财政收支情况

2017 年全省财政收支运行总体平稳，圆满完成了年度预算收支任务。全省一般公共预算收入 3397 亿元（快报数，下同），同比增长 10.4%，增幅比上年提高 2.4 个百分点，扭转了自 2012 年以来增速下滑的态势；一般公共预算支出 8224.7 亿元，同比增长 9.8%，突破 8000 亿元大关。

（一）一般公共预算收入平稳增长

2017 年全省一般公共预算收入中：地方税收收入 2329 亿元，同比增长 13.3%，税收收入占一般公共预算收入的比重为 68.6%，比上年提高 1.8 个百分点。分部门看：国税部门入库地方税收 1080.5 亿元，同比增长 12.2%；地税部门入库地方税收 1235.7 亿元，同比增长 14.4%；非税收入完成 1068 亿元，同比增长 4.7%。财政收入增长有以下特点。

一是增速呈回落趋势。全年一般公共预算收入增幅比前 11 个月和前 10 个月分别回落 0.7 个和 1.7 个百分点；税收收入同比增长 13.3%，增幅比前 11 个月和前 10 个月分别回落 1 个和 1.3 个百分点。二是主要税种增长放缓。国内增值税、改征增值税、企业所得税、土地增值税同比分别增长 23.1%、91.6%、11.6%、32.7%，增幅比前 11 个月分别回落 1.2 个、16.4 个、1.8 个、3.8 个百分点，比前 10 个月分别回落 1.7 个、33.9 个、2.6 个、6.8 个百分点。三是地区之间收入不均衡。18 个省辖市一般公共预算收入 3211.8 亿元，同比增长 10.8%。一般公共预算收入增速最低的南阳市（7.7%）比增速最高的濮阳市（16.6%）低 8.9 个百分点；人均一般公共预算收入最高的郑州市（10866 元）是人均一般公共预算收入最低的周口市（1268 元）的 8.6 倍；税收收入占一般公共预算收入比重最低的南阳市（62.9%）比占比最高的济源市（82.2%）低 19.3 个百分点。

（二）财政支出增长较快，民生和重点支出保障较好

2017 年全省一般公共预算支出 8224.7 亿元，同比增长 9.8%，增速比

上年加快0.2个百分点。各项重点及民生支出保障较好，全省民生支出6389.9亿元，占一般公共预算支出的比重为77.7%，同比提高0.5个百分点。核算非营利性服务业增加值增长速度的八项支出合计同比增长16.4%。分科目看，教育、科学技术支出同比分别增长12.2%、45.3%；社会保障和就业、医疗卫生与计划生育支出同比分别增长9.6%、9%；农林水、节能环保、城乡社区同比分别增长7.4%、24.3%、30.2%。一般公共预算支出增长较快，反映财政部门管理水平进一步得到了提升，财政资金绩效观念得到了进一步加强，财政改革的成效得到进一步体现。

（三）财税体制改革稳步推进

一是深入推进预算管理改革。通过深化中期财政规划管理、推动省以下财政事权和支出责任划分改革、强化预算绩效管理、推进预决算公开深入推进预算管理改革。二是规范加强政府性债务管理。通过健全完善工作机制、建立政府债务预警机制和应急处置机制，规范政府举债行为，加强政府债券预算管理，防控政府债务风险。三是积极落实各项税制改革。紧跟中央部署，全面推开营改增，全力做好实施环境保护税各项准备，积极推进水资源税改革试点。四是推动省属功能类、公益类国有企业改革。通过完成“一企一策”改革方案、建设两类企业窗口指导服务平台、推动两类企业完成章程修订等工作推进两类企业改革发展。

二　2018年财政形势及政策取向

（一）财政形势分析

2018年，从经济形势看，尽管存在着美国财政货币政策进一步转向带来的潜在风险和冲击，国际经济环境有一定的不确定性，但从目前主要国际组织的普遍预期来看，全球经济有望继续保持温和复苏的势头，有助于我国对外贸易保持平稳增长。从国内来看，我国经济已由高速增长阶段进入高质量发展阶段，积极因素不断增多，2018 年将延续 2017 年稳中向好的发展趋势。从省内看，全省发展优势日益累积，经济继续保持稳中有进、稳中向好的运行态势，发展动能持续增强，质量效益持续改善。但也要看到，全省长期积累的结构性矛盾仍较突出，新旧动能转换任务艰巨，经济运行仍存在不少突出矛盾和问题，经济下行压力较大。

从财政形势看，增收空间有限，支出压力加大。河南省经济面临的宏观环境依然复杂多变，各项财政减收增支因素十分集中。收入方面，河南省经济稳定运行的基础仍不牢固，民间投资和工业投资持续低迷，传统产业转型解困压力较大，经济完全企稳回升还有一个过程。实施更加积极的财政政策，深入推进供给侧结构性改革，进一步落实减税降费措施，尤其是 2017 年全年实施“营改增”的后翘影响，在减轻企业负担的同时，对财政收入的减收影响将进一步加大。支出方面，增支政策多、刚性强，既要保障和改善民生，不断满足人民日益增长的美好生活需要，持续推进精准扶贫精准脱贫、就业和社会保障等民生支出，又要坚持发展是第一要务。支持发挥优势打好“四张牌”，加快建设现代化经济体系，都需要财政投入，财政收支矛盾将更加突出。充分考虑经济发展和减税降费因素，2018 年全省一般公共预算收入增长目标为 8% 以上，税收占一般公共预算收入比重 70% 以上。

（二）财政政策取向

2018 年，全省各级财政部门要全面贯彻落实党的十九大精神，坚持以习近平新时代中国特色社会主义思想为统领，紧紧围绕省委十届四次全会的战略部署，密切联系财政改革发展实际，认真落实更加积极有效的财政政策。一是进一步增强财政保障能力。切实加强财政收入管理，大力推进财源建设，全面开展综合治税，在发展质量和效益持续提升的基础上提高财政收入质量，做大河南省财政蛋糕，增强财政服务保障能力。二是进一步完善财政政策体系。加强财政政策统筹整合，优化财政支出结构，创新财政投入方式，切实发挥财政政策引领和支撑作用。三是进一步提高财政治理能力。创新财政管理方式，强化财政资金盘活和统筹机制，提高资金使用效率；积极落实各项债务风险化解措施，健全政府举债融资行为监管问责机制，切实防范地方债务风险。四是进一步深化财税体制改革。落实中央与地方财政管理体制改革，加快推进建立省及省以下财政关系；深化预算管理制度改革，全面实施绩效管理；按照国家统一部署，深化税收制度改革，健全地方税体系。

三　2018年财政政策建议

2018年，要把学习贯彻党的十九大精神作为首要政治任务抓紧抓好，推动党的十九大精神在河南财政各项工作中落地生根、开花结果，为加快建设现代化新河南提供强有力的财力保障和政策支撑。

（一）围绕建设现代化经济体系，发挥财政政策支撑作用

紧紧围绕省委省政府重大决策部署，坚持质量第一、效益优先，构建实体经济、科技创新、现代金融、人力资源协同发展的产业体系。一是大力支持供给侧结构性改革。围绕提高供给体系质量，持续推动去产能、去库存、去杠杆、降成本、补短板，实现转型发展。二是聚焦支持河南省创新、协调、开放发展。围绕以“三区一群”等国家战略实施为引领，进一步研究完善财政支持政策，积极落实各项财政奖补政策和税收优惠。三是支持实施乡村振兴战略，支持农业结构调整、农业基础设施建设，培育新型农业经营主体，改革财政支农投入机制，加快推进农业农村现代化进程。四是支持坚持打赢环境治理攻坚战，推进绿色发展，建立健全绿色低碳循环发展的经济体系。

（二）围绕提高保障和改善民生水平，发挥财政政策保障作用

深入贯彻以人民为中心的发展思想，不断完善公共服务体系，不断满足人民日益增长的美好生活需要，努力增强河南人民获得感。一是全力支持精准扶贫、精准脱贫。创新财政助力金融扶贫模式，充分发挥财政政策保障作

用，支持河南省脱贫攻坚稳步推进。二是切实支持民生事业发展。优先发展教育，持续提高河南省教育发展水平，积极支持“双一流”建设和高等教育内涵式发展；支持健康中原战略，深化医药卫生体制改革，进一步提高河南省城乡居民基本医疗保障水平。鼓励支持民间资本和社会力量申办养老机构，积极推进医养结合，支持养老机构提升服务能力。三是大力支持提高就业质量和人民收入水平。继续支持大学生就业创业、农民工返乡创业，继续实施全民技能振兴工程；认真履行财政再分配职能，促进收入分配更合理、更有序，积极推动实现居民收入与经济增长基本同步。

（三）围绕新型城镇化和基础能力建设，发挥财政政策引领作用

着力构建规范高效的政府投融资体系，充分发挥财政资金撬动作用，引导社会资本参与基础能力设施建设和公共产品供给。一是以深化涉企资金基金化改革为突破，充分发挥新型城镇化发展基金等基础设施类基金作用，引导社会资本投资基础设施建设等重点领域。二是推广运用 PPP 模式，创新基础设施和公共服务领域投融资机制，吸引社会资本参与河南省基础设施和公共服务项目的投资运营。三是发挥功能类企业投融资功能作用，争取开发性、政策性金融资源支持，继续支持县市开展百城建设提质工程投融资，服务全省重大工程项目建设。

（四）围绕改革创新，全面深化财税体制改革

按照党的十九大对财税体制改革提出的新要求和省委十届四次全会精神，坚持创新思维，全面深化财税体制改革。一是稳妥推进财政事权划分改革。按照财政事权划分原则，合理确定省以下政府间财政事权；根据省以下财政事权划分、财政体制及基层政府财力状况，合理确定省以下各级政府的支出责任。二是深化预算绩效管理改革，建立预算绩效全过程管理机制，将绩效理念和方法融入预算编制、执行和监督全过程，形成“花钱必问效，无效必问责”的良性机制。三是按照国家统一部署，落实各项税制改革任务。认真做好中央各项税收试点改革和税收改革各项准备工作，全面深入推

进综合治税。四是积极支持开展深化政府投融资体制、国资国企、社会保障、事业单位政府购买服务等领域改革。

（五）围绕防范风险，着力提高财政治理能力

创新管理理念，积极构建规范的地方政府举债融资机制，防范和化解财政风险，不断提升财政治理能力。一是支持打好防范化解重大风险攻坚战。严格防控政府债务风险，建立健全债务动态监控系统，坚持“开前门”、“堵后门”，有效加强债务管理。支持妥善化解企业风险，推动银行金融机构支持企业稳妥降低杠杆率，帮助企业降本增效。防范养老保险支付风险，强化养老保险基金收支管理，确保养老金及时足额发放。二是深化中期财政规划管理，指导市县加快推进中期财政规划管理工作，妥善安排财政收支预算，严格做好与化解政府债务风险政策措施的衔接工作。三是加快政府职能转变，进一步规范融资平台公司融资行为管理，构建市场化运作的融资担保体系，推动融资平台公司尽快转型为市场化运营的国有企业，依法合规开展市场化融资。四是科学制订地方债券发行计划，根据经济社会发展实际合理控制节奏和规模，提高债券透明度和资金使用效益，建立信息共享机制。

B.11
2017 ~2018年河南省银行业形势分析与展望

崔 凯　徐红芬　袁彦娟*

摘　要： 2017年，河南金融系统认真贯彻党的十九大和全国、全省经济工作、金融工作会议精神，坚持稳中求进的总基调，紧密围绕服务实体经济、深化金融改革、防控金融风险三大任务，聚焦“打好‘四张牌’、推进三区一群建设、打赢四大攻坚战”，着力加大对实体经济的支持力度。2018年，促进河南金融发展的有利因素仍较多，但同时也面临不利因素的制约，预计金融总体仍将保持平稳较快增长态势。

关键词： 河南省　金融业　实体经济

一　2017年河南省金融运行情况

2017年，全省金融运行呈现“信贷投放力度加大、改革创新成效显著、金融体系总体稳健”的态势，有力地支持了经济社会发展。

---

* 崔凯，高级经济师，中国人民银行郑州中心支行调查统计处副处长；徐红芬，高级经济师，中国人民银行郑州中心支行调查统计处科长；袁彦娟，经济师，中国人民银行郑州中心支行调查统计处科长。

（一）有效服务实体，金融主要指标位次前移，信贷投放力度进一步加大

1. 信贷保持较快增长

截至2017年12月末，河南省本外币各项存款、贷款余额（下文如无特别说明，均为人民币口径）分别为60037.6亿元、42546.8亿元，同比分别增长9.2%、14.6%，增速分别高于全国水平0.4个、2.5个百分点，存、贷款余额均排在全国第9位，存款排名与上年末持平，贷款排名上升2位。融资增量好于上年。2017年，本外币各项贷款新增5407.2亿元，同比多增66.2亿元。2017年1～11月，全省社会融资规模增量为6617.3亿元，同比多458.9亿元，占全国增量的比重为3.6%。存贷比大幅攀升。2017年12月末，本外币余额、新增额存贷比（各项贷款/各项存款）分别为70.9%和106.9%，较上年同期分别提高3.3个、27.2个百分点。

2. 信贷结构持续改善

一是服务业贷款快速增长。服务业贷款增速自2014年下半年以来持续高于全部贷款增速，2017年12月末，服务业贷款同比增长18.4%，高出全部行业贷款（含个人贷款，不含票据贴现，下同）增速2.6个百分点；全年服务业贷款新增2436.3亿元，同比多增203.5亿元，占全部行业贷款增量的43.9%。二是工业贷款增速有所回升。在去产能、环保限产作用下，上中游行业经营状况、盈利水平有所好转，带动工业贷款增速出现回升，2017年12月末同比增长2.9%，较上年同期提高3.1个百分点。2017年，化工、钢铁、有色、电力行业中长期贷款分别增加13.6亿元、20亿元、30.5亿元和143.3亿元，同比分别多增7.5亿元、16.8亿元、30.7亿元和138.5亿元。三是薄弱领域贷款增长加快。2017年12月末，全省小微企业、涉农贷款同比分别新增1376.7亿元、1759.8亿元，同比分别多增690.4亿元、360.8亿元，分别同比增长19.4%、11.6%，较上年同期分别提高9.3个和1.2个百分点。四是国有控股企业贷款大量增加。2017年，全省国有控股企业贷款（不含票据贴现）新增2409.5亿元，同比多增438亿元，占

全部企业贷款增量的76.6%。五是基础设施领域贷款新增较多。2017年，全省基础设施行业贷款[①]新增1397.4亿元，同比多增537.4亿元，占全部行业贷款增量的25.2%，占比较上年同期提高7.1个百分点，有力地支持了全省基础设施投资持续快速增长。1~11月，全省基础设施投资增长32.5%，高出固定资产投资增速21.9个百分点。六是房地产贷款增速高位回落。在房地产调控政策作用下，自3月份以来，房地产贷款（包括房地产开发贷款及购房贷款等）、个人住房贷款增速均高位逐月回落，12月末分别增长24.5%、29.8%，较2月末的高位分别回落15.5个、19.5个百分点。

3. 表外及债券融资形势好转

2017年1~11月，银行表外融资[②]增加761.9亿元，同比多增531亿元，占全省社会融资规模增量的11.5%，同比提高7.7个百分点，主要是信托贷款增加较多。2017年1~11月，信托贷款增加438亿元，同比多增315.9亿元，近八成投向了房地产行业，两成左右投向了租赁和商务服务业（主要是平台类公司）。在债券市场刚性兑付被打破、市场利率上行、债券发行难度加大的情况下，上半年河南省企业债券发行较为低迷，2~6月合计仅发行278.2亿元，而到期兑付373亿元，下半年以来企业债券发行有所好转，尤其是8月份当月发行208.7亿元，为近三年来月度发行规模的次高点，9~11月份发债形势也较为乐观。2017年1~11月，全省非金融企业累计发行债券1043.9亿元，其中银行间市场债券发行占73.1%。

4. 银行投资类业务大幅收缩

在强监管背景下，金融机构尤其是地方法人机构市场投资类业务增长大幅放缓。2017年，全省金融机构债券投资增加452.1亿元，同比少增947.9亿元，增速较上年同期回落35.1个百分点；股权及其他投资增加552.3亿

① 基础设施行业贷款主要包括电力、燃气及水的生产和供应业贷款，交通运输、仓储和邮政业贷款，水利、环境和公共设施管理业贷款。

② 社会融资规模口径的银行表外融资主要包括委托贷款、信托贷款和未贴现的银行承兑汇票。

元，同比少增1189亿元，增速较上年同期回落62个百分点，其中，交易性及可供出售股权投资占比达61.2%，长期SPV（特殊目的载体）股权投资占比36.1%。金融机构资金从同业债券、资管产品投资转向表内贷款，有利于减少体系内资金循环，转向加大对实体经济的信贷支持力度。

5. 涉外收支实现顺差

2017年，河南省涉外收支总规模923.3亿美元，同比增长14.3%，实现净流入25.5亿美元。全年货物贸易实现顺差80.4亿美元，同比下降21.2%，主要是受进料加工贸易顺差大幅收窄影响，一般贸易顺差仍保持大幅增长，全年一般贸易顺差63.1亿美元，同比增长63.5%。结售汇同比由逆转顺。全年结售汇总规模337.3亿美元，同比增长15%；结售汇差额由2016年的逆差27亿美元逆转为顺差63.2亿美元，其中，货物贸易结售汇顺差112.2亿美元，同比增长124.7%。

（二）深化改革创新，改革红利惠及人民大众，普惠、特惠取得重大突破

1. 金融改革加快推进

一是兰考普惠模式初步形成，“以数字普惠金融为核心，以金融服务、普惠授信、信用建设、风险防控为基本内容”的“一平台四体系”兰考普惠模式初步形成。12月末，兰考县金融机构人民币存、贷款余额同比分别增长18.8%、27.9%，分别高于全省增速9.4个、13.5个百分点。兰考县普惠金融指数在全省排名由2015年的第22位上升至第2位。二是“两权”试点工作瓶颈破解。目前，9个农地试点县农户确权颁证率均达96%以上，2个农房试点不动产登记确权率达70%以上，10个试点县建立了产权交易中心。11月末，农村承包土地的经营权抵押贷款和农民住房财产权抵押贷款余额同比分别增长295.4%和133.8%。三是金融服务自贸区建设成效明显。经国家外汇管理局同意，在郑州航空港开展经营性租赁收取外币租金业务，河南成为全国第二个开展此项试点的省份。跨境人民币业务实现河南区域全覆盖，品种涵盖绝大部分经常项目和多数资本项目，4074

家企业得以受益。自贸区成立以来，新增贷款超200亿元，跨境结算超300亿元。

2. 金融精准扶贫效果显著

一是充分发挥扶贫再贷款带动作用，2017年，全省累计发放扶贫再贷款139.5亿元，同比多增62.6亿元，覆盖全省所有贫困县。截至2017年三季度末，金融机构精准扶贫贷款（含已脱贫人口贷款）余额928.6亿元，较年初新增248.8亿元，同比增长76.6%。兰考、滑县先后于3月、10月实现贫困县“摘帽”。二是金融扶贫“卢氏模式”得到国家领导人高度评价，在全省贫困县复制推广。通过构建金融服务、信用评价、风险防控、产业支撑“四个体系”，成功破解扶贫小额贷款落地难障碍，截至11月15日，卢氏县贫困户获贷率达47.6%，较上年同期提高40多个百分点。

（三）防控金融风险，平安金融创建有效推进，金融体系总体稳健

1. 不良贷款实现“双降”

2017年12月末，全省金融机构不良贷款余额978.8亿元，较年初减少86.7亿元；不良贷款率为2.3%，较年初下降0.57个百分点。其中，受农信社改制农商行影响，农信社系统（含农商行）不良率较年初大幅下降3.42个百分点，12月末降至3.02%。金融机构利润保持增长，全年实现本外币利润总额852.1亿元，同比增长3.3%，增速有所回落。

2. 严厉打击资金违法违规行为

扎实开展反洗钱、反恐怖融资、反逃税工作，在全省推广使用反洗钱大额交易筛查系统，设计开发反洗钱执法监督管理系统，可疑交易报告数量下降、质量提升。全年配合公安机关打击各类炒汇案件10余起，协助破获1起地下钱庄案，涉案金额高达10多亿元。密切配合地方政府打击和处置非法集资活动，2017年全省非法集资发案数、涉案金额同比分别下降28.3%、31.9%。

二 河南省金融运行中需要关注的几个问题

（一）金融去杠杆、严监管背景下，存款增速及稳定性下降，资金成本上升

2017年金融机构负债端压力凸显，12月末，人民币各项存款同比增长9.4%，增速较上年同期回落3.9个百分点。存款增长放缓的主要原因：一是居民财富结构变化，核心存款增长回落。随着房价持续上涨，居民储蓄大量流向房地产市场，加之互联网金融产品快速发展，持续分流居民存款。2017年，住户存款新增2856.8亿元，同比少增515.9亿元，增速较上年同期回落3.2个百分点。二是企业存货快速上升，资金占用增多。在去产能、环保限产影响下，原材料价格出现大幅上涨，企业积极补库存，资金占比增多，造成企业存款增长放慢。1~11月，河南省规上工业企业存货同比增长10.6%，较上年同期提高8.2个百分点。2017年，非金融企业存款新增973.1亿元，同比少增578.6亿元，增速较上年同期回落5.3个百分点。三是金融去杠杆背景下，资管产品增长明显减速，其在商业银行的托管资金快速下降。2017年，非银行业金融机构存款仅新增299.5亿元，同比少增165.7亿元，增速较上年同期回落17.9个百分点。四是强监管治理金融乱象，存款中“虚”的水分被挤出。2017年初以来，监管部门出重拳治理“三套利”行为，银行系统长期存在的滚动开票、多轮承兑、以贷转存、以贷款或贴现资金回流充当保证金存款等违规做法被遏制。12月末，全省金融机构吸收的银行承兑汇票保证金存款同比下降3.9%，较年初减少84.6亿元。在市场流动性偏紧的情况下，金融机构负债来源稳定性下降且负债成本攀升，不仅盈利空间受到压缩，还加大了信贷资金价格上升压力。

（二）高耗能行业占有的信贷资金较多，制约工业贷款增长

河南省是能源原材料大省，近年来虽然大力推进产业转型升级，但传统

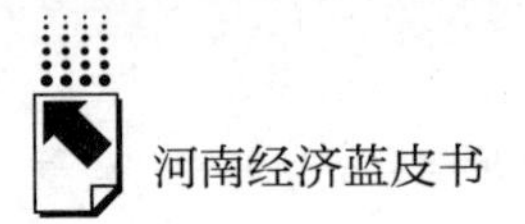

工业、高耗能行业增加值占比仍然较高，2017 年 1～11 月分别达到 45.1% 和 33%，较上年同期提高 0.5 个和 0.6 个百分点。这些行业占有的信贷资金较多，受去产能、环保因素影响，贷款受到压缩。2017 年末，高耗能行业中长期贷款余额占工业中长期贷款余额的 72.3%，较 2015 年、2016 年末分别下降 6 个和 4 个百分点，尤其是煤炭开采和洗选业中长期贷款余额占比由 2015 年末的 33.6% 降至 2017 年末的 18.4%。高耗能行业企业负债率普遍较高，银行贷款主要用于"借新还旧"，新增难度较大，从而造成全省工业贷款增长较为乏力。12 月末，高耗能行业中长期贷款同比仅增长 0.4%，低于全部行业中长期贷款增速 23 个百分点。

（三）基础设施领域、平台类公司集聚了大量贷款，地方政府隐性债务风险需引起重视

由于多数基础设施建设项目由地方政府主导，由平台类公司、国有企业参与承建，在获取银行贷款、信托资金、发债等方面具有很大优势，导致信贷资金向该领域过度集中。2014～2017 年，河南省基础设施行业、租赁和商务服务业（主要是平台类公司）新增贷款合计占全部行业贷款增量的比重持续升高，依次为 24.1%、27.6%、34.1%、41.9%。随着财预〔2017〕50 号文、87 号文对地方政府债务、政府购买服务管理趋严，租赁和商务服务业贷款增速从 4 月末 97.9% 的高位回落至 12 月末的 54.9%，基础设施行业贷款增速近三个月也开始回落，由 9 月末 23.6% 的高位降至 12 月末的 20.9%。当前一些前期审核通过的政府购买服务项目因不合规面临整改及后续融资难题，虽然现在尚未出现项目停工、烂尾现象，但下一步市场流动性仍将偏紧，加之资管业务、银信业务新规实施，平台类公司、基础设施行业贷款增长将继续放缓，由此可能引发的政府债务风险问题需引起重视。

（四）房地产金融全面收缩，叠加商品房销售及商业地产价格持续下滑，潜在风险需高度关注

随着房地产调控的深入推进，房地产企业贷款、发债、信托等多渠道融

资出现收缩，同时商品房销售大幅回落，个人住房贷款增长放缓，加之房贷利率普遍上浮、放款时间延长，房地产企业的销售资金回笼速度放慢。2017年，全省房地产贷款、个人住房贷款分别新增2462亿元和2078亿元，同比分别少增327.5亿元和179.1亿元，占人民币各项贷款增量的47%、39.6%，占比较上年分别下降8.1个、4.9个百分点。虽然目前房地产贷款不良率较低，账面风险总体可控，但房地产贷款中展期、逾期的现象明显增多，在融资、销售难度加大叠加环保停产的影响下，部分杠杆率偏高的房地产企业尤其是中小企业的偿债能力下降、资金链趋紧。此外，随着商业地产价格的持续下降，抵押物价值缩水，部分商业地产项目信用违约风险加大，这些潜在风险需要高度关注。

三　2018年河南省金融发展形势展望

2018年，促进河南省金融发展的有利因素仍较多，但也有不利因素的制约，预计金融总体仍将保持平稳较快的增长态势。

（一）推动河南省金融平稳较快发展的有利因素

一是宏观经济环境保持稳定。2018年世界经济预计继续温和复苏，国内宏观环境和市场预期进一步向好，国内外需求不断改善，全国及河南经济有望延续平稳向好的态势，将为河南金融发展提供良好的经济环境。二是金融服务实体经济的力度将进一步加大。十九大和全国金融工作会议均提出，要增强金融服务实体经济的能力，十九大报告更是明确提出要提高直接融资比重，促进多层次资本市场健康发展。因此，2018年金融发展将进一步提速，金融“脱实向虚”、“体系内空转”等现象将进一步受到遏制，金融服务实体经济质量和效率将不断提高。三是重大战略发展带动作用将进一步增强。目前河南省正处在重大国家战略发展叠加期，“三区一群”建设加快推进，百城建设提质工程全面推进，经济发展后劲足、辐射强，重大战略、重大工程对金融发展的推动作用将进一步增强。四是薄弱领域贷款增长回升态势将进一步延续。随着河南制造业生产和投资形势的缓慢回升，制造业贷款增速自2017年下半年以来扭负为正。在精准扶贫、精准脱贫工作的大力推动下，涉农领域和小微企业贷款增长加快。2018年，河南制造业转型升级、精准扶贫力度将进一步加大，预计制造业、涉农、小微企业贷款增长将持续向好。

（二）制约河南省金融快速发展的不利因素

一是新旧动能转换压力大，高耗能行业占有的信贷资源较多，制约工业贷款增长。目前，河南省传统产业、高耗能行业占比仍较高，这些行业受去产能、环保治理等影响，贷款受到压缩，新增难度较大。而新兴产业特别是高端装备制造、高新技术产业处于初创期和成长期的居多，银行传统的信贷模式不能适应其融资需求，贷款增长较慢。新旧动能转换过程中存在的困难和问题，将在一定程度上制约银行信贷的快速增长。二是受房地产调控影响，房地产贷款增长将放缓。随着省内郑州、开封、洛阳等热点城市房地产限购、限贷、限售等调控政策效应显现，房地产市场热度正在下降，加之监管部门对个人消费、经营等贷款违规进入房地产市场的严查，个人住房贷款增长呈现高位回落态势。2018年，预计房地产市场投资和销售将继续下滑，房地产领域贷款增长也将进一步放缓。三是政府类项目和企业融资可能受阻。近几年河南省信贷资金相当一部分投向有政府背景的基础设施类项目和平台类公司，这些项目和企业依靠政府的信用或担保获得银行贷款以及发债、信托、融资租赁等各类资金。随着财政部50号文、87号文对地方政府融资严格限制，列入“负面清单”的政府购买服务项目以往的融资方式被切断，而短期内大量转向PPP模式还存在较多困难，故预计2018年政府购买服务、基建领域贷款增长可能有所放缓。四是金融风险防控压力仍较大。经济下行一定程度上加剧了金融风险的暴露，当前银行不良贷款、资管业务、影子银行、互联网金融等风险相互交织，对金融机构经营造成较大的影响。十九大和全国金融工作会议均提出要密切防范金融风险，守住不发生系统性金融风险底线，下一步金融机构经营将更趋稳健，发展模式将会由规模扩张向质量提升转变。

2018 年，河南金融系统将在河南省委省政府的正确领导下，认真贯彻落实十九大和全国经济、金融工作会议精神，紧密围绕服务实体经济、深化金融改革、防控金融风险三大任务，着力改善金融领域发展不平衡、不充分的问题，切实提高金融体系供给质量和效率，不断增强金融服务实体经济的能力，全力支持河南省“打好‘四张牌’、推进三区一群建设、打赢四大攻坚战”，有效促进全省经济发展质量和效益的提高。

B.12
2017 ~2018年河南省居民消费价格走势分析

田少勇　郝占业*

摘　要：　2017 年，河南把促改革和防风险作为贯穿全年的核心任务，加快形成引领经济发展新常态的体制机制和发展方式，全省经济运行呈现稳中向好的良好态势。作为经济运行“晴雨表”的 CPI，呈现出相对平稳、温和上涨的态势。全年全省居民消费价格总水平上涨 1.4%，与 2016 年相比涨幅收窄。综合各方面因素考虑，“稳步上涨、涨势趋强”仍将是 2018 年河南居民消费价格总水平变动的主旋律。

关键词：　河南　居民消费价格　“V”形轨迹

2017 年，全省经济运行呈现稳中向好的良好态势，作为经济运行“晴雨表”的 CPI，继续呈现出相对平稳、温和上涨的态势。全年全省居民消费价格总水平上涨 1.4%，与 2016 年相比涨幅收窄。综合各方面因素考虑，“稳步上涨、涨势趋强”将是 2018 年河南省居民消费价格总水平变动的主旋律。

---

* 田少勇，河南省地方经济社会调查队住户与价格调查处处长；郝占业，河南省地方经济社会调查队住户与价格调查处副处级调研员。

一　2017年河南省CPI变动情况及运行特点

（一）CPI变动的基本情况

1. 总水平温和上涨，八大类“七升一降”

2017年，河南省居民消费价格总水平同比上涨1.4%，其中城市上涨1.5%，农村上涨1.2%。分类观察，八大类商品价格表现为“七升一降”：医疗保健类上升6.3%，居住类上升3.6%，其他用品和服务类上升2.7%，教育文化娱乐类上升2.7%，衣着类上升1.5%，生活用品及服务类上升1.3%，交通和通信类上升0.2%，仅食品烟酒类下降1.6%，

2. 物价涨幅收窄，低于全国平均水平

进入2017年，河南省居民消费价格总水平呈现温和上涨态势，且涨幅有所收窄。统计资料显示：2017年全省居民消费价格总水平同比上涨1.4%，较上年1.9%的涨幅缩小0.5个百分点。横向对比，河南低于全国平均水平0.2个百分点，在全国31个省（区、市）中河南与湖南、四川、甘肃、辽宁并列，位居第20位，处于中下游水平。在中部六省中，河南排在江西（涨2.0%）、湖北（涨1.5%）之后，与湖南并列居第3位。

3. 主要商品及服务价格升降不一

（1）食品价格整体呈下降趋势，结构性特征明显。2017年，河南省食品价格同比下降3.2%，“菜篮子”、“粮袋子”、“肉案子”等价格有升有降，结构性变动特征明显。

鲜菜价格降幅较大。1月，受春节和天气严寒影响，鲜菜价格环比上涨18.4%；2~6月价格连续下跌，5月价格跌幅最大达14.9%；7月价格由跌转涨，环比上涨4.8%；8月、9月受晴热高温天气影响，蔬菜的生产和运输受到影响，价格继续上涨，涨幅为15.4%、3.3%。总体来看，受市场供应量、天气及基期价格较高等因素影响，2017年河南省鲜菜价格同比下降10.0%。

猪肉价格下跌明显。2017年1月，受节日需求旺盛影响猪肉价格环比

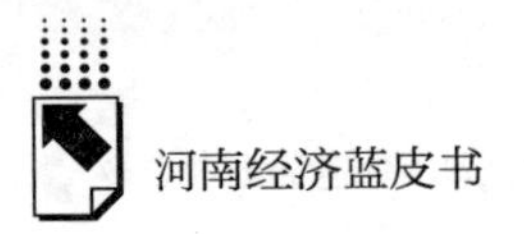

上涨3.9%，同比上涨6.0%；节后猪肉供应充足、需求相对减弱，致使2～12月猪肉价格不断走低，同比降幅在5.0%～20.8%。2017年河南省猪肉价格同比下降11.2%。

鸡蛋价格先降后升。年初几个月蛋鸡存栏较多，鸡蛋供应充足，加之受疫情影响，消费减弱，2017年1～7月份，全省鸡蛋价格同比降幅在9.6%～25.5%；8～12月，鸡蛋供应量减少，加之中秋节日和学校开学，各方对鸡蛋的需求量增加，鸡蛋价格止跌上涨。但就全年来看，鸡蛋价格总体仍呈下降之势，全年同比降幅为6.9%。

粮油价格稳中见涨。2017年河南继续实行支持农业生产的最低收购价保护政策，粮食价格同比上涨2.0%，其中大米价格上涨1.0%，面粉价格上涨2.9%，粮食制品价格上涨2.6%。食用油价格同比上涨0.9%。

鲜瓜果价格变动季节性特征明显。受季节性因素影响，2017年1月、2月、4月、5月、9月鲜瓜果价格环比分别上涨7.1%、5.9%、2.3%、3.8%、2.7%；而在时令水果供应量增加的6～8月鲜瓜果价格分别下降8.2%、14.0%和5.0%。全年全省鲜瓜果价格同比上涨2.0%。

（2）服务项目价格全面上涨。居住类服务价格持续攀升。受房地产市场价格上涨、城中村改造及社会需求等因素影响，2017年河南自有住房价格同比上涨3.1%，私房房租价格上涨2.9%。

教育服务价格涨幅较大。随着人工成本、经营成本不断增加，以及人们对优质学前教育资源的消费比重越来越大，教育服务价格不断上扬。2017年全省教育服务价格上涨3.4%，其中学前教育、小学初中教育、高中中职教育、课外教育价格分别上涨5.2%、3.8%、9.3%、6.0%。

医疗服务价格普遍上涨。自2016年下半年国家全面推进医疗服务价格改革以来，河南各地的公立医院陆续实行改革，带动医疗服务价格不断上涨。2017年全省医疗服务价格同比上涨4.2%，其中护理类、诊断类、治疗类、康复类价格分别上涨30.2%、0.9%、5.5%和6.2%。

家庭和养老服务价格刚性上涨。受劳动力成本不断上升等因素影响，2017年河南家庭服务价格同比上涨5.2%，其中，家政服务价格上涨

6.1%；家庭维修服务价格上涨4.1%。养老服务上涨5.0%。

（3）工业消费品价格涨幅扩大。2017年，河南省工业消费品价格同比上涨2.6%，涨幅比2016年扩大2.4个百分点。

服装价格小幅上涨。2017年，河南省服装价格同比上涨1.3%。价格上涨较多的有：男式运动装价格上涨2.8%，女士运动装涨2.7%，儿童裤子、儿童上衣、婴幼服装分别上涨3.1%、2.4%和2.2%。

住房装潢材料价格全面上涨。2017年，河南住房装潢材料价格同比上涨3.8%。受环保治理停窑限产影响，水泥供应量减少，同比价格涨幅高达19.3%；受人工成本、原材料成本增加影响，板材、木地板、瓷砖、管材、门窗价格分别上涨4.1%、3.3%、2.0%、1.9%和1.8%。

燃料价格涨幅较大，交通工具价格微跌。2017年，河南省汽油和柴油价格同比分别上涨12.8%和14.8%，而交通工具价格同比则下跌1.2%。受技术进步、更新换代和市场竞争激烈影响，小型汽车价格同比下降2.9%。受原材料铅价格上涨影响，电池价格上涨，带动电动自行车价格上涨2.5%。

药品及医疗器械价格明显上涨。2017年，河南省药品及医疗器械价格同比上涨9.6%。其中，中药、西药、滋补保健品价格分别上涨10.4%、10.9%和9.1%。医疗改革后药品价格整体上不降反升的原因主要有：一是医疗改革只是对医院药价影响比较大，但CPI药品价格采集渠道众多，不仅涉及医院，更多的是各大药店。受药品生产厂商调价影响，药店出售的药品价格不断上涨。二是医疗改革只是影响部分药品，对中药材、滋补品等影响有限。

居民生活用水价格再度攀升。2017年以来，为推进城市供水价格改革，完善居民阶梯用水价格制度，促进节约用水，保障供水事业健康良性发展，河南多地提高水价。2017年全省水价格同比上涨7.4%。

（二）CPI运行的主要特点

1. 同比观察，CPI运行轨迹大致呈现“V”字形

2017年，河南CPI同比走势呈现“两头高中间低”的显著特点，大致呈“V”字形。

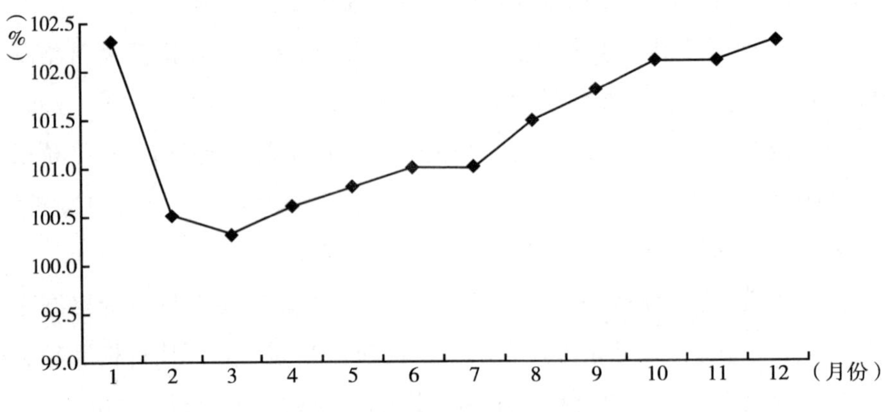

图1　2017 年河南 CPI 同比走势

从图 1 可以看出，受元旦和春节因素影响，2017 年 1 月 CPI 同比上涨 2.3%，2～3 月涨幅回落，分别上涨 0.5% 和 0.3%，其中 3 月份涨幅为 2009 年 12 月以来近 88 个月最低值。4～12 月 CPI 同比呈震荡回升态势，由 4 月 0.6% 的涨幅扩大至 12 月 2.3% 的涨幅。

2. 环比观察，CPI 涨跌互现，涨多跌少

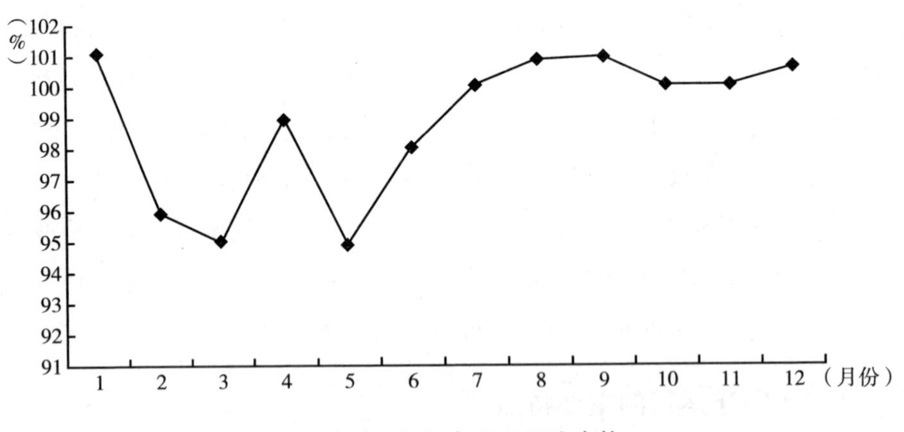

图2　2017 年河南 CPI 环比走势

从月环比指数看，2017 年 1～12 月河南 CPI 在 -0.5%～1.1% 波动，其中 1 月价格上涨 1.1%；2～6 月价格连续 5 个月下降，降幅在 0.1%～

0.5%；7 月价格持平，8~12 月在0.1%~1.0%上涨区间内运行（见图2）。

3. 食品价格止涨转跌且持续低位运行

2017 年，河南省食品类价格各月环比升降相间，各月同比除 1 月份适逢“双节”上涨2.1%外，从 2 月份开始止涨转跌，持续在低谷徘徊。这是自 2011 年以来食品价格同比涨幅首次由正转负，也是2017 年河南 CPI 呈现出的一大特点（见图3）。

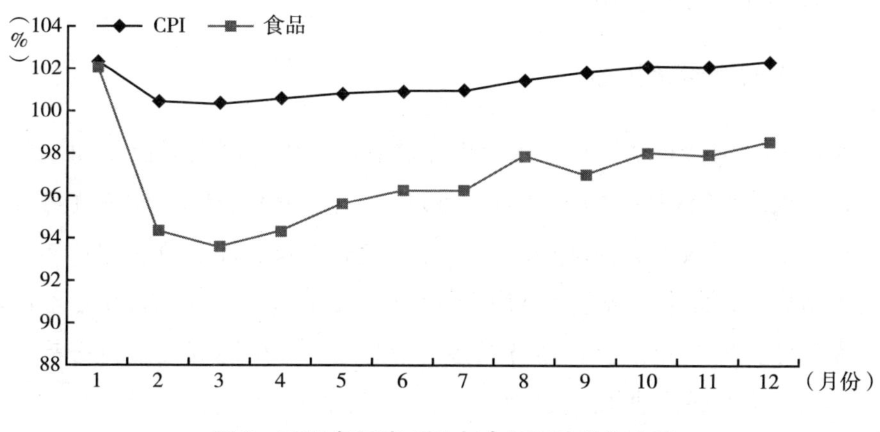

图 3　2017 年河南 CPI 与食品同比价格走势

在构成 CPI 的八个大类中，食品类占据举足轻重的地位，食品价格的升降变化往往对价格总水平产生“导向性”影响。尤其是对于河南这个农业大省，这一特征更加明显。2017 年，河南食品价格同比下降 3.2%，影响 CPI 同比下降0.7 个百分点。由于食品类权重大，其价格走势往往左右 CPI 走势。从图 3 可以看出，受食品价格变动影响，河南省 CPI 同比走势与食品价格同比走势基本同步。

4. 服务项目价格持续保持较为强劲的上涨势头

与食品价格持续低谷徘徊相反，服务项目价格则保持了较为强劲的上涨势头，并成为拉动 CPI 上涨的主导力量。2017 年，河南省服务项目价格同比上涨2.8%，涨幅比2016 年扩大0.3 个百分点，其中居住、医疗服务、教育服务价格分别上涨 3.6%、4.2%、3.4%，带动 CPI 上涨 1.0 个百分点，成为拉动 CPI 上涨的主导因素，打破了以往以食品价格拉动 CPI 为主的结构性特征格局。

二 CPI 平稳、温和上涨成因分析

2017 年，河南 CPI 继续 2016 年走势，呈现相对平稳、温和上涨的态势，是多种因素综合影响所致。

（一）宏观环境因素

2017 年，河南省坚持稳中求进工作总基调，以提高发展质量和效益为中心，以供给侧结构性改革为主线，推进“三去一降一补”，发挥优势打好“四张牌”，深化改革、推动创新，努力做到稳增长、促改革、调结构、惠民生、防风险，促进经济平稳健康发展和社会和谐稳定，全省政治、经济环境不断趋好。2017 年，全省经济保持稳中有进、稳中向好的运行态势，而且，推动经济发展的动能持续增强，经济发展的质量效益持续改善。和谐、稳定、良好的政治和经济大环境是 CPI 温和运行的大基础。

（二）供求格局因素

伴随着经济持续、向好发展，城乡居民收入较快增长，作为价格调节杠杆的市场供求关系，总体呈现相对平衡，这是 CPI 温和运行的大前提。当然，这种总体相对平衡又体现出局部的不平衡，致使某些商品、服务项目价格出现较大幅度上涨或下跌。比如，由于生产受限，水泥供应量减少，面对较强的市场需求，价格扶摇直上，2017 年全省水泥价格同比涨幅高达 19.3%；与此相反，鉴于毛猪产能过剩问题比较突出，猪肉价格持续下跌，2017 年全省猪肉价格同比下降幅度达 11.2%。

（三）政策导向因素

2017 年，河南省纵深推进重点领域和关键环节价格改革，在电力价格、

医疗服务价格、农产品价格、水价、天然气价格、行政机关和经营服务性收费方面取得新的突破。价格改革在优化资源配置的同时会助推 CPI 上行。以医疗服务价格改革为例：河南省医改重点提高诊疗、手术、康复、护理、中医等体现医务人员技术劳动价值的医疗服务价格，降低大型医用设备检查治疗和检验等价格。医改以来，河南省药品及医疗器械、医疗服务价格普遍上涨，2017 年同比涨幅分别为 9.6% 和 4.2%。另外，城中村改造助推周边乃至整个城区房租、建筑装潢材料及相关商品价格上涨，2017 年，全省私房房租同比上涨 2.9%，住房装潢材料价格上涨 3.8%。

三　2018年河南 CPI 走势预测

2018 年，河南经济发展可谓机遇与挑战并存。乘十九大之东风，发展机遇更加彰显。诸多不稳定因素的存在，实现求稳、求质的经济发展目标任重道远。基于未来改革力度加大，之前各项改革实施后积累能量的逐步释放，2018 年河南 CPI 及内部结构将会出现新的变化。

考虑到各种涨价因素与抑制价格上涨因素的力量对比，综合分析预计，2018 年，河南居民消费价格总水平整体仍将呈现稳步上涨的态势。

（一）推动物价上涨的因素

1. 宏观大环境进一步趋好有利于 CPI 回升

十九大报告指出，中国经济已由高速增长阶段转向高质量发展阶段，正处在转变发展方式、优化经济结构、转换增长动力的攻关期。因此，2018 年，中国的改革将会有新一轮动作，经济转型的攻坚战或将全面展开。在积极的财政政策导向下，以及随着 PPP 模式的推广，基建投资有望继续维持相对较高的增长水平。随着美国和全球经济增长的温和复苏，2018 年出口形势有望持续好转。伴随着深化“去杠杆”、“去产能”，转变经济增长方式，引导资金流入实体经济力度加大，国内经济形势有望进一步好转，经济发展稳中向好的态势将会得以不断巩固，有利于 CPI 稳步回升。

2. 食品类价格有望回升将带动 CPI 上升

（1）猪肉有望迎来新一轮上涨行情。猪价是禽肉类价格之锚，在食品项中占比为 9% 左右，占 CPI 比重的 3% 左右。由于猪肉权重较大，猪价的波动会对食品项带来明显的扰动，从而影响 CPI 走势。一方面，受季节以及节日因素影响，2017 年四季度至 2018 年一季度猪肉需求都会大幅提升；另一方面，受环保政策以及农业供给侧改革影响，短期供给收缩严重以及规模化养殖扩张速度或不及预期情况下，供给端将会明显受限，叠加生猪存栏量或将继续下降，这会使猪肉价格有持续上涨的动力；再者，玉米价格反弹在即，生猪养殖行业生产成本或面临回升，也会导致猪肉价格上涨。

（2）蔬菜价格将会止跌企稳。2017 年，蔬菜价格低位徘徊，部分品种价格更是大幅下降，势必挫伤菜农生产积极性。受供求影响，2018 年，全省蔬菜价格将会出现反弹势头。其对食品，乃至 CPI 的正向贡献将在 2018 年一季度有大幅回升，之后影响会逐渐减弱。

3. 非食品类价格未来走势稳定向上将会推动 CPI 上升

（1）原油价格走势对非食品项影响将逐渐加强。油价走势对于非食品价格影响大：一是主要通过 CPI 分项中的水电燃料和交通工具用燃料对 CPI 产生直接影响；二是油价的上涨拉高生产资料价格，通过生产成本传导至生活资料价格提高，进而对 CPI 产生间接推动。中长期来看，全球经济在逐渐复苏中，2018 年全球石油需求整体将高于 2017 年。减产持续叠加需求稳步回升情况下，2018 年原油价格将逐步回升。

（2）服务项目价格仍将呈现较大幅度上涨势头。医疗、教育、公共交通等服务价格都存在着上涨的压力，居住类和服务项目价格的上涨对价格总水平的拉动作用将继续扩大。因此，服务项目价格上涨仍将是促进 CPI 上升的主要动力。

居住类价格将会继续保持上涨势头。源于劳动力成本上升，服务类价格存在较强的涨价压力，一方面会直接推升服务类消费价格，比如家政服务；另一方面也会间接推动制造业产成品价格上涨，特别是劳动密集型产业。在人口老龄化背景下，劳动力成本趋于刚性上行，或将进一步推升服务类价格。

医疗保健价格处于上行通道。2018 年，在医疗改革推动下，医疗服务价格将会持续上涨；药材方面，由于药材行业监管趋严，中药涨价较多助推医疗保健价格上涨。

4. 各项改革稳步推进，连锁效应将推动 CPI 上行

改革是一把“双刃剑”，在优化资源配置、理顺价格关系等的同时，短期内往往会诱发相关商品及服务项目价格的连锁上涨。伴随着 2017 年各项改革势能的持续释放，未来新改革项目不断出台，势必影响 CPI 走势。

5. 居民收入较快增长，有效需求相应升温将拉动 CPI 上升

2017 年 1～9 月，河南居民人均可支配收入 14369.10 元，同比增长 9.0%，增速同比提高 1.3 个百分点。随着城乡居民收入的较快增长，消费者更加注重品质消费和享受型消费，诸如信息消费、文化消费、养老消费、体育消费、健康消费、旅游消费等个性化、多样性的消费新热点正在兴起。消费新热点不断形成和发展将成为未来居民消费价格总水平上涨的有力支撑。

（二）抑制物价上涨的因素

1. 粮食连年丰收一定程度上抵消食品涨价压力

现在全国粮食库存相当于一年的粮食需求量，明显高于联合国粮农组织认可的粮食库存相当于粮食需求 20% 左右的合理水平，国内小麦和大米等主粮品种市场价格也高于国际价格。

2. 市场竞争加剧抑制价格上行

一方面国内大部分消费品市场依然供大于求；另一方面网络消费迅猛发展，进一步加大对传统实体店销售的冲击，激烈的市场竞争抑制部分商品价格上涨。

3. 就业和消费面临持续压力

2018 年，伴随着去产能、企业重组等改革推进，就业和工资可能还将面临更大的下行压力。如果过剩产能企业重组出现重大进展，相关行业更多

职工面临转岗、择业问题，无疑会拖累消费。随着年底汽车购置税减半政策到期、房地产销售和建设放缓且油价继续上涨，耐用消费品和汽车的消费将受到影响。

4. 国际大宗商品价格不会有大幅度的上扬，对国内价格传导有限

2018 年，全球经济有望恢复增长，但强度并不足以支撑大宗商品的强势，而且美元有望继续走高，同样会限制大宗商品涨价的幅度。整体来看，2018 年国际原材料价格或陷入迟滞走势。因此，输入型通胀的压力不大。

基于以上影响 CPI 因素分析，可以看出，2018 年河南 CPI 面临的涨价压力明显强于下行压力。因此，我们认为："稳步上涨"将会是 2018 年河南省居民消费价格总水平变动的整体特征。而且，一方面，由于翘尾影响会强于 2017 年；另一方面，由于 2017 年 PPI 的持续大幅上涨主要源于中上游行业的供给侧改革导致的供给能力收缩，并非需求扩张所致，PPI 对 CPI 的传导时间会滞后半年到一年。因此，2018 年河南省居民消费价格总水平上涨的幅度会大于 2017 年。

B.13
2017～2018年河南省就业形势分析

孙斌育　王玉珍*

摘　要： 2017年，河南省坚定不移地贯彻落实中央稳增长、促改革、调结构、惠民生、防风险工作方针，取得了积极成效，全省经济运行总体平稳、稳中向好，就业形势整体稳定，就业结构进一步改善。但与此同时，由于经济下行压力和“去产能”企业职工安置工作任务较重，使就业压力较大，部分地区就业风险依然存在。本文根据河南省就业工作的特点和省委省政府对促进就业工作的安排，分析了2017年河南省就业市场的新特点、新变化，对促进河南省就业工作的有利因素进行了归纳和总结，提出了当前河南省就业工作中的主要矛盾和问题。

关键词： 河南省　就业形势　就业市场

2017年在河南省委、省政府的正确领导下，全省各地区、各部门认真贯彻落实中央和省委经济工作会议精神，在经济发展中坚持稳中求进工作总基调，将统筹推进“五位一体”总体布局和协调推进“四个全面”的战略布局，努力打好“四张牌”贯穿到全面做好稳增长、促改革、调结构、惠民生、防风险各项工作中，在全省经济运行总体平稳、稳中向好态势下，多措并举促就业、惠民生，使全省就业形势整体稳定，就业结构进一步改善。

---

* 孙斌育，高级统计师，河南省统计局人口和就业统计处处长；王玉珍，高级统计师，河南省统计局人口和就业统计处副处长。

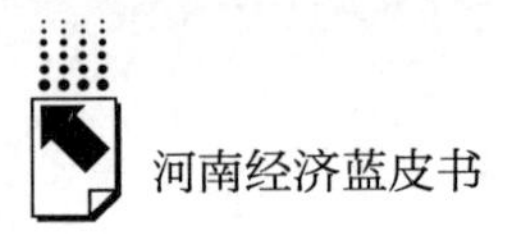

一　2017年河南省就业形势总体平稳

2017年以来，全省以培育“大众创业、万众创新”为引擎，完善落实积极的就业创业政策，促进“双创”带动就业，着力做好新增就业、失业人员再就业、就业困难人员再就业等重点群体的就业工作，以及高校毕业生就业、农村劳动力转移就业、“去产能”企业职工安置等工作，以着力推动更加充分和更高质量的就业，取得了积极成效，全省就业形势总体保持稳定。

（一）城镇新增就业提前完成年度目标任务

据河南省人力资源和社会保障厅统计，全省城镇新增就业、重点群体就业均提前完成年度目标任务，人力资源市场总体供求平衡。2017年10月全省城镇新增就业、失业人员再就业、就业困难人员再就业已完成年度目标任务，到12月就业工作此三项监测指标分别为144.21万人、43.98万人和17万人，分别完成年度目标任务的131.1%、125.7%和141.7%（见表1）。

表1　2017年3～12月河南重点群体就业主要指标一览

单位：万人，%

时间	城镇新增就业			失业人员再就业			就业困难人员实现就业			农村劳动力转移		
	新增就业人员	完成年计划	同比增长	再就业人员	完成年计划	同比增长	实现就业	完成年计划	同比增长	新增	#省内转移	#省外转移
3月	35.02	31.84	6.96	10.86	31.03	-5.07	4.11	34.25	-0.72	41	1744	1173
4月	48.81	44.4	3.5	14.96	42.7	-4.8	5.35	44.6	-2.7	46	1746	1176
5月	60.03	54.8	-0.2	18.65	53.3	-6.9	6.79	56.6	-1.6	51	1751	1176
6月	72.73	66.1	-0.6	22.49	64.3	-10.3	8.15	67.9	-6.1	55	1754	1177
7月	82.76	75.2	-1.4	24.4	69.7	-15.3	9.31	77.6	-8	57	1756	1177
8月	95.02	86.4	-2.1	28.32	80.9	-13.2	10.59	88.3	-7.5	59	1758	1177
9月	107.74	97.9	-3.3	32.15	91.9	-13.3	11.95	99.6	-5.2	62	1761	1177
10月	119.98	109.1	-4.4	36.22	103.5	-12.9	13.53	112.8	-7.3	63	1762	1177
11月	132.43	120.4	-3.5	41.19	117.7	-12.7	15.3	127.5	-7.8	63	1762	1177
12月	144.21	131.1	-0.6	43.98	125.7	-8.4	17	141.7	-11.4	63	1762	1177

（二）规模以上企业从业人员总体平稳增长

2017 年三季度末，全省规模以上联网直报单位从业人员为 1146.97 万人，同比增加 34.68 万人，增长 3.1%；第二、三产业从业人员分别为 910.44 万人和 236.52 万人，分别比上年同期增加 17.60 万人和 17.09 万人，增长 1.97% 和 7.79%。分行业来看，居民服务修理和其他服务业、公共软件服务业、热力燃气及水生产和供应业等的从业人员增幅居前，房地产业从业人员增长 17.8%。

（三）企业用工基本平稳

2017 年末，据对全省 908 家企业开展的企业用工情况调查结果显示，企业用工基本稳定，呈现以下几个特点。

一是企业用工基本平稳。2017 年 12 月末，被调查企业用工人数共计 69 万人，同比减少 5200 人，下降 0.74%，下降幅度较 2016 年四季度末 3.8% 的降幅明显收窄；环比增长 0.2%。全部被调查企业中，近六成用工稳定或增加，比上年同期上升 20 个百分点，其中有 329 家企业用工人数增加，比重为 36.2%，同比增加 11.1 个百分点；有 199 家企业用工人数持平，比重为 21.9%，同比增加 9.3 个百分点；有 380 家企业用工人数减少，占被调查企业用工单位数的比重为 41.8%，同比减少 11.6 个百分点。二是用工大企业的情况好于中小企业。用工达到或超过 4000 人的企业用工人数同比和环比均呈增长态势，而中小型企业同比和环比均呈下降态势。三是“招工难”问题继续得到缓解。除一些结构性用工不能满足需要外，基本不存在“招工难”的问题。在被调查企业中，有 56.6% 的企业表示不存在“招工难”；有 38.3% 的企业表示“招工难”不严重；只有近 5.0% 的企业表示“招工难”严重。

（四）高校毕业生就业率保持基本稳定

2017 年全省高校毕业生达到 51.7 万人，约占全国毕业生总数的 1/15，再创历史新高（见图 1）。河南省委、省政府坚持把促进高校毕业生就业摆在就业工作重要位置，组织实施高校毕业生就业创业促进计划，促进高校毕业生就业水平持续稳定，连续多年实现就业、创业人数“双增长”，高校毕业生持续保持较高就业水平。截至2017年9月1日，全省高校毕业生就业签约率达到82.1%，较上年同期提高1.14个百分点，高于同期全国平均水平。

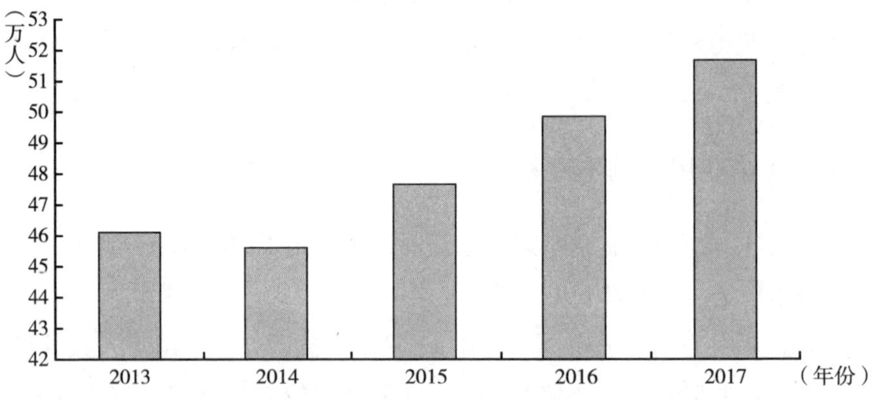

图1　2013～2017年河南省高校毕业生人数

（五）农村劳动力转移就业平稳有序

2017年以来，全省通过建立健全城乡劳动者平等就业制度，坚持统筹城乡就业，有力地促进了农村富余劳动力就地（就近）转移就业、有序外出就业和返乡创业。一是截至2017年10月末，全省农村劳动力新增转移就业达到63万人，完成年度目标的105%，提前完成年度目标任务（见图2）；全省累计转移就业2939万人，其中省内转移就业人数为1762万人，占全省累计转移就业总量的60%；省外转移1177万人，占40%。二是新增农民工返乡创业22.65万人，完成年度目标任务的113.3%，带动就业251.08万人；农民工返乡创业总量达到98.86万人，带动就业累计达到590.61万人。三是通过组织实施“农村劳动力技能就业计划”培训农村劳动力52万人；全省贫困劳动力135.8万人，已转移就业91.3万人，占67.2%。

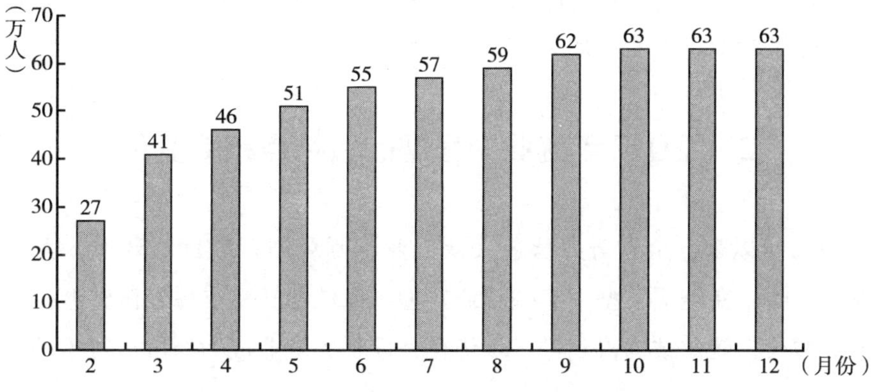

图2　2017年河南新增农村劳动力转移就业

（六）城镇登记失业率和调查失业率总体稳定

2017年末，全省城镇登记失业率为2.76%，与2016年同期相比减少0.19个百分点。近五年，全省城镇登记失业率持续稳定在2.96%~3.09%，远低于4.5%的年度控制目标上限。从2017年12月份全国大城市月度劳动力调查情况看，郑州、洛阳和焦作3个省辖市城镇调查失业率比上年同期略有上升，与上半年基本持平，总体平稳。

（七）化解过剩产能职工安置工作有序推进

2017年，全省煤炭行业“去产能”涉及职工安置信息已全部录入登记人社部职工安置系统。三季度末，全省待安置职工3.05万人，已经完成分流安置职工1.56万人，安置工作在有序推进之中。

同时，2017年以来全省各级、各部门落实治国理政新发展理念，认真贯彻新发展理念，坚持以供给侧结构性改革为主线，深化“放管服”改革，持续推进商事制度改革，大众创业、万众创新热情得到进一步激发，企业数量快速增长，为就业拓宽了新的空间。据河南省工商局统计，截至2017年末全省市场主体总数已达到503.18万户，同比增长17.8%，市场主体总量增速和位次提升显著，在全国和中部六省名列前茅，市场主体的快速增长有力地促进了就业总量的增加。

二 2017年就业中呈现的新特点和新变化

2017 年以来，全省努力营造大众创业、万众创新的良好环境，大力拓展就业空间，在经济转型中实现就业转型、以就业转型支撑经济转型，实现了就业增长，就业结构得到进一步优化，使扩大就业成为经济运行中的一个亮点。

（一）新常态下全省就业规模持续扩大

全省经济平稳持续发展是扩大就业的基础，经济发展与扩大就业有效联动，促使经济增长的就业弹性增强，拉动就业总量不断增加。2017 年前三季度，全省国内生产总值增速分别为 8.0%、8.2% 和 8.1%，同期“四上”企业联网直报就业人数分别为 1113.73 万人、1131.99 万人和 1146.97 万人，呈现缓慢递增态势。

（二）新常态下全省就业结构持续改善

一是就业所有制结构的变化。“四上”非私营单位国有、集体就业基本呈现缓慢递减态势，其他经济类型呈现小步攀升趋势。

二是国家实施行业发展政策效应进一步显现，行业从业人员增减趋势符合预期。2017 年三季度，从全省重点行业来看，制造业从业人员同比增长 2.3%；电力、热力、燃气及水生产和供应业增长 8.5%；建筑业增长 3.0%；批发和零售业增长 12.2%；水利、环境和公共设施管理业增长 16.7%；卫生和社会工作增长 10.9%。从重点行业来看，全省高成长性行业中的装备制造业从业人员同比增长 5.0%；高技术产业中的医药制造业从业人员增长 5.9%。一些高载能行业中的就业人员自二季度以来呈现下降态势，行业从业人员发展趋势符合预期。三季度，煤炭开采和洗选业就业人员同比下降8.2%，采矿业下降7.3%，黑色金属冶炼和压延加工业下降2.3%。

（三）第三产业对就业增长的拉动作用更加明显

第三产业的蓬勃发展为就业提供了更为广阔的增长空间，带动和助推就业人员快速增加，服务业成为吸纳就业的主体。前三季度，全省第三产业增加值对全省生产总值的贡献率为49.0%，分别高于第一产业和第二产业42.0个和5.0个百分点。第三产业发展速度加快，占比提高，对就业的拉动作用明显。前三季度，全省“四上”企业中，第三产业从业人员增长7.8%，高于第二产业5.8个百分点，对就业增长的贡献率达到49.3%。三次产业就业结构高低排序由“一、二、三”模式到“一、三、二”模式，彰显了三次产业就业结构与全省大力发展第三产业的协调性明显提高。

三　保持全省就业形势稳定增长的因素分析

面对经济下行压力持续加大、经济增长动力不足、“去产能调结构”任务繁重的经济发展形势，全省就业工作取得稳定成效，主要得益于以下五个方面。

（一）多措并举，实施积极的就业政策措施

1. 各级党委政府高度重视，为就业工作提供了坚实的保障

河南省委、省政府先后出台《关于进一步做好当前和今后一个时期就业创业工作的实施意见》、《关于引导和鼓励高校毕业生到基层工作的实施意见》、《高校毕业生就业创业促进计划》、《财政支持农民工返乡创业20条政策措施》等一系列措施，为就业促进工作提供了政策保障。把稳定和扩大就业作为宏观调控的一个重要目标，实施就业优先战略，保持了就业政策与宏观经济政策、财税政策等相互配套、相互衔接，为促进就业工作奠定基础。

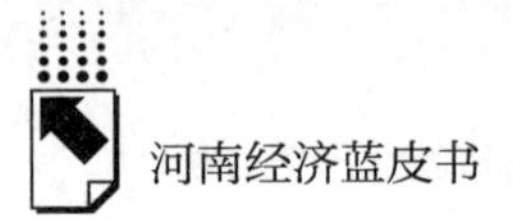

2. 经济持续稳定发展，为稳定就业奠定坚实基础

全省经济增速持续稳定在8.0%左右，经济结构持续优化，实现了经济增长与促进就业的良性互动。分季度情况看，2017 年企业单位数和就业人员数同比均呈增长态势。一、二、三季度6 万余家全省联网直报“四上”企业统计调查显示，就业人员同比增量在35 万～64 万人，增速分别为6.1%、5.5%和3.1%。前三季度，增速高出同期全国平均水平1.7 个百分点，居全国第10 位。

（二）着力以完善公共服务来保障就业

持续加强公共就业服务体系建设。一是积极开展专项服务活动。依托各级公共就业服务机构，举办“就业援助月”、“春风行动”、“春季大型招聘会”、“民营企业招聘周”等专项活动，为就业者提供免费服务。2017 年共举办各类招聘会1900 多场，提供就业岗位185 万个，帮助54.7 万人寻找或转换岗位。二是不断完善服务方式。在街道、社区建立人力资源社会保障事务所（站），让群众享受到“一站式”、“一条龙”服务。依托城乡公共就业服务网点、定点培训机构、企业地理位置等信息资源编制“服务地图”，打造“15 分钟公共就业服务圈”。三是不断提升公共就业服务信息能力。推进全省公共招聘网联网工作，指导各地建立招聘求职网站，向外推送招聘信息。运用广播、电视、报刊、互联网等手段，使求职者不出户、不出村、不出校就能享受便捷服务。

（三）抓实事、促实效推动就业

抓好“四条线”促就业稳定。努力做好各项就业政策的衔接、协调和配合，促进各类群体就业。一是编好高校毕业生就业“经线”。积极推进高校毕业生就业创业促进计划，组织高校毕业生与产业集聚区岗位对接洽谈，确保高校毕业生就业水平不降低、有提高。二是织牢农村劳动力转移就业“纬线”。拓宽就业渠道，为农民工提供就业岗位，加强技能培训、创业扶持等。三是托住就业困难群体就业“底线”。开发公益性岗位托底安置，确保“零就业家庭”动态为零。通过实行内退、转岗、公益岗位安置等途径，有序推进“去产能”职工分流安置工作。四是守住贫困劳动力就业“保障线”。通过实施创业扶贫、培训扶贫、就业扶贫、助企扶贫等措施，开展送政策、送服务、送培训、送岗位活动，确保就业扶贫政策落实到户、精准到人。

（四）大力实施以创业带动就业

深入推进大众创业、万众创新，实现促进就业、改善民生与转型发展同谋划、抓落实。一是不断完善服务手段。举办全省“豫创天下”创业、创新大赛等活动，开展首届大学生创新创业标兵巡回报告，提升创业培训质量。加快孵化载体建设，中原大学生孵化示范园开园，目前省级以上“双创”孵化载体达221家、创新平台突破2500家。二是创业带动就业能力进一步增强。结合国家新型城镇化发展战略，大力支持农民工等人员返乡创业试点县（市）试点工作进展顺利，通过新增发放创业担保贷款来帮扶创业、带动就业。三是强力推进农民工返乡创业。设立农民工返乡创业投资基金，首期规模50亿元，省财政出资5亿元已到位。

（五）持续释放“改革红利”，形成就业新增长点

河南省委、省政府把2017年城镇新增就业110万人纳入全省十件重点民生实事。各级、各部门层层传导压力，推动就业等各项任务落到实处。全面深化改革不断深入，简政放权持续推进，大众创业、万众创新蓬勃发展，使市场主体的创业创新活力进一步增强，个体工商户和中小微企业带动就业每年增长30%以上，民营经济成为吸纳就业的主渠道之一，有力地保障和促进了就业增长。

四　目前全省就业工作存在的主要矛盾和问题

虽然2017年全省就业促进工作取得了一些成绩，但与全面着力保障和改善民生的要求、与群众实现更高质量就业的期盼还存在一些差距，在经济

下行与就业总量增大双重压力下，就业供需矛盾短期内难以缓解，未来就业形势依然严峻，促进就业工作的任务十分艰巨，主要体现在以下三个方面。

（一）就业供需矛盾特别是其结构性矛盾仍较突出

一方面，在经济下行与就业总量双重压力下，就业供需矛盾短期内难以缓解，未来就业形势将更加严峻。2017 年，全省新增就业、失业人员再就业、就业困难人员实现就业虽超额完成年度目标，但新安排就业人数总量均比上年减少，其中后两项指标是在 2016 年已经减少基础上的连续减少；从企业用工调查看，2017 年 12 月份农民工就业同比下降 3.7%，环比下降 2.2%，这表明全省当前就业市场的供需还不够平衡，产业发展吸纳就业的能力还不够强。

另一方面，就业结构性矛盾仍较突出，表现在：一是就业者缺乏劳动技能的就业困难群体仍较大，劳动密集型企业“招工难”现象日益显现。主要是企业薪酬水平与求职者心理预期有差距，吸引力不够、员工流动性大，导致企业与求职者之间供需缺位。二是区域性供求差异加大。随着“三区一群”建设持续推进，一些经济体量大、发展势头好、投资增速快的地区，岗位需求较多，有着更多的劳动力需求；而一些“传统工业基地”岗位供给相对不足，求职者在当地难以找到中意岗位，导致不同区域间供需缺位。三是年龄型失衡矛盾深化。企业用工标准不断提高，劳动力需求年龄范围相对集中，大龄且低技能劳动者就业更加困难。对 6 城市人力资源市场职业供求数据分析可知，75.8% 的用人需求对求职者年龄有明确要求，其中对 16 ~ 34 岁年龄段需求占 55.6%，呈现年龄越大、需求量越少趋势，表明了就业结构性矛盾仍较突出，缺乏劳动技能、年龄偏大等就业困难群体仍较大，给就业工作带来较大压力。

（二）重点群体就业任务仍然较重

一是高校毕业生就业工作繁重。2017 年全省有大约 10 万名高校毕业生离校未就业；进入 10 月份后 2018 届毕业生开始求职；2017 年已经初次就业毕业生中，约有20万人需要二次就业，部分二、三本及困难家庭毕业生和女大学生就业压力更大。二是“去产能”企业职工分流安置任务较重。三季度末，全省“去产能”涉及待安置职工仅完成目标任务的51.1%。主要是其就业困难人员大多年龄偏大、技能单一，自谋职业与创业的意愿和能力较低，自行寻找就业岗位能力有限。当前，化解过剩产能职工分流安置工作任务较重。

（三）就业服务和就业管理水平有待提升

一是公共就业创业服务体系尚待完善。目前，公共就业创业服务投入不足、基础设备设施薄弱，特别是基层平台服务能力更弱，难以满足经济社会发展需要。二是公共就业服务水平有待提升。公共就业服务信息化建设相对滞后，全省范围内互联互通，信息化系统功能不完善、应用不充分，经办业务网上申报、办理进展较慢，距离“智慧就业”、“掌上就业”有一定的差距。三是部分就业创业政策落实不到位。扶持贫困家庭劳动力参加技能培训给予生活补贴，对初始创业者给予创业补贴等，在基层落实不够好。各级财政对促进就业投入资金非常有限；一些地方就业资金拨付进度慢，也影响了资金使用效果。

B.14
2017～2018年河南省能源形势分析与展望

常冬梅　陈向真　张　旭　刘金娜*

摘　要： 2017年河南省能源生产、消费总体趋势下降，全省煤炭去产能任务完成，产量下降；全省规模以上工业综合能源消费量和单位工业增加值能耗均呈下降趋势，全省节能形势较好。预计2018年全省能源生产、消费形势继续保持平稳运行，节能降耗形势也较为乐观，但也应关注供给侧结构性改革背景下煤炭继续去产能及清洁化利用，提高能源加工转换效率，促进清洁能源、新能源的生产与消费等问题。

关键词： 河南　能源生产　能源消费

2017年，河南省持续深化供给侧结构性改革，能源生产、消费总体趋势下降，全省一次能源生产量延续了2016年以来持续下降的态势，能源供给侧结构调整成效明显；全省规模以上工业综合能源消费量和单位工业增加值能耗均呈现下降趋势，全省节能形势较好。

* 常冬梅，河南省统计局能源统计处处长；陈向真，河南省统计局能源统计处副处长；张旭，河南省统计局能源统计处主任科员；刘金娜，河南省统计局能源统计处副主任科员。

一 全省一次能源生产继续下降，能源供给侧调整成效明显

2017年，全省一次能源生产量8962.85万吨标准煤[①]，同比下降1.9%，降幅较2016年收窄10.9个百分点，较一季度和上半年分别收窄7.5个、1.5个百分点，较前三季度下降2.0个百分点；焦炭产量2290.76万吨，同比下降21.6%；火力发电量2564.92亿千瓦时，同比增长1.7%，全省能源生产总体形势有所下降。

（一）煤炭去产能任务完成，原煤产量下降

2017年，全省煤炭过剩产能有序化解，共关闭矿井101处，退出产能2012万吨，全省煤炭行业去产能任务已完成，顺利通过国家验收；煤炭市场受去产能政策、煤矿安全生产监管加强和需求下降等影响，原煤产量11688.04万吨，同比下降1.8%，降幅较2016年收窄10.4个百分点，较一季度和上半年分别收窄7.1个、1.5个百分点，较前三季度下降2.3个百分点，全省原煤生产继续下降。

随着全省煤炭去产能工作的有效推进，全省煤炭生产逐步向省内资源条件好、竞争能力强的地区集中，郑州、平顶山、三门峡、永城四个主要产煤区2017年生产原煤8353.47万吨，占全省原煤产量的比重为71.5%，较2016年提高1.6个百分点。2017年，全省原煤销售量9282.22万吨，同比下降0.9%，降幅较2016年收窄15.4个百分点；原煤产销率79.4%，较2016年提高0.7个百分点，全省原煤销售形势较好。12月底，全省原煤生产企业期末产成品库存为415.82万吨，较2016年同期减少41.37万吨，较年初库存减少1.27万吨，原煤期末库存不断下降。

① 本文涉及的能源生产和消费指标采用核实数据，其余指标采用初步核算数。

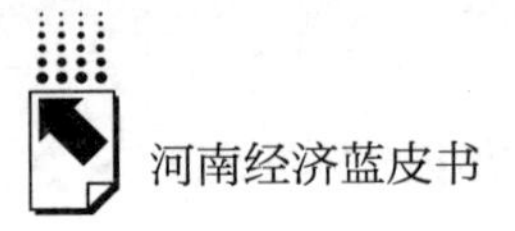

（二）原油产量继续下降，原油加工量降幅扩大

2017 年，受中国石油化工集团公司下发生产计划目标减少影响，原油产量为 282.92 万吨，同比下降 10.4%；全省重点石油炼化企业部分设备停产检修致使原油加工量下降至 640.44 万吨，同比下降 5.0%，降幅较 2016 年下降 19.2 个百分点，较一季度收窄 2.4 个百分点，较上半年、前三季度分别扩大 0.1 个、1.7 个百分点，降幅不断扩大，其中汽油产量 186.87 万吨，同比下降 8.2%；煤油产量 62.80 万吨，产量与 2016 年数据持平；柴油产量 176.43 万吨，同比增长 22.7%。

（三）天然气（气态）生产下降，液化天然气产量高速增长

2017 年，全省天然气产量 2.98 亿立方米，同比下降 9.7%，降幅较 2016 年收窄 13.8 个百分点，较一季度收窄 1.1 个百分点，较上半年、前三季度分别扩大 1.1 个、1.6 个百分点，天然气产量降幅逐渐扩大。受全省液化天然气市场需求持续扩大的影响，2017 年全省液化天然气产量为 4.33 万吨，同比增长 129.1%，增幅较 2016 年提高 163.0 个百分点。

（四）焦炭生产、销售和库存量持续下降

随着全省环保治理工作不断深入，省内部分焦炭企业减产或停产。2017 年，全省焦炭产量 2290.76 万吨，同比下降 21.6%，降幅较 2016 年扩大 20.7 个百分点，较一季度、上半年和前三季度分别扩大 10.9 个、11.4 个、6.2 个百分点，焦炭产量持续下降。从销售与库存情况看，2017 年全省焦炭销售 2044.36 万吨，同比下降 22.1%，降幅较 2016 年扩大 17.9 个百分点，较一季度、上半年和前三季度分别扩大 10.5 个、11.8 个、7.9 个百分点，焦炭销售量下降较大；12 月底，企业焦炭库存 41.18 万吨，较 2016 年同期减少 7.26 万吨，库存量不断下降。

（五）全省发电量小幅增长，新能源发电量增速较高

2017 年，全省发电装机容量不断增长，截至 12 月底装机容量为

7992.58万千瓦，较2016年同期增加774.14万千瓦，较3月底、6月底和9月底分别增加615.94万、487.91万、294.74万千瓦。受全省电力需求增加影响，2017年全省规模以上工业企业发电量2703.48亿千瓦时，同比增长2.5%，增幅较2016年提高2.6个百分点，较一季度和上半年分别提高4.8个、1.6个百分点，较前三季度下降1.5个百分点，其中火力发电量2564.92亿千瓦时，同比增长1.7%；水力发电量96.55亿千瓦时，同比增长8.8%。

新能源发电量增速较高。2017年，全省新能源发电量62.66亿千瓦时，同比增长24.0%，增幅较2016年提高8.4个百分点，较一季度和上半年分别提高14.7个、7.9个百分点，较前三季度下降1.8个百分点，其中风力发电量29.20亿千瓦时，同比增长36.5%；垃圾焚烧发电量3.16亿千瓦时，同比下降36.1%；生物质发电量17.49亿千瓦时，同比下降1.0%；太阳能发电量12.81亿千瓦时，同比增长96.7%。

二　全省能源消费继续下降，工业节能形势较好

2017年，全省经济转型升级步伐加快和环保治理力度加大，工业能源消费总量得到有效控制，单位工业增加值能耗水平和重点产品单位能耗继续下降，工业节能形势较好。

（一）全省规模以上工业综合能源消费量继续下降

2017年，全省规模以上工业综合能源消费量13857.47万吨标准煤，同比下降1.8%，较一季度、上半年分别收窄2.3个、1.0个百分点，较前三季度扩大0.9个百分点（见图1）。2017年全省规模以上工业综合能源消费量降幅较2016年收窄2.1个百分点。

1. 多数地区能耗下降

2017年，全省各省辖市及省直管县积极采取各项节能减排措施以降低当地能耗，其中有10个省辖市（不含省直管县）综合能源消费同比下降，

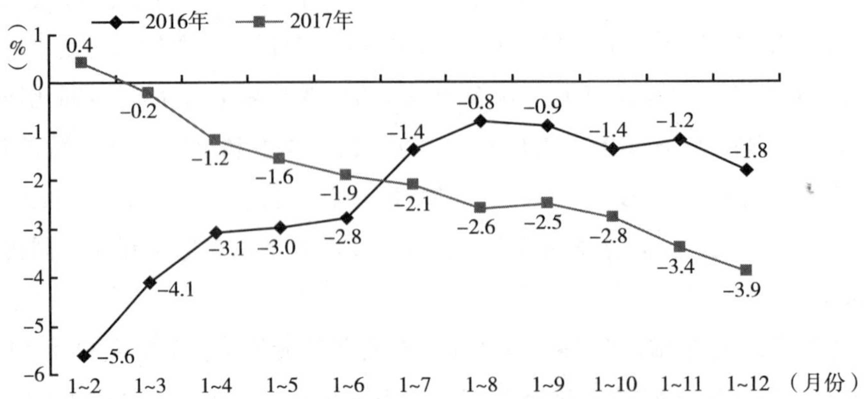

图1　2016～2017年河南规模以上工业综合能源消费量同比增速

降幅较大的前3个省辖市是许昌、安阳和开封，能耗分别下降11.2%、10.7%和8.7%；10个省直管县中有6个综合能源消费增速同比下降，下降较快的前3个省直管县是固始、兰考和新蔡，能耗分别下降31.8%、21.0%和12.4%。在能耗增长的地区中，三门峡、永城和驻马店分别增长9.0%、7.5%、4.4%，其他地区能耗增幅在3%以内。

2. 非高载能行业能耗降幅持续扩大

2017年，全省非高载能行业综合能源消费量2008.81万吨标准煤，同比下降7.7%，降幅大于高载能行业6.9个百分点，较2016年扩大2.8个百分点，较一季度和上半年分别扩大0.7个和1.5个百分点，与前三季度持平。综合能源消费增速下降较大的前3个行业分别为皮革、毛皮、羽毛及其制品和制鞋业增速下降35.2%，燃气生产和供应业增速下降27.2%，通用设备制造业增速下降22.6%。

3. 煤炭、焦炭、原油等主要传统能源品种消费下降

分能源品种看，2017年全省规模以上工业企业天然气（气态）消费量继续增加，同比增长18.4%，其他主要传统能源品种消费量均保持持续下降态势，其中原煤下降1.2%，焦炭下降9.3%，原油下降5.1%，汽油下降18.6%，柴油下降7.7%（见表1）。

表1 2017年河南主要能源品种消费增速情况

单位：%

时间	原煤	焦炭	天然气(气态)	原油	汽油	柴油
1~2月	0.2	-17.9	32.4	-7.2	-5.2	-4.9
1~3月	1.0	-17.8	35.4	-7.6	-18.0	-21.8
1~4月	1.5	-14.5	41.4	-4.5	-8.3	-6.4
1~5月	1.3	-14.4	44.7	-4.7	-9.5	-4.6
1~6月	0.8	-12.9	48.6	-5.0	-10.9	-5.8
1~7月	1.9	-11.1	49.8	-5.4	-12.0	-5.9
1~8月	2.3	-10.2	45.6	-5.2	-11.9	-5.0
1~9月	2.1	-8.9	42.8	-3.5	-11.6	-5.9
1~10月	1.1	-8.5	42.8	-2.9	-13.0	-6.4
1~11月	0.3	-8.1	37.3	-5.4	-12.8	-4.2
1~12月	-1.2	-9.3	18.4	-5.1	-18.6	-7.7

（二）单位工业增加值能耗下降9.10%，工业节能形势较好

2017年，随着全省环保治理力度加大和社会公众节能意识提高，工业企业不断加强节能技术的利用和设备更新改造，全省42种重点耗能产品单位能源消费下降，占全省74个主要耗能产品的56.8%；全年单位工业增加值能耗下降9.10%，全省工业节能形势总体良好。

1. 企业能源利用水平进一步提高，主要耗能产品单位能耗下降明显

全省规模以上工业企业继续加大产品节能改造和技术装备升级力度，煤炭、化工、水泥、石油加工、纺织等行业主要产品单位能耗均有不同程度的下降。2017年，主要耗能产品单位综合能耗较2016年同期下降较大的有：单位乙烯生产综合能耗下降9.4%，吨原煤生产综合能耗下降7.7%，吨水泥综合能耗下降5.2%，吨钢综合能耗下降4.5%，单位电解铝综合能耗下降1.7%，电厂火力发电标准煤耗下降1.2%；主要耗电产品单位电耗较2016年同期下降较大的有：每重量箱平板玻璃耗电下降27.0%，每吨涤纶用电量（短纤）下降12.4%，原油加工单位电耗下降6.8%，选煤电力单耗下降2.9%，吨铜加工材消耗电量下降3.5%，吨水泥熟料综合电耗下降

3.2%，单位铝锭综合交流电耗下降0.5%。

2. 单位工业增加值能耗保持下降态势

2017年全省规模以上单位工业增加值能耗持续低位运行，工业增加值能耗下降9.10%，降幅较2016年收窄1.88个百分点，较2017年一季度和上半年分别收窄2.12个、1.08个百分点，较前三季度扩大0.80个百分点。分行业看，轻工业单位工业增加值能耗下降速度快于重工业7.75个百分点，其中轻工业单位工业增加值能耗下降15.69%，重工业单位工业增加值能耗下降7.94%。40个行业大类中（其他采矿业除外），35个行业单位工业增加值能耗下降，下降面达87.5%；其中25个行业单位工业增加值能耗下降幅度超过全省平均水平，3个行业单位工业增加值能耗下降超过30%，分别为皮革、毛皮、羽毛及其制品和制鞋业下降37.85%，燃气生产和供应业下降35.86%，通用设备制造业下降31.76%。

三 2018年全省能源生产、消费形势展望及需要注意的问题

随着国家供给侧结构性改革向纵深推进、去产能的进一步深入，煤炭价格仍会高位平稳运行，预计2018年以煤炭为主的部分传统能源产量将会保持小幅回升态势，以太阳能发电量、风力发电量为代表的新能源产量持续高速增长。随着大气污染治理与环境保护力度的不断加大，如果占全省能源消费比重较大的六大高载能行业能源消费量不出现大幅反弹，预计2018年全省综合能源消费将继续保持平稳运行，全省节能降耗形势依然较为乐观。

2018年在能源生产和消费中应注意以下几个方面的问题。

一是继续加强煤炭供给侧结构性改革，淘汰落后产能并保障优质产能有序释放。认真贯彻落实国务院关于煤炭去产能各项政策措施，严格控制煤炭新增产能，加快淘汰落后产能，有序退出过剩产能，维护煤炭市场秩序，为煤炭行业脱困发展和转型升级奠定基础。同时，全省煤炭企业要严格按照计划产能进行生产，全行业要践行自律防止煤炭超产，安监部门要严格执法，

绝不容许有超能力生产的现象存在，要保障煤炭优质产能有序释放，促进煤炭市场供求平衡。

二是调整煤炭企业产业结构促进煤炭清洁化利用，鼓励企业降杠杆提高竞争力。煤炭企业不但要在煤基产业结构上调整，借助当前政策红利，尽早彻底退出落后产能，集中力量做优先进产能，推进煤炭洗选和提质加工；而且要拓展能源相关产业，延长产业链条，发展其他非煤产业，重点支持煤炭、电力企业联合重组，鼓励企业参与运煤通道建设，促进煤电运一体化经营，改造提升传统煤化工产业，稳步推进现代煤化工产业发展，推进煤炭废弃物资源化利用，减少污染物排放，保障煤炭清洁化利用。鼓励企业发展高端煤化工，延长煤炭产业链条，积极发展其他非煤产业，改善企业收入结构，提高企业盈利能力，降低企业负债率，促进全省重点煤炭企业不断提升竞争力。

三是关注高载能行业能源消费变动趋势，提高能源加工转换总效率。2017 年，全省六大高载能行业能耗比重不断上升，六大高载能行业综合能源消费量为 11848.66 万吨标准煤，占全省综合能源消费量的比重达 85.5%，较 2016 年提高 0.9 个百分点，其中化学、有色及电力行业能耗比重呈上升态势。全省能源加工转换总效率为 72.6%，较 2016 年下降 1.3 个百分点，能源加工转换效率下降，不利于能源消费总量的控制。2018 年，要重点监测六大高载能行业能耗比重和主要耗能品种加工转换效率的变动情况，要不断加大节能技术的运用和设备更新力度，努力提高能源加工转换总效率。

四是提高清洁能源、新能源在全省能源生产和消费中的比重，并且要落实好节能减排目标责任考核。随着环保治理力度的加大，传统能源品种生产、消费将受到一定程度的抑制，要综合运用经济、法律、行政等措施，鼓励清洁能源、新能源的生产与消费，不断提高清洁能源、新能源在全省能源生产、消费中的比重。同时，要认真组织开展好年度节能减排目标考核，加强节能减排监督检查，完善节能减排相关法律、法规，要利用好税收、补贴、罚款等奖惩手段，形成节能减排长效机制，调动全社会力量，促进全省绿色发展，共建生态文明社会。

B.15

2017~2018年河南省交通运输业形势分析与展望

陈 琛 孟 静 王予荷*

摘 要： 2017年河南贯彻落实习近平总书记加强“空中丝绸之路”建设要求，积极参与国家“一带一路”倡议实施，扎实推进交通运输业供给侧结构性改革，现代综合交通枢纽功能不断增强，客货运输平稳发展，交通运输业结构持续优化，对经济增长支撑和拉动作用不断增强。展望2018，河南交通运输业仍将保持快速发展态势，作为全国重要交通枢纽中心，河南需持续增强服务“一带一路”建设的现代综合交通枢纽功能，加快发展货物多式联运，不断壮大优势特色物流产业。

关键词： 河南省 交通运输业 综合交通枢纽

2017年河南贯彻落实习近平总书记打好“四张牌”、加强基础能力建设的重要指示，强化交通运输对“三区一群”、“一带一路”等的支撑和服务能力，以构建现代综合交通运输体系为核心，以更好满足人民群众需求为出发点和落脚点，坚持新发展理念，突出抓好交通运输供给侧结构性改革，统筹推进综合枢纽、干线通道和集疏网络建设，加快提升基础能力建设水平，

---

* 陈琛，河南省统计局服务业统计处副主任科员；孟静，河南省统计局服务业统计处副处长；王予荷，河南省统计局服务业统计处处长。

不断提高综合交通发展质量和效益，更好地发挥交通对实体经济和改善民生的支撑保障作用。

一 2017年河南交通运输业总体发展态势

当前世界经济保持温和复苏，国内宏观环境和市场预期进一步向好，为交通运输和物流业发展创造良好的外部环境。2017 年，河南交通运输基础能力建设大幅提升，现代综合交通枢纽功能不断强化，客货运输平稳发展，交通运输对经济支撑和拉动作用明显增强。

（一）现代综合交通集疏网络更加完善，郑州国际交通枢纽功能明显提升

2017 年，河南作为现代综合交通枢纽，功能更加完备，铁路、公路、水运和航空运输建设全面展开，现代综合交通集疏网络更加完善，郑州铁路港、公路港、出海港以及航空港的建设也不断加速推进，郑州作为国际交通枢纽的功能正日益增强。

1. 现代综合交通集疏网络更加完善

铁路方面，“米”字形高速铁路网建设进展顺利，郑万、郑阜和商合杭高铁按照节点安排加快建设；太焦高铁和郑济高铁郑州至濮阳段征地拆迁工作稳步推进，2017 年 10 月底全面开工建设；郑济高铁濮阳至济南段可研报告已报铁路总公司内部会签。商合杭高铁、蒙西至华中铁路、机场至郑州南站城际铁路等项目建设进展顺利，霸州至商丘、兰考至菏泽高铁，港区至许昌市郊铁路等项目前期工作积极推进。公路方面，商登高速郑州境航空港至登封段建成通车，其余 15 个高速公路续建项目总体进展顺利，2017 年高速公路里程 6523 公里，居全国第四位。新改建农村公路 1.5 万公里。水运方面，淮河淮滨至息县航运工程淮滨段、沙河漯河至平顶山段航运工程、沙颍河周口至省界航运工程加快建设。民航方面，郑州机场国际航线网络持续加密拓展，新开卢森堡经郑州至亚特兰大、萨拉戈萨至郑州、仁川经郑州至布

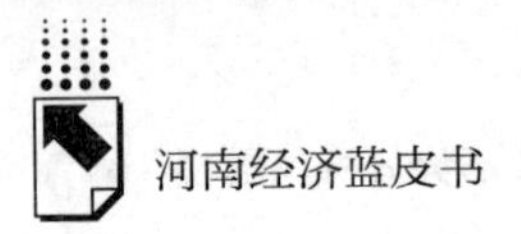

鲁塞尔全货机航线，国内首条直飞台北跨境电商全货机航线、郑州至胡志明及河内国际客运航线也相继开通。

2. 郑州国际交通枢纽功能明显提升

铁路港方面，郑州东动车运用所加快建设；郑州南站综合交通枢纽开工建设，建成后将与郑州东站并列成为全国第二大规模的高铁场站，并与机场、郑州站和郑州东站实现衔接；中欧班列（郑州）实现每周“去八回八”高频次常态化运营，新开通至德国慕尼黑线路。公路港方面，郑州国际物流园区以总部经济为主要标志的现代物流产业集群初步构建，河南保税物流中心跨境 E 贸易蓬勃发展。出海港方面，天津港郑州营销中心正式挂牌设立，推动沿海港口功能向内陆延伸，郑州至黄岛港、连云港等沿海港口开行班列不断扩大。航空港方面，郑州—卢森堡“空中丝绸之路”建设全面启动，省机场集团与卢货航签订专属货站规划建设合作协议，河南航投与卢货航正式签署成立合资货运航空公司合同，合资货航筹建工作加快推进；卢货航航班量加密至每周 17 班，货运量占郑州机场货运量的 1/4 以上，年内有望达到 12 万吨；郑州机场二期配套收尾工程加快建设，三期工程前期工作加快推进。

（二）客货运输平稳发展，结构持续优化，对经济增长拉动作用不断增强

2017 年，在全国宏观经济形势向好的环境下，河南省客货运输延续 2016 年以来稳中有进、稳中向好的发展态势，各项指标健康平稳并持续发展，客运结构继续优化，货运保持较快增长，铁路、公路、水路、航空等主要运输方式客货运总周转量增速大幅提高，交通运输业对经济增长拉动作用持续增强。

1. 对经济增长拉动作用持续增强

河南交通运输业增加值增速加快，对 GDP 增长的贡献率提高。2017 年前三季度河南省交通运输仓储邮政业实现增加值 1533. 62 亿元，同比增长 7. 9%，为 2012 年以来季度最高值，分别比 2017 年上半年、上年同期提高

0.5个和4.6个百分点。对GDP增长的贡献率为4.6%，比上年同期提高2.6个百分点（见图1），拉动GDP增长0.4个百分点，比上年同期提高0.2个百分点。

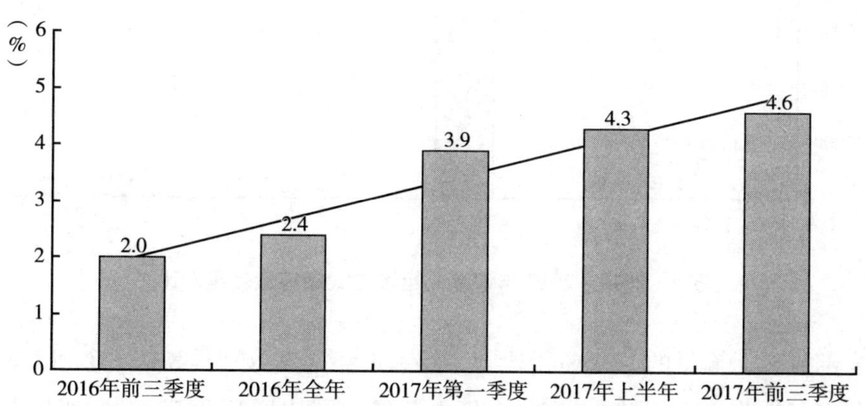

图1　2016～2017年河南交通运输、仓储和邮政业对生产总值增长贡献率趋势

分运输方式看，2017年1～11月河南省铁路客货运输总周转量2751.56亿吨公里，居全国第2位，同比增长13.4%，高于全国平均水平1.3个百分点，比上年同期提高11.7个百分点；公路客货运输总周转量4851.72亿吨公里，居全国第3位，同比增长10.1%，高于全国平均水平0.8个百分点，比上年同期提高3.8个百分点；水路客货运输总周转量845.33亿吨公里，居全国第14位，同比增长14.1%，高于全国平均水平11.9个百分点，比上年同期提高0.1个百分点。

2. 客运结构继续优化

居民出行继续保持旺盛需求，铁路客运比重持续攀升，公路客运比重有所下降。2017年河南省完成旅客周转量1945.20亿人公里，同比增长4.7%，增速比上年同期提高0.8个百分点。

分运输方式看，铁路旅客运输保持了较快增长，客运比重继续提升。随着铁路基础设施和机车车辆装备水平的快速提升，铁路运输能力显著增强。2017年河南省铁路旅客运输量16177.71万人，同比增长10.6%（见图2），

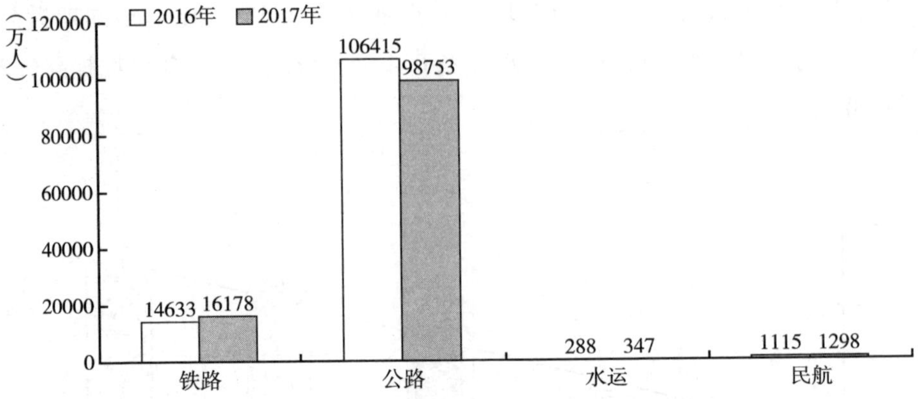

图2　2016～2017 年河南分运输方式旅客运输量对比

占全部旅客运输量的14.0%，比上半年和上年同期分别提高0.3个和1.3个百分点；铁路旅客周转量102.91亿人公里，同比增长9.5%，增速比上年同期提高6.4个百分点，占全部旅客周转量的52.9%，比上半年和上年同期分别提高0.2个和2.3个百分点。其中郑州铁路局旅客运输量同比增长10.6%，旅客周转量同比增长10.2%；武汉铁路局旅客运输量同比增长10.3%，旅客周转量同比增长7.5%。

公路客运比重有所下降。随着私家车快速增长、交通共享经济突飞猛进，客运出行结构发生调整，公路客运比重有所下降，增速自2017年2月起，一直呈下降趋势。2017年河南省公路旅客运输量达9.88亿人，同比下降7.2%，增速比上年同期下降1.8个百分点，占全部旅客运输量的84.7%，比上半年和上年同期分别低0.4个和2.2个百分点；公路旅客周转量736.6亿人公里，同比下降3.1%，增速比上年同期下降5.4个百分点，占全部旅客周转量37.9%，比上半年和上年同期分别低0.7个和3.1个百分点（见图3）。

水路旅客运输保持高位运行。受基数低、季节性等因素影响，2017年河南省水路旅客运输量达347万人，同比增长20.5%，增速比上年同期提高17.0个百分点；旅客周转量达6334.51人公里，同比增长11.7%，增速比上年同期提高6.7个百分点。

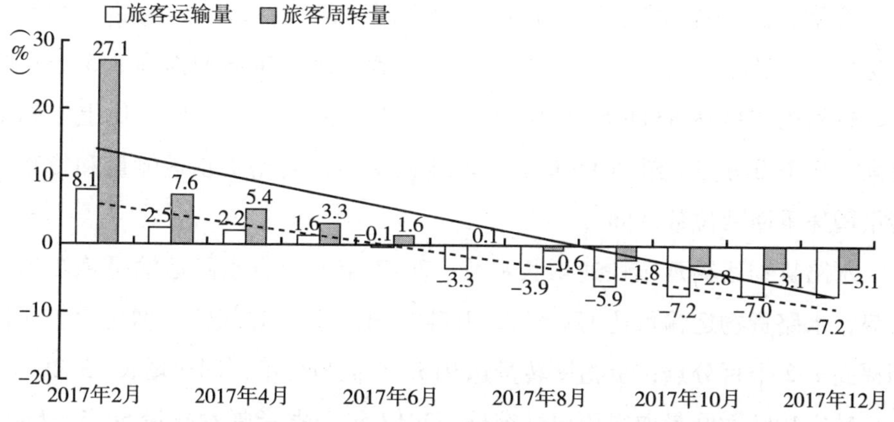

图3　2017 年以来河南公路旅客运输量和旅客周转量增速趋势

机场客运持续保持强劲增长态势。2017 年航空客运持续快速发展，机场旅客吞吐量为 2596.58 万人次，同比增长 16.5%。其中，郑州机场旅客吞吐量首次突破 2400 万人次，跃升至全国第 13 位，郑州机场的年客运规模为中部机场第一。

3. 货运保持较快增长

随着铁路、公路基础网络的不断完善，河南省货物运输量、货物周转量增速相对稳定，总体呈上涨趋势。2017 年河南省实现货物运输量 22.94 亿吨，同比增长 11.7%，增速比上年同期提高 5.1 个百分点；货物周转量 8160.34 亿吨，同比增长 11.2%，增速比上年同期提高 5.2 个百分点。

分运输方式看，铁路运输继续好转，货物运输增速由负转正后保持快速增长。其中，煤炭对全省铁路运输量影响较大，随着南方地区大幅压减煤炭过剩产能，全国煤炭跨区域调运量日益增大，拉动全国铁路运输量大幅上涨；加上近年来河南省实施煤电互保政策，煤炭运输量逐步趋于稳定，为货物运输打下了基础。2017 年河南铁路货物运输量 9405.75 万吨，同比下降 1.6%，增速比上年同期提高 0.8 个百分点；铁路货物周转量 1899.81 亿吨公里，同比增长 12.7%，增速比上年同期提高 11.5 个百分点，扭转近三年来负增长的颓势。

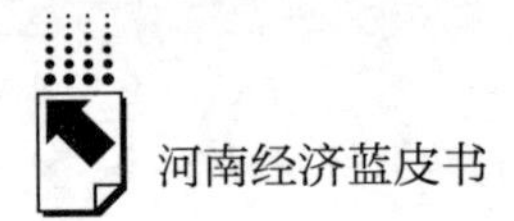

公路货物运输量和货物周转量增速重回两位数。2017 年公路货物运输量达 20.71 亿吨公里，同比增长 12.4%，增速比上年同期提高 5.5 个百分点；货物周转量达 5341.67 亿吨公里，同比增长 10.4%，增速比上年同期提高 3.9 个百分点。继 2015 年 3 月增速回落后，公路货物运输量和货物周转量增速重回两位数区间。

水路货物运输延续快速增长势头。2017 年河南省水路运输呈稳步增长态势，水路货物运输量达 12879.25 万吨，同比增长 11.6%，增速比上年同期提高 1.2 个百分点；货物周转量达 915.26 亿吨公里，同比增长 13.2%。

航空货邮吞吐量取得历史性突破。2017 年全省货邮吞吐量 50.51 万吨，同比增长 10.1%。其中，郑州机场借助郑州—卢森堡货运航线持续发力，基本建成国际航空港货运枢纽，货邮吞吐量实现历史性突破，达到 50.27 万吨，同比增长 10.1%，首次跻身全球机场前 50 强，货邮量在中部机场中遥遥领先，占河南省货邮吞吐量的 99.5%。

（三）河南交通运输业发展中存在的主要问题

1. 铁路货运量下行态势减缓，回升势头依然脆弱

2017 年以来铁路货运生产的全面回升，扭转了近三年出现的持续下滑态势，但这一回升是建立在运输市场出现历史“低谷”基础上的。随着供给侧结构性改革的深入，货物运输行业生产依然面临多重困难和压力。2017 年郑州铁路局河南境内货物运输量①依然是负增长，同比下降 4.1%，增速比河南省铁路货物运输量低 2.5 个百分点。地方铁路局（河南登封铁路有限责任公司）货物周转量同比下降 12.8%，增速比河南省铁路货物周转量低 24.0 个百分点。

2. 公路客运市场疲软，运量同比下降

随着郑徐高铁等客运专线不断完善，铁路旅客运输持续较快增长，铁路

① 河南省铁路货物运输量包括郑州铁路局河南境内货物运输量、武汉铁路局河南境内货物运输量、地方铁路局货物运输量三部分。

沿线城市的中长途公路客运班线客流量大幅下降，同时，私家车的快速增长分流了部分公路客运量，导致公路旅客运量同比下降。公路客运除2月份受春节等因素影响外，其他月份总体增速处于低位运行。2017年河南省公路旅客运输量同比下降7.2%，增速比全部旅客运量低1.8个百分点；公路旅客周转量同比下降3.1%，增速比全部旅客周转量低5.4个百分点。从累计增速来看，公路旅客运输量增速逐月下降，2017年6月开始负增长，目前仍处下行通道。

3. 区域竞争日益激烈，交通运输生产面临挑战

一是区域竞争日益激烈，国内与郑州机场体量相近的枢纽性机场纷纷重视发展货运业务，相继出台优惠政策吸引集聚货流，省外货源竞争日益激烈，省内货源运输需求又增长缓慢，导致郑州机场货运持续快速增长的内生动力不足。各地尤其是中部省份交通设施正在逐步完善，中心城市之争从未停止，如何在新一轮竞争中抢占先机，充分发挥河南“中”的优势，是迫切需要解决的问题。二是全球经济虽然处于稳步复苏阶段，但不稳定因素仍然存在，仍然有许多不可预测和不确定性，各类“黑天鹅”、“灰犀牛”事件也会对交通运输业带来一定挑战。

二 2018年河南省交通运输业面临的形势和初步预测

2018年河南省交通运输发展面临的环境和形势发生了一些变化，需要密切关注，聚焦发力。

从宏观方面看，一是2018年是全面建成小康社会的攻坚期和实施“三区一群”等国家重大战略的关键期，要求交通运输更好地发挥先行官和支撑引领作用，补足网络设施、运输服务等发展短板。二是河南省加快经济转型升级步伐带来交通运输需求结构深刻变化，客运需求更加注重多元舒适便捷，货运需求更加注重经济可靠高效，这要求交通运输扩大多样化有效供给，加快向质量效益提升转型。三是创新驱动发展战略加快实施，现代信息技术全面推广应用，智能交通方兴未艾，新模式、新业态不断涌现，要求交

通运输从独立发展向深度融合加快转变，增强发展新动能，打造区域发展新动力源。

从微观方面看，一是2017年新开工的高速公路2018年将进入全面施工阶段，全年续建里程将超过1500公里，全省高速公路投资将大幅提升。二是郑济高铁、太焦高铁、郑州南站及机场至郑州南站城际铁路将全面掀起施工高潮，进一步提升铁路投资规模。三是郑州机场三期工程中北货运区工程、客货运枢纽配套设施工程、南飞行区升级改造工程等将开工建设，拉动民航投资规模增加。

初步预测，2018年全省综合交通投资将首次突破1000亿元，全省完成货物运输量25亿吨左右，货物周转量8810亿吨公里左右，增速继续保持两位数；全省完成旅客运输量11.2亿人左右，与2017年持平；旅客周转量1900亿人公里左右，增速为6%左右。

三　2018年河南省交通运输业发展的主要着力点

2018年是实施“十三五”规划承上启下的关键一年，是贯彻落实十九大精神的开局之年，是建设交通强国提供有力支撑的起步之年。加快河南交通运输业发展，着力做好以下三个方面的工作。

（一）持续增强服务“一带一路”建设的现代综合交通枢纽功能

围绕强化开放带动，推动河南省在“一带一路”建设中发挥更大作用，突出抓好“两通道一枢纽”建设。着力畅通国际陆空运输通道，加快推进“空中丝绸之路”和“陆上丝绸之路”建设，推动实施郑州铁路枢纽总图规划，强化轨道交通骨干作用，强化公路省际通道互联互通，强化郑州大都市区交通一体衔接，强化洛阳全国性综合交通枢纽，加快完善便捷高效的现代综合交通网络。围绕更好地提供有针对性的运输服务，着力打造功能互补、高效衔接的快速、基础“两张网”，充分发挥不同交通方式组合优势和网络效益。

（二）加快发展货物多式联运

企业开展多式联运，不仅能有效降低成本，扩展业务范围，也能有效提升企业运输管理水平，是今后和未来运输企业发展的方向。2017 年 1 月，交通运输部等十八个部门出台了《关于进一步鼓励开展多式联运工作的通知》，河南省政府在《河南省“十三五”现代综合交通运输体系发展规划》中，为加快发展河南多式联运提出了目标保障措施。一要加快实施郑州国际陆港“一干三支”多式联运国家示范工程，扩大集装箱铁海联运、公铁联运规模；深入实施郑州国际陆港多式联运国家示范工程。二要加快传统货运场站设施设备升级改造，选择省级示范物流园区、大型货运场站、重点交通物流企业开展标准化试点；创建多式联运新模式，拓展郑州机场“空空 + 空地”货物集疏模式；加快推进高铁快运和快件空铁联运；依托中欧班列（郑州）深入开展铁海联运、公铁联运。三要尽快建立适应多式联运发展的物流信息平台和行业标准，搭建起不同运输方式间信息系统对接和资源共享平台，建立集海关、检验检疫等基础公共数据于一体的多式联运公共信息平台，提高物流服务水平，降低物流成本。

（三）不断壮大优势特色物流产业

重点发展航空、冷链、快递等优势专业物流，推进航空快件公共分拨中心、中中联盟基地等建设，组建航空快递联盟，建设航空快递专属货站。全面推进冷链物流试点建设，继续推动中心城市和农产品产销区建设一批公共冷库设施，支持全国性冷链资源交易平台建设。推进郑州全国性快件集散交换枢纽建设，建设一批跨境电子商务仓储物流中心和社区快递终端服务网点。

B.16

2017～2018年河南省房地产开发业形势分析与展望

秦洪娟　朱丽玲*

摘　要： 2017年，全省牢牢把握“房子是用来住的，不是用来炒的”总定位，郑州、开封、洛阳等地适时出台房地产调控政策有效引导房地产市场理性平稳发展。本文回顾了党的十八大以来全省房地产业发展成就，总结了2017年度房地产市场状况，指出当前存在的问题、对发展趋势进行预判并提出了促进房地产市场平稳健康发展的对策建议。

关键词： 河南　房地产开发　房地产调控

党的十八大以来，全省上下以习近平总书记系列讲话精神和考察河南时的重要指示为引领，在省委省政府的坚强领导下，切实落实“房子是用来住的、不是用来炒的”的发展定位，分类指导、因时因地施策，有效引导房地产市场理性平稳发展，有力推动经济发展和民生改善。2017年，房地产开发市场总体保持较快增长，开发投资增速居全国前列，商品房销售面积增长较快，但也存在住房供给不足苗头显现、刚性需求购房成本提高、开发投资增速下滑压力大等问题，需密切关注。

---

* 秦洪娟，河南省统计局固定资产投资处正处级调研员；朱丽玲，河南省统计局固定资产投资处。

一　十八大以来房地产开发市场成就突出

（一）行业队伍壮大，企业实力明显增强

党的十八大以来，全省经济保持平稳较快增长，国家政策对河南支持力度加大，投资环境不断改善，国内诸多一线品牌房企相继落户河南开发建设，房地产市场规模不断扩大。2016年末，全省房地产开发经营企业6687家，比2012年末增加1371家，从业人员21.16万人，比2012年末增加6.69万人。

全省房地产市场队伍壮大的同时，资产规模大幅增加，综合实力显著增强。2016年末，全省房地产开发企业资产总计22536.68亿元，比2012年增长了1.6倍，平均每个企业的资产达到3.37亿元，比2012年增加1.74亿元。企业资本实力不断提高，创收和盈利能力也随之增强。2016年全省房地产开发企业主营业务收入3678.44亿元，增长1.3倍；实现利润总额348.06亿元，比2010年增长92%。企业资质整体有所提升，2016年全省一级资质企业82家、二级资质企业674家，分别比2012年增加23家和178家。

（二）拉动作用明显，经济增长贡献突出

党的十八大以来，面对复杂严峻的国际、国内环境，全省上下攻坚克难、稳中求进，房地产业在促进全省经济发展中较好地发挥了支撑作用，尤其在拉动全省固定资产投资和GDP增长、吸纳劳动力、增加财政收入等方面成效显著。

从对全省固定资产投资的贡献看，房地产开发投资作为固定资产投资重要组成部分，对固定资产投资拉动作用明显。党的十八大以来，全省房地产开发投资规模呈现不断扩大的态势，2012～2016年连续5年投资增速保持在两位数以上。分阶段看，2013～2016年，全省房地产开发累计完成投资19217.53亿元，年均增长19.2%，高于全社会固定资产投资平均增速0.9

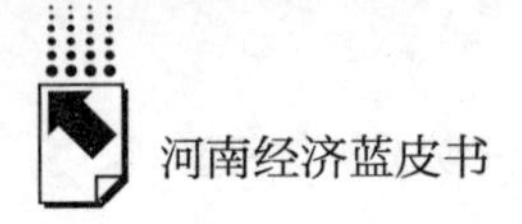

个百分点；分年度看，2016 年房地产开发投资 6179. 13 亿元，是 2012 年的 2. 03 倍；2016 年房地产开发投资占固定资产投资的比重为 15. 5%，高于 2012 年 0. 7 个百分点。

从对经济增长的贡献来看，房地产业乘数效应惠及上下游诸多产业和相关行业，直接或间接地影响着经济增长速度和质量。从现价总量看，2016 年，房地产业增加值达 1985. 86 亿元，是 2012 年的 1. 83 倍；从占 GDP 的比重看，2016 年房地产业增加值占当年全省 GDP 的比重为 4. 9%，比 2012 年提高 1. 3 个百分点。与房地产开发紧密相关的建筑业实现增加值 2287. 04 亿元，二者增加值合计占到全省地区生产总值的 10. 6%。房地产业以自身的较快增长，以及对大量关联产业的有效带动，有力地支撑了全省 GDP 的平稳增长。

从吸纳劳动力就业贡献看，2013 ~ 2016 年，全省房地产开发企业年末从业人数逐年增长，2016 年末达 21. 16 万人，年均增加 1. 67 万人。房地产产业链长、关联度高，可以直接或间接带动建筑、建材生产和装饰、装修、家电等相关服务业行业的就业，为社会创造大批就业机会。在近年来经济增速换挡、全社会就业压力较大的大背景下，通过吸纳富余劳动力，对提高河南就业水平、改善就业结构起到了积极的作用。

从增加财政收入方面看，房地产业缴纳税金总额大幅增长，有力地促进了财政增收。2016 年，房地产业地方税收 641. 70 亿元，比 2012 年增长 41. 1%，高于全省地方税收增速 9. 5 个百分点，占全省地方税收比重达 37. 0%，是地方公共预算收入中重要而稳定的增长点。

（三）销售面积增长，居民居住条件改善

“衣食住行”中，“住”是最大的民生问题。近年来，随着人民生活水平的不断提高，人们开始对“住”提出更高要求。党的十八大以来，全省上下坚决贯彻中央的宏观调控政策和省委、省政府重大决策，把住房发展作为推进全省经济发展和改善民生的重点，城乡居民的住房条件有了显著的改善，居住面积大幅增加，居住环境飞跃提升。2013 ~ 2016 年间，全省商品房销售面积共计 35052. 49 万平方米，年均增长 17. 3%；2016 年全省城镇居民人均拥

有房屋面积为42.2平方米，比2012年增长7.5平方米。与此同时，房地产业的发展，也美化了城市环境，增强了城市吸引力，提高了城市的承载能力，顺应了城市化进程加快对房地产业的要求。众多功能齐备、配套完善、环境幽雅的住宅小区相继建成，使居民居住环境得到了有效改善，逐步实现了从“居者忧其屋”到“居者有其屋”再到“居者优其屋”的转变。

二　当前房地产市场运行新特点

（一）开发投资增速波动起伏，2017年保持较快增长

随着经济社会发展步入新常态，房地产开发投资由持续高速增长进入新阶段。与经济新常态下固定资产投资增速逐年下台阶不同，房地产开发投资增速呈起伏波动之势。2012年增长15.6%，2013年回升至26.6%，之后2014年、2015年保持20%以下的增长，2016年自低位回升，全年达到28.2%的高点，2017年以来又逐渐回落。十八大以来，河南省委、省政府加大对房地产业的监测力度，宏观调控适时出台，开发投资增速波动是调控作用的直接体现。与全国相比，2013～2017年间，河南房地产开发投资增速持续高于全国平均水平，河南房地产开发投资尚处于大有可为时期。

2017年，全省房地产开发投资7090.25亿元，比上年增长14.7%，虽比上半年回落8.2个百分点，但仍保持较快增长。从全国看，2016年下半年以来河南房地产开发投资增速一直处于全国前列。2017年全省房地产开发投资增速高于全国平均水平7.7个百分点，居全国第5位，仅次于安徽（21.9%）、广东（17.2%）、湖南（15.9%）和海南（14.9%）。

（二）销售“V”形反转后逐渐回落，改善性需求增大

2013～2016年，全省商品房销售面积增速呈现“V”形反转。2013年年初销售面积爆发式增长后在“国五条”作用下开始回冷，2014年销售面

积增速一路下行。2015 年房地产调控政策开始转向为去库存，商品房销售实现“V”形反转，逐步走高至2016 年前三季度。随着部分城市出现过热风险，热点城市不断出台调控新政以抑制房价过快上涨，商品房销售面积增速自高点回归理性（见图 1）。

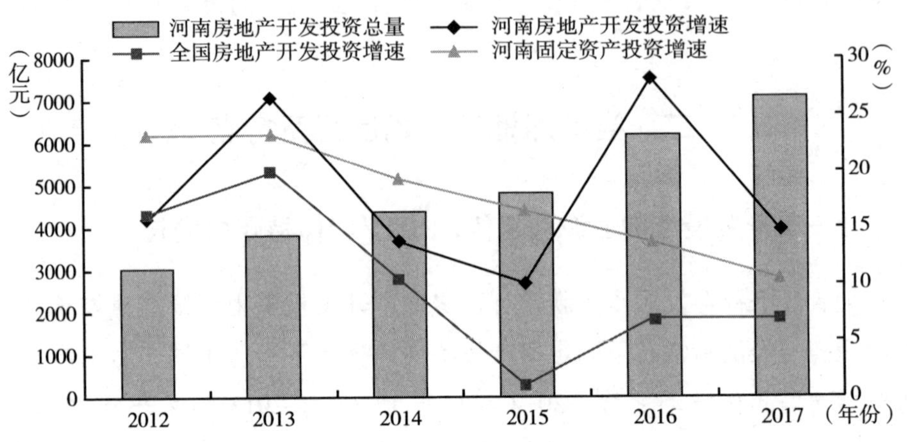

图 1　2012 年以来全省房地产开发投资情况

2017 年，全省商品房销售面积 13313.89 万平方米，比上年增长 17.8%；销售额 7129.40 亿元，增长 27.0%。2017 年以来河南对郑州及部分房地产市场过热、房价上涨过快的地区采取有效措施，全省商品房销售面积增速持续回落，全年较上半年和前三季度分别回落 6.3 个和 1.6 个百分点。

按房屋用途分，近九成为住宅销售，办公楼和商业营业用房销售面积增长较快。2017 年住宅销售面积 11707.26 万平方米，比上年增长 15.5%；办公楼销售面积 236.90 万平方米，增长 36.7%；商业营业用房 1148.24 万平方米，增长 40.6%；其他房屋销售面积 221.49 万平方米，增长 23.6%。

受棚户区改造货币化安置、生育政策放开等因素影响，改善性住房需求明显增大。分住宅户型看，90 平方米及以下住房销售面积 2479.46 万平方米，比上年增长 1.2%，占商品住宅销售面积的比重由上年的 24.2% 下降到 21.2%；90 ~ 144 平方米住房和 144 平方米以上住房销售面积分别增长

20.1%和19.9%，占商品住宅销售面积的比重为63.7%和15.1%，分别提高2.4个和0.6个百分点。

（三）调控因城施策，市场反应明显

1. 郑州商品房销售低速增长，未来供给有望增加

2016年10月以来，针对郑州楼市交易火爆、房价出现过快上涨的情况，郑州市深入贯彻国家房地产调控政策，在需求端采取限购、限售等手段抑制投机性购房，在供给端采取增加土地供应等手段综合施策，调控成效显著。2017年，郑州市商品房销售面积3097.81万平方米，比上年增长8.3%，低于全省平均水平9.5个百分点；房地产开发投资3358.84亿元，增长20.9%，高于全省6.2个百分点；据国家统计局70个大中城市住宅销售价格数据显示，2017年以来郑州新建商品住宅价格环比指数基本在100%以下，11月份环比指数为100%，同比指数为99%，说明郑州新建商品住宅价格已低于2016年同期水平。郑州楼市呈现投资较快增长、销售面积同比下降、价格基本稳定的态势，市场整体保持平稳。

2. 部分房价上涨过快地区销售增速回落

受郑州限购政策外溢、棚改货币化去库存等因素影响，2017年伊始省内其他省辖市商品房销售面积走高，一定程度上支撑了全省商品房销售面积的增长。但在销售面积增长的同时部分地区出现销售价格快速上涨苗头，房价和销售量持续过快攀升的省辖市被列入省级调控重点监测城市。在调控政策作用下，省辖市商品房销售面积增速出现回落迹象。2017年，全省不含郑州的17个省辖市中有14个省辖市商品房销售面积增速较上半年回落，其中增速回落幅度较大的省辖市有：许昌增长5.1%，增速回落63.9个百分点；濮阳增长11.1%，增速回落35.9个百分点；开封增长23.6%，增速回落17.6个百分点。

3. 县域楼市复苏

2014年以来，省内县域楼市低迷，商品房销售面积低速增长，待售面积居高不下，甚至出现工程停工造成烂尾楼等问题。2016年起省内多地实施购房补贴优惠政策，购房需求有效激活，县域房地产市场逐渐复苏。2017

年，全省县市商品房销售6961.08万平方米，比上年增长23.4%，增速比全省平均水平高5.6个百分点，待售面积1811.03万平方米，比上年减少16.0%，县域房地产市场进入良性复苏的发展阶段。

三　当前房地产市场需要关注的问题

（一）刚性需求购房成本增加

随着市场调控的逐步深入，投资、投机性购房需求得到有效遏制，但刚性需求购房成本也随之上升。一方面，商业银行对首套住房个人按揭贷款利率上浮。人民银行郑州中心支行利率监测系统数据显示，全省个人按揭贷款浮动利率加权平均值2017年以来逐月上升，10月份为5.4263%，比一季度提高0.8097个百分点。融360发布监测数据①显示，2017年11月全国首套房贷款平均利率为5.36%，相当于基准利率的1.09倍，环比上升1.1%，同比上升20.7%。郑州达5.77%，在融360监测的35个城市中首套房贷款平均利率最高。此外，由于银行放款速度变慢，加之上半年的限网签，个人按揭贷款开发商回款困难。部分房地产开发商在销售商品房时采取购房人一次性付款，或一次性付款优先选房等方式，甚至有“全款买房的里面走，按揭的不要堵门口”的戏言。群众购房成本不断增加，既不利于住房刚性需求的有效释放，也不利于人民居住水平的提高。

（二）开发投资继续下滑压力较大

当前，河南房地产开发投资虽然增长较快，但增速自一季度开始连续回落，回落幅度超过10个百分点。房地产调控政策效应持续传导、决定后续投资增长的先行指标同比下降、资金保障日显不足等多因素交织，将影响

① 融360监测数据是来自金融领域智能搜索平台融360上每月活跃的用户搜索和申请行为、近十万种金融产品实时监控及对银行服务水平的评价数据。

2018 年房地产市场走势。

1. 到位资金增速持续低于开发投资增速

2017 年，全省房地产开发企业实际到位资金 7090.57 亿元，比上年增长 8.1%，低于房地产开发投资增速 6.6 个百分点。受房地产信贷政策收紧、商品房销售放缓等因素影响，到位资金增速自 2017 年以来持续低于开发投资增速。到位资金是开发进程稳定进行的重要因素，若房地产开发企业到位资金增长速度长期低于开发投资增长速度，必将影响到开发规模和施工进程，进而影响开发投资增长。

2. 房屋新开工面积同比下降

2017 年，全省房屋新开工面积 13628.78 万平方米，比上年下降 7.1%；全省房地产开发项目（纳入统计范围）共 5200 个，比上年增加 305 个，但新开工项目减少 12 个。新开工面积是后期投资投入的主要来源，全省新开工项目个数增长有限、新开工面积下降，将影响未来投资增长。

3. 土地购置面积同比下降

2017 年，全省房地产开发企业土地购置面积 1015.47 万平方米，比上年下降 8.4%。土地购置是新增房地产开发项目的前置条件，是开发投资走向的重要先行指标。土地购置面积下降，将影响未来房地产新开工项目个数，进而影响开发投资。

（三）住房供给不足苗头显现

从当前库存看，2017 年末全省住宅待售面积 1995.61 万平方米，比 2014 年历史高点减少 879.44 万平方米；住建部门数据显示，2017 年末，全省 15 个省辖市市区和 79 个县（市）住宅去库存周期在 12 个月以下。在积极的政策引导下，2017 年以来住宅去库存效果明显，但也应对部分地区可能出现的供给不足给予重视。若房地产开发投资增速继续回落，后续供给无法及时保障，可能进一步加剧未来住房供需矛盾，影响房地产市场平稳健康发展。

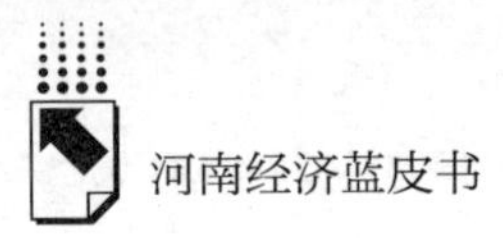

四 房地产发展趋势判断及建议

2018 年是贯彻党的十九大精神的开局之年，是改革开放 40 周年，是决胜全面建成小康社会、实施“十三五”规划承上启下的关键一年。习近平总书记在十九大报告中再次重申“坚持房子是用来住的、不是用来炒的”定位，提出加快建立多主体供给、多渠道保障、租购并举的住房制度，让全体人民住有所居。当前全省经济发展稳中有进，城镇化进程加速推进，城镇化建设带来的人口集聚形成的刚性需求、追求更高生活质量形成的改善性需求将成为全省房地产稳定发展的强大基础。但土地和新开工先行指标下降等不利因素也不容忽视，影响房地产开发市场发展的不确定因素依然存在。初步判断，在当前政策保持不变情况下，2018 年将在 2017 年的基础上继续小幅下行，房地产开发投资和商品房销售面积增速或将低于 2017 年总体水平。

（一）库存不足地区应加快商品住房建设

坚持因城施策，对库存不足、控房价压力较大的地区，扩大商品房有效供给，防止房地产市场大起大落。应加大土地供应力度，加大闲置土地处置力度，加快商品住房项目建设。对于开发商手中的存量土地，建议强化督促监管机制，督促企业按期开发建设，增加市场有效供给，在尽快形成有效供应的同时实现房地产开发投资的平稳快速增长。

（二）以人的城镇化为核心，支持刚性需求和改善型需求

一是应认真贯彻《关于进一步放宽户口迁移政策深化户籍制度改革的通知》、《关于深化户籍制度改革的实施意见》等文件要求，加快推进城镇化进程，避免因户籍问题阻碍城市新居民购房住房；二是区分投资、投机性需求和刚性、改善型需求，在不断完善调控政策，堵住投资、投机需求漏洞的同时，继续在利率、税收、首付等方面支持刚性需求和改

善型需求，在有效提高居民居住水平的同时实现商品房销售面积的平稳快速增长。

（三）规范房地产市场交易秩序，创造良好环境

加大对房地产市场的规范力度和对违法违规企业的查处曝光力度，对于开发商“买卖房号”、设置选房购房限制条件、散布虚假谣言等行为进行处罚，保证市场公开公正透明。同时，进一步强化政府服务职能，简化审批流程，提高行政效率，缩短办事时限，规范收费项目，帮助房地产企业解决好在开发建设中遇到的问题，促进房地产市场更好发展。

专题研究篇

Monographic Study Part

B.17
坚持稳中求进　推动高质量发展
——对当前河南经济形势的看法

王世炎*

摘　要： 2017 年，全省主要经济指标保持平稳增长，结构在调整中优化，动能在转换中增强，质量效益明显提升。文章认为 2018 年河南经济平稳发展的外部环境总体较好，全省经济稳定增长的内部基础支撑日益巩固，但经济发展仍面临许多问题，根源在于结构性矛盾突出和质量效益不高。因此，必须推动经济由高速增长转向高质量发展，在此过程中河南要坚持发展是第一要务，要坚持质量第一、效益优先，要坚持创新驱动战略，要坚持深化改革开放。

* 王世炎，高级统计师，河南省统计局局长。

关键词：　河南　经济　稳中求进　高质量发展

2017年，全省上下以迎接党的十九大胜利召开和学习贯彻落实十九大精神为动力，认真落实中央和河南省委省政府各项决策部署，坚持稳中求进工作总基调，着力发挥优势打好“四张牌”，积极推进“三区一群”四大发展战略，深入开展“四大攻坚战”，狠抓各项政策落实，全省经济保持总体平稳、稳中有进、稳中向好发展态势。

1. 主要指标保持平稳增长，经济运行“稳”是主基调

初步核算，2017年全省生产总值增长7.8%，较好地完成了全年经济增长目标任务；规模以上工业增加值增长8.0%，累计增速自3月份起连续稳定在8.0%~8.2%的增长区间；固定资产投资增长10.4%，累计增速自4月份起连续稳定在10.4%~10.9%的增长区间；社会消费品零售总额增长11.6%，累计增速基本延续了2016年以来的增长水平。就业和物价形势总体稳定，城镇新增就业、失业人员再就业、就业困难人员实现就业均超额完成年度目标；居民消费价格保持温和上涨，涨幅稳定。

2. 结构在调整中优化、动能在转换中增强，经济运行“进”是总趋势

一是产业结构向中高端迈进。第三产业对经济增长的拉动作用更加明显，2017年第三产业增加值对GDP增长的贡献率达48.4%。二是需求结构继续改善。消费升级继续加快，支撑了经济的平稳增长；调结构、促创新等领域投资力度加大。三是供给侧结构性改革深入推进。“去降补”重点任务较好完成，大力发展先进制造业、现代服务业、高效种养业，供给体系质量得到有效改善。战略性新兴产业和高附加值、高技术含量的新产品较快增长，下游精深加工和高附加值压延产品产量较快增长，传统产业产品结构由低加工度向高加工度转化，由产业链前端向中后端延伸；现代服务业加快发展，占比提高；优质专用小麦、优质花生种植面积增加较多。四是新业态、新模式快速成长。新市场主体大量增加，2017年日均新增企业818户。与互联网相关的新业态、新模式茁壮成长，1~11月规模以上互联网及相关服

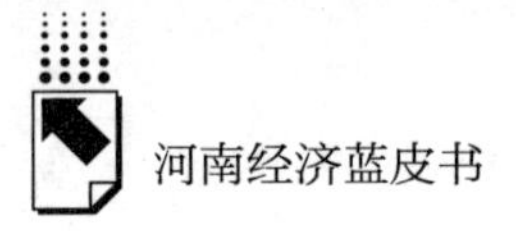

务业营业收入增长51.0%，高于规模以上服务业34.4个百分点。

3. 质量效益明显提升，经济运行“好”是新特点

一是经济效益明显好转。财政收入和规模以上工业企业、服务业企业利润较快增长，明显好于2016年。特别是国企改革攻坚取得阶段性成果，国有工业企业效益大幅好转。二是人民生活水平继续提高。居民收入稳定增长，2017年居民人均可支配收入增长9.4%，同比提高1.7个百分点。脱贫攻坚扎实推进。三是资源环境大幅改善。节能降耗持续推进，初步预计2017年万元生产总值能耗下降5.0%以上；环境治理成效逐步显现，空气优良天数超过200天的目标提前一个半月完成。2016年全国生态文明建设年度评价结果显示，河南资源利用指数、环境治理指数、增长质量指数分别居全国第15、12、17位。

总的来看，面对错综复杂的外部环境，省委省政府科学决策、周密部署，全省经济发展的韧性增强，GDP、工业、投资等主要经济指标保持稳定增长；发展的协调性增强，服务业增速快于工业，占GDP比重持续提升，消费对经济增长的拉动作用日益凸显；发展的可持续性增强，落后产能稳定退出，传统产能改造升级，新动能加快发展，政府、企业、居民三大主体收入均较快增长，工业企业特别是国有企业质量效益明显改善，为河南全面建成小康社会奠定了坚实基础。

2018年河南经济平稳发展的外部环境总体较好，保持全省经济稳定增长的基础支撑日益巩固。世界经济经过多年的深度调整，2017年以来复苏势头明显，国际权威机构多次上调2018年全球经济增长预期；在全国经济发展稳中向好态势愈加明显的基础上，党的十九大胜利召开给经济发展带来新动力，特别是刚刚召开的中央经济工作会议，明确了稳中求进工作总基调要长期坚持，要统筹把握好积极的财政政策、稳健的货币政策以及用好结构性政策、社会政策，良好的外部环境将助推河南经济社会持续健康发展。从河南自身看，深入实施供给侧结构性改革、发展壮大五大主导产业、统筹推动省定12个重点产业转型、大力实施百城提质建设等政策措施，效果逐步显现，为全省经济社会发展奠定了雄厚的物质基础和坚实的产业基础；全省

上下践行新发展理念的自觉性、主动性明显增强，将通过深化改革激发内生动力，通过扩大开放增强外源动力，通过创业创新培育新生动力；“三区一群”等国家战略深入实施，战略叠加效应更加凸显，有利于河南创新体制机制、提高创新能力、扩大开放程度，实现更高质量、更好效益发展；现代立体综合交通网络加快建设，科学发展载体不断提升，河南区位、市场等综合竞争优势将会进一步彰显；四化同步发展的空间依然广阔，尤其是一些传统农区仍处于工业化、城镇化快速推进阶段，有利于推动经济持续较快发展。特别是近年来在金融危机等冲击下，虽然一些企业受到重创，但更多企业历经风雨，淬火成钢，企业家们应对风险的能力提升，发展理念发生积极变化，干事创业的积极性更高。

但当然要看到，河南经济发展仍面临许多问题，根源在于结构性矛盾突出和质量效益不高，因此必须推动经济由高速增长转向高质量发展。从适应新时代发展需要看，中国经济发展进入新时代，相对优势减弱，处在转变发展方式、优化经济结构、转换增长动力的攻关期，经济社会的主要问题不是总量性的，而是结构性的，中央经济工作会议提出要深入学习贯彻习近平新时代中国特色社会主义经济思想，牢牢把握高质量发展这个根本要求。近年来，河南经济发展结构与质量效益虽有所改进与提升，但与全国相比，层次与水平依然偏低，调结构、转方式、提质量、增效益任务更加艰巨。产业结构层次偏低要求我们必须推动高质量发展。2016 年全国及 19 个省份产业结构已经实现“三二一”的历史性转变，而 2017 河南第三产业增加值占 GDP 比重仍低于第二产业 5.0 个百分点，低于全国平均水平 8.9 个百分点。近年来河南能源原材料行业占规模以上工业增加值比重降低较多，但 2017 年受主要产品价格回升影响，占比不降反升，比 2016 年提高 0.5 个百分点。从应对新阶段社会主要矛盾变化看，中国社会主要矛盾已经转化为人民日益增长的美好生活需要和不平衡不充分的发展之间的矛盾。人民群众的需求已经向高质量、高层次、高性能、个性化转变，而河南在产品供给上与需求的错配要求我们必须推动高质量发展。从产品供给结构看，工业产品仍集中在产业链上游和价值链低端，2016 年河南原煤产量占全国比重达 3.5%，居全国第8位；焦炭占6.5%，居第5位；水泥占6.5%，居第3位；生铁占4.1%，居第6位；粗钢占3.5%，居第7位；原铝占9.9%，居第3位。2017年河南工业机器人产量仅580台，不足全国的1%；汽车产量仅占全国的1.6%。这样的产品结构与市场需求显然是不匹配的，只有在质的大幅提升中实现量的有效增长，才能有效满足人民需求。从实现新发展目标的要求看，党的十九大做出了决胜全面建成小康社会、开启全面建设社会主义现代化国家新征程的战略部署，省委十届四次全会进一步明确了河南全面建成小康社会、开启新时代河南全面建设社会主义现代化新征程的奋斗目标。到2020年要如期全面建成小康社会，我们在很多方面仍有差距，特别是反映质量效益的指标差距较大，质量效益不高要求我们必须推动高质量发展。企业盈利水平偏低，河南主要产品经济资源环境成本高、市场竞争力低，企业利润率偏低，2017年1～11月全省规模以上工业企业利润增速低于全国平均水平11.6个百分点；居民收入水平偏低，2017年居民人均可支配收入仅占全国的77.7%；财政收入能力偏低，与经济总量不相匹配，2016年财政总收入占GDP比重达11.6%，税收收入占GDP比重达5.3%，低于全国平均水平3.4个百分点。到2035年要基本实现社会主义现代化，中国的目标是跻身创新型国家前列，河南要与全国同步基本实现现代化，研发和创新能力不强要求我们必须推动高质量发展。创新投入不足，2016年R&D经费支出占GDP比重达1.22%，仅相当于全国平均水平的57.8%；创新人才不足，每万人拥有R&D人员23人，院士、“千人计划”、“万人计划”等高层次创新领军人才匮乏；创新平台不足，全省大中型工业企业中只有987家有研发机构，占17.2%；创新能力不足，R&D人员全时当量相当于全国的4.91%，而专利申请数占全国的2.44%，有效发明专利数仅占全国的2.06%。

总的来看，2018年站在新的历史起点上，我们要坚持新发展理念，深入贯彻落实党的十九大和中央经济工作会议精神，从追求高速度的增长转移到高质量发展上来，在保持经济平稳运行的基础上，把工作的着力点更多地放到提高质量效益上来，推动供给侧结构性改革，加快建设现代化经济体系，实现质量变革、效率变革、动力变革。

推动高质量发展，要坚持发展是第一要务。党的十九大报告指出，发展是解决中国一切问题的基础和关键。河南是发展中大省、人口大省，无论是全面建成小康社会还是开启现代化建设新征程，都需要坚持较快发展。但这个发展不是盲目追求速度的发展，不是过度消耗资源能源的发展，不是以牺牲环境为代价的发展，必须坚定不移地贯彻创新、协调、绿色、开放、共享的新发展理念，以实现更高质量、更有效率、更加公平、更可持续的发展。

推动高质量发展，要坚持质量第一、效益优先。高质量发展是强国之基、立业之本和转型之要，提高效率效益是发展的永恒主题，要将以质量和效益为中心的要求贯穿到经济社会发展的各方面、各环节全过程。继续深化供给侧结构性改革，淘汰落后产能，改造提升传统产能，大力培育新动能，提升供给体系的适应性，降低实体经济成本，推动实体经济发展。大力推动经济转型升级，促进工业化和信息化、制造业和服务业深度融合，提升农业质量效益和竞争力，繁荣网络经济，推动产业向中高端水平迈进。推动乡村振兴，提升乡村公共服务水平，推动乡村产业发展。推动扩大就业，提高居民收入水平，扩大中等收入群体。

推动高质量发展，要坚持创新驱动战略。党的十九大报告指出，创新是引领发展的第一动力。以郑洛新国家自主创新示范区建设为龙头，抓好主体、机制、专项、人才等关键环节，大力培育引进创新引领型企业、平台、机构，强化科技体制改革、科技开放合作、科技金融结合、创新环境优化，推动科技成果转化。加快实施人才强省战略，积极引进高层次人才，大力培育科技人才。

推动高质量发展，要坚持深化改革开放。党的十九大报告指出，只有改革开放才能发展中国。做好放管服、投融资、非公经济、农村等重点领域改革，激发市场主体活力，深化国企改革，支持国有资本做强做大；促进民营经济快速发展，在市场准入、融资条件、政府服务等方面给予民营经济同等待遇。加大招商引资力度，改善投资环境，提高服务水平；控制招商引资项目，提升项目技术溢出效应、产业升级效应。

B.18
砥砺奋进 铸就辉煌
——2013~2017年河南经济社会发展成就回顾

赵德友 张亚丽 徐委乔 王学青*

摘 要： 党的十八大以来，全省上下坚持以习近平新时代中国特色社会主义思想为指导，持续落实总书记调研指导河南工作时的重要讲话精神，牢固树立新发展理念，全面建成小康社会迈出坚实步伐，改革创新深入推进，经济发展动能在转换中显著增强，经济结构实现重大突破，经济发展更趋协调，开放带动战略深入实施，对外开放新格局初步形成，绿色发展步伐加快，经济发展的可持续性显著提升，民生事业持续改善，经济发展成果更多惠及人民，基础能力建设不断加强，经济发展的支撑保障更加有力。

关键词： 河南 小康社会 经济发展

党的十八大以来，全省上下坚持以习近平新时代中国特色社会主义思想为指导，持续落实总书记调研指导河南工作时的重要讲话精神，牢固树立新发展理念，主动适应把握引领经济发展新常态，坚持稳中求进工作总基调，着力发挥优势打好“四张牌”，扎实开展“四大攻坚战”，干成了一批打基

* 赵德友，博士，高级统计师，河南省统计局副局长；张亚丽，河南省统计局国民经济综合统计处副处长；徐委乔，河南省统计局国民经济综合统计处；王学青，河南省统计局工业统计处副处长。

础利长远的大事，办妥了一批多年想办办不了的要事，取得了一系列具有标志性意义的突破，经济社会发展亮点纷呈，河南在全国发展大局中的地位日益提升。

一　践行新发展理念，全面建成小康社会迈出坚实步伐

始终抓牢发展第一要务，坚持创新、协调、绿色、开放、共享五大发展理念，主动适应把握引领经济发展新常态，“稳”成为经济运行的主基调，综合实力显著提升，为全面建成小康社会打下坚实基础。

（一）经济实力不断迈上新台阶

全省地区生产总值分别于2013年、2016年迈上3万亿元和4万亿元两个新台阶，2017年达到4.5万亿元，河南省家底更加厚实。按照当年年平均汇率计算，人均地区生产总值2013年、2014年连续跨越5000美元、6000美元两个台阶，2017年接近7000美元。财政总收入分别于2014年、2017年跨越4000亿元、5000亿元两个台阶。2017年财政总收入5238亿元，是2012年的1.6倍。

（二）经济保持良好发展态势

新常态下经济增长虽换挡减速，但随着总量的不断扩大，现在经济每增长1个百分点带来的增量达到429亿元，是2012年的1.5倍。发展的稳定性显著增强，GDP累计增速自2015年二季度以来，稳定在8%左右；规模以上工业增加值累计增速自2016年4月起稳定在8%左右。

（三）经济大省地位更加巩固

2013～2017年河南经济总量稳居全国第5位，占全国比重稳定在5.4%的水平上；地区生产总值年均增长8.4%，高于全国平均水平1.3个百分

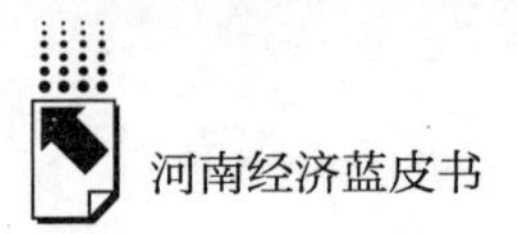

点，增速居全国的位次由2012年的第20位前移至2017年的第11位，为全国经济平稳较快发展做出重要贡献。

（四）全面小康建设稳步推进

按照2000年不变价测算，2013年全省GDP是2000年的4.23倍，人均GDP是2000年的4.17倍，均提前7年实现党的十六大和十七大提出的翻两番奋斗目标，分别比全国提前3年和4年。按照2010年不变价测算，2017年全省GDP是2010年的1.8倍，2018～2020年GDP年均只需要增长2.7%以上，即可实现十八大提出的地区生产总值比2010年翻一番目标，而全国则需要增长6.3%以上；2016年全省城镇、农村居民人均可支配收入分别是2010年的1.5倍、1.7倍，2017～2020年年均分别需要增长7.3%和4.0%以上，即可实现十八大提出的城乡居民人均收入比2010年翻一番目标。根据《河南省全面建成小康社会统计监测体系》对小康进程的监测，2016年河南省全面建成小康社会实现程度为86.3%，比2012年提高9.3个百分点。按照2013～2016年年均提高2.3个百分点测算，到2020年基本接近全面建成小康社会。

二　改革创新深入推进，经济发展动能在转换中显著增强

以供给侧结构性改革为主线，大力培育新动能，改造提升传统产能，积极淘汰落后产能，推动创新驱动发展，新的经济增长点不断涌现。

（一）供给侧结构性改革迈出坚实步伐

以化解煤炭、钢铁过剩产能为重点，统筹推进水泥、电解铝等行业过剩产能退出，每年均提前完成国家下达任务。因城施策调控房地产市场，商品房库存去化周期已缩短至6个月左右。规模以上工业企业资产负债率远低于全国平均水平。出台降低生产要素成本、制度交易成本等方面的政策措施，大力降低实体企业成本。生态环保、农业、水利等短板领域投资快速增长。

（二）重点领域和关键环节改革成效显著

在全国率先实行“三十五证合一”，省级行政审批事项已精简过半，非行政许可审批类别全面取消，“放管服”改革成效明显，大众创业万众创新氛围日益浓厚。国企改革攻坚已经由工业企业转向全部企业，比国家规定时间提前一年半完成剥离省属企业办社会职能工作，国有企业效益明显好转，2017 年 1 ~ 11 月规模以上国有控股工业企业利润总额同比增长 347.9%。

（三）科技创新能力稳步提高

郑洛新国家自主创新示范区、国家大数据综合实验区、知识产权强省试点省相继获批建设。2016 年，全省 R&D 经费投入是 2012 年的 1.6 倍，占 GDP 比重为 1.2%，比 2012 年提高 0.18 个百分点；最能衡量核心技术能力和创新能力的发明专利申请量和授权量分别是 2012 年的 2.1 倍、2.7 倍。以郑洛新国家自主创新示范区为引领，大力培育创新引领型企业、人才、平台和机构，国家级创新平台达到 151 家，实现省辖市全覆盖。河南省在超硬材料、特高压输变电装备、新能源客车、盾构等先进领域发展壮大了一批掌握核心技术的行业龙头企业。

（四）新旧动能加快转换

新动能快速发展，传统动能增速放缓，新动能逐渐替代旧动能成为经济增长的主要动力。2013 ~ 2017 年五大主导产业增加值年均增长 12.6%，战略性新兴产业年均增长 15.6%，高技术产业年均增长 20.7%，分别高于规模以上工业增加值年均增速 3.1 个、6.1 个、11.2 个百分点；2017 年占规模以上工业增加值的比重分别为 44.6%、12.1%、8.2%，分别比 2012 年提高 7.2 个、1.5 个、2.6 个百分点。2013 ~ 2017 年传统产业和高耗能行业年均分别增长 6.5%、7.0%，2017 年仅分别增长 2.7%、3.2%，分别低于规模以上工业 5.3 个、4.8 个百分点；占规模以上工业比重分别为 44.2%、32.7%，分别比 2012 年降低 8.6 个、7.2 个百分点。互联网相关行业高速

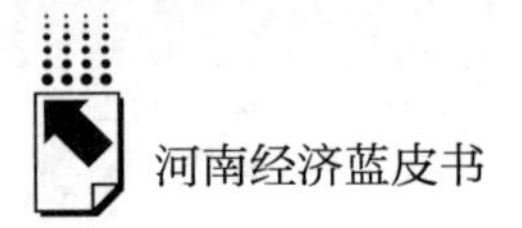

增长，2015～2017年网上零售额年均增长38.0%，高于社会消费品零售总额26.1个百分点。快递业务量增长7.6倍。

三 经济结构实现重大突破，经济发展更趋协调

大力推进转型发展攻坚，积极调整产业结构，优化需求结构；加快城镇化进程，推动城乡同步发展；坚持分类指导，推动各地向心发展、错位发展、互动发展，全省经济发展的协调性显著增强。

（一）产业转型取得重大进展

强力推动第三产业发展的政策效应逐步显现，第三产业“领跑”全省经济增长，在很大程度上对冲了工业增速放缓带来的压力，使经济换挡不失速。2013～2017年第三产业增加值年均增长10.0%，高于GDP年均增速1.6个百分点。第三产业发展中增速和比重两个偏低问题得到改善，扭转了第三产业占比居全国倒数第一的局面。2017年，第三产业增加值占GDP比重为42.7%，比2012年提高9.0个百分点，居全国的位次由2012年的第31位前移至2017年的第26位。产业结构调整取得重大突破，第三产业成为经济增长的第一动力。自2016年一季度起第三产业对经济增长的贡献率超过第二产业，2017年第三产业贡献率为48.4%，比2012年提高17.3个百分点。2017年规模以上工业中的五大主导产业占比首次超过传统产业。2017年，五大主导产业占比为44.6%，高于传统产业0.4个百分点；对工业增长的贡献率达到67.2%，高于传统产业52.3个百分点。2017年全省第一产业占比为9.6%，比2012年降低2.8个百分点，首次降至10%以下。

（二）消费成为经济增长的主要拉动力量

2015年最终消费支出对GDP增长的贡献率超过50%，2016年达到57.3%，比2012年提高8.2个百分点，发挥了经济增长的“稳定器”和“压舱石”作用。2017年社会消费品零售总额增长11.6%，高于固定资产

投资增速 1.2 个百分点，消费增速首次超过投资，居全国第 8 位，比 2012 年前移 9 位。

（三）城乡发展趋于协调

2017 年末常住人口城镇化率为 50.16%，全省城镇人口占比首次超过 50%，比 2012 年末提高 7.73 个百分点，与全国平均水平的差距比 2012 年缩小 1.78 个百分点。2016 年末户籍人口城镇化率比 2012 年末提高 6.97 个百分点。城乡居民收入倍差为 2.32，比 2012 年缩小 0.17。

（四）区域发展差距缩小

2013 ~ 2017 年，郑洛城市区、提质发展区、转型发展区、跨越发展区四大区域 GDP 年均分别增长 8.6%、8.9%、8.2% 和 8.6%，增速最高与最低区域相差 0.7 个百分点，特别是跨越发展区年均增速高于全省 0.2 个百分点，高于转型发展区域 0.4 个百分点，与郑洛城市区持平。据测算，2013 ~ 2017 年四大区域居民人均可支配收入现价分别增长 9.7%、10.2%、9.8%、11.0%，人均可支配收入最低的跨越发展区增速最高，与其他区域的差距缩小。

四　开放带动战略深入实施，对外开放新格局初步形成

围绕建设内陆开放高地战略目标，深度融入“一带一路”，加快建设“空中丝绸之路”，对外开放深度和水平不断提升，不临海不沿边的内陆腹地正在成为对外开放新高地。

（一）对外开放的深度和广度不断提高

2017 年河南完成进出口总值 5232.79 亿元，是 2012 年的 1.6 倍，居全国的位次由 2012 年的第 12 位前移至 2017 年的第 10 位。其中，出口 3171.8 亿元，是 2012 年的 1.7 倍，居全国的位次由 2012 年的第 12 位前移至 2017

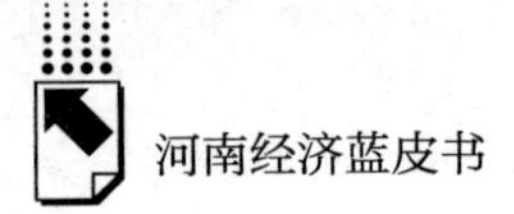

年的第8位。2017年贸易顺差1110.8亿元，是2012年的2.3倍。外贸依存度为11.6%，比2012年提高0.7个百分点，居全国的位次由2012年的第22位前移至2016年的第16位。激发外商投资动力，深化与京津冀、珠三角和长三角的区域经济合作，2017年全省实际利用外资172.2亿美元，实际利用省外资金9106.8亿元，分别是2012年的1.4倍和1.8倍。“走出去”与“引进来”相结合，境外经贸合作区建设成效明显，河南境外合作区数量居全国第三位。

（二）开放平台效应持续发挥

以国际化机场货运航线为依托，打造郑州—卢森堡“空中丝路”，郑州机场开通全货机航线34条，货邮吞吐量首次跻身全球50强，仅郑州到卢森堡的货运量就达到14.7万吨，接近全部货运量的1/3。中欧班列（郑州）实现“去八回八”高频次运营，和联通四面八方的“米”字形高铁一起，交织成快捷畅通的“陆上丝路”。自贸试验区、跨境电商建设如火如荼，构建起“买全球、卖全球”的“网上丝路”。中国（河南）自由贸易试验区自2017年4月1日挂牌至2017年12月31日，新增入驻企业23623户，注册资本3175.4亿元，在同批自贸区中位居前列，入区的国内外500强企业达137家。中国（郑州）跨境电子商务综合试验区首创的“1210通关监管模式”，在全国得以推广；“关检三个一”、“查验双随机”、“跨境秒通关”等举措成为行业“临帖”模板，跨境电商“郑州模式”持续领跑全国，2016就取得了“累计单量破亿、税款破十亿、交易额破百亿”的好业绩。2017年成功举办全球跨境电商大会，影响进一步扩大。“三路并举”，使得国外产品从郑州走进河南乃至全国百姓的家，也使得中原大地的丰富物产实现全球畅销。

五　绿色发展步伐加快，经济发展的可持续性显著提升

深入贯彻绿色发展理念，着力改善生态环境，以更高标准保护绿水青

山，强力推进环境治理攻坚，全面节约和高效利用资源，生态文明建设取得明显进展。

（一）节能降耗成效显著

企业持续加大产品节能改造和技术装备升级力度，降低主要耗能产品单位能耗，全省能源利用效率整体提升。2016 年全省单位生产总值能耗比 2012 年累计下降 20.46%，年均下降 5.56%，预计 2017 年万元 GDP 能耗同比下降 6% 左右。

（二）经济增长的环境成本降低

强化工业污染源头治理，2016 年全省化学需氧量、氨氮、二氧化硫、氮氧化物排放总量分别为 46.43 万吨、6.48 万吨、41.36 万吨、80.83 万吨，分别比 2012 年减少 92.93 万吨、8.5 万吨、86.23 万吨和 81.76 万吨。

（三）环境治理取得明显效果

2017 年全省 PM10 和 PM2.5 平均浓度分别为 106 微克/立方米、62 微克/立方米，降幅在京津冀及周边省份中排名靠前。空气优良天数 224 天，比上年增加 28 天，提前一个半月完成国家下达的任务，大气治理效果显著。土壤环境质量逐步好转，水环境质量明显改善，地表水主要指标达到国家要求。

六　民生事业持续改善，经济发展成果更多惠及人民

坚持共享发展，加大民生事业投入，每年办好一批民生实事，坚决打好脱贫攻坚战，全面提高社会保障水平，人民群众获得感、幸福感显著提升。

（一）脱贫攻坚成效显著

2013～2017 年累计脱贫 570 万人以上，贫困发生率由 2012 年的 9.28%

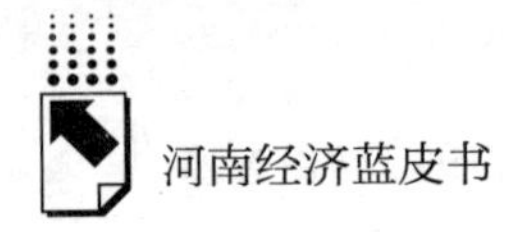

降至2017年的2.57%。国家级贫困县兰考、滑县实现脱贫摘帽。新蔡、新县、沈丘、舞阳有望脱贫摘帽。

（二）人民生活水平稳步提高

2013～2017年全省居民人均可支配收入年均名义增长9.6%，高于全国0.1个百分点，其中城镇年均增长8.3%，农村年均增长9.8%，农村年均增速高于城镇1.5个百分点。2013～2016年，农村居民消费水平年均增长11.4%，比城镇高5.1个百分点，城乡消费水平比从2012年的3.05缩小为2016年的2.52。

（三）稳定扩大社会就业

2013～2017年城镇新增就业每年均保持在140万人以上，五年累计新增超过700万人；农村劳动力转移就业累计新增369万人。农民工返乡创业总量98.86万人，带动就业达到590.61万人，由“输出一人、致富一家”的打工效应转变为“一人创业、带富一方”的创业效应。

（四）兜牢民生保障底线

2013～2017年，财政累计用于民生支出2.6万亿元。2017年民生支出占一般公共预算支出的比重为77.7%，比2012年提高5.4个百分点。城乡居民基本养老保险、职业人群工伤保险制度实现全覆盖；率先在全国实现城乡居民大病保险全覆盖和省级统筹、即时结报，年度最高支付限额达到30万元；率先在全国全面建立困难群众大病补充医疗保险制度。

七　基础能力建设不断加强，经济发展的支撑保障更加有力

坚持突出重点、弥补短板、强化弱项、综合提升，持续加强关键领域和薄弱环节建设，一批战略性、全局性的重大基础工程顺利推进，综合竞争优势更加凸显。

（一）现代综合交通体系建设迈上新台阶

多式联运、高效衔接的现代综合交通体系初步建立，夯实了中原腹地“连天接地”的区位新优势。郑太、郑万、郑合、郑济高铁开工建设，加上已经建成运营的郑西、郑徐高铁，“米”字形高速铁路网大格局基本形成，河南省实现从“四通”到“八达”的蝶变，两小时高铁圈覆盖全国超过一半的人口。公路网络更加完善，覆盖广度、通达深度、畅通程度显著提升，主要指标继续保持全国前列、中部领先。高速公路通车里程在2012年达5830公里，在全国排名第一的基础上，又增加693公里，2017年通车里程达到6523公里。高质量推进郑州航空港经济综合实验区建设，郑州机场二期投入运营，2017年郑州机场客货运规模分别为2012年的2.1倍、3.3倍，实现中部机场“双第一”，成为中部地区机场的领跑者；即将启动三期工程，结合郑州高铁南站建设，实现航空货物和高铁运输的无缝对接，建成全国首个“空铁联运”综合性物流集散中心。周口中心港正式开港运营，全省水运建设实现新突破。

（二）信息基础设施建设快速推进

一年落地一件大事，2013年成功实现郑州与开封电信同城，有效推动了郑汴一体化进程；2014年郑州国家级互联网骨干直联点顺利开通运行，河南成为全国七大互联网信源集聚地和全国数据中心建设布局二类地区；2015年圆满完成“全光网河南”建设，实现了由“铜网”到“光网”的历史性跨越；2016年河南正式迈入“家庭千兆宽带时代”，全省互联网用户总数突破8000万大关，4G用户占比过半，50M以上宽带用户占比居全国首位。

（三）能源支撑系统建设成效显著

优化能源生产结构，实施“内节外引”能源发展战略，积极引入区外能源，投运全国首条1000千伏交流特高压晋东南—荆门示范工程和首条疆电外送通道天山—中州800千伏直流特高压工程，河南迈入特高压交直流混联电网新时代，全省已形成以铁路网、公路网、油气管网、特高压交直流电网为支撑的清洁低碳、安全高效的现代能源保障体系。

总的来看，五年来河南坚持发展第一要务，深入贯彻落实新发展理念，以提高经济发展质量和效益为中心，抓实抓好供给侧结构性改革，全省经济在量的稳定增长中实现了质的大幅提升，结构质量效益明显改善，经济发展新动能不断壮大，综合竞争力持续增强，在全国大局中的地位日益提升。新时代的河南，正昂首阔步迈向高质量发展新征程。

B.19

未来五年河南经济社会发展若干问题的思考

——兼与重庆、贵州经济社会发展比较分析

赵德友*

摘　要： 党的十八大以来，河南经济社会发展取得了辉煌成就和历史性跨越。“十二五”规划重要战略目标圆满完成，“十三五”规划各项任务顺利推进。笔者在总结河南经济社会发展成就的基础上，赴重庆、贵州进行调研学习，在对比中研究未来经济运行走势，在论证中提出未来五年发展目标建议，提出了着力打造河南“六大体系”，为推动决胜全面建成小康社会、开启河南建设社会主义现代化新征程奠定基础。

关键词： 河南　经济发展　“六大体系”

党的十八大以来，河南认真贯彻落实习近平新时代中国特色社会主义思想和习近平总书记调研指导河南工作时的重要讲话精神，紧紧扭住经济发展这一中心，着力发挥优势打好“四张牌”，积极推进“三区一群”四大国家战略，扎实开展“四大攻坚战”，全省经济社会发展取得了辉煌成就和历史性跨越。

---

* 赵德友，博士，高级统计师，河南省统计局副局长。

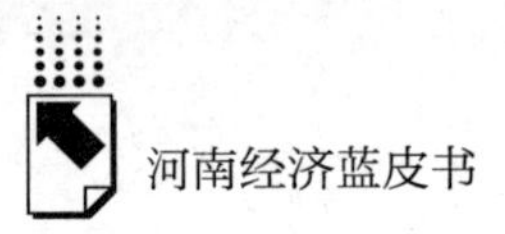

一　十八大以来河南经济社会发展成就辉煌

2012 年以来，河南经济社会发展不断实现历史性跨越。2013 年，全省 GDP、人均 GDP 实现党的十六大、十七大提出的“全面建设小康社会奋斗目标”。2015 年，“十二五”规划重要战略目标圆满完成。2016 年，“十三五”规划各项任务谋划推进，郑州机场二期投入运营，米字形高铁建设明显提速，对外贸易取得突破性进展，进出口总额跃居全国第 10 位，GDP 突破 4 万亿元、人均 GDP 突破 4 万元大关。

（一）综合实力显著提升

经济发展实现新跨越。2013 年和 2016 年，全省 GDP 迈上 3 万亿元和 4 万亿元新台阶，2016 年达 40471. 79 亿元，稳居全国第 5 位。2016 年，全省人均 GDP 突破 4 万元，达 42575 元。2013 ~2016 年，GDP 年均增长 8. 6%，高于全国平均水平 1. 4 个百分点，增速由 2012 年全国第 20 位前移至 2016 年的第 9 位。

财政收入迈向新台阶。2015 年，全省一般公共预算收入迈上 3000 亿元新台阶，2016 年达 3153. 48 亿元，是 2012 年的 1. 5 倍，居全国第 8 位，比 2012 年前移两位，2013 ~2016 年年均增长 11. 5%，高于全国平均水平 4. 2 个百分点。

（二）经济结构不断优化

产业结构调整取得突破性进展。2013 ~2016 年，全省第三产业增加值年均增长 10. 2%，高于 GDP 年均增速 1. 6 个百分点，成为拉动经济增长的第一动力。2016 年，第三产业占 GDP 的比重达 41. 8%，比 2012 年提高 8. 1 个百分点，年均提高 2 个百分点；对经济增长的贡献率从 2012 年的 31. 1% 提高到 50. 7%，超过第二产业 7. 2 个百分点。

需求结构在调整中明显改善。2016 年，全省最终消费支出占 GDP 的比重达 51. 3%，比 2012 年提高 6. 6 个百分点，消费对经济增长的贡献率达

57.3%，发挥了经济增长的“稳定器”和“压舱石”作用；服务业投资占固定资产投资比重为48.5%，比2012年提高3.8个百分点；高技术产业投资占工业投资比重为8.8%，比2012年提高4.5个百分点。

工业向中高端水平迈进。2016年，全省装备制造、食品、电子、汽车、新型材料等五大主导产业和高技术产业增加值占规模以上工业比重分别为44.4%和8.7%，比2012年提高7.0个和3.1个百分点。传统产业转型升级持续推进，冶金、建材、化工、轻纺、能源等传统产业产品结构正逐步由低加工度向高加工度转化、由产业链前端向中后端延伸。

城镇化进程加速推进。常住人口城镇化率从2012年的42.43%提升到2016年的48.50%，年均提高1.52个百分点；城镇就业人员1924万人，比2012年增加541万人；城镇就业人员占全省就业总量的28.6%，比2012年提高6.6个百分点。

（三）发展基础不断夯实

基础设施建设步伐加快。2013～2016年，全省固定资产投资年均增长18.3%，高于全国平均水平3.8个百分点。2013～2016年，基础设施投资年均增长25.2%，高于固定资产投资6.9个百分点，2016年占固定资产投资比重达17.0%。郑太、郑万、郑合、郑济高铁开工建设，将与已建成运营的郑西、郑徐高铁形成“米”字形高速铁路网大格局。

创新驱动发展取得新突破。郑洛新国家自主创新示范区、国家大数据综合实验区、全国知识产权强省试点省相继获批建设。2016年专利申请量、授权量分别为94669件和49145件，分别是2012年的2.2倍和1.8倍，其中有效发明专利26151件，是2012年的3.4倍。

郑州航空港经济综合实验区助力效果明显。2016年，郑州机场旅客吞吐量2076万人次，是2012年的1.8倍，跻身国内机场第15位，比2012年前移3位，2013～2016年年均增长15.5%；货邮吞吐量45.7万吨，是2012年的3倍，跃升至国内机场第7位，比2012年前移8位，2013～2016年年均增长31.8%。

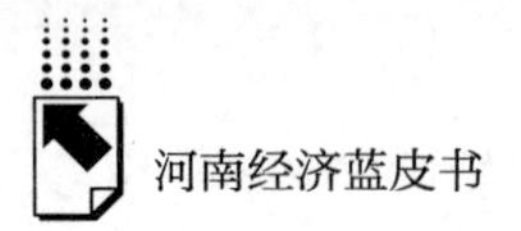

发展载体不断完善提升。产业集聚区、商务中心区和特色商业区发展态势良好，成为转型发展的突破口、招商引资的主平台、经济发展的增长极。2016年，全省产业集聚区规模以上工业增加值对工业增长的贡献率为91.0%，比2012年提高27.1个百分点；商务中心区和特色商业区增加值年均增长21.5%，进入全面提速发展阶段，成为服务业发展的新引擎。

（四）人民生活稳步改善

城乡居民收入平稳增长。按现价计算，2016年全省居民人均可支配收入18443元，比2012年增加5671元，2013～2016年年均增长9.6%；按可比价计算，2013～2016年城镇职工平均工资年均增长6.7%，与全员劳动生产率提高保持同步。

精准扶贫成效显著。2013年完成1116个贫困村整村推进建设任务，5.2万山区贫困人口搬出深山，117万农村贫困人口稳定脱贫。2014年向7484个贫困村派驻驻村工作队，培训农村劳动力35万余人次，120万农村贫困人口实现稳定脱贫。2015年完成1210个贫困村整村推进扶贫开发，6万深石山区群众扶贫搬迁，120万农村贫困人口实现稳定脱贫。2016年对9.74万贫困群众实施易地搬迁，有序推进黄河滩区居民迁建，2125个贫困村达到脱贫标准退出贫困序列，112.5万贫困人口脱贫。国家级贫困县兰考、滑县实现脱贫摘帽。

（五）对外贸易实现新突破

中国（河南）自由贸易试验区建设全面启动，全方位对外开放新格局引领内陆经济转型发展，中国（郑州）跨境电子商务综合试验区成功获批，高端开放平台使跨境电商“郑州模式”领跑全国。2016年，全省进出口总额达到4714.70亿元，是2012年的1.4倍，居全国第10位，比2012年前移两位；实际利用外资169.93亿美元，是2012年的1.4倍。2013～2016年，在全国增速下降的大环境下，河南进出口总值年均增长9.7%，实际利用外资年均增长8.8%，高于全国5.7个百分点。

二　河南与重庆、贵州经济社会发展水平比较

2013～2016 年，重庆、贵州经济增速在全国保持前 3 位，2017 年贵州增长 10.2%，居第 1 位，重庆增长 9.3%，居第 4 位。新常态下两省（市）经济持续快速增长值得我们深入研究。

（一）河南全面建成小康社会主要指标进展速度低于重庆、贵州，人均水平处于重庆和贵州之间

党的十八大提出全面建成小康社会新的奋斗目标是“实现国内生产总值和城乡居民人均收入比 2010 年翻一番”。按可比价计算，2016 年河南 GDP 是 2010 年的 1.714 倍，重庆、贵州分别是 2.024 和 1.999 倍，河南慢于重庆、贵州；河南居民人均可支配收入是 2010 年的 1.654 倍，重庆、贵州分别是 1.610 倍和 1.932 倍，河南快于重庆，慢于贵州（见表 1）。

表 1　2013 年以来河南、重庆和贵州全面建成小康社会主要指标定基指数

	地区	2010 年	2013 年	2014 年	2015 年	2016 年
GDP	河南	100	134.4	146.4	158.5	171.4
	重庆	100	148.5	164.7	182.8	202.4
	贵州	100	147.5	163.4	180.9	199.9
居民人均可支配收入	河南	100	134.0	145.3	156.5	165.4
	重庆	100	127.0	138.2	149.6	161.0
	贵州	100	142.8	161.8	177.2	193.2

按现价计算，2012 年河南人均 GDP 为 31709 元，低于重庆 7205 元，为重庆的 81.5%，高于贵州 11923 元，是贵州的 1.603 倍，到 2016 年变化为低于重庆 15927 元，为重庆的 72.8%，高于贵州 9329 元，是贵州的 1.281 倍；居民人均可支配收入 12772 元，低于重庆 3492 元，为重庆的 78.5%，高于贵州 2941 元，是贵州的 1.299 倍，到 2016 年变化为低于重庆 3591 元，为重庆的 83.7%，高于贵州 3322 元，是贵州的 1.220 倍。总体上看，河南

主要人均指标低于重庆，高于贵州，但低于重庆的差距在扩大，高于贵州的幅度在缩小（见表2）。

表2　河南、重庆和贵州人均 GDP 及居民可支配收入变化情况

单位：%，元

	地区	2012 年		2016 年	
		绝对量	河南为两省(市)	绝对量	河南为两省(市)
人均 GDP	河南	31709		42575	
	重庆	38914	81.5	58502	72.8
	贵州	19786	160.3	33246	128.1
居民人均可支配收入	河南	12772		18443	
	重庆	16264	78.5	22034	83.7
	贵州	9831	129.9	15121	122.0

（二）河南经济增速慢于重庆、贵州，但产业结构优化步伐加快趋势明显

2013 年以来，河南 GDP 及一、二、三产业增加值增速均慢于重庆、贵州，第三产业占 GDP 比重低于重庆、贵州，但结构优化步伐加快趋势明显。2016 年，河南第三产业占 GDP 比重比 2012 年提高 8.1 个百分点，重庆仅提高 2 个百分点，贵州下降 3.2 个百分点（见表3）。

表3　2012 年以来年河南、重庆和贵州 GDP 及三次产业增速对比

单位：%

指标	地区	2012 年	2013 年	2014 年	2015 年	2016 年	2017 年
GDP 增速	河南	10.1	9.0	8.9	8.3	8.1	7.8
	重庆	13.4	12.3	10.9	11.0	10.7	9.3
	贵州	13.6	12.5	10.8	10.7	10.5	10.2
第一产业增速	河南	4.4	4.2	4.0	4.4	4.2	4.3
	重庆	5.3	4.7	4.4	4.7	4.6	4.0
	贵州	8.6	5.8	6.6	6.5	6.0	6.7

续表

指标	地区	2012 年	2013 年	2014 年	2015 年	2016 年	2017 年
第二产业增速	河南	11.4	9.6	9.5	7.7	7.3	7.3
	重庆	16.6	12.7	12.7	11.3	11.3	9.5
	贵州	16.7	14.1	12.3	11.4	11.3	10.1
第三产业增速	河南	10.2	9.9	9.6	10.9	10.3	9.2
	重庆	11.9	13.1	10.0	11.5	11.0	9.9
	贵州	12.1	12.6	10.4	11.1	11.4	11.5

（三）河南三大需求增速相对稳定，重庆固定资产投资增速相对较低，贵州较高

2013 年以来，河南社会消费品零售总额增速总体稍低于重庆和贵州，但相差不大；固定资产投资增速贵州最高，河南次之，重庆最低，贵州 GDP 快速增长仍依赖较高投资支撑，重庆在投资增速相对较低形势下依然实现了经济快速增长。2013～2016 年，河南进出口总额年均增长 9.7%，重庆增长 5.4%，贵州下降 2.7%（见表 4）。

表 4　2012 年以来河南、重庆和贵州三大需求增速对比

单位：%

指标	地区	2012 年	2013 年	2014 年	2015 年	2016 年
社会消费品零售总额增速	河南	15.7	13.8	12.7	12.4	11.9
	重庆	16.4	14.8	13.0	12.5	13.2
	贵州	19.3	14.8	12.9	11.8	13.0
全社会固定资产投资增速	河南	20.7	21.6	18.0	15.8	13.3
	重庆	22.0	19.5	18.0	17.1	12.1
	贵州	35.0	29.0	22.4	21.3	20.6
进出口总额增速	河南	57.4	14.0	7.5	15.2	2.5
	重庆	82.1	26.7	37.8	-21.3	-10.3
	贵州	35.7	22.6	28.9	14.9	-50.7

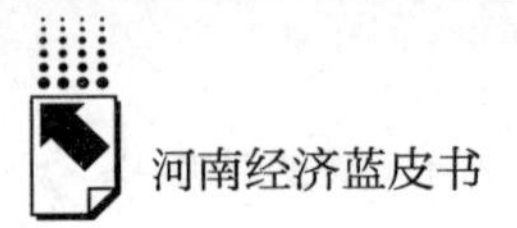

（四）河南发展阶段处于重庆、贵州之间，经济发展向工业化后期不断演进

河南第一、第二产业增加值占GDP比重持续下降，第三产业占GDP比重不断上升，2016年人均GDP为6409.7美元，处于工业化中期后半程；重庆第一产业下降到10%以下，第二产业比重总体下降，第三产业比重持续升高，2016年人均GDP为8763.2美元，城镇化率62.6%，处于向工业化后期迈进阶段；贵州第一产业比重较大，第二产业发展不充分，2016年人均GDP为5005.2美元，发展阶段落后重庆、河南，处于加速发展期。财政总收入占GDP比重重庆最高，财力较为充足，河南最低，财政负担较大。重庆对外开放水平总体较高，河南次之，贵州最低（见表5）。

表5　2013～2016年河南、重庆和贵州经济结构对比

单位：%

指标	地区	2013年	2014年	2015年	2016年
三次产业结构	河南	12.2∶52.3∶35.5	11.8∶51.3∶36.9	11.3∶48.7∶40.0	10.6∶47.6∶41.8
	重庆	7.8∶45.5∶46.7	7.4∶45.8∶46.8	7.3∶45.0∶47.7	7.4∶44.2∶48.4
	贵州	12.3∶40.6∶47.1	13.8∶41.7∶44.5	15.6∶39.6∶44.8	15.7∶39.7∶44.6
城镇化率	河南	43.8	45.2	46.8	48.5
	重庆	58.3	59.6	60.9	62.6
	贵州	37.8	40.0	42.0	44.1
财政收入占GDP比重	河南	11.4	11.6	11.9	11.6
	重庆	32.7	32.4	30.1	28.4
	贵州	23.6	22.9	21.7	20.5
外贸依存度	河南	11.5	11.3	12.3	11.6
	重庆	33.3	41.1	29.4	23.6
	贵州	6.3	7.1	7.2	3.2

（五）河南工业产业布局落后于重庆，优于贵州

总体上看，重庆工业结构较优，贵州工业较重，河南工业产业布局落后

于重庆，优于贵州。河南装备制造、食品、建材、轻纺和冶金等产业占规模以上工业增加值的六成以上；重庆汽车、电子产业占规模以上工业产值的近四成以上；贵州优势产业主要集中在能源、基础资源加工、装备制造和以白酒为代表的轻工业领域（见表6）。

表6　2016年河南、重庆和贵州规模以上工业中排名前10位行业

单位：%

河南(增加值)		重庆(产值)		贵州(产值)	
	占比		占比		占比
非金属矿物制品业	13.0	汽车制造业	22.3	煤炭开采和洗选业	13.5
农副食品加工业	7.5	电子信息	16.8	非金属矿物制品业	10.8
化学原料化学制品	5.3	铁路、船舶、航空航天	6.6	酒、饮料和精制茶	8.9
专用设备制造业	4.9	非金属矿物制品	5.3	化学原料化学制品	7.0
通用设备制造业	4.6	电气机械及器材	5.0	黑色金属冶炼和压延	5.3
汽车制造业	4.1	农副食品加工业	4.6	有色金属冶炼和压延	4.6
黑色金属冶炼压延	4.0	化学原料化学制品	4.0	电子信息	4.3
电子信息	4.0	有色金属冶炼压延	3.4	医药制造业	3.8
电气机械和器材	3.9	通用设备制造业	3.4	农副食品加工业	3.3
食品制造业	3.8	金属制品业	2.8	烟草制品业	2.8

三　重庆、贵州推进经济社会发展的主要举措

近年来，重庆、贵州深入贯彻落实中央各项部署和习近平总书记有关讲话精神，重庆围绕核心区、拓展区、新区、生态涵养区、生态保护区五大功能区域发展，深度融入“一带一路”和长江经济带，贵州坚持走开放型后发赶超道路，借力现代科技、全国项目布局和精准招商实现跨越式发展。

（一）加快产业结构转型升级

重庆促进产业上中下游垂直整合和集聚共生，推动产业高端、融合、创新发展。集成电路、新型显示等核心产业链基本成型，新能源及智能汽车、工业机器人、生物医药等战略性新兴制造业蓬勃发展，新兴金融、离岸服务

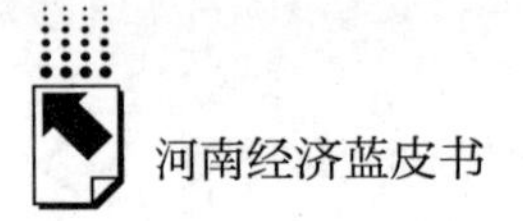

外包、大健康、文化旅游等战略性新兴服务业快速崛起。

贵州以财政资金引导激发企业核心动能，鼓励支持龙头企业和高成长性企业加快发展速度，提升发展质量。强力推进大数据战略行动，获批建设首个国家大数据工程实验室、贵州·中国南方数据中心示范基地、贵阳·贵安国家级互联网骨干直联点，加快大数据与三次产业融合。

（二）扎实推进脱贫攻坚

重庆整合财政资金和各类资源，精准对接脱贫攻坚多元化融资需求，加快贫困地区产业发展、高山生态扶贫搬迁和重大基础设施建设；推动制度保障与开发造血、区域扶贫与到户到人有机结合，巩固脱贫攻坚成果。

贵州把扶贫开发作为“第一民生工程”，组织脱贫攻坚春季攻势、夏季“大比武”和秋季攻势，做到扶贫对象、扶贫产业、扶贫方式、扶贫成效、脱贫退出再精准，增强群众获得感。同时压实干部责任，明确具体帮扶任务和目标，按人按岗按责纳入年终干部绩效目标考核评价。

（三）深化国有企业改革

重庆全面推进国有企业分类分层改革和监管，改组组建资本投资公司和资本运营公司，加快国企集团层面混合所有制改革。分类实施企业专业化重组整合，围绕核心业务，提升产业集中度，加快布局战略性新兴制造业和新兴服务业。

贵州将国有企业分为功能性、公共服务性和竞争性三类，分类推进产权制度改革。全面推进股权多元化，支持各类社会资本通过参股、控股或并购等形式和途径参与省国资委监管企业的产权制度改革，支持混合所有制企业员工持股，允许关键经营管理人员、技术核心人员和业务骨干入股参与企业改制。

（四）加大环境保护力度

重庆加强环保机构监测监察执法垂直管理和用能权、碳排放权、排污权、水权交易制度改革，创新环保产业股权投资基金运作模式，健全社会资本参与机制，推广环境污染第三方治理。推进领导干部自然资源资产离任审计和生态环境损害赔偿制度改革，强化生态环境损害追责。

贵州大力实施绿色贵州行动计划，推动生态产业化、产业生态化发展。实施环保基础设施攻坚行动，实现环保督察巡查全覆盖，“河长制”延伸至乡镇。设立“贵州生态日”，率先开展自然资源资产负债表编制试点和领导干部自然资源资产离任审计，率先成立生态环保司法机构。

（五）深化供给侧结构性改革

重庆严格执行“注销执照、拆除设备、安置职工”标准，矫正供需结构错位和资源要素错配，全面去除钢铁、煤炭过剩产能。合理调控土地供给，信贷、货币化安置等多渠道引导住房消费，房地产市场平稳健康运行。实施售电侧改革试点和天然气大户直供，为企业降低各类成本500亿元以上。运用市场化、法治化方式推进债务、资产、企业重组，降低实体企业杠杆率。

贵州围绕推进产业转型升级，大力实施“百企引进”、“千企改造”工程和“双培育”、“双退出”行动计划，加快培育和引进市场主体，提高供给体系质量和效率。惠普、富士康、IBM、微软、高通等国际国内优强企业投资贵州，世界500强、中国500强落户企业达162家。把降低用电成本作为“牛鼻子”，探索建立跨省电力交易机制。

四　未来五年河南经济增长预测分析

党的十八大提出“实现国内生产总值比2010年翻一番”、全面建成小康社会新目标。党的十九大确定了决胜全面建成小康社会、开启建设社会主义现代化国家新征程的宏伟目标，必将推动经济实现高质量发展。习近平总书记强调“实现‘两个一百年’奋斗目标、实现中华民族伟大复兴中国梦，需要中原更加出彩”。李克强总理要求河南更多地为国家发展提供支撑力量。从必要性、可行性、现实性三方面综合分析，只要付出艰苦努力，未来五年河南有可能实现GDP年均增长7.0%左右的目标。

（一）实现 GDP 年均增长7.0%是全面建成小康社会的必然要求

河南是人口大省、发展中大省，人均水平与全国差距大，发展中还存在不少弱势和短板。2016 年，全省人均 GDP 为全国的 78.9%，城镇、农村居民可支配收入为全国的 81.0% 和 94.6%，人均财政一般公共预算收入仅为全国的 28.7%，第三产业占 GDP 比重、财政总收入占 GDP 比重、R&D 经费支出占 GDP 比重、城镇化率分别低于全国平均水平 9.8 个、9.8 个、0.88 个、8.85 个百分点。2016 年末，全省建档立卡农村贫困人口达 317 万，居全国第 3 位。要缩小与全国平均水平差距，从根本上消除弱势和短板，发展是基础和关键。没有发展，没有高于全国平均速度的发展，对有一亿人口的河南而言，什么事都谈不上，什么事都干不成，什么事都干不好。

按照 2010 年不变价测算，实现 2020 年 GDP 比 2010 年翻一番，2017 ~ 2020 年全国 GDP 年均增速要达到 6.4% 以上，河南需达到 7.0%。未来五年河南 GDP 保持年均增长 7.0%，高于全国平均水平 0.6 个百分点，这是全面贯彻落实党的十八大、十九大精神和习近平总书记、李克强总理对河南殷切期望要求，也是缩小与全国平均水平差距，从根本上消除弱势和短板，决胜全面小康、让中原更加出彩的内在动力。

（二）实现 GDP 增长7.0%，具备有利的内外部环境

从国际发展环境看，世界经济经过多年的深度调整，2017 年以来复苏势头明显，国际货币基金组织两次上调对全球经济增长的预测；WTO 对 2017 年度全球贸易增长的最新预测是 3.6%，五年来第一次和经济增速持平，扭转了过去五年间贸易增长低于全球经济增长的不正常状况。世界经济实际上正在走出过去 8 年低迷的谷底。

从国内经济环境看，全国经济发展稳的态势愈加明显，从 2015 年三季度到 2017 年四季度，GDP 累计增速连续 10 个季度稳定在 6.7% ~6.9% 的区间。从重庆、贵州发展经验看，在经济进入新常态背景下，无论所处发展阶段快慢，只要战略正确，措施得当，仍可以持续保持中高速增长。

从河南发展动力看，近年来谋划实施的一批打基础管长远增后劲的政策措施效果逐步显现，发展“稳”的格局在巩固，“进”的态势在持续，“好”的基础在夯实，全省经济保持稳定增长的韧性增强。随着“三区一群”等国家战略深入实施，叠加效应更加凸显，有利于河南创新体制机制，提高创新能力，扩大开放程度，实现更高质量、更好效益发展。

（三）实现 GDP 增长7.0%仍然面临较大的压力

从当前经济发展形势看，全省三次产业总体呈现一产低速稳定、第二产业增速难以持续、第三产业增速有可能回落的态势。如果不发生大的自然灾害，第一产业增速可稳定在 3.5% 左右。

第二产业受工业影响较快增长不可持续。2017 年工业增加值增长 7.4%，其中规模以上工业增长 8.0%，均为 2016 年以来的较高点，很难继续保持。主要原因一是工业持续增长的不确定因素较多。2017 年以来，全国煤炭、钢铁、电解铝、铜、黄金等大宗商品价格居于高位，与上述商品相关的制造业普遍开工充分，后续持续增长的潜力不可持续。安钢、济钢、豫联能源、万基控股、郑煤、平煤等大型企业集团普遍反映 2018 年生产基本持平。二是工业投资增速持续低迷，工业增长潜力不足。2017 年，工业投资同比增长 3.5%，低于固定资产投资 6.9 个百分点，较上年同期回落 5.4 个百分点。三是新增企业拉动作用有所减弱。2017 年前三季度，全省规模以上工业新增入库企业实现增加值占工业的 2.9%，对全省工业增加值增长的贡献率为 23.8%，较上半年下降 5.8 个百分点，拉动工业增长 1.9 个百分点，较上半年减少 0.5 个百分点。

三产增速有可能回落。目前，河南三产增速已相对较高，核算三产使用的相关指标增速呈现两种态势，一是已从高位回落。2015 年以来，存贷款余额增速已从 15% 左右逐步下移至 12% 左右，商品房销售面积增速由 30% 左右下降到 20% 以下。二是正处于高位，进一步提升空间有限。邮政业务总量、电信业务总量、保费收入、其他营利性服务业营业收入自 2016 年以来均保持高位增长，2017 年分别增长 42.9%、92.2%、30.2%、29.7%，这样的高增长提升空间有限。

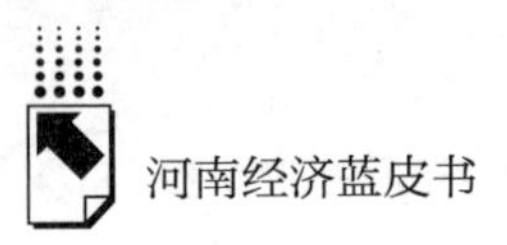

五　未来五年河南经济社会发展的若干思考

未来五年，必须以十九大精神为统领，深入贯彻习近平新时代中国特色社会主义思想和习近平总书记、李克强总理对河南发展的殷切期望，持续推进“三区一群”国家战略，学习借鉴重庆、贵州等兄弟省市先进经验，着力打造河南“六大体系”，为决胜全面建成小康社会，开启河南建设社会主义现代化新征程奠定基础。

（一）以结构转型升级为方向，着力打造现代产业体系

以力争2020年实现产业结构“三二一”历史性转变为方向，推动经济增长向依靠二、三产业协同带动转变，向依靠科技进步、劳动者素质提高和管理创新转变，着力打造现代产业体系。鼓励装备、食品、新型材料、电子、汽车等重点产业发展新技术、新产品、新工艺、新业态、新模式，提升竞争力，构建链条完整、协作配套、集聚集约、绿色高效、环境友好的现代制造业新体系。培育发展现代物流、信息服务、金融、旅游、商务服务、健康服务、养老及家庭服务等新兴服务业。稳定提高农业质量效益和粮食生产能力，不断拓展农业现代化新领域。实施云计算和大数据产业发展战略，培育信息产业新业态。

（二）以郑洛新自主创新示范区为龙头，着力打造现代创新体系

充分利用郑洛新国家自主创新示范区难得机遇，举全省之力将其建成具有较强辐射能力和核心竞争力的创新高地。抓住用好“双一流”大学建设重大历史机遇，努力实现河南高等教育事业的历史性跨越，为服务经济社会发展提供人才支撑。建立健全创新制度和科学用才机制，打造人才高地和“白领城市”。聚焦优势产业，强化企业创新主体地位，引导鼓励企业统筹利用创新资源，实施关键领域创新工程，提升科技创新能力与产业竞争力。发展众创、众包、众扶、众筹，在全社会营造支持创业创新社会氛围。主动

融入全球开放创新网络，建设高水平的国际、国内科技合作研究基地，大幅提升自主创新能力。

（三）以郑州建设国家中心城市为契机，着力打造新型城市体系

强化郑州综合交通枢纽、现代物流中心和对外开放门户功能，提高集中度。制定郑州大都市圈发展规划，推动与开封、洛阳、新乡、许昌、焦作等融合发展，加强区域经济协作，形成辐射周边、联通国际的核心区域，增强竞争力、辐射力、影响力。以郑州为突破口，积极谋划跨黄河发展战略，将郑州地铁线路向北延伸过黄河到新乡平原示范区，加大郑州跨黄河两岸铁路、公路桥梁及穿黄隧道规划、建设力度，形成郑州向北跨黄河两岸地上、地面、地下立体交通体系，实现出入郑州境内车辆免费通行，畅通人才、货物、资本等要素流通渠道，逐步推广至洛阳、开封，打破洛阳—开封境内跨黄河两岸发展的天然屏障，进一步取消全省除高速公路以外的交通收费项目，助力新型城市体系融合发展。

（四）以率先基本建成交通强省为蓝图，着力打造现代立体交通体系

按照习近平总书记“建成连通境内外、辐射东中西的物流通道枢纽”要求，着力打造航空、铁路、公路、水运全方位现代立体交通体系，形成以郑州为中心的国际运输通道、“米”字形主通道和“井”字形侧通道，率先基本建成交通强省。东向重点开行、加密至青岛、连云港、日照、天津、上海等沿海港口的班列，发展铁海联运，衔接海上丝绸之路。西向依托郑欧班列，持续深化与国内西北地区和欧洲、俄罗斯、中亚、西亚、蒙古和东南亚等国家、地区的交流合作。构建涵盖郑州周边数十个城市的高铁“半小时”核心圈、“一小时”紧密圈、“一个半小时”合作圈和“三小时”高速公路交通圈，覆盖周边省会城市的两小时高铁交通圈，覆盖国内主要城市的两小时航空交通圈，形成辐射八方的枢纽经济轴带。

（五）以实现人民对美好生活的向往为目标，着力打造全民福利体系

完善收入分配政策，保护合法收入，增加低收入者收入，调节过高收入，取缔非法收入，努力实现居民收入增速高于经济发展增速。健全社会保障体系，以养老保险、医疗保险为主体，实现两项保险全民全覆盖，并与经济发展相适应提标升级。巩固专项、行业、社会“三位一体”大扶贫格局，改变大水漫灌扶贫方式，对贫困户进行动态化管理，真正做到有贫即扶，无贫退出。由过去以重点扶持贫困县、贫困村为主向非贫困县和城市区拓展，把扶贫的基本单元转变为直接帮扶全境所有贫困户，做到精准扶贫、精准脱贫。发挥政府资金引领和杠杆作用，撬动社会资本参与，高起点规划、高标准定位、全区域打造，不断完善城乡公共设施，提高公共事业服务水平。

（六）以生态产业化、产业生态化为引领，着力打造现代综合环境治理体系

积极推进生态产业化、产业生态化发展战略，形成“2＋3＋∞”现代综合环境治理体系，实现理念、生产、生活、行为全渗透，省域全覆盖，以更高标准保护绿水青山，让绿水青山源源不断带来金山银山。规划发展以黄河和南水北调中线工程、京广铁路两岸保护带为核心的“生态金十字带”，推进绿色、循环、低碳、可持续发展。建设河南境内沿黄河鲜花点缀的20公里森林带、10公里景观带，除防汛建筑外，30公里内一切建筑物全部拆除，形成融防洪防汛、生态保护、休闲养生养老等功能于一体的滨河绿廊，打造生态黄河、城市黄河、旅游黄河协同发展战略。整合南水北调中线沿线自然、人文旅游资源，将干渠维护、利用和管理与新型城镇化建设有机结合，形成自然、社会、人文和谐发展的城镇生态文明。即申即创太行山、伏牛山、大别山三大国家级公园，有效保护黄河中下游地区的生物多样性和文化传承。提升农村生态环境，努力把农村打造成环境优美、生态宜居、底蕴深厚、各具特色的美丽乡村。

B.20

河南全面建成小康社会成效显著，发展不平衡不充分问题仍然突出

刘朝阳　宗　方*

摘　要： 本文依据河南全面建成小康社会统计监测指标体系，对河南全面建成小康社会进展情况进行监测，结果显示党的十八大以来河南全面建成小康社会成效显著，预计到2020年将基本实现全面建成小康社会目标，目前全面建成小康社会中仍存在着很多问题和短板，发展不平衡不充分问题仍然突出。党的十九大胜利召开，进一步为决胜全面建成小康社会指明方向，全省一定要开拓进取，筑牢优势，补齐短板，加速全面建成小康社会进程，为河南开启全面建设社会主义现代化奠定坚实基础。

关键词： 河南　全面建成小康社会

十八大以来，全省上下深入贯彻中央和省委省政府全面建成小康社会各项决策部署，奋力实施《河南省全面建成小康社会加快现代化建设战略纲要》，全面落实经济建设、政治建设、文化建设、社会建设、生态文明建设五位一体总体布局，河南全面建成小康社会迈出坚实步伐。

* 刘朝阳，河南省统计科学研究所所长；宗方，高级统计师，河南省统计科学研究所副所长。

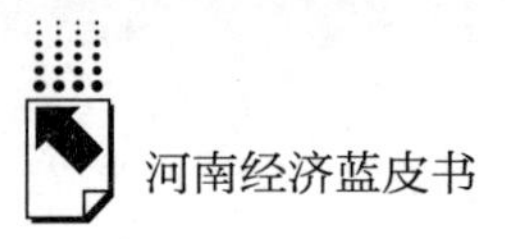

一 十八大以来河南全面建成小康社会成效显著

2013年，国家统计局按照党的十八大报告提出的全面建成小康社会各项要求制定了《全面建成小康社会进程统计监测指标体系》，体系包含经济发展、民主法治、文化建设、人民生活和资源环境五个方面的内容。2016年，国家统计局按照十八届五中全会精神对指标体系和目标值进行了修订。河南省统计局对全面建成小康社会统计监测指标体系进行了深入研究，参照全国全面建成小康社会监测体系，结合河南“十三五”规划纲要和经济社会发展情况，制定了《河南省全面建成小康社会统计监测体系》，并对河南省全面建成小康社会实现程度进行了监测。结果显示，2012～2016年河南全面建成小康社会实现程度分别为77.0%、80.5%、82.7%、83.8%和86.3%，2016年比2012年提高了9.3个百分点，年均增加2.3个百分点。

（一）经济发展取得新成就

十八大以来，经济新常态下全国经济结构调整步入攻坚阶段，经济增速有所放缓，河南始终把稳增长保态势作为中心工作大力推动，统筹推进“三区一群”四大国家发展战略实施，着力深化供给侧结构性改革，经济保持平稳较快增长势头，增速持续高于全国平均水平，经济发展取得新成就。2016年经济发展类指标全面建成小康社会实现程度为81.7%，比2012年提高15.8个百分点，年均增加约4.0个百分点（见图1）。

一是人均GDP不断提高，2016年全省人均GDP达到42575元，按2010年可比价计算为41927元，约为2012年的1.4倍，指标实现程度由2012年62.0%提高到2016年的85.3%。二是经济结构持续优化，服务业增加值占GDP比重迅速提升，由2012年的33.7%提高到2016年的41.8%，年均增加2.0个百分点。三是常住人口城镇化率逐步攀升，城镇化率由2012年末的42.4%提高到2016年末的48.5%，年均增加1.5个百分点。

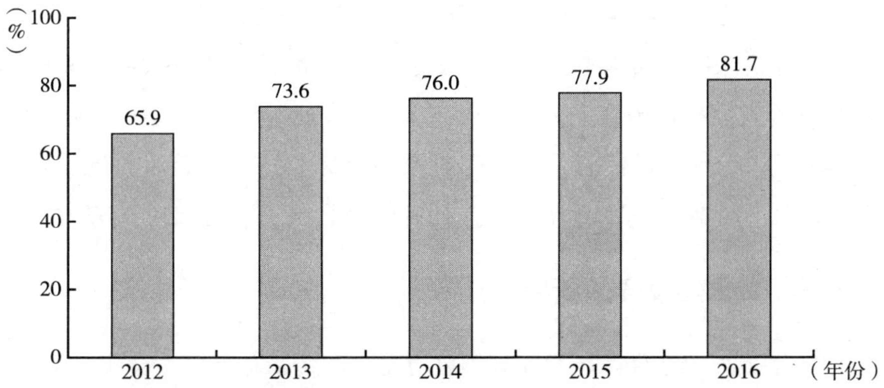

图1　2012年以来河南经济发展指标全面建成小康社会实现程度进展情况

（二）民主法治建设实现新进展

十八大以来，全省上下深入贯彻落实习近平总书记治国理政新理念、新思想、新战略，积极发展社会主义民主法治，扎实推进全面依法治省和平安河南建设，民主法治建设实现新进展。2016年民主法治类指标全面建成小康社会实现程度为88.5%，比2012年提升7.4个百分点，年均增加1.9个百分点（见图2）。

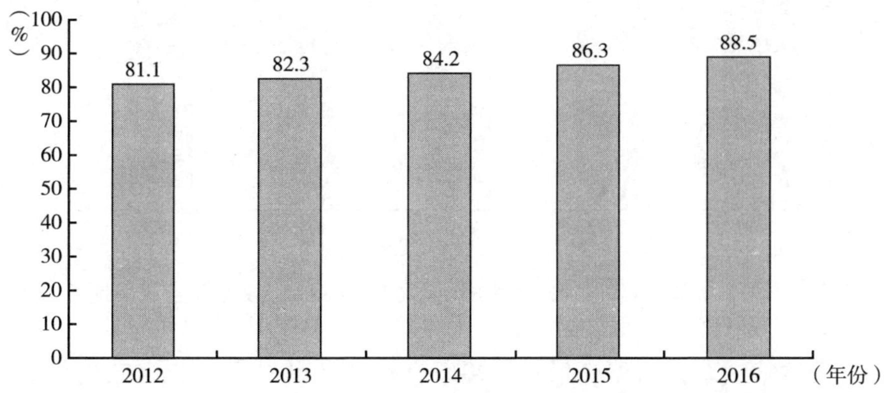

图2　2012年以来河南民主法治指标全面建成小康社会实现程度进展情况

一是基层选举制度执行较好，2016 年基层民主参选率达到 88.7%，十八大以来持续保持较高水平。二是法治进程不断推进，律师人数不断增加，2016 年每万人拥有律师数 1.7 人，比 2012 年增加 0.5 人；每万人行政诉讼发案率低于 2.5 件的目标值，提前完成预期目标。三是社会活力逐步提高，社会组织数不断增多，2016 年每万人拥有的社会组织数增加到 3.07 个。

（三）文化建设开创新局面

十八大以来，河南确立了打造华夏历史文明传承创新区、建设中原文化强省的奋斗目标，河南省十次党代会报告提出了“加快构筑全国重要的文化高地”的新要求。全省上下不断继承和发扬优秀传统文化，大力培育和弘扬以爱国主义为核心的民族精神、以改革创新为核心的时代精神的社会主义核心价值观，文化建设开创新局面。2016 年，文化建设类指标全面建成小康社会实现程度为 83.8%，比 2012 年提高 17.8 个百分点，年均增加 4.5 个百分点（见图 3）。

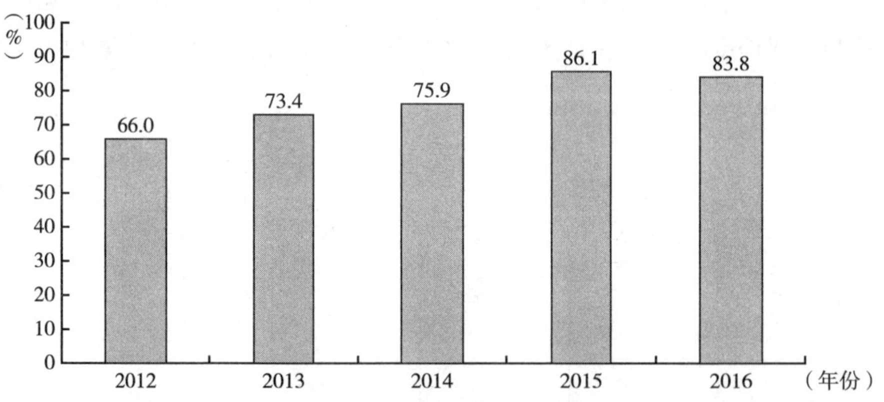

图 3　2012 年以来河南文化建设指标全面建成小康社会实现程度进展情况

一是政府财政投入不断增加，2016 年全省人均公共文化财政支出达到 103.5 元，比 2012 年增加 29 元，年均增幅为 8.7%。二是文化设施持续增加，2016 年全省图书馆、博物馆、文化馆和文化站分别达到 158 个、283

个、205个和2340个，实现了所有县区和乡镇文化基础设施全覆盖，极大地丰富了人民群众文化生活。三是广播电视事业建设成效显著，2016年广播和电视人口综合覆盖率达到了98.5%，基本实现了全部人口广播和电视信号的全覆盖。

（四）人民生活水平进入新阶段

十八大以来，随着经济快速发展和社会事业建设力度不断加大，人民生活水平稳步提高，逐步进入到从量变到质变的新阶段。2016年人民生活类指标全面建成小康社会实现程度为87.8%，比2012年上升3.5个百分点，年均增加0.9个百分点（见图4）。

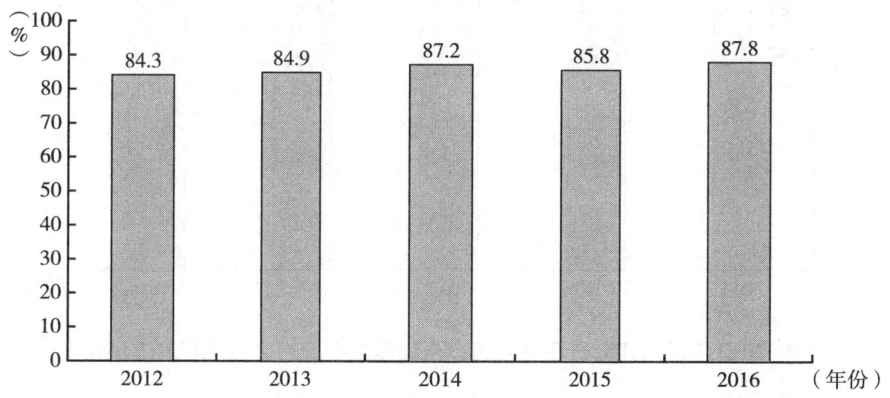

图4　2012年以来河南人民生活指标全面建成小康社会实现程度进展情况

一是居民人均可支配收入持续较快增长。2016年城镇居民人均可支配收入为27233元，农村居民人均可支配收入为11697元，分别比2012年增加6790元和4172元。按2010年价格计算，2016年城乡居民人均收入为15742.4元，是2012年的1.33倍，年均增长7.5%。二是人民群众普遍关心的一些突出问题得到较好解决。失业率、城乡居民家庭人均住房面积、基本社会保险参保率、单位GDP安全事故死亡率以及产品质量合格率等指标均已提前达到预期目标，平均预期寿命、劳动年龄人口平均受教育年限、养老床位数也不断增加，接近预期目标。

（五）资源环境治理取得新进展

十八大以来，全省认真落实党中央、国务院决策部署，把建设生态文明、加强环境保护放在更加重要的战略位置，制定实施美丽河南、生态省建设等重大政策措施，全力推进蓝天、碧水、乡村清洁等重大环境治理工程，持续加大生态环境保护力度，资源节约和环境保护工作取得新进展。2016 年资源环境类指标全面建成小康社会实现程度为 88.8%，比 2012 年提高 7.1 个百分点，年均增加 1.8 个百分点（见图 5）。

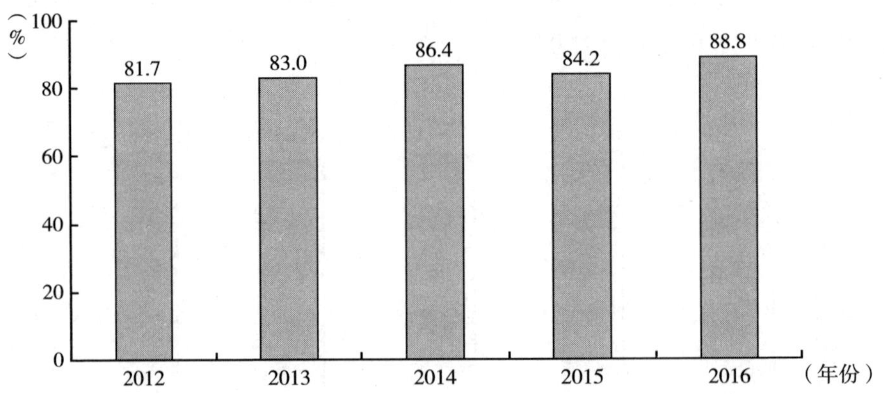

图 5　2012 年以来河南资源环境指标全面建成小康社会实现程度进展情况

一是资源集约利用水平明显提高。单位 GDP 用水量、单位 GDP 能耗、污水集中处理率、一般工业固体废物综合利用率等指标先后完成预期目标。二是自然环境和生活环境逐步改善。2016 年空气质量优良天数比例和地表水Ⅲ类以上水体比例停止下降，分别比 2015 年提高 3.4 个和 7.7 个百分点；农村卫生厕所普及率、农村自来水普及率分别已接近和实现预期目标。

二　2020年河南省基本接近全面建成小康社会

按照《河南省全面建成小康社会统计监测体系》中指标发展情况，对

2020 年河南省全面建成小康社会进程进行预测，2020 年河南省全面建成小康社会实现程度可达 95.5%，基本接近全面建成小康社会。

（一）全面建成小康社会进程预测

2016 年，河南全面建成小康社会实现程度为 86.3%，按照 2013～2016 年年均提高 2.3 个百分点推算，到 2020 年实现程度约为 95.5%，基本接近全面建成小康社会（见表 1）。

表 1　2020 年河南全面建成小康社会实现程度预测情况

单位：%，个百分点

项目	2016 年实现程度	2013～2016 年年均增加	2020 年预测值
全面小康社会	86.3	2.3	95.5
一、经济发展	81.7	4.0	97.7
二、民主法制	88.5	1.9	96.1
三、文化建设	83.8	4.5	100
四、人民生活	87.8	0.9	91.0
五、资源环境	88.8	1.8	96.0

其中，经济发展方面，分指数全面建成小康社会实现程度年均提升 4.0 个百分点，2016 年分指数实现程度为 81.7%，按目前发展情况，预计 2020 年能够达到 97% 以上；民主法制方面，分指数全面建成小康社会实现程度年均提升 1.9 个百分点，2016 年分指数实现程度为 88.5%，按目前发展情况，预计 2020 年能够达到 96% 以上；文化建设方面，分指数全面建成小康社会实现程度年均提升 4.5 个百分点，2016 年分指数实现程度 83.8%，按目前发展情况，预计 2020 年能够基本达到小康预期目标；人民生活方面，分指数全面建成小康社会实现程度年均提升 0.9 个百分点，2016 年分指数实现程度 87.8%，按目前发展情况，预计 2020 年能够达到 91.0%；资源环境方面，分指数全面建成小康社会实现程度年均提升 1.8 个百分点，2016 年分指数实现程度 88.8%，按目前发展情况，预计 2020 年能够达到 96.0%。

（二）全面建成小康社会关键指标预测

党的十八大确定全面建成小康社会的奋斗目标时提出，要实现国内生产总值和城乡居民人均收入比2010年翻一番。由于全面建成小康社会过程中经济社会发展水平存在区域差异，全国全面建成小康社会监测体系中用人均GDP代替GDP指标，河南小康监测体系中参照全国小康监测体系使用人均GDP指标。

GDP方面，2010年河南生产总值23223亿元，2016年达到39795亿元（2010年价格），到2020年要实现生产总值比2010年翻一番，则2017～2020年生产总值年均增速需要达到4.0%以上，从目前发展情况来看，到2020年可以实现生产总值翻一番的目标；人均GDP方面，2010年河南人均GDP为24585元，2016年为41297元（2010年价格），要实现比2010年翻一番，2017～2020年全省人均生产总值年均增速需要达到4.1%以上，从目前发展情况看，到2020年可以实现人均生产总值翻一番的目标。

居民人均可支配收入方面，2010年居民人均可支配收入为9353元，2016年城乡居民人均收入为15742.4元（2010年价格），按十八大以来年均7%的增速计算，预计2019年河南将提前实现城乡居民人均收入比2010年翻一番的目标。但2020年要达到全国平均预期水平25000元目标，2017～2020年居民人均可支配收入年均增速需达到12.3%以上，仍需加倍努力。

三　河南全面建成小康社会中不平衡不充分的问题仍较突出

十八大以来，河南全面建成小康社会取得了明显成效，到2020年有望基本接近全面建成小康社会。但个别指标同全面建成小康社会预期目标存在较大差距，发展中还存在不少问题和短板。

（一）经济发展部分指标水平不高

互联网普及率有待提升，2016年，全省固定宽带家庭普及率和移动宽带用户普及率分别为58.3%、57.0%，低于预期目标26.7个和18.0个百分点。R&D经费支出占比较低，2016年R&D经费支出占GDP比重仅为1.22%，低于预期目标0.78个百分点，仅比2012年提高0.18个百分点。对外贸易占GDP比重提升较慢，2016年，河南对外贸易依存度为11.7%，低于预期目标2.3个百分点，仅比2012年提升0.7个百分点。

（二）民主法制建设水平仍需提升

2016年，全省基层民主参选率虽处于较高水平，但近年来并没有出现提升趋势。每万人拥有的律师数和每万人拥有的社会组织数虽然与预期目标绝对值相差不大，但由于河南人口基数大，近年来指标增长缓慢，完成预期目标难度较大。

（三）文化财政支出水平和文化产业比重仍需提高

2016年，全省人均公共文化财政支出为103.5元，与预期目标差距较大。文化产业增加值占GDP比重仅为3.0%，且近年增长缓慢，实现4%的预期目标较为困难。

（四）人民生活水平提升中仍然存在一些突出短板

农村贫困人口脱贫任务艰巨，2010年至今，河南陆续实现了1100多万人脱贫（现行标准），但到2016年底仍有约300万贫困人口，数量位居全国前列。城乡居民收入差距较大，且总体水平较低，2016年，农村居民人均可支配收入仅相当于城镇居民的42.9%，2016年城乡居民人均可支配收入为15742.4元（2010年价格），距25000元的预期目标差距仍较大。农村基础设施建设还较薄弱，2016年农村社区综合服务设施覆盖率仅为21.3%。

（五）资源利用和环境治理仍有待加强

2016年，全省单位GDP用地面积为66.2公顷/亿元，空气质量优良天数比例为53.6%、地表水Ⅲ类以上水体比例仅有51.1%，农村生活垃圾处理比例仅为43.9%，均与预期目标存在较大差距（见表2）。

表2　2016年河南全面建成小康社会中的短板指标

<table>
<tr><th></th><th colspan="2">短板指标</th><th>现值</th><th>目标值</th><th>实现程度(%)</th></tr>
<tr><td rowspan="3">经济发展</td><td rowspan="2">互联网普及率(%)</td><td>固定宽带家庭普及率</td><td>58.3</td><td>85</td><td rowspan="2">75.2</td></tr>
<tr><td>移动用户宽带普及率</td><td>57.0</td><td>75</td></tr>
<tr><td colspan="2">R&D经费投入占GDP比重(%)</td><td>1.22</td><td>2.0</td><td>61.0</td></tr>
<tr><td rowspan="2">民主法制</td><td colspan="2">每万人口拥有律师数(个/万人)</td><td>1.7</td><td>2.1</td><td>81.9</td></tr>
<tr><td colspan="2">每万人拥有社会组织数(个/万人)</td><td>3.07</td><td>4</td><td>76.8</td></tr>
<tr><td rowspan="2">文化建设</td><td colspan="2">文化及相关产业增加值占GDP比重(%)</td><td>3.0</td><td>4.0</td><td>75</td></tr>
<tr><td colspan="2">人均公共文化财政支出</td><td>103.5</td><td>160</td><td>64.7</td></tr>
<tr><td rowspan="3">人民生活</td><td colspan="2">城乡居民收入(元,2010年价)</td><td>15742.4</td><td>25000</td><td>63.0</td></tr>
<tr><td colspan="2">农村社区综合服务设施覆盖率(%)</td><td>21.3</td><td>50</td><td>42.6</td></tr>
<tr><td colspan="2">农村贫困人口累计脱贫率(%)</td><td>79.4</td><td>100</td><td>79.4</td></tr>
<tr><td rowspan="3">资源环境</td><td rowspan="2">环境质量指数</td><td>空气优良天数比例</td><td>53.6</td><td>80</td><td rowspan="2">77.6</td></tr>
<tr><td>地表水达到或好于Ⅲ水体比例</td><td>51.1</td><td>70</td></tr>
<tr><td colspan="2">行政村生活垃圾处理比例(%)</td><td>43.9</td><td>90</td><td>48.8</td></tr>
</table>

四　攻坚克难，奋力推进河南全面建成小康社会

全面建成小康社会是我们现阶段的战略性目标，也是实现中华民族伟大复兴中国梦的关键一步。“十三五”时期是全面建成小康社会决胜阶段，当前河南全面建成小康社会中仍存在一些突出问题和短板。十九大胜利召开，做出了“中国特色社会主义进入新时代”的重大判断，提出了具有全局性、战略性、前瞻性的行动纲领，进一步为全面建成小康社会指明了方向。接下来几年要以十九大精神为指引，深度聚焦全面建成小康社会这一战略目标，贯彻落实习近平总书记打好“四张牌”的要求，统筹推进“三区一群”建设，紧紧围绕省委省政府打赢“四大攻坚战”工作部署，通过全省上下共

同努力，开拓进取，筑牢优势，补齐短板，加速全面建成小康社会进程，预计2020年将基本实现全面建成小康社会目标，为下一阶段河南现代化建设奠定坚实基础。

（一）加快经济结构转型升级，提高经济运行质量和效益

党的十九大和中央经济工作会明确提出中国经济发展已由高速增长阶段转向高质量发展阶段。河南要贯彻落实十九大精神和习总书记打好“四张牌”的要求，大力推进产业结构优化升级，实施创新驱动发展，培育和发展新经济、新动能。重点要加快以大数据为主的新一代信息技术基地建设和推广应用；进一步夯实河南电商发展优势，大力发展“互联网+”经济，建设网络经济大省；充分发挥自主创新示范区示范引领作用，加大创新投入力度，增加R&D经费支出；加快推进自贸区、航空港经济综合示范区及“空中丝绸之路”建设，提升对外开放水平。

（二）完善和发展社会主义民主政治，提高经济社会运行效率

重点要不断加大依法治省力度，完善法治政府建设推进机制，规范权力运行，提高行政效率；持续推进平安河南建设，为深化改革、全面建成小康社会保驾护航；不断加强和完善基层民主制度，提高基层民主参选率；完善和创新社会治理，加强基层组织建设，积极培育和发展社会组织，促进社会组织在经济和就业、政府职能分担、社会服务贡献、和谐社会建设等方面发挥重要作用，进一步提高经济社会活力。

（三）加大文化建设投入力度，壮大文化产业规模

作为文化资源大省，政府要加大对文化建设投入力度，加强传统文化资源的保护、开发和利用，大力弘扬新时代具有中原特色的社会主义核心文化和价值体系，打造全国重要的公共文化服务高地；依托河南鲜明特色的文化资源禀赋和日趋便利的交通优势、区位优势，积极培育现代文化市场体系，不断壮大文化产业，增加文化产业比重，努力将文化产业培育成为国民经济

的支柱性产业；加大文化惠民工程建设力度，提升公共文化服务效能，丰富优秀公共文化产品供给，活跃群众文化生活。

（四）深化收入分配改革，着力增加城乡居民收入

要始终坚持就业优先战略，着力创造“大众创业，万众创新”的环境与氛围，积极扩大和促进多种形式就业，激发收入增长的内生动力。改进和完善城镇职工收入与经济效益协调增长机制，增加城镇居民收入。要以打好新型城镇化这张牌为契机，拓宽农民就业空间和增收渠道，加快农村富余劳动力转移，加大对新型职业农民培育支持力度，加快其职业化进程，增加农民家庭工资性收入。

（五）打好扶贫攻坚战，加快贫困人口脱贫

以增加贫困人口收入为核心，着力抓好产业扶贫，发展集体经济，加大金融对扶贫攻坚的支持力度，积极推广卢氏县小额金融扶贫等成功经验，提高贫困人口脱贫技能；认真落实省委省政府“转、扶、搬、保、救”等扶贫政策，充分发挥扶贫政策效能；筑牢基层组织基础，确保精准扶贫策略得到有效落实。

（六）打好环境治理攻坚战，加大环境治理和保护力度

正确处理好经济发展和生态环境保护之间的关系，持续加大生态省建设力度。以加快产业结构升级为契机，提高土地使用效率，推进绿色循环低碳发展，减少资源消耗和环境破坏，降低环境保护压力；持续推动蓝天碧水等系列工程，提高空气质量优良天数和地表水体质量；加大财政投入力度，加强农村环境综合整治，促进乡村人居环境改善。

B.21 河南经济高质量发展研究

朱启明　徐委乔　张亚丽　王一嫔*

摘　要： 近年来，河南坚定贯彻新发展理念，坚持以提高质量和效益为中心，经济发展的稳定性、创新性、协调性、持续性、开放性、共享性不断增强，质量和效益取得显著提升。然而，河南经济发展中长期积累的结构性矛盾与深层次问题日益凸显，产业发展层次偏低、科技创新能力不足、区域发展不平衡、部分民生领域短板突出等问题制约着经济的高质量发展。作为经济大省，河南要着力解决发展不平衡、不充分的突出问题，抓重点、补短板、强弱项，努力实现更高质量、更有效率、更加公平、更可持续的发展。

关键词： 河南　经济　高质量发展

改革开放以来，河南经济保持较快增长，特别是近年来，全省坚定贯彻新发展理念，更加注重转变经济发展方式，经济结构不断优化，经济发展质量和效益不断提升。然而随着资源、环境等制约的不断趋紧，经济发展成本不断攀升，长期积累的结构性矛盾与深层次问题日益突出，发展不平衡、不充分的问题逐步显现。本文就河南经济高质量发展情况展开研究，从与高质量发展紧密相关的重点领域入手，拟对河南经济发展质量和效益进行分析，探寻薄弱环节和面临的问题，提出对策建议。

* 朱启明，高级统计师，河南省统计局国民经济综合统计处处长；徐委乔，河南省统计局国民经济综合统计处；张亚丽，河南省统计局国民经济综合统计处副处长；王一嫔，河南省地方经济社会调查队农产量调查处副处长。

一　经济高质量发展的背景和内涵

（一）经济高质量发展的背景

党的十九大对中国经济发展做出了一个重大判断，就是中国经济已由高速增长阶段转向高质量发展阶段。中国特色社会主义进入了新时代，经济发展也进入了新时代，中国正处在转变发展方式、优化经济结构、转换增长动力的攻关期，必须坚持质量第一、效益优先，推动经济发展质量变革、效率变革、动力变革。

党的十九大指出，中国社会主要矛盾已经转化为人民日益增长的美好生活需要和不平衡不充分的发展之间的矛盾，要在继续推动发展的基础上，着力解决好发展不平衡不充分问题，大力提升发展质量和效益，更好地满足人民在经济、政治、文化、社会、生态等方面日益增长的需要，更好地推动人的全面发展和社会的全面进步。推动高质量发展，是保持经济社会持续健康发展的必然要求，是适应中国社会主要矛盾变化和全面建成小康社会、全面建设社会主义现代化国家的必然要求；推动高质量发展是当前和今后一个时期确定发展思路、制定经济政策、实施宏观调控的根本要求，必须牢固树立高质量发展意识，把高质量发展作为根本共识。省委经济工作会议强调，要坚持把推动高质量发展作为河南做好今后一个时期经济工作的根本要求。

（二）经济高质量发展的内涵

习近平总书记对高质量发展的内涵有着深刻阐述，他指出高质量发展就是能够很好地满足人民日益增长的美好生活需要的发展，是体现新发展理念的发展，是创新成为第一动力、协调成为内生特点、绿色成为普遍形态、开放成为必由之路、共享成为根本目的的发展。因此，本文认为高质量的经济发展总体来讲即保持经济持续健康稳定的发展，最为直接的表现形式是经济总量的扩张和经济效益的提升，可以从五个角度来描述高质量发展这一概念：第一，从经济发展动力角度来看，表现为以科技创新为引领的发展；第二，从经济结构角度来看，表现为产业结构、消费结构、投资结构、就业结构等方面的优化和升级；第三，从可持续发展角度来看，表现为转变落后生产方式，降低资源消耗，确保经济发展与生态环境之间的平衡协调发展；第四，从经济发展空间角度来看，表现为对外开放和内外联动性的提升；第五，从经济共享性角度来看，表现为人民享有社会福利水平的提高。

通过以上对经济高质量发展内涵特征的描述和诠释，本文认为经济的高质量发展主要是从经济发展过程中的稳定性、创新性、协调性、持续性、开放性、共享性六个方面表现。

二 河南经济发展质量的现状和特点

（一）经济发展的稳定性持续巩固

1. 生产总值保持快速增长

高质量的经济发展应该是在发展潜能得到最大限度发挥的同时保持经济快速发展，世界经济发展史上众多实例表明，各国在经济发展速度上持续差异是造成经济实力变化的根源。进入 21 世纪以来，河南经济保持着较高增长速度，并在 2013 年提前实现了党的十六大和十七大提出的“生产总值到 2020 年力争比 2000 年翻两番”和“人均生产总值到 2020 年比 2000 年翻两番”的小康社会目标。特别是党的十八大以来，河南主动适应把握引领经济发展新常态，全省经济持续健康发展，综合实力再上新台阶。2016 年河南 GDP 历史性地突破 4 万亿元，2017 年达到 44988.16 亿元，稳居全国第五位，是 2000 年的 5.8 倍，是 2010 年的 1.8 倍；2001 ~ 2017 年年均增长 10.9%，高于全国平均水平 1.6 个百分点。

2. 经济发展的稳定性增强

河南经济总量快速增长的同时，发展的稳定性不断增强，2000 ~ 2017 年 18 年中，年度间极少出现速度跳跃，只有 2000 年、2004 年、2008 年三年经济增长波动率（两年GDP增速之差/上年GDP增速×100%）超过±15%，且都发生在2008年国际金融危机之前。近年来，全省经济发展的稳定性进一步增强，近4年经济增长波动率均在±7%以内，2017年为-3.7%。同时，全省CPI波动幅度较小，近5年CPI波动率均在±1%以内，2016年居民消费价格指数为101.4，波动率为-0.51%，物价基本稳定（见图1）。

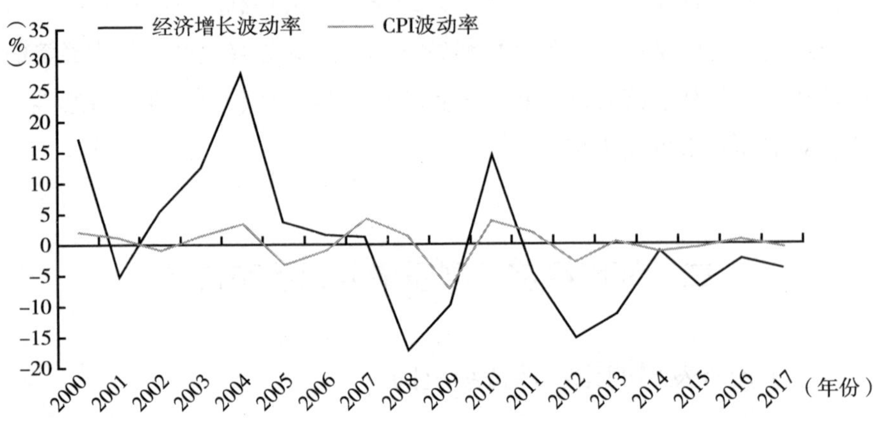

图1　2000～2017年河南经济增长波动率和CPI波动率

3. 劳动生产率不断提高

劳动生产率是增加值与全社会从业人员的比率，反映的是单位劳动力投入所带来的产出，是从人力投入角度考察经济发展的质量和效益。从改革开放30多年的历程看，河南劳动生产率绝对值在不断提高，从1979年的669元提高到2016年的60575元，分别是2000年、2010年的6.46倍和1.56倍。

河南三次产业劳动生产率中，第二产业劳动生产率始终高于第三产业和第一产业。2016年，河南第一产业劳动生产率为16582元/（人·年），第二产业劳动生产率为94066元/（人·年），第三产业劳动生产率为82602元/（人·年），第二产业劳动生产率分别为第一产业和第三产业的5.67倍和1.14倍。近年来，河南第三产业加快发展，劳动生产率随之快速提升。2011～2016年，河南第三产业劳动生产率年均增长10.2%，分别比第一产业和第二产业高4.2个和6.5个百分点（见图2）。

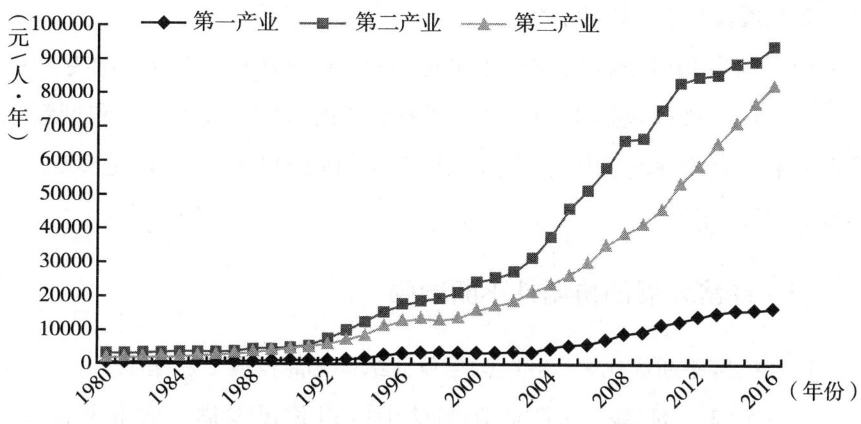

图 2　1980～2016 年河南三次产业劳动生产率增长趋势

（二）经济发展的创新性逐步提升

1. 研发投入强度逐年增大

河南研究与试验发展（R&D）经费投入稳步增长，投入强度持续增大，2016 年全省 R&D 经费支出 494. 19 亿元，是 2000 年的 19. 9 倍，研发投入强度（R&D 经费支出占 GDP 的比重）为 1. 22%，比 2000 年提升 0. 73 个百分点（见图 3）。每万名就业人员 R&D 人员全时当量从 2000 年的 6. 21 人年提高到 2016 年的 25. 76 人年。

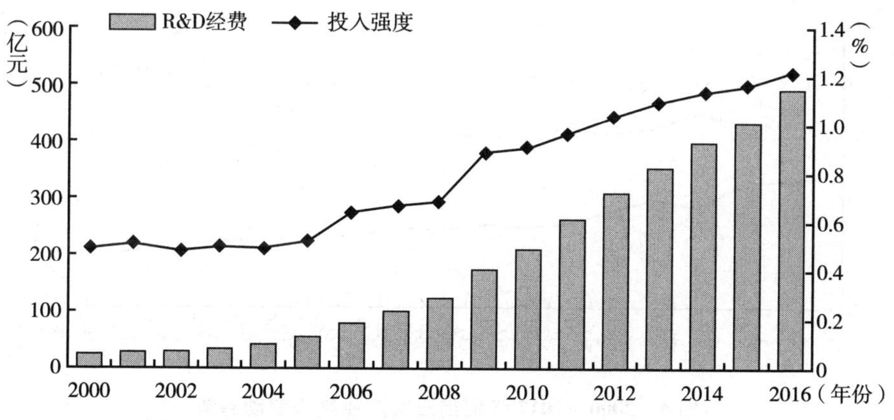

图 3　2000～2016 年河南 R&D 经费及投入强度

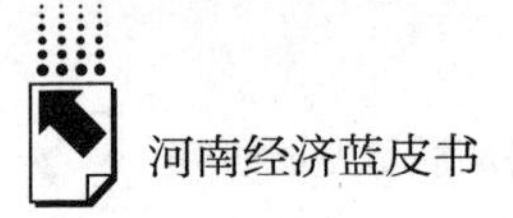

2. 专利授权数逐年增加

河南三项专利申请授权数近年来逐步增加，2016 年全省三项专利申请量达 94669 项，授权量达 49145 项，其中最能衡量核心技术能力和创新能力的发明专利申请量和授权量分别为 28582 项和 6811 项，分别是 2000 年的 44.0 倍和 32.6 倍。

（三）经济发展的协调性不断增强

1. 产业结构不断优化，产业结构与就业结构偏离程度日益缩小

近十多年来，河南三次产业在调整中取得长足发展，农业基础稳固，工业核心竞争力增强，服务业蓬勃发展。河南三次产业结构由 2000 年的 23.0∶45.4∶31.6 逐步调整为 2017 年的 9.6∶47.7∶42.7（见图 4）。特别是近年来促进第三产业发展的工作力度不断加大，产业结构调整取得重大突破，第三产业发展中增速和比重两个偏低问题得到改善，2013 ~ 2017 年第三产业增加值年均增长 10.0%，高于 GDP 年均增速 1.6 个百分点。第三产业占比快速提升，对经济增长的拉动力显著增强。2017 年第三产业增加值占 GDP 的比重为 42.7%，比 2012 年提高 9.0 个百分点；对经济增长的贡献率从 2012 年的 31.1% 提高到 48.4%，超过第二产业 2.8 个百分点。

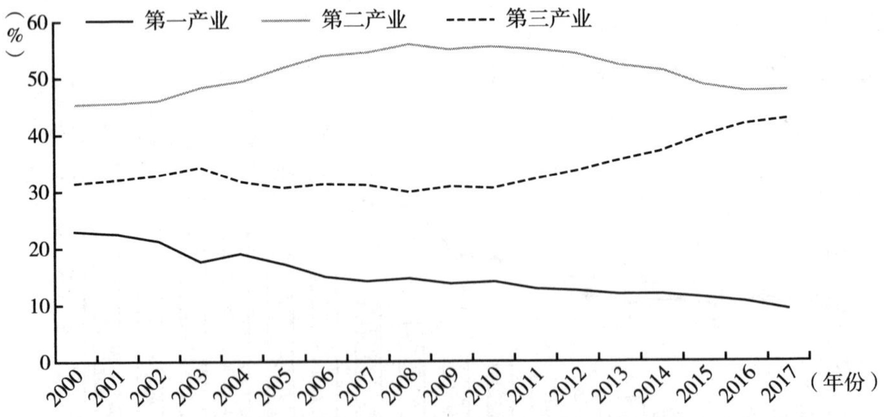

图 4　2000 ~ 2017 年河南三次产业结构变动趋势

在产业结构调整的同时，河南就业结构也逐步优化，第一产业就业比重迅速下降，第二产业和第三产业就业比重稳定上升。2000 年，河南三次产业就业结构为 64.0∶17.5∶18.5，2016 年调整为 38.4∶30.6∶31.0。因此，产业结构与就业结构的偏离度（∑｜三次产业比重 - 三次产业从业人员比重｜）从 2000 年的 81.9% 缩小到 2016 年的 55.6%。

2. 居民消费水平稳步提升，消费结构升级加快

随着扩大内需、刺激消费政策的深入实施，河南居民消费潜力有序释放，消费的基础性作用不断发挥。城乡居民消费均保持稳步上升趋势，城镇居民消费水平从 2000 年的 5090 元增加到 2016 年的 23454 元，增长了 2.34 倍（按可比价计算），农村居民消费水平从 2000 年的 1551 元增加至 2016 年的 9291 元。2000 年以来，农村居民消费水平年均增长 9.6%，比城镇高 1.8 个百分点，农村消费潜力不断得到释放，农村与城镇消费差距正逐步缩小，城乡消费水平比从 2000 年的 3.28 缩小为 2016 年的 2.52（见图 5）。

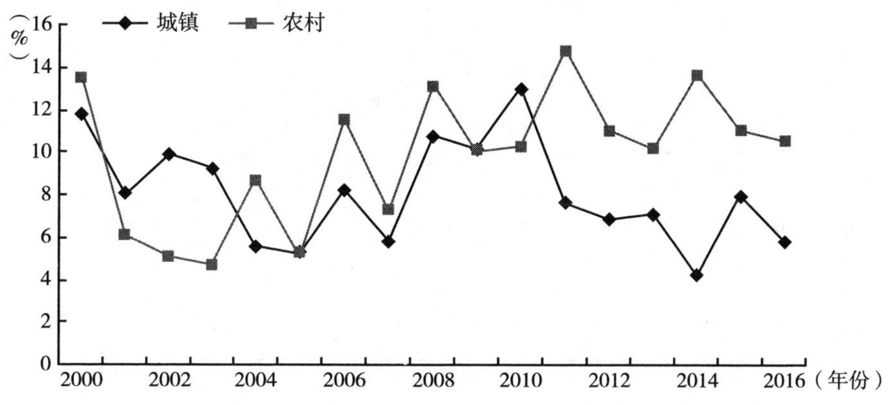

图 5　2000～2016 年河南城乡居民消费水平增速

居民消费结构升级步伐明显加快，从注重量的满足向追求质的提升转变，通信器材、汽车、居住相关商品、文化用品等品质升级类商品销售旺盛，大众餐饮、文化娱乐、休闲旅游、教育培训、医疗卫生、健康养生等服务性消费成为新的消费热点。2016 年，交通通信、教育文化娱乐、医疗保

健支出占消费支出的比重分别为12.2%、11.3%和8.8%，分别比2014年提高1.1个、0.7个和0.4个百分点；城镇居民每百户家用汽车拥有量为30.3辆，接入互联网的移动电话为128.27部，分别是2012年的1.9倍、4.2倍，农村居民每百户家用汽车拥有量为18.1辆、接入互联网的移动电话为100.86部，分别是2012年的3.6倍、3.9倍。

3. 区域发展更趋协调

2000年以来，河南区域发展差距呈现先扩大后收窄的趋势。2000~2007年，河南区域差异发展系数（各地区人均GDP标准差/均值）从0.350扩大到0.429。随着省委省政府加强对区域发展的分类指导，突出新型城镇化引领，着力培育城市群和城市组团，促进城镇布局与综合交通体系有机衔接，中心城市辐射带动能力不断提高，区域发展差距不断缩小。河南区域发展差异系数从2007年的0.429持续缩小到2016年的0.359，降至十多年来的最低水平（见图6）。

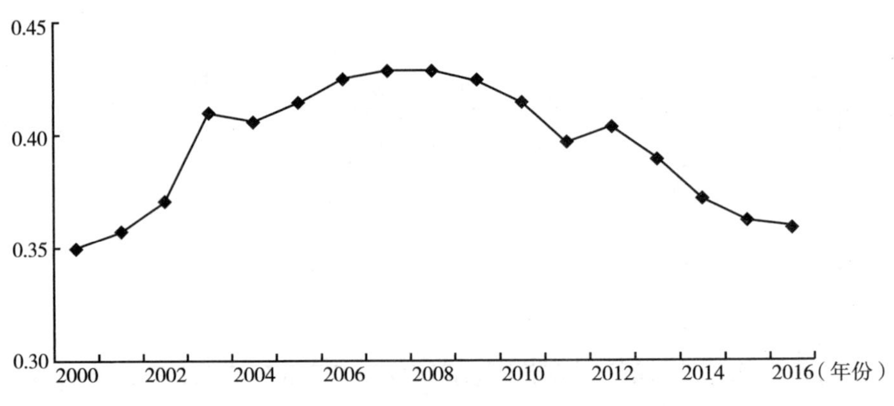

图6　2000~2016年河南区域发展差异系数

（四）经济发展的持续性得到改善

1. 节能降耗成效显著

能源利用效率得到整体提升，单位GDP能源消耗明显下降。2016年全省单位生产总值能耗比2012年累计下降20.46%，预计2017年单位生产总值能耗同比下降5%以上。2017年1～11月万元工业增加值能耗同比下降8.63%。规模以上企业持续加大产品节能改造和技术装备升级力度，主要耗能产品单位能耗持续下降。2016年，单位电石、粗铅、氧化铝、乙烯、合成氨、水泥生产综合能耗分别比2012年下降19.3%、14.5%、13.1%、9.6%、8.3%、5.3%。

2. 经济增长的环境成本降低

2016年，全省单位GDP二氧化硫、氮氧化物、烟（粉）尘、化学需氧量、氨氮等污染物排放量比2012年大幅下降，经济增长的环境成本明显降低（见表1）。

表1　2012年、2016年河南单位GDP主要污染物排放量

单位：吨/亿元

项目	2012年	2016年
单位GDP二氧化硫	43.11	10.22
单位GDP氮氧化物	54.93	19.97
单位GDP烟(粉)尘	20.26	10.60
单位GDP化学需氧量	47.08	11.47
单位GDP氨氮	5.06	1.60

3. 大气污染治理取得积极成效

2017年PM10和PM2.5平均浓度比上年分别下降22微克/立方米、11微克/立方米，降幅分别为15.1%和17.2%；优良天数224天，比上年增加28天，大气质量明显改善，提前一个半月完成年度任务。

（五）经济发展的开放性显著提升

1. 市场开放度不断扩大

近年来，河南对外开放步伐明显加快，2017年进出口总值达到5232.79亿元，是2000年的27.8倍，外贸依存度大幅提升至11.6%，上升7.9个百分点。2017年全省实际利用外资172.2亿美元，比2012年增长42.1%，实

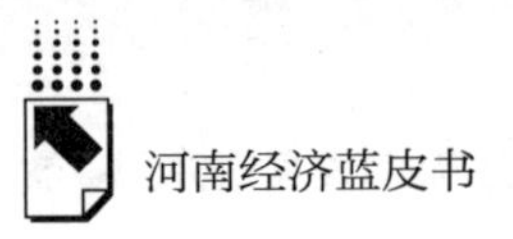

际利用省外资金9106.8亿元，比2012年增长81.2%。

2. 开放平台效应不断发挥

自贸区、航空港等开放平台建设不断深化，目前中国（河南）自由贸易试验区入驻企业和注册资本在同批自贸区中位居前列，郑州—卢森堡空中丝绸之路实现每周18班全货机满负荷运行，中欧班列（郑州）实现“去八回八”高频次运营，郑州机场2017年旅客吞吐量突破2400万人次、货邮吞吐量突破50万吨，分别比2012年增长1.1倍和2.3倍。

（六）经济发展的共享性更加充分

1. 居民收入稳定增长

居民收入较快增长的同时，城乡居民收入相对差距缩小。2017年全省居民人均可支配收入达20170元，比2010年增加10650元，年均名义增长11.3%，高于全国0.3个百分点；城镇居民人均可支配收入29558元，比2010年增加14095元，年均名义增长9.7%，高于全国0.1个百分点；农村居民人均可支配收入达12719元，比2010年增加6873元，年均增长11.7%，高于城镇2.0个百分点。近年来，全省农村居民收入增速持续高于城镇居民，城乡居民收入差距逐步缩小，且河南城乡居民收入相对差距小于全国。城乡居民收入比从2010年的2.65逐渐缩小到2017年的2.32，低于全国平均水平0.39。

2. 脱贫攻坚成效显著

打赢脱贫攻坚战是促进全体人民共享改革发展成果、实现共同富裕的重大举措。近年来，全省落实精准扶贫、精准脱贫基本方略，扶贫工作机制和模式不断创新，脱贫攻坚取得明显成效。2013年完成1116个贫困村整村推进建设任务，5.2万山区贫困人口搬出深山，117万农村贫困人口稳定脱贫。2014年向7484个贫困村派驻驻村工作队，培训农村劳动力35万余人次，120万农村贫困人口实现稳定脱贫。2015年完成1210个贫困村整村推进扶贫开发，6万深石山区群众扶贫搬迁，120万农村贫困人口实现稳定脱贫。2016年对9.74万贫困群众实施易地搬迁，有序推进黄河滩区居民迁建，

2125个贫困村达到脱贫标准，退出贫困序列，112.5万贫困人口脱贫。国家级贫困县兰考、滑县实现脱贫摘帽。2017年易地扶贫搬迁10万人安置点建设基本完成，全年预计实现100万以上农村贫困人口脱贫。

3. 民生社会事业发展迅速

就业是最大的民生，全省就业形势总体稳定，就业规模持续扩大。2016年末全省从业人员6726万人，比2000年增加1154万人，增长20.7%；2017年全省城镇新增就业144.21万人，城镇新增就业连续多年保持在140万人以上，占全国1/10。2016年城镇登记失业率为3%，低于4.5%的控制目标。特殊群体就业基本稳定。通过内部退养、转岗安置、解除劳动关系等方式，确保了职工分流安置工作稳步推进，2017年全省失业人员再就业43.98万人，就业困难人员实现就业17万人，均超额完成年度目标。通过开发公益性岗位进行托底帮扶，确保“零就业家庭”实现动态清零。

全省坚定不移地实施科教兴豫、人才强省战略，教育事业均衡发展不断取得新进展。2016年学前三年毛入园率达到85.1%，比2000年提高50.5个百分点，高中阶段教育毛入学率达到90.4%，比2000年提高51.2个百分点，高等教育毛入学率达到38.8%，比2000年提高30.1个百分点。

综合以上关于河南经济发展稳定性、创新性、协调性、持续性、开放性、共享性的分析，可以看到，近年来特别是党的十八大以来，河南主动适应把握引领经济发展新常态，坚持以提高质量和效益为中心，把转方式、调结构放在更重要的位置，更加扎实地推进经济发展，在全新的探索和实践中不断迈向新的征途，转型升级取得明显成效，经济发展的质量取得显著提升。但同时也必须清醒地认识到，全省经济发展中的短板依然较多。

三　河南经济高质量发展的短板

（一）劳动生产率水平偏低

2016年河南劳动生产率60575元/（人·年），低于全国平均水平35408

元/（人·年），在中部六省中仅居第5位，更远低于江苏、广东等经济发达地区（见表2）。2011～2016年，河南劳动生产率年均增长7.7%，比全国低2.2个百分点，年均增速在中部六省也居第5位。增长速度的差距扩大了劳动生产率与全国平均水平的相对差距，2016年全省劳动生产率仅为全国平均水平的63.1%，分别比2000年和2010年低4.0个和8.1个百分点。

表2　不同时期中部六省与全国及江苏、广东劳动生产率对比

单位：元/（人·年）

省份	2000年	2005年	2010年	2016年
河南	9377	18884	38734	60575
全国	13978	25159	54370	95983
山西	13209	28442	55485	69032
安徽	8474	14709	30752	56086
江西	9654	18067	38233	70427
湖北	10516	18711	43946	89605
湖南	9894	17476	40510	79870
江苏	19421	40805	87384	162671
广东	27592	46487	79614	129383

注：全国及外省数据根据生产总值和年均从业人员数推算。

（二）科技创新能力不足

研发投入处于较低水平。河南R&D经费支出和投入强度分居全国第10位和第16位，科学技术经费占一般公共预算支出的比重从2000年的1.54%降低到2016年的1.29%，居全国第17位、中部六省第4位，研发投入总体仍然处于较低水平。从研发投入内部结构看，各级政府直属研究机构研发能力薄弱，2016年河南省科技厅纳入统计的116家各级政府直属研发机构中，有研发活动的只有60家，近一半研究机构没有研发活动，研发经费投入合计7.92亿元，还没有省内一家大企业研发投入多。同时，2016年全省5739家大中型工业企业中，有研发活动的仅1391家，有研发机构的987家，占比仅分别为24.2%和17.2%，占比偏低，影响研发潜力的发挥。

技术市场交易发展缓慢。2016 年，全省技术市场成交额 58.71 亿元，是 2000 年的 2.8 倍，年均仅增长 6.6%，增速在中部六省居末位，与周边省份爆发式增长的态势形成鲜明对比，如安徽 2000 年技术市场交易额 6.10 亿元，仅是河南的 28.8%，但 2016 年达到 217.37 亿元，是河南的 3.7 倍（见表 3）。

表 3　2000 年、2016 年中部六省及江苏、广东技术市场成交额及增速

单位：亿元，%

省份	2016 年	2000 年	2001～2016 年年均增速
河南	58.71	21.16	6.6
山西	42.56	0.53	31.6
安徽	217.37	6.10	25.0
江西	79.01	6.93	16.4
湖北	903.84	27.60	24.4
湖南	105.63	28.68	8.5
江苏	635.64	44.96	18.0
广东	758.17	48.21	18.8

（三）结构性问题突出

第三产业占比偏低。近年来，河南促进第三产业发展的工作力度不断加大，第三产业领跑全省经济增长，但由于长期积累的产业结构矛盾，第三产业占比生产总值比重偏低的问题依旧存在。全国 2013 年三次产业结构已经实现"三二一"的历史转变，2017 年第三产业占比进一步达到 51.6%，而河南仅为 42.7%，低于全国 8.9 个百分点，居全国第 27 位，与江西并列中部六省第 4 位（见表 4）。

表 4　2017 年中部六省及全国生产总值三次产业构成

单位：%

地区	第一产业	第二产业	第三产业
全国	8.6	39.8	51.6
河南	9.6	47.7	42.7
山西	5.2	41.3	53.5

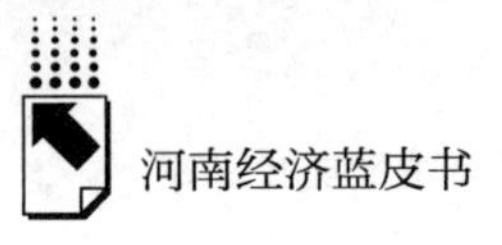

续表

地区	第一产业	第二产业	第三产业
安徽	9.5	49.0	41.5
江西	9.4	47.9	42.7
湖北	10.3	44.5	45.2
湖南	10.7	40.9	48.4

城镇化处于较低水平。城镇化是现代化的必由之路，是保持经济持续健康发展的强大引擎。河南常住人口城镇化率从2000年的23.2%提升到2016年的48.5%，年均提升1.58个百分点。2017年预计进一步突破50%。但从全国范围看，河南城镇化发展相对滞后，2016年全省城镇化率在全国排名虽然比2000年前移了5位，但仍仅列第25位，比全国城镇化率低8.85个百分点，在中部六省排最后，比排在首位的湖北低9.6个百分点（见表5）。

表5　2000年、2010年和2016年全国及中部六省城镇化率对比

单位：%

地区	2000年	2010年	2016年	在全国的位次
全国	36.22	49.95	57.35	—
河南	23.20	38.50	48.50	25
山西	34.91	48.05	56.21	16
安徽	27.81	43.01	51.99	22
江西	27.67	44.06	53.10	20
湖北	40.22	49.70	58.10	13
湖南	29.75	43.30	52.75	21

（四）绿色发展滞后

经济增长的环境成本仍然偏高。单位GDP的二氧化硫、氮氧化物、烟（粉）尘等污染物排放量，在2016年GDP超3万亿元的经济大省中仍然属于偏高水平，经济增长还需要环境付出较大成本代价，这不仅与河南产业结构直接相关，也与科技水平不高有密切关系。最新发布的《2016年生态文明建设年度评价结果公报》显示，河南绿色发展指数仅为78.10，居全国第22位，其中的环境质量指数、生态保护指数分别仅居全国第26位、第24位，公众生态环境满意度仅为74.17%，居全国第26位，绿色发展明显滞后，人民在生态文明建设方面的“获得感”不足（见表6）。

表6 2016年河南环境成本与全国及经济大省对比

单位：吨/亿元

地区	单位GDP二氧化硫排放量	单位GDP氮氧化物排放量	单位GDP烟(粉)尘排放量
全国	14.82	18.74	13.58
河南	10.22	19.97	10.60
广东	4.37	10.42	3.48
江苏	7.37	12.02	6.10
山东	16.68	18.07	12.85
浙江	5.68	8.05	3.86
四川	14.83	13.69	8.28
湖北	8.74	11.98	8.44
河北	24.62	35.13	39.19
湖南	10.99	13.33	8.31

（五）民生事业短板仍存

居民收入增长偏缓，总体水平偏低。2011～2016年河南居民人均可支配收入扣除价格因素年均实际增速低于GDP增速0.7个百分点，而全国不仅实现了居民收入与GDP保持同步增长的目标，居民收入增速还高于GDP增速0.7个百分点。近年来河南劳动者报酬在国民收入分配中的比重提升缓慢，2000年劳动者报酬占GDP的比重为49.5%，此后下降至2007年的40.9%，为近年最低点；之后缓慢提升，2016年仅比2010年提高1.2个百分点（见图7）。

河南居民收入的整体水平一直低于全国平均水平，2017年全省居民人均可支配收入比全国居民人均可支配收入少5804元，仅为全国的77.7%；其中，全省城镇居民人均可支配收入低于全国6838元，农村居民人均可支

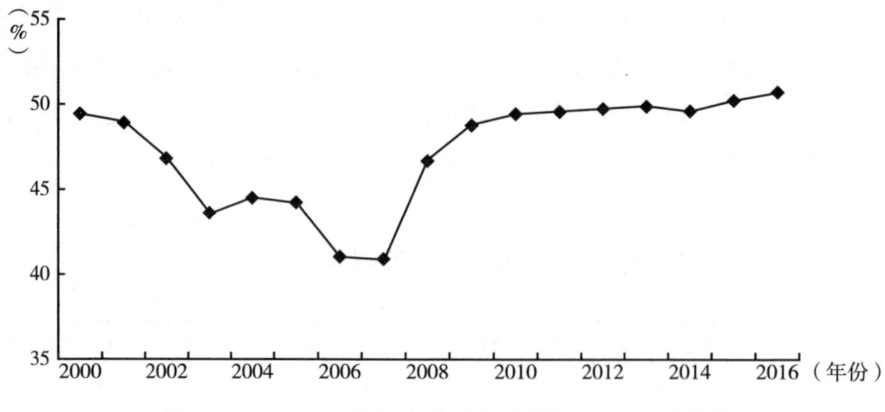

图7　2000～2016年河南劳动者报酬占GDP比重趋势

配收入低于全国713元。在中部六省中，河南居民人均可支配收入居末位。

教育投入不足，多渠道筹措教育经费的机制还没有形成，“钱从哪里来，人往哪里去，质量怎么保，学校怎么办”的教育发展难题尚未能有效破解。2016年国家财政性教育经费投入1492.24亿元，占GDP比重3.69%，比2000年提高1.44个百分点，但仍比全国平均水平低0.53个百分点，离《中国教育改革和发展纲要》4%的要求还有一定距离（见图8）。2016年河南文盲人口占15岁及以上人口的比重为5.65%，比全国平均水平高0.37个百分点，在中部六省仅比安徽略低。

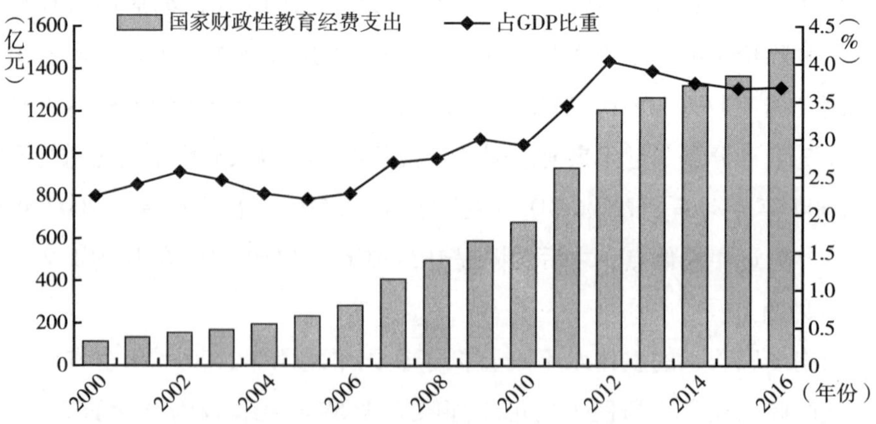

图8　2000～2016年河南国家财政性教育经费支出及占GDP比重

四　推动河南经济高质量发展的建议

全国经济已由高速增长阶段转向高质量发展阶段，处在转变发展方式、优化经济结构、转换增长动力的攻关期，与全国相比，河南经济发展长期积累的结构性矛盾与深层次问题更加严重，转型升级、提质增效发展的任务更加艰巨。产业发展层次偏低、质量效益不高是制约河南高质量发展的主要因素；科技创新动力不强、能力不足、活力不够是制约河南高质量发展的最大短板；城乡区域发展不平衡、城镇化水平低是制约河南高质量发展的关键一环；教育等民生领域投入不足、水平不高是制约河南高质量发展的重要掣肘。对于这些问题，必须高度重视，切实加以解决。

作为经济大省，河南要坚持以新发展理念为引领，深刻认识到新时代对高质量发展的紧迫要求，重点解决发展不平衡不充分的突出问题，补强经济发展质量效益的短板，努力实现更高质量、更有效率、更加公平、更可持续的发展。

（一）构建现代产业体系，加快产业结构优化升级

推动高质量发展，必须加快建设现代化经济体系，产业结构优化升级是现代化经济体系建设的主攻方向。一要强化“四个强省”建设，坚持传统产业升级和新兴产业培育“双轮驱动”，促进工业化和信息化、制造业和服务业深度融合，提升农业质量效益和竞争力，繁荣网络经济，推动产业向中高端水平迈进。二要改善实体经济生产经营环境，在市场准入、融资条件、政府服务等方面给予民营经济同等待遇，推动民营经济快速发展，实现以民补国、以小扶大、以实代虚。三要打造优势产业集群，落实《中国制造2025》战略，壮大先进制造业集群，在电子信息、高端装备制造等领域推动新型工业化产业示范基地建设，培育战略性新兴产业集群，加快发展现代服务业，发展壮大现代农业集群。

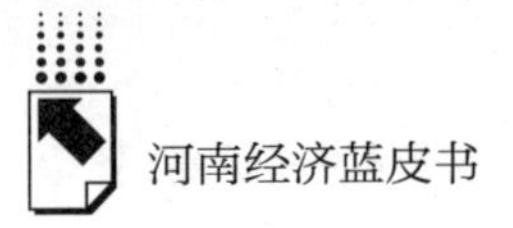

（二）强化企业创新主体地位，加快创新驱动发展

企业是落实创新驱动发展的主体和关键，要在人才供给、环境创造和降本增效方面加大力度，推动要素集聚，助力企业创新。一要着力提升创新人才数量质量，改进教育模式，加快复合管理型、应用型、工匠型人才培养，促进人才纵向和横向流动，落实科研创新人员收入分配机制改革的各项激励措施。二要发挥各类创新支撑平台作用，整合创新要素资源，帮助企业成功实现创新，促进企业同高校、科研院所等开展深度交流合作、协同创新，提升各类经济主体对创新的参与度。三要切实落实降成本各项政策措施，扩大企业研发费用加计扣除等普适性政策的适用范围，简化高新技术减免税等优惠政策的申请流程，深化放管服改革，持续降低企业制度性交易成本。

（三）推动中原城市群发展，加快新型城镇化建设

构建布局合理、集约高效的中原城市群一体化发展格局，加快河南新型城镇化建设。一要积极建设郑州国家中心城市，加快航空港区、自创区、自贸区等建设，强化物流及商贸中心、综合交通枢纽和中西部地区现代服务业中心、对外开放门户功能，推动郑州与开封、新乡、焦作、许昌四市深度融合，建设现代化大都市区。二要依托“米”字形综合交通网络，增强沿线城市辐射带动能力，打造特色鲜明、布局合理的现代产业和城镇密集带。三要突破行政壁垒，促进省际相邻城市合作联动，加快构建跨区域快速交通通道，培育北部跨区域协同发展示范区、东部承接产业转移示范区、西部转型创新发展示范区、南部高效生态经济示范区，打造城市群新的增长区域和开放空间。

（四）用活外力、激活内力，加快提升人才发展水平

解决经济发展中的深层次结构性矛盾，河南比以往任何时期都更加需要人才支撑，要立足打破人才发展瓶颈制约，改革创新，以人才优势赢得竞争优势。一要实施更积极、更开放、更有效的人才引进政策。突出“高精尖

缺”导向，引进一批能够突破关键技术、引领学科发展、带动产业转型的领军人才，进一步完善柔性引才引智机制，做到不求所有、但求所用，不求所在、但求所为。二要加大人才培养支持力度。改进高等教育人才培养模式，支持国内外知名大学来豫合作建设高水平大学，构建开放式、国际化人才培养体系，着力培养高层次创新型人才，继续实施好“中原千人计划”、专项人才培养工程等，提升技术技能人才优势，深入推进全民技能振兴工程和职教攻坚工程，塑造河南人才发展优势。

B.22

对河南粮食供给侧结构性改革的思考

——基于粮食供需两侧视角的分析

杨冠军　刘露霞　王一嫔*

摘　要： 河南粮食供给对全国具有举足轻重的影响。随着经济发展进入新常态，农业发展的外部环境、内在条件发生了深刻变化，粮食供需不平衡尤其是供给侧出现的问题加快凸显，推进粮食供给侧结构性改革势在必行。本文首先阐述了河南粮食供给和需求现状及其特点，在此基础上，研究和评估了全省粮食供需状况，并深入分析了粮食供给侧存在的突出问题，最后从保障粮食安全、调整种植结构、加快科技进步、转变生产方式等方面对推进粮食供给侧结构性改革提出了针对性建议。

关键词： 粮食供给　粮食需求　结构性改革

河南是粮食生产和消费大省，粮食产需状况不仅关系着全省粮食安全和经济社会的稳定发展，而且紧紧关系着国家粮食安全和供求总量的平衡。多年来河南用全国1/16的耕地，生产了全国1/4的小麦，1/10的粮食，为保障国家粮食安全做出了重要贡献。2004年以来，河南粮食总产连续十二年增长，连续十一年超过千亿斤。然而，在粮食丰收的背后，河南同全国一样，主要矛盾已由总量不足转变为结构性问题，出现产量、库存量和进口量三量齐增

* 杨冠军，河南省地方经济社会调查队副队长；刘露霞，硕士，河南省地方经济社会调查队农产量调查处副处长；王一嫔，硕士，河南省地方经济社会调查队农产量调查处副处长。

的奇异现象。新形势下，全面认识河南粮食供给与需求的现状，深入分析全省粮食供需状况，摸清粮食供给侧存在的突出问题，寻找加快推进供给侧结构性改革的路径，对夯实全省农业基础、保障国家粮食安全具有重要意义。

一 河南粮食供给现状及特点

河南省委、省政府认真贯彻落实国家粮食安全战略，时刻牢记习总书记视察河南时的指示精神，坚持把粮食生产作为河南一张王牌、一大优势来培育，深入实施藏粮于地、藏粮于技战略，十八大以来，全省粮食生产在高基点上继续保持连年丰收，综合生产能力不断提高。

（一）种植面积稳中有增

河南省委、省政府坚持把维护粮食安全和口粮绝对安全作为基本政治责任不动摇，全面落实粮食安全责任制，进一步压实各级各部门重农抓粮的责任，严守耕地红线，确保粮田面积不减少。通过转移支付产粮大县财政奖励资金、足额及时发放农业支持保护补贴资金、严格落实国家托市收购政策等各项惠农措施，稳定了农民种粮收入预期，粮食种植面积稳中有增。2012～2016 年全省粮食种植面积由 14977.7 万亩增加至 15429.2 万亩，四年间增加 451.5 万亩，增长 3.0%，增幅高于全国 1.4 个百分点，增量占到全国的 16.5%。其中，夏粮种植面积由 2012 年的 8050.0 万亩增加至 2016 年的 8238.5 万亩，四年间累计增加 188.5 万亩，增长 2.3%；秋粮种植面积由 2012 年的 6927.7 万亩增加至 2016 年的 7190.7 万亩，四年间累计增加 263.0 万亩，增长 3.8%（见图 1）。

（二）种植结构相对稳定

河南粮食作物基本为一年两熟，分夏秋两季。夏粮主要为小麦，也有大麦、豌豆等作物，秋粮品种相对较多，主要有玉米、稻谷、大豆等作物，也有红薯、绿豆、高粱、谷子等作物。由于主要粮食作物品种优化、管理简

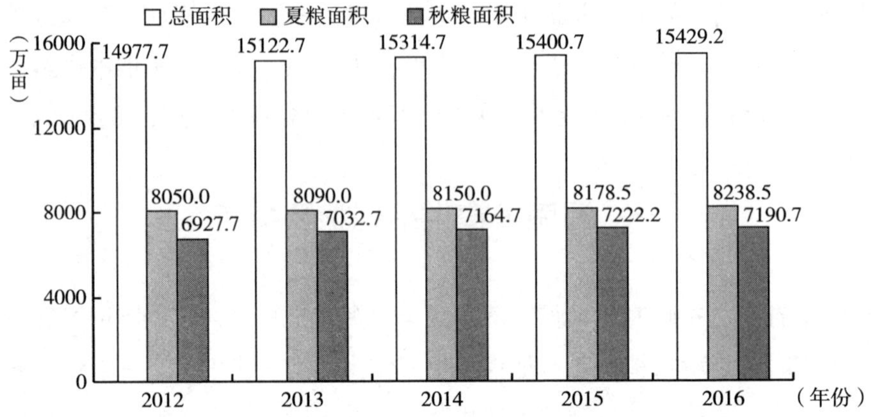

图 1　2012～2016 年全省粮食种植面积

单、产量较高、收益稳定，近年来全省种植结构基本稳定。2012 年小麦、玉米、稻谷、豆类等作物种植面积分别占全省粮食种植面积的 53.5%、31.0%、6.5%、5.2%，与 2016 年的 53.1%、32.2%、6.4%、4.0% 相比，主要粮食作物种植比例基本上保持稳定。

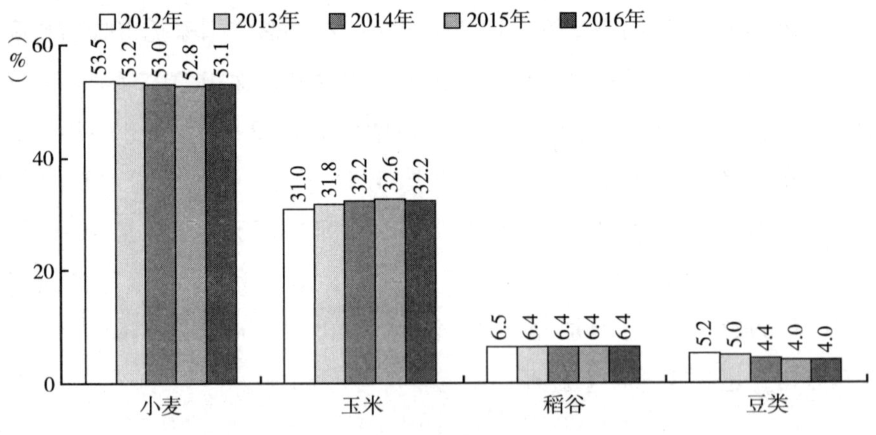

图 2　2012～2016 年全省主要粮食作物种植结构

（三）单位产能稳步提升

按照国家粮食生产核心区规划，全省着力加强高标准粮田建设，稳步提高粮食产能。2015 年，河南通过《河南省高标准粮田保护条例》，是全国第一部高标准粮田建设法规，实现高标准粮田的依法规划、建设和管护。高标准粮田，田成方、林成网、路相通、渠相连、旱能浇、涝能排，农业抗灾减灾能力明显增强。2012 年以来，全省建设高标准粮田近 6000 万亩。测土配方施肥、深耕深松、节水灌溉等增产关键技术的推广应用，挖掘了粮食增产潜力，实现了粮食大面积均衡增产。2016 年全年粮食平均亩产 385.4 公斤，比 2012 年增加 8.9 公斤，增长 2.4%。2013 ~ 2016 年粮食平均亩产实现 383.5 公斤，比上一个四年 2009 ~ 2012 年的 373.6 公斤增加了 9.9 公斤，增长 2.6%。

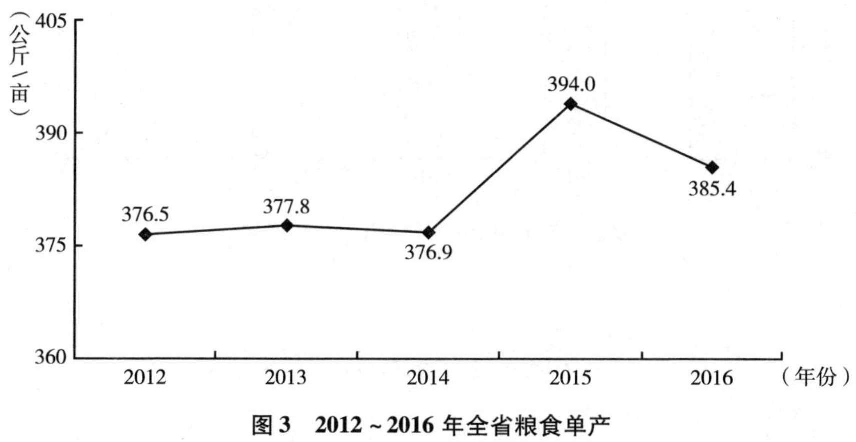

图 3　2012 ~ 2016 年全省粮食单产

（四）供给能力不断提高

2012 ~ 2016 年河南粮食总产量由 1127.7 亿斤增加至 1189.3 亿斤，四年间累计增加 61.6 亿斤，增长 5.5%。其中，夏粮总产量由 637.2 亿斤增加至 695.3 亿斤，四年间累计增加 58.1 亿斤，增长 9.1%；秋粮总产量由 490.5 亿斤增加至 494.0 亿斤，四年间累计增加 3.5 亿斤，增长 0.7%。2012 年以来，粮食产量屡创新高，亮点纷呈。2015 年全省粮食总产量实现“十二连增”，夏粮总产量“十三连增”，并实现三个突破：夏粮总产量达到 702.4 亿斤，第一次突破 700 亿斤；秋粮总产量达到 511.1 亿斤，第一次突破 500

亿斤；全年粮食总产量达到 1213.4 亿斤，第一次突破 1200 亿斤。2016 年全省在遭到灾害天气、病虫害等不利影响的情况下，粮食总产量仍达 1189.3 亿斤，连续十一年超千亿斤，为历史第二高产年份。2017 年全省夏粮产量再创历史新高，达到 710.8 亿斤，对全国夏粮增产的贡献率达 58.8%，夏粮生产第一大省的地位进一步巩固。

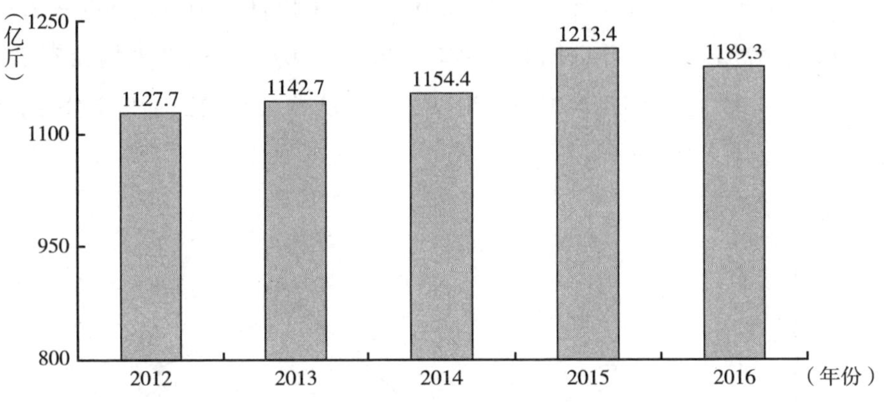

图 4　2012～2016 年全省粮食总产量

二　河南粮食需求现状及特点

粮食需求，即粮食消费，指一个国家或地区的居民为维持生存和发展需要而对粮食的各种消耗，是粮食生产的最终目的和内在动力，是各类消费中的最基础消费。目前，粮食需求一般分为食物用粮需求和非食物用粮需求两大类，其中食物用粮需求分为口粮和饲料用粮需求；非食物用粮需求分为工业用粮和种子用粮需求。河南既是全国粮食生产大省，也是粮食需求大省，随着经济持续快速发展，居民收入稳步提高，全省粮食需求总量持续增长，需求结构呈现出以下特点。

（一）居民口粮需求下降

据测算，2016 年全省居民口粮需求为 238.6 亿斤，比 2012 年减少 25.7

亿斤，下降9.7%，占粮食需求总量的比例由2012年的28.2%下降为2016年的24.3%。口粮需求总量主要取决于居民收入水平和人口数量及结构。当居民收入在贫困线以下时，随着居民收入的提高，口粮消费会急剧增加；当居民收入达到一定水平后，口粮消费对收入的弹性就会降低。近年来随着河南居民收入和生活水平稳步提高，肉、蛋、奶等替代消费增加，口粮消费对居民收入弹性下降，全省居民对粮食的人均需求从2012年的约140公斤下降到2016年的约125公斤。影响口粮消费总量的另一个重要因素是人口数量，虽然近年来全省人口总量仍在缓慢增长，但常住人口变化不大，2016年全省常住人口9532万人，仅比2012年增加126万人。随着城镇化率的逐年提高，城镇人口逐年增加，农村人口逐年减少，而城镇人均粮食消费低于农村，因此居民人均粮食消费水平也趋于下降。2012年以来，全省居民对粮食的消费总量总体呈下降的态势。2012年和2016年全省居民口粮消费情况大致如表1所示。

表1　2012年和2016年全省居民口粮需求对比状况

年份	常住人口（万人）	居民人均（公斤）	消费总量（亿斤）				
				小麦（亿斤）	稻谷（亿斤）	玉米（亿斤）	豆类（亿斤）
2012	9406	140.5	264.3	191.9	50.2	7.5	10.0
2016	9532	125.1	238.6	157.1	46.7	7.5	14.7

注：本表数据根据《河南统计年鉴》、《河南调查年鉴》居民人均粮食消费量及结构进行推算得到。

（二）饲料用粮需求稳定增长

据测算，2016年全省饲料用粮需求为419.6亿斤，比2012年增加16.9亿斤，增长4.2%，占粮食需求总量的比例为42.8%，居河南粮食总需求第一位。十八大以来，河南认真落实中央、国务院和省委省政府关于促进畜牧业发展的各项扶持政策，着力在调优结构、提高质量、增加效益上谋发展、求突破，加快推进供给侧结构性改革，切实转变畜牧产业发展方式，加大畜牧产业化集群培育力度，加强标准化养殖小区建设，全面提升畜牧业规模化、标准化、产业化和信息化水平，克服了禽流感疫情、生产成本不断攀升和畜禽产品市场价格大幅波动等不利因素影响，全省畜牧业在市场波动中整体保持了稳定增长的发展态势。2016 年全省猪肉、禽肉、禽蛋、水产品产量分别达 450.6 万吨、122.5 万吨、422.5 万吨和 128.4 万吨，和 2012 年相比，分别增长 4.2%、0.2%、4.5% 和 16.9%。在畜牧业稳定发展的带动下，全省饲料用粮需求保持稳定增长。2012 年和 2016 年全省饲料用粮情况大致如表 2 所示。

表 2　2012 年和 2016 年全省饲料用粮需求对比状况

年份	主要畜产品产量(万吨)				饲料用粮（亿斤）			
	猪肉	禽肉	禽蛋	水产品		小麦	玉米	豆类
2012	432.5	122.2	404.2	109.8	402.7	64.7	248.0	80.2
2016	450.6	122.5	422.5	128.4	419.6	67.9	257.9	83.5

注：饲料用粮是按照全省畜牧业成本调查资料获得的肉粮比及饲料用粮配比结构进行测算的。由于牛、羊等草食性动物用粮较少，这里没有进行单独测算。

（三）种子用粮需求平稳增长

据测算，2016 年全省种子用粮需求为 25.1 亿斤，比 2012 年增加 0.8 亿斤，增长 3.3%，占粮食需求总量的比例为 2.6%，与 2012 年基本持平。种子用粮需求主要取决于粮食作物播种面积和单位面积用种量。近年来全省粮食作物播种面积稳中有增，虽然在品种改良、新栽培技术推广和播种新器械应用的带动下，单位面积用种量应略有减少，但在实际生产中，因受传统种植习惯的影响，单位面积用种量变化不大。总体来看，如果生产技术没有出现重大突破导致单位播种面积种子用粮数量显著减少，那么种子用粮需求会随着粮食作物播种面积的增大而平稳增长。2012 年和 2016 年全省种子用粮情况大致如表 3 所示。

表3　2012年和2016年全省种子用粮需求对比状况

年份	粮食作物播种面积(万亩)				种子用粮（亿斤）				
	小麦	稻谷	玉米	大豆		小麦	稻谷	玉米	大豆
2012	8010.0	972.2	4650.0	690.8	24.3	19.2	0.6	2.4	0.6
2016	8198.5	982.5	4975.3	552.1	25.1	19.7	0.6	2.6	0.5

注：种子用粮按稻谷、玉米、小麦、大豆等粮食品种的平均每亩用种量（稻谷3公斤、玉米2.6公斤、小麦12公斤、大豆4.5公斤、红薯折粮10公斤）乘以其播种面积求得。

（四）工业用粮需求快速增长

据测算，2016年全省工业用粮需求为297.9亿斤，比2012年增加53.4亿斤，增长21.8%，占粮食需求总量的比例由2012年的26.1%提高为2016年的30.4%，工业用粮需求增加是带动粮食需求总量增加的主导因素。粮食在工业上用途广泛，工业用粮主要是生产酒类、淀粉等所需粮食（不包括糕点、食品等加工业用粮）。近年来，随着粮食深加工和供给侧改革的推进，淀粉和生物燃料（生物乙醇）行业蓬勃发展，河南工业用粮需求大幅增加，已经超越口粮需求，成为仅次于饲料用粮的第二大用粮渠道。2016年，规模以上白酒、酒精（含生物乙醇，下同）、啤酒、淀粉产量分别达到117.5万千升、191.2万千升、396.9万千升和531.3万吨，其中白酒、酒精和淀粉产量分别比2012年增加了17.6万千升、4.2万千升和207.8万吨。2012年和2016年全省工业用粮需求大致如表4所示。

表4　2012年和2016年全省工业用粮需求对比状况

年份	工业品产量				工业用粮（亿斤）			
	白酒（万千升）	酒精（万千升）	啤酒（万千升）	淀粉（万吨）		小麦	稻谷	玉米
2012	99.9	187.0	496.1	323.5	244.5	70.2	1.6	142.1
2016	117.5	191.2	396.9	531.3	297.9	85.8	1.8	181.7

注：各种用粮分别按每生产一个单位的产品所消耗的粮食（52°以上白酒1∶2.8、52°以下白酒1∶1.5，酒精1∶3.3，啤酒1∶0.16，淀粉1∶1.54等）与其产品产量的乘积（味精用粮含在淀粉中）求得。表中工业品产量为全省规模以上工业品产量数据，总的工业用粮是在此基础上按规模以上食品工业产品产值占全部工业产值比例进行推算。2016年生物乙醇计入能源产品指标，不再计入工业产品，此处因涉及2012年数据，仍按照老指标计算。

三　河南粮食供需状况分析

（一）总量分析，供大于求

2016年河南生产和生活用粮需求合计大致为981.2亿斤，如果河南生产和生活用粮全部来自省内，那么河南生产的粮食除用于自己的消费外，以目前的供给能力可以节余原粮（或用于外调）约208.1亿斤。河南作为粮食生产大省和消费大省，目前在粮食供需上处于供大于求的状况，说明全省粮食生产不仅确保了人民生活和社会经济发展的基本需求，而且每年都有能力外调余粮，也为国家粮食安全、经济发展做出了很大的贡献。

（二）结构分析，品种间供需不平衡

1. 小麦总量有余，优质专用强筋、弱筋小麦供给不足

河南是小麦生产大省，也是中筋小麦生产大省，小麦供给大于需求，主要是中筋小麦供大于求。随着经济的发展，人民对生活品质的追求带来了需求结构的改变，近年来对强筋、弱筋小麦的需求增长很快，尤其是用来满足面包、糕点等新兴面食产业的小麦原材料需求增长较快。而河南强筋、弱筋优质专用小麦发展相对比较缓慢，产量有限。“十二五”期间，河南、山东、河北三省审定小麦品种共179个，其中强筋品种仅17个，占比不足10%。2016年全省种植优质专用强筋、弱筋小麦不足1000万亩，与8000多万亩的小麦种植面积相比，显著偏低。在种植面积有限的情况下，由于“碎片化”种植，部分优质专用小麦在实际收购中还被混同于一般小麦。在全省中筋小麦自给有余的情况下，强筋小麦和弱筋小麦需求仍有缺口，需要依赖外调和进口。

2. 玉米供需矛盾突出

河南对玉米的需求主要来自非食物用粮需求中的饲料需求和工业需求，分别占玉米总需求的57.3%和40.4%，两者合计占玉米总需求的97.7%。

如要确保养殖业所用饲料和工业用粮全部来自省内，那么玉米供给相对比较紧张。以2016年的全省需求情况测算，省内玉米需求缺口大致在89亿斤左右，供给量明显不足。而从全国来看，由于玉米连年丰收，产能出现阶段性过剩，价格连年走低，受全国影响，全省玉米在供给不足的情况下依然发生“卖粮难”问题，而作为优质饲料的青贮玉米品种产量远远不能满足畜牧业生产需求。以奶牛为例，2016年全省存栏奶牛99.0万头，约需500万吨青贮玉米饲料。按照青贮玉米每亩4吨的产量测算，全省至少需要种植125万亩。省畜牧局数据显示，2016年全省青贮玉米种植面积仅60万亩，产能明显不足。

3. 稻谷供给大于需求

河南对稻谷的需求主要来自食物用粮需求中的口粮需求，占稻谷总需求的95.1%。如果满足生产和生活的稻谷需求全部来自省内，那么河南生产的稻谷除用于自己的消费外，以目前的生产能力大概可以外调近60亿斤，因此稻谷产量显著大于需求。

4. 豆类供给严重不足

从全国来看，大豆供应短缺，2016年中国大豆进口量达到8300多万吨，再创历史新高，大豆市场基本上被美国、阿根廷、巴西垄断。从河南来看，大豆供应同样短缺。以2016年全省需求情况计算，仅满足养殖业所用饲料需求一项，全省缺口大致在72.6亿斤，生产量严重不足。

表5　2016年河南粮食生产供给与需求情况

单位：亿斤

指标	合计	小麦	稻谷	玉米	豆类
生产总量	1189.3	693.2	108.4	350.6	10.9
需求总量	981.2	330.5	49.1	449.7	98.8
其中：口粮	238.6	157.1	46.7	7.5	14.7
饲料	419.6	67.9	—	257.9	83.5
种子	25.1	19.7	0.6	2.6	0.5
工业	297.9	85.8	1.8	181.7	—
生产－需求	208.1	362.7	59.3	－99.1	－87.9

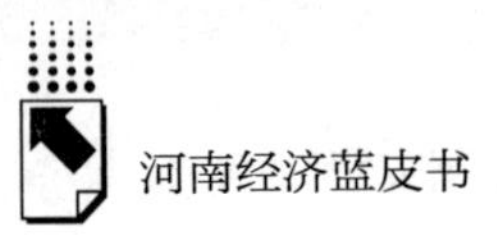

四　河南粮食供给侧存在的突出问题

（一）供需结构性矛盾突出

随着经济发展和人们购买力的不断增长，粮食消费需求不仅着眼于基本生存目的，而且对消费的方式、内容、质量和品牌等方面提出了更高的要求，正在从“吃得饱”向“吃得安全、吃得营养、吃得健康、吃得多样”快速转变。这需要粮食生产在结构、发展方向上与社会消费市场、群体消费意愿结合在一起，形成产业化、市场化的粮食生产和加工体系。但是从河南粮食供需能力上看，全省粮食偏重于产量，供给能力突出，忽视了与消费、市场的衔接，分品种需求不足，结构性矛盾突出，尤其是一些优质专用品种粮食供给严重短缺，远远不能满足生产需求，出现了部分粮食存在卖难问题、部分粮食买不来的经济现象。

（二）生产成本攀升

近年来，粮食生产成本连年增加，不但影响了农民增收，而且导致粮食供给竞争力下降。从河南主要粮食作物生产成本调查数据看，2016 年小麦亩均生产成本为 568.2 元，比 2012 年增加了 28.8 元，增长了 5.3%，按照当年小麦 420.9 公斤/亩的平均单产计算，每公斤小麦成本价达 1.35 元，粮食生产已经步入高成本时代。按照 2016 年小麦最低收购价 2.36 元/公斤测算，种植每亩小麦收益 425.1 元，比上年下降 21.3 元，降幅达 4.8%，农民丰产不丰收。在与国际接轨的粮食市场开放格局中，省内各地区与国内外农产品价格和质量竞争趋于激烈。2016 年 12 月底，河北、山东普通中等小麦进厂价为 2560～2680 元/吨，河南南部小麦因品质差，进厂价普遍为 2480～2560 元/吨，小麦差价高达 80～120 元/吨；2017 年 5 月，2016/2017 年度美国硬红冬麦到港完税价与河南产“郑麦 366”到南方港口的平均价差达到约 1000 元/吨。日益走低的粮价“天花板”和走高的粮食生产成本“地板”挤压效应十分明显，粮食生产的竞争力不断下降，全省频频出现卖粮难问题。

（三）规模化程度低

目前河南农业生产主体仍以分散的农户经营为主，规模化程度低，种植地块零碎，经营管理分散，无法大规模使用大型农业设备和先进农业技术，导致农业生产任务繁重，生产效率较低，不能适应市场化、产业化发展需要，制约了现代农业发展。调查发现，规模户实际生产中面临的种植地块零碎问题，不亚于普通农户，规模户不成规模的现象在部分地区较为严重。如正阳一种粮大户，2017 年实际经营耕地面积 400 亩，但是这 400 亩地未连成片，大大小小被分割成了 40 多个地块，最大的地块百亩左右，最小的地块也就二三亩地。规模户不成规模，导致他们不敢购置大型农机具、不愿改良农田水利等基础设施，无法发挥规模种植的优势，同样制约了现代农业的发展。

（四）农田水利等基础设施薄弱

作为农业大省和旱涝灾害频繁发生地区，河南各级党委政府历来十分重视农田水利基本建设，为此投入大量人力、物力和财力并取得显著成效。但由于多种因素的制约，目前全省农田水利设施在建设和管理当中还存在不少薄弱环节，如监管保护不力，部分设施毁损严重、年久老化、效能衰减，部分工程标准低、质量差，设施配套不完善、无法使用等，尤其是山区和丘陵地区问题更加突出。农田水利设施建设的不足和不完善，加大了农业生产成本，部分地区农田成为“望天田”，往往出现大旱之年引水灌溉困难，大涝之年排水降湿困难，影响粮食生产稳定发展。

（五）农业科技支撑水平低

相对于其他产业，农业的发展水平明显滞后，主要是农业科技支撑水平低。一是研发投入少，粮食生产新技术、新品种、新模式更新推广速度较慢。调查中发现，延津一些种植户不愿意种植强筋小麦，主要是因为没有合适的优质强筋小麦品种。二是生产过程技术含量低，生产的“大路货”多，产品附加值低，时常出现“卖难”。三是农技推广和服务不到位。当前农业社会化服务体系存在体制不顺、机制不活、队伍不稳、保障不足等方面的问题，主动根据基层需求开展服务的导向机制不完善，与农民的实际需求不能有效对接，部分农田仍处于“雨养农业”、“靠天吃饭”的状况。

五　对河南粮食供给侧改革的一些思考

农业发展环境、发展条件和发展市场已经发生重大变化，粮食供给侧方面的问题不断凸显。加快推进河南粮食供给侧结构性改革，是破解当前粮食领域结构性矛盾，促进粮食产业转型发展提质增效，构筑高层次粮食安全保障体系的迫切要求和必然选择。

（一）保障粮食安全

习近平总书记在视察河南时特别指出：“河南农业特别是粮食生产，是一大优势、一张王牌，这个优势、这张王牌任何时候都不能丢。”河南粮食生产承载着中央的殷切期望，保障国家粮食安全和口粮绝对安全是河南义不容辞的责任担当。

保障粮食安全，不仅是为承担保障国家粮食安全方面的政治责任，更是河南发展的实际需要。随着河南经济发展进入新常态，资源环境约束进一步强化，在对粮食总需求不断上升，对食物的质量安全、营养价值和种类的要求不断提高的情况下，河南粮食安全也面临着很大挑战。同时，随着农业科学技术的快速进步，农业供给侧结构性改革的深入，河南粮食安全也面临着很大的机遇。新形势下，我们要树立新的粮食安全观，提高粮食综合生产能力，促进粮食生产的支撑条件明显改善，抵御自然灾害的能力进一步增强，在自给的同时要为国家粮食安全做出更大贡献，而且要以粮为基、统筹“三农”，推动工业化、城镇化与粮食安全全面协调可持续发展。

（二）调整种植结构

要以农业供给侧结构性改革为契机，把市场需求作为先导，树立大农业、大食物观念，调优种植结构，实现粮食供需不平衡向高水平平衡跃升。一是发展优质强筋、弱筋小麦。小麦在整体自给有余的情况下，要加大内部结构调整力度，重点发展强筋小麦和弱筋小麦。要紧密结合各地气候、土壤等环境资源条件，筛选并引导农民种植适合当地气候、土壤、环境的优良品种，推动优良品种规模化连片种植，收购实行专收、专储，推动小麦优质化发展。二是发展青贮玉米。依托国家“粮改饲”改革，以全株青贮玉米为重点，加大科技投入，加强育种研究，加快已有品种的示范推广速度，采取畜牧企业带农户的模式，实行“公司 + 基地 + 农户”的订单生产模式，促进青贮青饲玉米产业化发展。三是适当发展小杂粮。多数杂粮作物是秋粮，生育期较短，耐旱、耐瘠薄，营养价值较高，在粮食国际竞争激烈和国内生产效益低的背景下，要以市场为导向，适当调减玉米种植面积发展大豆、红薯及小杂粮，培育新型品种，完善和优化高产优质高效栽培技术，提高单产、增加总产，加大产后开发力度，实现加工增值。

（三）加快农业科技进步和农技推广体系建设

实现农业的持续稳定发展、提高粮食综合生产能力，长期确保农产品有效供给，根本出路在科技进步，要把促进粮食发展转移到依靠科技进步上来。一是加快粮食新品种的研发。要把新品种选育作为粮食生产的核心技术，采取加大投入、引进人才、整合资源等措施，选育出优良的种子品种，努力提高科技对农业对粮食生产的贡献。二是推广配套栽培技术。开展小麦、玉米、水稻高产栽培技术研究，制订分区域主推技术规程和田间管理意见，大力实施粮丰科技工程、农业科技入户工程等农业科技项目。三是加快农技推广体系建设。对新研制的品种按照“试点先行、以点带面、扎实推进”的思路积极推广实施。依托乡镇、产业集群、龙头企业、民间组织加快建设农技推广体系，尤其要稳定和强化基层公益性农技推广机构，着力解决好“最后一公里”的问题。

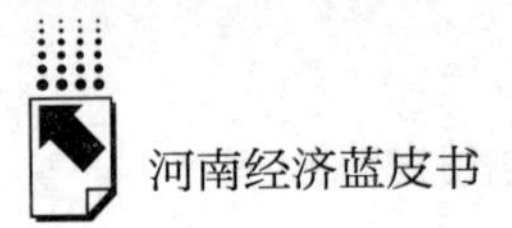

（四）转变生产方式，提高粮食生产经营规模化、产业化、标准化水平

从国际上发达国家粮食生产经营的发展趋势来看，随着粮食生产规模化、产业化、社会化、标准化的水平不断提升，粮食产业的竞争力也将随之提高。一是要推进规模化生产。要加快推进土地合理有序流转和土地经营权的股份化，实现土地资源的集中效应。适时适地推进专业化代耕代种、集体反租倒包、大户自行承包等多种流转模式，加快土地流转，鼓励和支持承包土地向专业大户、家庭农场、农民合作社流转，发展多种形式的适度规模生产。二是要推进标准化生产。要引导生产者在粮食生产加工、质量安全、运输、贮藏和批发销售等环节实施标准化管理，推动无公害、绿色、有机等产品认证，提升粮食作物的品质。三是推进产业化经营。要着眼产业培育，大力培育粮食产业化龙头企业，帮扶企业完善产业链条，实现农产品的精细生产、深度加工和系列开发，不断延伸农产品经营产业链，提升产品档次，以产品的系列化、品牌化，顺应市场，占领市场。

B.23 供给侧结构性改革背景下河南工业转型升级问题研究

杨森山*

摘　要：　“十二五”以来，虽然河南工业产业转型升级稳步推进，但从全国范围看，河南工业产业转型升级较为滞后，还存在产业结构不合理、创新能力弱、增加值率低、产业集中度低等诸多问题。本文通过构建河南工业转型升级评价指标体系，测算了“十二五”以来河南工业转型升级效果指数，分析了河南工业转型升级的基础条件和存在的主要问题，进而对河南工业转型升级优先发展产业进行了选择，并对重点行业转型升级发展方向提出了政策建议。

关键词：　河南省　供给侧改革　工业经济

推进供给侧结构性改革，是以习近平同志为核心的党中央在综合分析世界经济长周期和中国发展阶段性特征及其相互作用的基础上，集中全党和全国人民智慧，从理论到实践不断探索的结晶，是正确认识经济形势后选择的经济治理良方，是解决中国中长期经济问题的根本之道。工业是国民经济的主导力量，是供给侧结构性改革的主战场。目前，河南虽已成为全国重要的工业大省，但大而不强，产业结构不合理、创新能力弱、初级产品多、节能

---

* 杨森山，硕士，统计师，河南省统计局工业处。

减排压力大等结构性矛盾仍然十分突出。如何加快河南工业供给侧结构性改革，努力促使河南工业结构优化、驱动创新已成为河南工业经济发展中不可回避的重要课题。

一　河南工业产业转型升级评价指标体系构建及总体评价

近年来，一些学者和机构深入研究了中国工业转型升级评价指标体系问题，在综合借鉴各方研究成果的基础上，本文结合河南实际，按照科学性、客观性、指标的易获得性等原则，共选取九项指标，从产业高端化、信息化水平、规模效率和产业发展合理化水平等四方面构建了河南工业产业转型升级评价指标体系。各指标的标准值，主要根据2010年全国规模以上工业基数来确定；各指标的权重，根据国内一些研究结论和专家意见综合确定（见表1）。

表1　2010年、2013年和2016年河南工业产业转型升级综合评价结果

指　标	计量单位	标准值	权重(%)	2010年	2013年	2016年
1. 高技术制造业增加值占工业增加值比重	%	8.80	12	4.62	6.4	8.69
2. 装备制造业增加值占工业增加值比重	%	19.35	10	15.03	15.5	16.6
3. 工业企业R&D经费支出占主营业务收入的比重	%	0.93	13	0.45	0.48	0.50
4. “两化”融合指数	%	52.73	10	55.91	63.03	71.87
5. 超十亿元工业企业销售收入占工业销售收入比重	%	45.00	10	39.5	47.5	49.1
6. 工业全员劳动生产率	万元/人年	16.8	10	20.7	22.1	22.4
7. 工业总资产贡献率	%	15.68	13	22.4	16.9	13.2
8. 工业中间投入率	%	65.00	10	72.5	75.4	79.3
9. 单位工业增加值能耗	万吨标煤/万元	1.239	12	2.417	1.104	0.852
综合指数	%	—	—	85.8	95.2	101.9

注：①表中所列指标数据均为规模以上工业数据。②工业中间投入率（B8）、单位工业增加值能耗（B9），这两项指标为逆向指标，本文在计算指数时采用了倒数法进行正向化。

根据上述工业产业转型升级综合评价指标体系和2010年、2013年、2016年数据，本文应用综合指数法测算了2010年以来河南工业产业转型升级综合指数。测算结果显示，2010年、2013年和2016年河南工业产业转型升级的综合指数分别为85.8%、95.2%和101.9%，呈逐年上升趋势，表明“十二五”以来，河南工业转型升级得到稳步推进，推动经济发展方式转变取得的成效较为明显。

（一）“十二五”以来河南工业转型升级成效明显

1. 工业经济规模和效益稳步提升

2010年以来，河南先后出台一系列促进工业发展的政策措施，工业经济保持平稳较快增长。2016年，河南规模以上工业增加值是2010年的1.7倍，年均增长9.2%。规模以上工业企业主营业务收入是2010年的2.2倍，年均增长14.0%；实现利润是2010年的1.6倍，年均增长8.0%。工业增加值总量、主营业务收入、利润总额均居全国第4位。河南产业集聚区规模以上工业增加值占比超过60%，比2010年提高20个百分点以上；河南主营业务收入超百亿元工业企业52家，比2010年增加22家。

2. 工业产业结构持续优化

从评价体系的分项指标看，反映产业高端化的指标对综合指数提高的贡献率超过40%。近年来，河南高技术产业、装备制造业等行业发展较快，增速远高于工业平均水平，比重上升较快。一是轻重工业比重变化明显。2016年，轻重工业比由2010年的31.0：69.0转变为36.2：63.8。二是产业产品结构持续优化。2016年，电子信息、装备制造、汽车及零部件、食品、现代家居、服装服饰等高成长性制造业和高技术产业增加值占工业的比重达到57.1%，较2010年提高16.4个百分点，能源原材料行业增加值占工业比重为38.0%，较2010年下降13.5个百分点。三是骨干企业规模日益壮大。反映产业规模化的指标对综合指数提高的贡献率为13.2%，2016年，河南规模以上工业企业共计2.33万户，居全国第5位，其中，超百亿元的工业企业共52户。

3. 节能减排有效推进

反映产业合理化的重要指标即工业增加值能耗对综合指数提高的贡献率也比较高。“十二五”期间，河南大力淘汰落后产能，共淘汰落后炼钢产能492万吨、炼铁产能282万吨、电解铝产能52.9万吨、水泥产能1276万吨、焦炭产能370万吨、化纤产能4.2万吨、电力产能72万千瓦和玻璃产能1094.7万重量箱。2016年，继续淘汰落后钢铁产能130万吨、煤炭矿井100处、玻璃100万重量箱。“十二五”期间，全省GDP能耗累计下降22.88%。化学需氧量、二氧化硫排放总量、主要工业污染物排放总量大幅减少。

4. 工业化和信息化融合深入推进

反映产业“两化”水平的指标对综合指数提高的贡献率为18.7%。“十二五”以来，河南大力推进“两化”深度融合，努力运用信息技术特别是新一代信息通信技术改造传统产业、发展战略新兴产业，加快产业转型升级。2014年以来，河南共有73家企业被确定为国家两化融合管理体系贯标试点。信息化建设快速推进。2016年，电子商务交易额突破万亿元，达到10033亿元，增长30%，是2010年的5.6倍；软件业务交易额超过300亿元，是2010年的3.1倍。目前，河南电子制造云计算服务平台国家试点正式运行，上线企业6000多家。“十二五”期间，郑州成为国家级互联网骨干直联点，三大运营商完成基础设施投资超过1000亿元，2015年河南“两化”融合发展水平总指数为71.87%，与全国平均水平72.68%基本接近。

（二）当前河南工业转型升级面临的主要问题

根据评价体系测算结果，2016年河南工业转型升级综合指数为101.9%，与全国2010年的水平基本相当，表明河南工业转型升级步伐较为缓慢，从具体测算结果来看主要存在以下几个方面的问题。

1. 产业结构不合理，能源原材料行业比重高，高技术产业、高加工度产业和消费品产业比重低

2016年，河南能源原材料行业增加值占比为38.0%，分别比湖北、湖

南、江西、安徽高13.0个、8.0个、0.5个和6.2个百分点。河南装备制造、汽车及电子信息产业等新兴产业增加值合计占24.7%，分别比湖北、湖南、江西、安徽低15.4个、7.6个、2.8个和12.0个百分点，对工业经济的影响力和带动力明显不如上述省份。河南工业发展仍处于要素驱动阶段。2016年，河南六大高载能行业增加值占规模以上工业增加值的32.3%，高于全国4.2个百分点；汽车、药品、家电、服装等中高档消费品主要从省外购进。这表明河南工业结构整体上仍然“规模大、层次低”，可持续发展能力依然较差。

2. 技术创新能力弱，研发投入不足，缺乏关键核心技术支撑

2016年，河南研究与试验发展（R&D）经费支出占生产总值的比重仅为1.2%，相当于全国平均水平的一半，大中型企业中建有研发机构的只占40%。河南规模以上工业R&D经费内部支出虽然较2012年增长2.2倍，但R&D投入强度为0.5%，较2013年仅提高0.02个百分点，远低于全国平均水平。河南企业技术研究与开发投入不足，对核心技术和前沿技术的战略研究尤其缺乏，原始创新能力差。

3. 产品结构层次低，初级产品多，终端产品和高附加值产品少

从综合指标评价体系可以看出，2010年以来，河南工业中间投入率逐年上升，和全国平均水平差距较大，说明河南工业产业增加值率较低，低附加值、低加工度产业仍然占较大比重。从工业产品来看，农副产品加工等初级产品比重高，占食品工业的56%；服装、家电、家居、医药、轻工等行业多数产品处于价值链中低端。全国工业企业新产品销售收入占主营业务收入的比重为12.1%，河南的比重仅为6.2%。自主创新能力不足导致河南工业企业竞争能力差，重大装备靠进口，出口贸易只能以低成本、低价格、低档次获得竞争优势，抗风险能力弱，经不起要素和市场变化的冲击。

4. 企业发展活力不强，产业集中度低，缺乏带动能力突出的龙头企业和大型项目支撑

近年来，河南通过大力实施产业升级工程，支持优势企业加快并购重组，烟草、造纸等行业的产业集中度明显提高；煤炭、有色、钢铁等相当一

部分行业已具有规模经济特征。但总体来看企业规模仍然偏小，产业组织结构仍处于“小而全、小而散”的状态，缺乏带动能力强的龙头企业，产业链不完善，企业之间、产业之间、地区之间专业分工不明确，一些工业园区和产业集聚区内的企业关联度低，重复建设现象较为严重。2016 年，河南 40 个制造业行业中，27 个行业产业集中度不足 40%。规模以上工业主营业务收入超 100 亿元的企业仅 52 家，而浙江、山东均超过 100 家。主营业务收入超百亿元的企业多数属于能源原材料行业，生产经营大多较为困难。

二 河南工业转型升级重点产业选择

有效选择河南重点产业进行优先发展，同时既要统筹兼顾，又要重点突破，这是当前河南工业转型发展的必由之路。在供给侧结构性改革背景下，河南选择重点产业，一要立足现有产业基础，考虑区位优势，重点发展竞争性强的产业。二要考虑产业集中度，高效配置资源，避免低水平重复建设及产能严重过剩。三要考虑工业经济效益和增长速度。工业增加值率直接反映企业降低中间消耗的经济效益，反映投入产出的效果，是选择重点产业的重要依据。

（一）从区位熵看，河南15个行业在全国具有相对竞争优势

以 2016 年主营业务收入作为主要观察指标，计算河南 40 个行业大类的区位熵，区位熵大于 1 表明该行业在全国具有相对区位优势。测算结果表明，2016 年，河南工业主营业务收入占比达 56.1% 的 15 个行业区位熵（LQ）大于 1，区域竞争优势较为明显。

表 2 2016 年河南工业区位熵大于 1 的行业情况

行业代码	行业名称	河南比重(%)	全国比重(%)	区位熵
09	有色金属矿采选业	2.3	0.6	3.85
30	非金属矿物制品业	11.8	5.4	2.18
14	食品制造业	4.1	2.1	1.93
35	专用设备制造业	5.0	3.2	1.56

续表

行业代码	行业名称	河南比重(%)	全国比重(%)	区位熵
19	皮革、毛皮、羽毛及其制品和制鞋业	1.9	1.3	1.45
32	有色金属冶炼和压延加工业	6.7	4.7	1.42
06	农副食品加工业	8.5	6.0	1.42
13	家具制造业	0.9	0.7	1.30
15	酒、饮料和精制茶制造业	2.1	1.6	1.28
10	非金属矿采选业	0.6	0.5	1.25
27	医药制造业	2.8	2.4	1.18
21	煤炭开采和洗选业	2.3	2.0	1.13
22	开采辅助活动	0.1	0.1	1.04
23	通用设备制造业	4.4	4.2	1.04
34	造纸和纸制品业	1.3	1.3	1.02

（二）从产业集中度看，河南13个行业产业集中度较高

测算表明，2016 年，河南 40 个制造业行业中，只有 13 个行业产业集中度超过 40%。其中，工业增加值比重排名前 10 位的支柱行业中，只有计算机、通信和其他电子设备制造业产业集中度超过 40%，其余 9 个行业产业集中度普遍不高。

表 3　2016 年河南规模以上工业产业集中度（CR8）>40%的行业分布

行业代码	行业名称	主营业务收入占规模以上工业比重(%)	产业集中度(CR8)(%)
07	石油和天然气开采业	0.1	100
11	开采辅助活动	0.1	100
16	烟草制品业	0.5	100
43	金属制品、机械和设备修理业	0.0	100
39	计算机、通信和其他电子设备制造业	4.8	74.1
42	废弃资源综合利用业	0.2	68.9
06	煤炭开采和洗选业	2.2	67.6
25	石油加工、炼焦和核燃料加工业	1.4	64.4
28	化学纤维制造业	0.1	64.1

续表

行业代码	行业名称	主营业务收入占规模以上工业比重(%)	产业集中度(CR8)(%)
45	燃气生产和供应业	0.4	63.8
44	电力、热力生产和供应业	3.2	56.2
41	其他制造业	0.2	51.8
08	黑色金属矿采选业	0.2	42.1

注：产业集中度（CR8）代表行业主营业务收入排名前八名的企业主营业务收入之和占行业主营业务收入的比重。根据美国经济学家贝恩对产业集中度的划分标准，如果产业集中度（CR4）或产业集中度（CR8）小于40%，则认为该行业较为分散。

（三）从行业附加值及盈利情况看，16个行业增加值率超过全国平均水平

测算表明，2016年，河南规模以上工业行业增加值率仅为20.7%，低于全国平均水平2.1个百分点。40个工业行业中，只有16个行业增加值率超过全国平均水平，占规模以上工业比重仅为21.2%。

表4　2016年河南规模以上工业增加值率较高的行业情况

行业代码	行业名称	工业增加值增速(%)	比重(%)	2016年行业增加值率(%)
	全部工业	8.0	100	20.7
16	烟草制品业	-14.0	1.9	81.3
11	开采辅助活动	-27.3	0.3	45.7
46	水的生产和供应业	14.4	0.2	40.2
06	煤炭开采和洗选业	-0.7	2.6	36.3
07	石油和天然气开采业	-30.2	0.1	32.7
40	仪器仪表制造业	8.9	0.8	26.6
08	黑色金属矿采选业	0.4	0.2	25.8
19	皮革、毛皮、羽毛及其制品和制鞋业	-1.5	2.4	25.0
18	纺织服装、服饰业	10.1	2.1	24.5
45	燃气生产和供应业	10.0	0.4	24.0
10	非金属矿采选业	3.4	0.8	23.8
21	家具制造业	14.0	1.1	23.6

续表

行业代码	行业名称	工业增加值增速(%)	比重(%)	2016年行业增加值率(%)
	全部工业	8.0	100	20.7
15	酒、饮料和精制茶制造业	9.3	2.4	23.5
23	印刷和记录媒介复制业	11.5	0.7	23.4
22	造纸和纸制品业	3.1	1.6	23.4
44	电力、热力生产和供应业	1.3	3.6	23.1

（四）综合选择

对河南工业行业的区位熵、各行业产业集中度、行业增长速度和增加值率四指标按权重各占25%，进行无量纲化处理，计算出行业综合指数，综合考虑，有色金属矿采选业、农副食品加工业等15个行业（见表5）具有一定的区位优势，产业集中度较高，发展速度和经济效益较好，可遴选为当前河南优先发展的重点产业。2016年，以上15个行业增加值占河南工业增加值的比重达61.2%，对河南规模以上工业增长的贡献率达74.6%。

表5　可遴选为河南重点产业的15个行业2016年发展情况

行业代码	行业分组	累计增加值			
		增速(%)	比重(%)	贡献率(%)	拉动百分点(个)
09	有色金属矿采选业	6.5	1.98	1.59	0.13
13	农副食品加工业	10.4	7.50	9.04	0.72
14	食品制造业	16.3	3.83	6.25	0.50
15	酒、饮料和精制茶制造业	9.3	2.37	2.72	0.22
16	烟草制品业	-14.0	1.90	-4.19	-0.34
21	家具制造业	14.0	1.13	1.75	0.14
27	医药制造业	16.0	3.06	5.36	0.43
30	非金属矿物制品业	8.2	13.04	13.33	1.07
32	有色金属冶炼和压延加工业	5.8	3.72	2.70	0.22
34	通用设备制造业	13.6	4.61	7.46	0.60
35	专用设备制造业	9.0	4.86	5.37	0.43

续表

行业代码	行业分组	累计增加值			
		增速（%）	比重（%）	贡献率（%）	拉动百分点（个）
36	汽车制造业	14.7	4.10	6.96	0.56
37	铁路、船舶、航空航天和其他运输设备制造业	12.3	1.21	1.80	0.14
38	电气机械和器材制造业	16.3	3.95	7.05	0.56
39	计算机、通信和其他电子设备制造业	15.4	3.97	7.38	0.59

三　河南工业重点行业转型升级模式选择

在供给侧改革背景下，立足河南实际，河南工业产业转型升级要找准着力点，有针对性地重点突破。

（一）主导产业高端化，走以高新技术为导向的技术结构转型之路

目前，电子信息、装备制造、汽车及零部件、食品、新材料等河南省确定的五大主导产业实现增加值占河南工业的43.4%左右，对河南工业增长的贡献率达66%左右。从近年来的情况看，上述产业市场空间大、增长速度快、转移趋势明显，对河南工业经济的快速稳定发展具有极为重要的作用。但是，上述产业并不具有明显的区位优势，处于产业链中低端，效益水平不高，行业增加率较低。因此，应深入挖掘比较优势，以提高产业附加值为主攻方向，立足于承接沿海地区企业集群、板块式转移，大力推动主导产业向高端化方向发展，尽快扩大产业规模，使其占河南工业的比重明显上升。

1. 电子信息产业高端化是实现工业转型升级的关键环节

2016年，河南电子信息产业实现主营业务收入3830亿元，居全国第8位，占河南制造业比重为5.3%。其中，富士康公司及其配套企业实现主营业务收入占行业主营业务收入的近70%。2016年，河南生产手机约2.6亿台，其中，生产智能手机1.7亿台，但河南工业企业完成的是手机生产价值

链最低端的组装环节，利润空间小，效益低下。

要改变目前河南电子信息产业的现状，一是要实现智能终端设备及信息通信设备向高端发展。积极发展具有河南自主知识产权的智能终端及信息通信设备，加快智能手机向设计、研发、制造及应用服务等方向发展。积极发展平板电脑、智能电视和可穿戴智能终端产品，适度扩大产业规模，推动平板显示、高端屏组件、摄像模组、电池等零组件在河南生产。二是要突破应用软件技术瓶颈。重点突破移动智能终端安全芯片及组件技术，研发自主可控的系列安全产品。三是加快云计算、大数据技术与物联网、移动互联网集成创新。支持拥有规模数据的企业发展大数据产业，推动信息技术企业向云计算产品和服务提供商转型，发展大数据产业链和交易市场。

2. 装备制造业向新兴产业方向过渡

河南装备制造业发展较快，2010 年以来，装备制造业工业增加值年均增速超过 15%。2016 年，河南装备制造业主营业务收入占河南工业的 16.3%，居全国第 5 位，仅次于广东、江苏、浙江、山东。从全球情况看，装备制造和信息技术、自控技术、智能技术相结合是以后的发展方向。从河南情况看，数控机床、机器人、节能环保装备、轨道交通装备等高技术新兴装备产业近年来虽然发展迅速，但比重较小，对工业经济的拉动作用不明显。2016 年，新兴产业增加值占装备制造业的比重不足 0.5%，发展规模较为滞后。

河南装备制造行业转型升级，一要促使优势行业向高端化方向发展。近年来，河南在输变电装备、农机装备、矿山机械、大型成套设备装备等行业方面具有明显优势，突出智能化、成套化、服务化是上述行业以后的发展重点。二要着力发展家用电器制造业。努力提升高端洗衣机、干衣机、电冰箱、电视机等消费潜力大的家用电器生产制造能力。三要重点发展轨道交通、工业机器人等新兴产业，做大做强新兴装备产业。四要努力发展飞机与航天航空等高技术装备。及早谋划，抢占装备制造科技制高点。

3. 汽车工业向优质整车产业链方向发展

“十二五”以来，河南汽车工业有所发展，2016 年，河南汽车及零部件产业主营业务收入占河南工业的3.8%，居全国第15位。整车产量为58.5万辆，居全国第14位，新能源汽车产量达到2.7万辆。河南的优势产品是大中型客车、专用车，但这些产品市场发展空间有限；河南汽车工业短板在轿车制造方面，轿车品种和品牌都亟须优化。

推动河南汽车产业发展转型升级，一要积极培育河南整车制造企业。加快引入和培育带动力强的汽车整车制造龙头企业，尤其是优质轿车制造企业，以整车为龙头，带动汽车零部件配套生产。二要持续完善企业产业链条。积极引进和重点发展具有技术优势和成本优势的汽车零部件产品制造项目，努力填补汽车产业链空缺。三要全方位支持新能源汽车发展。做强新能源汽车的电池、电机等关键零部件，提升新能源汽车整车质量水平，形成较为完整的新能源汽车产业链。

4. 食品工业向有机和休闲食品方向转变

2016年，河南食品工业增加值占河南工业的15.6%，居全国第2位。方便面、速冻米面食品、饼干、调理肉制品、果汁饮料产量均居全国首位。

推动河南食品工业转型升级，一要继续拉长产业链，大力开发新型安全、方便、营养、健康的有机食品，重点发展速冻米面及调制食品、低温畜禽肉制品和乳制品、冷链果蔬食品及烘焙、糖果、饮料等主流休闲食品，研发冷鲜团膳食品、打造全国最大的冷链食品研发生产基地。二要依托郑州航空港经济综合实验区进口肉类指定口岸，打造全方位的冷链食品国际供应链服务平台。三要优化豫烟、豫酒产品结构，提升豫烟和豫酒品质和市场占有率。

（二）冶金、建材等传统产业向价值链两端延伸，走以高附加值为导向的产出结构转型之路

冶金、建材等行业是河南的传统产业，2016年，上述产业实现增加值占河南工业的20.3%，对河南工业增长的贡献率达12.4%左右。这些行业由于落后产能和过剩产能较多，在金融危机时期遭受到较为严重的冲击，部分行业企业生产经营陷入困境，从而影响了河南工业经济的稳定快速增长。

以提高产业链配套能力、增加产品附加值为重点，推动有色、钢铁、建材等传统产品向系列化、品牌化、高端化方向发展。

1. 建材工业向新材料方向发展

2016 年，河南建材工业主营业务收入占河南制造业的 11.4%。耐火材料产量居全国首位，水泥产量居第 3 位，拥有天瑞集团、濮耐集团等一批行业龙头企业。推动建材行业转型升级，一要不断延长产业链条。减少水泥、水泥熟料等初级产品产量，提升水泥制品比重，支持建筑构部件工业化生产。加快陶瓷产业自动化生产程度，提升产品档次。二要加强技术创新。加快研发轻质高强板材、承重复合板和建筑涂料等新型材料技术，重点发展新型墙体材料、节能门窗、防火保温绝热材料、新型防水材料等新型建材。三要推动超硬材料行业发展。重点突破高性能超硬材料、低碳耐火材料等关键技术，建设国内领先的超硬材料、新型耐火材料研发生产基地。

2. 冶金工业向精深加工方向延伸

2016 年，河南冶金工业主营业务收入占河南制造业的 11.3%。铝板带箔、钼、铅产量居全国首位，黄金、氧化铝居第 2 位，电解铝居第 3 位，拥有安钢集团、豫联集团、伊电集团、豫光金铅、栾川钼业等一批骨干企业。推动冶金工业转型升级，一要继续向精深加工方向发展。不断进行产品创新，扩大高性能轻型铝合金材料规模，重点发展高端钢、铝、镁、钨钼、铜、钛等先进合金材料。二要向轻量化、耐腐蚀方向发展。突破高强度、耐磨耐蚀性、轻量化等关键技术，向高性能材料制品、高端装备零部件材料制品延伸发展。

（三）医药、家具等产业实现集约化，走以规模经济为导向的产业组织转型之路

2016 年，河南医药制造、家具制造、服装服饰三个行业增加值分别增长 16.0%、14.0%、10.1%，占工业比重为 6.2%，对工业增长的贡献率为 10% 左右。以上三个行业近年来发展较快，行业增加值率较高，但行业集中度较低，大型企业较少，中小型企业规模偏小且比较分散，行业产业链不完

整，整体属于分散竞争型行业结构。对上述行业进行整合，推进产业规模化、集约化经营，提高产业集中度，改善小散局面，是实现产业转型升级的必由之路。

1. 医药制造业实现品牌化、规模化

2016年，河南医药制造业共有487户企业，其中大型企业只有25户，医药制造业主营业务收入居全国第3位，占河南规模以上工业的2.8%。推动河南医药行业转型升级，一要着力实现中药生产品牌化、规模化。以羚锐、宛西、辅仁等中药企业为龙头，推进中药种植、中药研发规模化，努力建设国内大型中药品牌生产基地。二要实现生物医药规模化。以华兰生物等企业为依托，重点研发新型疫苗和遗传性疾病、恶性肿瘤等重大疾病的快速诊断试剂，建设全国重要的生物医药研发生产基地。三要实现医疗器械制造规模化。要着力研制一次性高性能麻醉产品、微创手术器械、新型留置针、监护设备、自动检测设备等先进诊疗设备，研发药械组合产品，建设全国重要的医疗器械研发生产基地。

2. 家具制造业实现规模化、环保化

2016年，河南家具制造业共有企业361户，其中大型企业只有7户，引进培育了全友家私、双虎家居、新南方家居、聆海家居等一批骨干企业。推动家具产业转型升级，一要大力引进家具、厨卫及家装建材等家居优势品牌与配套企业，重点发展定制家具和整体厨卫等产品，扩大中高端家具产品生产规模，推动家具产品整体化、环保化。二要鼓励家具企业开展定制设计、柔性制造、网上协同、大规模定制生产，构建基于互联网的现代家具生产消费产业链，促进终端与服务一体化发展。

（四）坚决淘汰落后产能，为工业转型升级提供有利保证

一要有效化解过剩产能。更加注重运用综合性标准、市场化机制和法治化手段化解过剩产能。严格落实各地压减总量和年度目标责任，利用综合标准，有效化解煤炭、钢铁、电解铝、水泥、平板玻璃等行业产能过剩矛盾。二是继续淘汰落后产能。要加快关停设计寿命期满、未取得发电业务许可

证、平均供电标准煤耗高于331克/千瓦时以及未实现超低排放的燃煤电力机组，稳妥推进30万千瓦及以下的燃煤机组关停或改为燃气机组。三是要依法全面取缔“小散乱污”企业，全面取缔“地条钢”等违法违规产能。四是要积极稳妥处置僵尸企业，及早实现僵尸企业市场出清。

发达国家或地区工业转型升级轨迹证明：新兴产业与传统产业不是简单的取代关系，将在相当长的时期内，是互为补充、错位发展的关系。在供给侧结构性改革不断推进的情况下，在进行产业转型升级的过程中，相关部门要立足河南，统筹兼顾，突出重点，正确处理新兴产业与传统产业之间的关系。一方面新能源、新材料、节能环保、生物、新一代信息技术、高端装备制造等新兴产业资金、知识和技术密集程度较高，成长性好，竞争力强，但规模尚小，发展壮大仍需要时日；另一方面，传统产业仍居主导地位，短时间内难以被替代，可以通过高新技术的注入，进一步挖掘自身潜力和优势，焕发出新活力，做到“新旧”形成合力，共同推进老工业基地的振兴。同时要努力营造有利于企业良好发展的外部环境；也需要企业层面不断“修炼内功”，强化自身实力，加快转型升级，在新一轮市场竞争中赢得主动、抢占先机。

B.24
对金融扶贫“卢氏模式”的调查与思考

赵继鸿　杨希泽　宋　杨　黄　琦*

摘　要： 做好金融支持精准扶贫工作，是贯彻落实党的十九大和全国金融工作会议精神的重要举措。2017年以来，河南省卢氏县坚持问题导向，加强政策协调，在金融扶贫服务体系、农村信用体系、风险防控体系、产业支撑体系建设方面主动探索，以“信贷信用相长”促进扶贫信贷产品和服务方式创新，形成了金融扶贫“卢氏模式”，促进了金融包容性增长，强化了小农户与现代农业发展的有效衔接，较好地激发了贫困群众内生发展动力。

关键词： 脱贫攻坚　金融服务　卢氏模式

一　引言

党的十九大对打赢精准脱贫攻坚战做出了全面部署。金融是现代经济的核心，金融扶贫是打好精准脱贫攻坚战的重大举措和关键支撑。伴随着精准扶贫进入“啃硬骨头、攻坚拔寨”的冲刺期，如何促进金融扶贫政策落地，并借助金融扶贫为脱贫攻坚注入“源头活水”，激发贫困地区内生发展动力

* 赵继鸿，高级经济师，中国人民银行郑州中心支行处长；杨希泽，经济师，中国人民银行郑州中心支行副处级调研员；宋杨，经济师，中国人民银行郑州中心支行科长；黄琦，博士，中国人民银行郑州中心支行。

和活力，成为新时期精准扶贫工作的重要课题。

三门峡市卢氏县地处河南省西部，是秦巴山区国家扶贫开发工作重点县和河南省“三山一滩”扶贫开发工作重点县。2016 年，全县仍有未脱贫贫困户 19645 户 63134 人，贫困发生率为 18.9%，是河南省贫困发生率最高、贫困程度最深的革命老区县，也是河南省脱贫攻坚任务最重的地区之一。2017 年 2 月以来，河南省政府做出建设卢氏县金融助推脱贫攻坚试验区的决策部署，中国人民银行郑州中心支行积极响应、主动作为，联合有关省直部门，带领全省人行系统和各金融机构，以卢氏县为试点，在金融服务体系建设、信用环境优化、风险分担和保障、产品服务创新等方面加强探索，推动形成了金融助推脱贫攻坚的“卢氏模式”，全县新增扶贫贷款 10.09 亿元。卢氏金融扶贫取得的成效，受到了全国的关注，也获得国家领导人的高度评价。

为进一步总结分析金融扶贫“卢氏模式”对全省乃至全国脱贫攻坚工作的借鉴意义，本文全面介绍了“卢氏模式”的内涵，揭示了其“1 + N”制度规则、四大体系、三方联动、两项创新、一个机制带来的扶贫效应。

二　“卢氏模式”的做法和成效

金融助推脱贫攻坚的“卢氏模式”可概括为“1 + N”制度规则（1 个总体方案、多个专项方案和重点业务规则），四个体系（金融服务体系、信用评价体系、风险防控体系、产业支撑体系），三方联动（金融政策、财政政策及产业政策的协调联动），两项创新（精准扶贫贷款发放模式创新、多类金融服务方式创新），一个机制（信贷信用相长机制）。具体内容如下。

（一）出台“1 + N”制度文件，确立总体工作框架，明确重点业务规则

1. 1个试验区工作总体方案

河南省出台了《金融助推卢氏县脱贫攻坚试验区工作方案》，明确坚持

"政融联动、风险共担、多方参与、合作共赢"的原则，推动形成政府主导、央行主推、银保主办、协同发力的良好局面，不断提升试验区贫困人口金融服务覆盖面和满意度。

2. 多个专项方案和重点业务规则

卢氏县制定了《金融服务体系建设方案》、《农村信用体系建设方案》，同时制定了信息管理、农户授信、信用等级评定、业务分区、贷款管理、贴息管理、风险补偿、产业带贫、激励约束、互助贷款等10项管理办法，明确工作重点领域，建立相关制度规则。

（二）构建"四个体系"，探索贫困地区精准扶贫贷款投放的可持续发展模式

1. 金融服务体系

通过整合县乡政府部门和村级组织等方面的力量，建立县、乡、村三级金融服务体系，负责政策宣传、信用信息采集、贷款受理和初步审核、担保受理等工作，向银行批量提供信息。截至2017年末，卢氏县共设立1个县级金融中心、19个乡级金融服务站、352个村级服务站，做到了辖区金融服务体系全覆盖。此外，当地运用"普惠金融一网通"移动服务平台，为群众提供涉农补贴查询、社保医保、水电煤气缴费等服务，逐步加载小额理财、小额信贷、农技推广、农产品购销、农村产权交易等多种功能，指导卢氏县以县、乡、村三级金融扶贫服务体系为依托，大力宣传推广"普惠金融一网通"微信公众号，目前全县关注这一公众号的建档立卡贫困户达6000余人。

2. 信用评价体系

运用中国人民银行开发的农村信用信息系统，建立覆盖全县的信用信息大数据库，采集农户信用信息并对信息进行及时全面更新，给每个农户建立信用信息档案，根据不同分值将信用评定结果分为4个等级，依级别不同相应给予5万至20万元的信用额度。目前全县已采集8.87万户农户信息，采集率达96.4%，其中贫困户2.36万户，采集率达96.7%；授信户7.4万

户，授信率达83%，其中贫困户2.02万户，授信率达86%，为银行放贷提供了信用基础。

3. 风险防控体系

建立防范信贷风险扩散的“防护墙”，对不良率超过一定比例的乡镇（3%）和行政村（5%）暂停贷款发放。

4. 产业支撑体系

按照绿色、特色、生态和三次产业融合发展的思路，确定产业扶贫发展重点，形成“贫困户+合作社”等6种扶贫合作方式、订单农业等8种产业扶贫经营模式。

（三）促进“三方联动”，最大限度地发挥金融政策、财政政策和产业政策的协同作用

1. 用足用好扶贫再贷款，增强法人金融机构支持脱贫攻坚的资金实力

2016年3月，河南省实施“百亿扶贫再贷款计划”，为53个贫困县专门设立100亿元扶贫再贷款限额，通过构建竞争性的再贷款使用机制，实施优化运用扶贫再贷款发放贷款定价机制试点，提升金融机构借用扶贫再贷款的积极性，引导贫困地区贷款利率下行。截至2017年末，全省扶贫再贷款余额133.8亿元，使用量居全国第3位，已覆盖所有贫困县，其中卢氏县法人金融机构扶贫再贷款余额5.27亿元。

2. 建立风险分担和贴息补偿“四个机制”，调动金融机构的积极性

一是设立风险补偿资金池，河南省财政、卢氏县财政分别出资2000万元、3000万元，在卢氏县设立扶贫小额贷款风险补偿基金。二是建立风险分担机制，对贫困户、带贫企业贷款违约产生的损失，由经办银行、县风险补偿基金、省农信担保公司、省担保集团（再担保方）四方，分别按照1∶2∶5∶2和2∶2∶4∶2的比例进行分担。三是建立政府对担保机构的担保费和风险补偿机制，切实落实扶贫小额信贷对贫困户“免担保”的政策要求。四是建立财政贴息机制，由县财政统筹资金，对贫困户按照贷款基准利率予以贴息，对带贫企业适当贴息。

3. 立足当地资源禀赋和产业特色，指导金融机构精准对接扶贫项目资金需求

市、县两级人行建立了与当地发改委、扶贫等部门的定期联络机制，推动银企深度对接合作。指导辖区内金融机构围绕卢氏县三次产业融合发展规划，认真梳理五大绿色农业（果、牧、菜、菌、药）、特色工业（中药材和农副产品深加工、金属非金属精深加工）、现代服务业（生态旅游和电子商务）的资金需求，对带贫作用明显的企业、项目进行摸底调查，建立项目库，首批共筛选企业、项目44个，发现资金缺口达129亿元。促进金融机构与试验区项目对接，初步对接项目22个，达成信贷资金合作意向31.5亿元。建立专门的监测制度，及时掌握签约项目进度，推动项目逐渐落地。

（四）引领“两项创新”，拓宽支持贫困地区发展的资金来源渠道，提升服务效率

1. 推动扶贫小额信贷运行机制创新，推出多种扶贫信贷产品

上述措施调动了金融机构的内在积极性，实现了扶贫小额信贷“服务有平台、信用可评估、风险可把控”的良性运转，推动了该政策性贷款产品进一步向标准化的方向发展。同时探索出“银行+农户+合作社”、“银行+农户+龙头企业”等多种贷款模式，通过不同层次和链条的合作，既保障了带贫经营主体发展盈利，又实现了贫困户自我发展。

2. 引进多种金融服务方式，满足多样化的脱贫发展需求

一是积极引进国际金融组织资金支持，分别与欧洲投资银行森林资源发展和生态服务项目、世界银行产业扶贫项目达成贷款4200万欧元、1000万美元的合作意向。二是充分发挥保险功能，探索合作方式创新。中原农险在试验区开展互助保险试点，为建档立卡贫困户产业发展提供保险，为农户提供了1748.6万元风险保障金，目前投保农户531户；人寿保险针对试验区建档立卡贫困户设计了小额人身保险、小额扶贫贷款保险、学生平安保险等保险产品；中国人保财险采取“政府主导+信用保证保险/农业保险保障+支农融资”的模式，推广“政融保”支农支小融资项

目，为种养殖大户、家庭农场、农业合作社发放低息融资贷款400万元。三是加强与证券机构的合作，充分利用贫困地区企业上市优惠政策，引进拟上市企业36家，现已在试验区成功注册。四是积极推动产业扶贫基金运作。省农业开发公司在试验区设立产业发展基金6000万元，占全省首批基金规模的12%；与国投创益达成3亿元贫困地区产业发展基金的投资意向；与焦桐基金达成5亿元子基金设立意向。五是引进多种新型金融模式。与中原银行共同选定2个试点村，探索乡村银行扶贫带贫模式；与中农信控股集团对接，计划在卢氏县试验区注册成立网络小额贷款公司，学习“蚂蚁金服”模式，发展互联网金融。

（五）探索推进“信贷信用相长机制”，推动信用变财富，促进贫困地区经济社会健康持续发展

“信贷信用相长机制”坚持“宽授信、严启用、严管理、激励授信、惩戒失信”的原则，即先对所有农户无条件无差别授予信用贷款额度，在农户启用贷款时，完成农户信用信息的采集和完善，进行贷款审核；严格规范贷款用途，贷款只能用于生产经营，不得用于婚丧嫁娶等生活消费；对按时还款守信用的农户，相应提升信用等级、提高授信额度，对恶意违约农户，进行联合惩戒，切实培育农户信用意识，推进农村信用体系建设，让信用实实在在地变成财富。

“信贷信用相长机制”以农村信用信息系统的广泛应用为基础。该系统可采集村委、扶贫、公安、法院、金融、车管、房管、农机等部门20大类180多项信息，按照“三好三强”（遵纪守法好、家庭和睦好、邻里团结好，责任意识强、信用观念强、履约保障强）、“三有三无”（有劳动能力、有致富愿望、有致富项目，无赌博吸毒等不良习气、无拖欠贷款本息的黑名单记录、无游手好闲好吃懒做行为）的标准，依据140项具体指标，开展信用评定，为信贷和信用良性互动奠定了基础，以此培养贫困户“守信财源滚滚、失信寸步难行”的诚信意识，不仅有利于推动贫困地区经济增长，而且对农村文明风尚和社会治理也将产生积极的潜在影响。

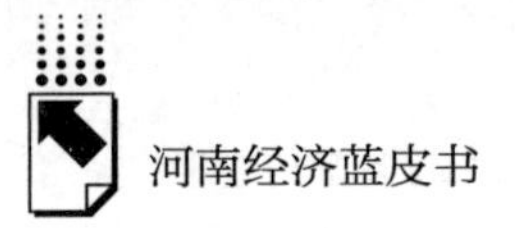

金融扶贫“卢氏模式”促进了金融包容性增长、市场主体培育和农村信用体系建设，强化了小农户与现代农业发展的有效衔接，实现了扶贫与扶智、扶志的有机结合。目前，卢氏县金融助推脱贫攻坚试验区运行良好。截至2017年5月20日，全县352个行政村8.28万户的信用评定和信息录入全部完成，信用信息系统与卢氏县金融服务网成功实现大数据互通共享。2017年，当地新增扶贫贷款10.09亿元，其中投向建档立卡贫困户7124户3.57亿元，投向专业合作社110家3.43亿元，投向龙头企业15家3.09亿元，龙头企业和合作社共带动贫困户7002户。试验区贫困人口信用意识有所增强，经济增长内生动力进一步显现，贫困地区金融基础设施建设不断加强，金融服务效率切实提高，初步探索出金融支持精准扶贫及农村经济社会持续健康发展的有效方法，为金融助推河南省脱贫攻坚起到了良好的示范带动作用。金融扶贫“卢氏模式”获得国家领导人的高度评价，目前，正在河南全省国定贫困县复制推广。

三　对“卢氏模式”的几点思考

（一）助推脱贫攻坚是金融部门的重大使命，也是金融服务“补短板”、提升普惠性的重要机遇

农村贫困人口既是当前经济社会发展的薄弱环节，也是金融服务的“短板”。党中央、国务院发布的《推进普惠金融发展规划（2016～2020年）》明确将农民、城镇低收入人群和贫困人群作为当前中国普惠金融重点服务对象。全国金融会议进一步强调，“要建设普惠金融体系，加强对小微企业、‘三农’和偏远地区的金融服务，推进金融精准扶贫”。在国内外扶贫开发的实践中，小额信贷对提升贫困人口信贷可得性发挥了重要作用。“卢氏模式”的“信贷信用相长机制”对传统小额信用贷款先有信用记录再授信放款的“信用+信贷”模式进行改进，通过信贷前置的普惠授信措施，不仅向贫困人口提供了合理享用金融产品的机会和途径，也能较

好地解决“信用+信贷”模式下农村信用信息真实性难以把握等问题。贫困人口运用信贷杠杆、实现自我发展的同时，也积累了信用记录，为金融机构提供了新的服务空间和利润增长点，为进一步提升农村贫困人口金融服务可得性奠定了基础，有利于推动金融回归本源，更好地服务经济社会发展。

（二）创新发展与防范风险并重，市场主导与政府引导并行，是金融扶贫业务可持续发展的前提和保障

现行商业银行体系较难与千千万万农户特别是贫困户直接对接，这是造成金融机构支持脱贫攻坚深度不足、进度不均衡的重要原因，也是调节市场失灵、增强金融服务有效性的着力点。“卢氏模式”县、乡、村三级金融服务网络起到了识别和发掘贫困户、带贫企业潜在金融需求的作用，初步解决了贫困户和银行之间信息不对称、供需不衔接问题，是实现贷款“放得出”的基础平台；信用评价体系是“普惠授信全覆盖”的必要条件，是贷款“收得回”的重要保障；产业支撑体系是贷款“用得好”的支点，是稳定脱贫、防止因债因贷返贫的基础；风险防控体系创新实现了对整乡、整村贷款风险的把控，夯实了地方政府在贫困地区信用风险管理、金融生态环境改进方面的责任。风险分担和贴息补偿“四项机制”对扶贫小额信贷参与主体、管理机制和运行模式进行了优化，在尊重市场规律前提下，有效发挥了政府在统筹规划、组织协调、政策扶持等方面的作用，实现了业务创新与风险防范的有机结合，为增强农村基层金融服务可持续性提供了新的思路。

（三）精准扶贫金融服务广度和深度有待提升，金融市场向贫困地区、贫困人口开放大有可为

实践表明，单纯依靠小额信贷提供融资，远不能满足贫困地区千差万别的发展需要。“卢氏模式”积极运用现代金融科技，不仅夯实了银行在偏远贫困地区的支付、储蓄、借贷等基础服务，为贫困户、合作社和带贫企业提供了有针对性的信贷产品，也实现了保险、证券、互联网金融等多个行业与

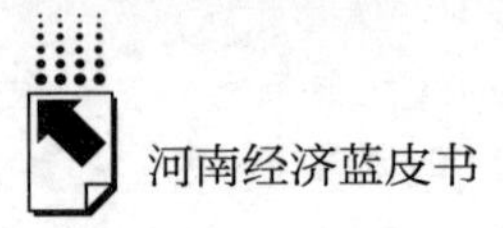

多层次金融需求的精准对接。农村合作金融机构、商业银行、政策性开发性金融机构，以及保险公司、基金公司、互联网小贷公司等非银行金融机构参与扶贫开发的过程，实质上是向贫困人口和贫困地区开放金融市场、推进金融服务的过程，也是现代金融科技成果惠及偏远地区和社会薄弱领域、实现“共享”发展成果的过程。在这一过程中，贫困人群的生活水平和经济能力因获得不同层次的金融服务而得到提高，逐步实现减贫、脱贫、致富，进而对全面实现小康产生更强大的推动力。

B.25 河南创新引领型企业发展中的问题与对策建议

——对创新引领型企业的调查与思考

渠长振 *

摘　要： 近年来，河南省突出企业创新主体地位，加大高新技术企业培育力度，高新技术企业呈现数量增加、规模壮大、结构优化、实力增强的良好态势，一些企业在创新发展方面探索出了不少好的做法，但同时河南创新型企业也存在着数量较少、规模较小、效益较低、带动力较弱等突出问题。本文认为政策支持力度不足、政府引导服务不够、科技体制机制不活、要素保障能力不强等是造成以上问题的主要原因。在此基础上，本文提出了河南加快创新引领型企业发展的对策建议。

关键词： 河南　创新引领型企业　高新技术企业

创新是从根本上打开增长之锁的钥匙，抓住科技创新就抓住了发展的“牛鼻子”。党的十九大报告指出，创新是引领发展的第一动力，是建设现代化经济体系的战略支撑。2017 年河南省《政府工作报告》中明确提出“支持一批创新引领型企业，选择一批市场前景好、研发能力强的企业，支持其发挥先发优势引领全省创新发展”。2017 年 7 月，河南省政府出台了《河南省推

---

* 渠长振，河南省政府研究室经济发展研究处处长。

进技术创新攻坚方案》，指出“加快建设培育一批创新引领型企业、机构、人才、平台，充分发挥创新引领型企业、新型研发机构、创新型人才团队、高层次创新创业平台在产业转型中的示范带动作用，推动产业技术创新能力提升，为打赢转型发展攻坚战、奋力打造中西部地区科技创新高地提供重要支撑”。当前，对河南创新引领型企业发展基本现状和存在的问题进行调查与思考，有助于突破经济发展的瓶颈，提升河南企业以创新为主的核心竞争力。

一　河南创新引领型企业的基本现状和发展典型案例

（一）河南创新引领型企业的总体情况

近年来，河南突出企业创新主体地位，加大高新技术企业培育力度，取得了明显成效。从高新技术企业数量看，2016 年，全省高新技术企业达 1664 家，比 2010 年增加 1145 家。其中，当年新培育认定高新技术企业 409 家，新增企业数量创历史新高。从整体规模看，2016 年，全省高新技术企业实现总收入 5475.8 亿元、总资产 9928.4 亿元、净利润 351.3 亿元、上缴税费 261.9 亿元，分别比 2010 年增长 45.8%、155.1%、54.6% 和 54.9%。从技术领域看，2016 年，全省高新技术企业数量最多的四个领域为新材料（384 家）、先进制造与自动化（350 家）、电子信息（240 家）和生物与新医药（214 家），占比为 71.4%；2010 年高新技术企业数量最多的四个领域为改造传统产业（175 家）、新材料（134 家）、电子信息（60 家）和高技术服务业（32 家），占比为 77.3%，高新技术企业向新兴产业领域集聚的态势明显。从创新能力看，2016 年，全省高新技术企业专利申请量 16590 件、授权专利 11285 件，分别占全省总量的 34% 和 42.9%，分别比 2015 年提高 1.4 个和 7.3 个百分点。

（二）河南创新引领型企业发展的典型案例

为了进一步深入了解河南企业创新情况，我们深入一些重点企业进行调研，发现一些企业在创新发展方面探索出了不少好的做法，比较典型的如：

中信重工机械股份有限公司着力激发创新潜能，河南心连心化肥有限公司着力建设创新体系。

1. 中信重工机械股份有限公司着力激发创新潜能

中信重工历经60年的建设与发展，已成为国家级创新型企业和高新技术企业，世界最大的矿业装备和水泥装备制造商，中国最大的重型机械制造企业之一、低速重载齿轮加工基地、大型铸锻和热处理中心，被誉为“中国工业的脊梁，重大装备的摇篮”。中信重工在激发创新潜能上的主要做法有：一是以核心制造为支撑，寻求价值链延伸。坚持实施技术先导战略，连续多年将销售收入的5%～7%投入研发，集成了实验、工艺、制造、产品、材料、控制等六大核心技术，搭建了以世界最大18500吨自由锻造油压机组为标志的高端装备制造体系。公司以此为支撑，寻求价值链延伸，建立了从物料研究到工程研发、产品研发、工艺研发，从生产制造到运行保障、LCS全寿命周期服务、实时监控、远程诊断等全新价值链，向客户提供包括项目融资服务在内的完整解决方案，构建了集科学化、智能化、信息化为一体的新型客户服务体系。二是以技术革命为动力，汇聚发展新动能。依托“核心技术＋产业经营＋资本运作”，着力打造特种机器人、节能环保装备、新能源动力装备、国防装备四大新动能业务，实施传统动能＋新动能两轮驱动战略。特种机器人方面，已成功研制出消防灭火、消防侦察、轨道巡检、防爆轮式巡检、消防排烟、消防破拆、消防洗消、水下、管道、环保等机器人系列产品，应用领域涉及公安消防、应急救援、石油、化工、电力、矿山、市政建设等。目前，中信重工已成为国内最大的特种机器人研发和产业化基地。三是以创业创新为引擎，提升国际竞争力。依托双创示范基地建设的线上资源共享平台、线下实验与验证平台、众创成果孵化平台“三大众创平台”，强化技术创客群、工人创客群、国际创客群和社会创客群管理，提升发展质量。加强与清华大学、上海交通大学、洛阳国家大学科技园等国家级产业孵化器间的合作，拓展提升产、学、研、用、供协同创新空间。

2. 河南心连心化肥有限公司着力建设创新体系

河南心连心化肥有限公司于1969年建厂，前身为新乡县化肥总厂，

2003年从国有企业改制为民营企业，2009年在香港联合交易所主板挂牌上市，2011年获得国家高新技术企业称号，主要从事研发生产销售尿素、复合肥、甲醇等化肥化工系列产品，拥有新乡、新疆两大生产基地。目前，该公司拥有尿素260万吨、复合肥185万吨、甲醇30万吨的年生产能力，是中国化肥行业领军企业与单体规模最大的尿素企业。2016年中国氮肥行业主营业务收入同比下降10%，整个行业处于亏损状态，而该公司逆势上扬，实现销售收入57.1亿元，净利润约3000万元。之所以能取得这一成绩，是因为其高度重视以科技创新为核心的创新体系建设，实现了“四个升级”。一是技术升级，实现总成本大幅降低。高度重视产学研合作，持续加大科研投入，积极打造创新平台，与中科院、中国农科院、河南省农科院、西安交通大学、大连理工大学、郑州大学等多家科研院所及高校开展产学研合作，陆续建成河南省企业技术中心、河南省化肥生产系统节能工程技术研究中心、博士后科研基地、国家级检测中心、河南省院士工作站、中国氮肥工业（心连心）技术研究中心等多个科研平台，建立了科技创新成果激励制度，在公司内部成立员工创新工作室，每年投资数百万元用于奖励员工技术创新。截至目前，河南心连心化肥有限公司累计实现授权专利131项，其中发明专利26项，参与制定国家标准4项、行业标准1项、地方标准2项，掌握了多种先进的节能减排及高效肥生产新技术，大大降低了生产成本。2011～2015年以成本控制行业排名第一的成绩，连续五年被评为“合成氨能效领跑者标杆企业”。二是产品升级，走差异化发展之路。早在2012年，该公司就率先在行业内提出“中国高效肥”的品牌定位，并加大对新产品的研发力度，目前从事研究开发与技术创新活动的各类专业技术人员近700人，与中国科学院等科研单位共同研发推广了水触膜控失、腐殖酸、高聚能、高塔肥、水溶肥、车用尿素等一系列明星产品，并成为全国首家掌握内置网式缓控尿素生产专利技术的生产企业，以差异化的产品赢得市场。三是服务升级，派遣专业农化队伍。为抢占南方市场，专程派遣专业农化队伍长年驻扎南方，对南方各地区的经济作物的生长规律、需肥状况以及田间管理和土质情况进行研究，并利用新建成的中国氮肥工业（心连心）技术研究中心的试验基地和温室大棚，来模拟当地土壤、气候、水文特点，进行施肥和作物管理研究。同时，为更好地服务当地农业，推动农化人才本地化，充分整合当地农业局、土肥系统专家，形成了“地方农业专家+专业农化队伍+大区农化推广”三管齐下的服务模式。四是渠道升级，让产品营销直达终端。注重把市场、生产、研发、供应联系起来，构建供产销主架链，实现运营效率提高。在传统营销渠道基础上，公司还与阿里巴巴农村淘宝合作，建立村级配肥点与产品推广站，大幅度减少了产品中间流通环节，让利于民，并将“终端配肥+电商”两个项目进行嫁接，为农民提供贴身服务，为专业种植大户提供私人订制服务。

二　河南创新引领型企业发展中存在的问题及原因分析

全省企业创新工作虽然已取得一定成效，但是与发达地区和经济发展需求相比仍存在较大差距。一是企业数量较少。2016 年，全国共有高新技术企业 10.4 万家，河南仅占全国的 1.6%，居全国第 14 位；湖北、安徽、湖南三省分别有 4306 家、3864 家、2212 家，河南分别相当于三省的 38.6%、43.1%、75.2%。二是企业规模较小。2016 年，全省高新技术企业中，营业收入在 100 亿元以上的仅 3 家；50 亿~100 亿元的有 17 家，占比为 1%；10 亿~50 亿元的有 86 家，占比为 5.2%。三是企业效益较低。据国家火炬计划年报数据，2016 年全省高新技术企业中未盈利的企业达 411 家，占比为 24.7%。四是企业带动力较弱。不少高新技术企业的产业带动能力、技术转化能力普遍较弱，存在有企业、无产业，有技术、无转化等问题。像新乡的华兰生物 2016 年主营业务收入近 20 亿元，但本地几乎没有相配套的企业，因此其对新乡的生物医药产业几乎没有带动作用；洛阳的中船重工第七二五研究所等央企多是研发在当地、转化在内部、配套在外地，对本地企业带动作用也很小。综合分析，其主要原因如下。

（一）政策支持力度不足

河南在支持创新型企业发展方面，存在着国家政策落实不到位、本地政策步子不大的问题。一是税收优惠政策享受率低。目前国家对高新技术企业的扶持政策主要集中在税收优惠方面，即一般企业按25%的税率征收企业所得税，而高新技术企业可享受15%的优惠所得税率，比一般企业节约40%的税收成本。但调研中了解到，由于税收优惠政策宣传不到位、一些企业没有盈利加上部分企业怕申报税收优惠时税务部门来查账等，2016年全省1664家高新技术企业中，有798家企业未享受到税收优惠，占比接近50%。二是研发费用加计扣除政策落实不到位。国家出台这项政策，意在鼓励企业积极开展研究开发活动，提升企业自主创新能力和内生发展动力，但实际操作中很难落实到位。税务部门反映，由于科研活动复杂，税务部门缺乏研发领域的专家，难以准确认定企业的研发活动。在税收压力不大的地方，可计可不计的费用都计入了；而税收压力大的地方，可计可不计的费用都不计入。走访的企业都反映政策操作流程烦琐，费用难以准确归集，优惠政策不能落地。比如，2016年河南心连心化肥有限公司共投入研发经费1.8亿元，而经税务部门认定符合加计扣除口径的只有1000万元，仅占其研发经费投入的5.6%。三是地方奖补政策步子不大。2017年以前，河南省除了落实国家相关支持政策外，对高新技术企业认定没有专门的奖补政策，直至2017年4月出台《2017年度加快高新技术企业培育工作方案》，才明确由省财政科技经费对首次认定的高新技术企业给予最高30万元的配套奖补，但在奖补力度上与先进地区相比仍有较大差距。比如，广东省由省财政设立了3年60亿元的高新技术企业培育专项资金，建立了高新技术企业培育库，对入库和出库企业按照上年度应纳税所得额的5%的比例给予最低30万元、最高300万元的资金补贴支持。安徽省对首次认定的高新技术企业或连续3次通过高新技术企业认定的企业，一次性给予20万元奖励。同时，河南支持政策落实不力。调研中洛阳有企业反映，2016年8月底河南省出台的《关于加快推进郑洛新国家自主创新示范区建设的若干意见》中提出了30项支持政策，但该意见出台后，省里到2017年5月才出台实施细则，而市里至今仍未出台实施细则，企业目前没有享受到任何一项补贴政策。

（二）政府引导服务不够

除了政策支持外，引导企业、服务企业也是政府的职能，但当前政府服务职能的发挥尚有不少不完善之处。一是引导产业发展作用不够。不少地方对促使产业相近、行业相关或处于产业链上下游的企业，通过多种方式进行重组整合，推动企业或资产向有优势、有发展潜力的核心企业聚集等方面的引导不够。比如，新乡市拥有电池及产业内相关生产企业200多家，初步形成包括电池研发、原材料制作和电池零部件、电池产成品及电池组、电动车及零部件、电池生产专用设备生产及电池回收等在内的较完整的产业链，但相关企业均为中小企业，龙头企业缺乏，产能增速已无法满足主流新能源车企日益扩张的配套需求，产业同质化竞争严重，企业亟须政府在产业整合、资源重组方面发挥相应引导、协调和促进作用。二是服务企业长效机制缺乏。不少高新技术企业反映，高新技术企业归口管理部门多，审批归科技部门，工程技术中心归发改部门，技术改造归工信部门，存在着多头管理现象，工作上协同少，很容易出现谁都不愿管的局面。同时，“大个头”高新技术企业数量有限，而各地的企业服务重点恰好是规模大的企业，这样“个头偏小、羽翼未丰”的高新技术企业往往会被忽视。比如，河南恒纯农业科技公司反映，郑州市的重点服务企业都有联络员制度，遇到困难可以直接反映给分包领导，而像它们这种“科技型小巨人”企业没人管、没人问。三是中介组织不规范，管理混乱。总体上看，科技服务中介机构水平偏低，专业素质不高，缺乏专业行业和技术信息服务能力，有的为了能把企业评定为高新技术企业，做假账、乱收费，严重影响了正常高新技术企业的申报。

（三）科技体制机制不活

突出问题有两大方面：一方面是在产学研结合机制上，对于高校和科研机构来讲，由于管理体制和评价导向的原因，它们侧重于基础研究，只求论文、样品，对科研成果能否转化为生产力关注不够；对于企业来讲，与高校或科研院所寻求合作时，不少企业只对一些短平快的项目有兴趣，对那些事关行业发展的关键技术、共性技术关心较少，存在沟通渠道不通畅、信息不对称、成果转化不力等产学研脱节现象。另一方面是在分配激励机制上，国企科研成果转化收益分配机制不活，多数都没有建立适应科研创新特点的收入分配机制，影响了科研人员从事新产品新技术研发的积极性。比如，中信重工没有实行研发人员技术入股激励，某个核心技术在民企可能会转化为几千万元的收益分配，而在央企只能给予几十万元的奖励。尽管近年来国家、省里反复强调要求对在创新中做出重要贡献的技术人员实施股权和分红权激励，但调研中走访的省属国有企业反映，在这方面没有具体实施意见，即便企业根据自身创新需要提出了股权激励方案，也基本都被上级公司或有关部门否决了。

（四）要素保障能力不强

当前，全省尚未针对不同行业、不同规模的企业对资金、人才、技术等要素方面的不同需求实行分类施策。从资金看，相对于大企业而言，中小型科技企业对资金的需求更迫切，特别是由于中小型企业多是轻资产型，缺乏抵押物，融资难问题突出，但相应的金融支持方式不足。从人才看，受人才观念、政策、市场、环境等多种因素影响，调研的企业都反映不仅高层人才难引，而且中层人才也难留。比如，华兰生物公司反映，引进来的硕士毕业生一般工作两年后，表现优秀的都跳槽离职了。与之相对应，不少地方仅针对高层次人才出台了相关政策，但对构成企业基石的中低层次人才尚未有专门政策。从调研中了解到，这些高层次人才实际上缺的不是金钱，而是干事创业的环境，但是多数刚毕业的硕士生、本科生由于刚参加工作所以缺的是金钱。虽然河南省部分地市出台了一些补贴政策，比如漯河市对与企业签订3年以上劳动合同的博士生资助1000元/月、签订5年以上劳动合同的硕士生资助800元/月，资助期限为2年，但全省没有统一性的普惠政策，与先进地区差距很大。比如，深圳市2016年出台了《关于促进人才优先发展的若干措施》，详细设计了81条措施178个政策点。其中包括向符合条件的深圳新引进入户的人才，发放新引进人才租房和生活补贴，补贴标准为本科15000元/人、硕士25000元/人、博士30000元/人。从技术看，不少企业更重视应用型技术的开发引进，但对原创性技术的关注不足，致使企业难以形成核心竞争力。比如，华兰生物的血液制品、疫苗、单抗三种主要产品都是引进别人的成熟技术，自身只进行临床的试验、产品的推广。

三　推动河南创新引领型企业发展的政策建议

培育壮大创新引领型企业，对一个区域转换发展动能、塑造竞争优势至关重要。从河南当前实际看，必须强化企业在创新中的主体地位，促进创新资源向企业集聚，提高企业创新能力。建议坚持需求导向和问题导向，破除体制机制障碍，激发企业创新活力，提升企业以创新为主的核心竞争力，依托郑洛新国家自主创新示范区，发展壮大一批创新引领型企业，成为创新驱动发展的“领跑者”。

（一）明确标准

总的来讲，创新引领型企业应当在高新技术企业中遴选，而且要突出创新、突出引领。调研中企业提出，创新引领型企业至少应具备以下三方面标准：一是创新水平高。企业应具备“人无我有、人有我优、人优我特”的创新能力，或者是在技术创新方面拥有具备自主知识产权的核心技术，技术水平在国内同行业中处于领先水平，技术成果转化率高；或者是在模式创新方面拥有市场领先、科学成熟的商业模式，价值逻辑清晰，盈利能力较强。具体界定时，建议可由科技部门、商务部门制定可操作、可量化的标准，比如，关于技术创新，可要求每年研发经费投入占营业收入比重不低于5%，科技人员数量占职工总数比例不低于20%，新产品销售收入占全部产品销售收入比例不低于20%等；关于模式创新，可先期建立适应河南实际的新型业态和商业模式创新认证体系，对被定为商业模式创新的企业可比照高新技术企业享受相应优惠政策。二是引领能力强。企业主营业务突出，核心产品在国内市场甚至国际市场占有一定的比例，在本行业内拥有一定的市场话语权甚至标准制定权，具有显著的产业链创新辐射带动作用，能够集聚、带动一批上下游关联企业，甚至能产生“一个企业带动一个产业链”的龙头效应，支撑和带动区域产业发展。三是市场空间大。企业所处行业在经济社会发展中具有需求大、前景好、成长性强等特点，能够支撑企业进一步做大做强，进而发挥带动作用。

（二）引导方向

企业是创新的主体，在创新中只有坚持正确的方向，才能不断发展壮大，发挥创新引领作用。一是引导企业整合创新资源，增强创新能力。鼓励企业立足自身实际，从重大科技专项实施、产业创新联盟构建、高层次创新平台建设到人才、技术集聚等方面，整合内部创新资源，协同社会创新力量，集中力量突破关键技术瓶颈，尽快发展成为主营业务突出、行业引领能力强、具有核心竞争力的创新引领型企业。二是引导企业围绕核心产品，提高创新实力。在河南省有基础、有优势、有潜力的生物育种、超级电容、通信技术、工业 CT 等前沿技术领域、高端技术领域中，筛选一批最有代表性的龙头企业，围绕其核心产品，建立产业链上下游企业的技术创新联盟，开展重大关键共性技术联合攻关，探索“企业出题、政府立题、协同解题”的产学研创新机制，形成系统性、集成性的创新，更好发挥龙头企业在科技创新方面的引领带动作用。三是引导企业创新体制机制，激发创新活力。落实国家和省促进创新的激励制度，强化国有企业尊重知识、尊重创新、充分体现智力劳动价值的分配导向，健全由知识、技术、管理等要素市场决定的报酬分配机制，鼓励企业通过股权、期权、分红等激励方式，对在创新中做出重要贡献的技术人员实施激励，激发科研人员的创新积极性和企业的创新活力。

（三）完善政策

政府政策支持，是助推产业、行业、企业快速发展的有效动力。应当完善政策体系，发挥落地效应，更好推动创新引领型企业建设。一是完善税收优惠政策。针对企业与税收部门普遍反映的研发经费加计扣除范围不清的问题，建议由科技部门会同税务部门在现行办法基础上，对研发活动的认定做出进一步解释和说明，形成易理解、可操作、便执行的细化标准，并组织开展一些培训活动，让企业明白哪些能够扣除、哪些不能扣除，使更多企业更大力度地享受到此项政策。二是完善财政补助政策。目前对高新技术企业实行的15%的优惠所得税率政策，是按照企业利润进行优惠的。针对省内近一半企业并没有受惠的现实情况，一些企业建议可按照研发投入加计扣除额度或研发投入比例两种方式进行财政补贴，强化普惠性财政政策支持。比如，对研发投入占销售收入比例超过4%的企业，可给予研发费用后补助政策支持，由科技部门对研发费用进行确认，由财政部门对认定超出4%的费用部分按照一定比例给予后补助。三是完善金融支持政策。针对省里确定的生物育种、通信技术、超级电容、工业CT四大创新引领型项目，建议由发改、工信、财政等部门联合设立产业发展基金，加大培育支持力度。鼓励和支持金融机构根据高新技术企业和新兴产业发展特点，创新信贷模式，实施差别化的信贷管理制度。建立融资风险补偿机制，为金融机构开展的针对高新技术企业的信用贷款、信用保险、股权质押、知识产权质押、创业投资等业务提供风险补偿。四是完善协同创新政策。建议有针对性地完善相关政策，一方面，人社部门、教育部门、科技部门在科研机构和高校科研人员有关职称评定、业绩考核、成果鉴定等方面，应将产学研开展情况尤其是科技成果在企业实际转化情况作为重要依据，引导科研人员以企业需求为导向开展科研；另一方面，对企业先行投入，在重大产业关键共性技术、装备和标准的研发攻关上开展产学研合作的，经科技部门认定后，由财政部门通过后补助、间接投入等方式给予奖励。五是完善知识产权政策。支持企业加快培育一批技术创新难度高、保护范围合理稳定、市场发展前景好、竞争力强的高价值专利，对企业研发的发明专利，各省辖市可结合当地实际给予一定额度的资金奖励。构建知识产权侵权查处、纠纷调解体系，建议知识产权管理部门加大知识产权保护执法力度，开展知识产权矛盾纠纷调解工作。同时，对商业模式创新给予积极的鼓励与保护。

B.26 以自由贸易试验区为抓手培育河南经济发展新优势

张婷玉　段平方*

摘　要： 自由贸易试验区（简称“自贸区”）的设立为身处内陆地区的河南构筑了对外开放新高地，对河南培育经济发展新优势提供了崭新平台。本文重点介绍了河南自贸区揭牌以来所取得的成绩，探讨了自贸区培育河南经济发展新优势的机理，并认为河南应该依托自贸区探索发展自由贸易港，不断加快跨境电子商务发展，提升开放型经济发展水平，助推产业结构升级，加速建立高端智库。

关键词： 河南　自贸区　经济发展

一　中国（河南）自由贸易试验区发展现状

为了保持经济健康发展，中国大力推进自贸区战略，通过更加主动的对外开放倒逼改革，通过自贸区打造新的对外开放平台，为中国经济发展注入新的驱动力。截至目前，中国自贸区已正式扩围到11个，形成了“1+3+7”的雁形发展格局。在第三批批准建设的自贸区中，有五个属于内陆型自贸区，即位于中西部地区陕西、四川、重庆、河南、湖北的自贸区，这标志着自贸

* 张婷玉，博士，郑州大学商学院讲师；段平方，博士，副教授，郑州大学商学院国际经济与贸易系主任。

区建设的步伐已经从沿海延伸至内陆。中国（河南）自由贸易试验区作为中部内陆自贸区，被赋予打造“两体系一枢纽”的特色要求和试验任务。

（一）建立概况

2016 年 8 月，国务院正式批复设立中国（河南）自由贸易试验区（下文简称“河南自贸区”）。2017 年 3 月，国务院下发《国务院关于印发中国（河南）自由贸易试验区总体方案的通知》（国发〔2017〕17 号）以及《中国（河南）自由贸易试验区总体方案》。2017 年 4 月 1 日，河南自贸区正式揭牌。河南自贸区分为郑州、洛阳、开封三个片区，总面积约 119.77 平方公里。郑州片区约 73.17 平方公里，洛阳片区约 26.66 平方公里，开封片区约 19.94 平方公里（见表 1）。

表 1　河南自贸区各片区范围及发展重点

片区	区块	面积（平方公里）	发展重点
郑州片区	经开区	41.22	依托中欧班列和海关特殊监管区域等，重点探索以促进交通物流融合发展和投资贸易便利化为主要内容的体制机制创新
	郑东区	31.67	依托金融总部和高端服务业集聚优势，重点探索投资制度改革、金融开放创新、要素市场建设、完善事中事后监管体系等
	金水区	0.28	依托服务外包、科技创新优势，重点探索服务贸易领域、“双自联动”体系等创新发展
洛阳片区	洛阳国家高新技术开发区	18.88	传统装备制造、机器人、新材料、智能装备制造等高端制造业
	涧西区	7.78	研发设计、国际文化旅游、文化创意、电子商务、服务外包、文化贸易、文化展示等现代服务业
开封片区	国家级开封经济技术开发区及开封城乡一体化示范区	19.94	重点发展服务外包、医疗旅游、创意设计、文化传媒、文化金融、艺术品交易、现代物流等服务业；提升装备制造、农副产品加工国际合作及贸易能力，构建国际文化贸易和人文旅游合作平台，打造服务贸易创新发展区和文创产业对外开放先行区，促进国际文化旅游融合发展

资料来源：根据河南自贸区官方网站资料整理所得。

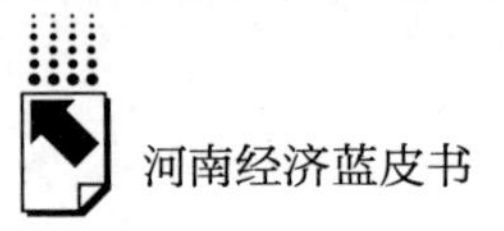

（二）发展情况

河南自贸区自挂牌运行以来，以制度创新为核心，以风险防控为底线，在转变政府职能、投资领域开放、贸易转型升级、金融领域开放创新、提升现代综合交通枢纽和现代物流中心功能等方面积极探索与创新，取得了显著成效。

1. 政府职能改革成绩斐然

云政务平台投入使用，全面深化“放管服”综合改革。在全国率先推行“三十五证合一”，比国务院规定时间提前了两个月，“三十五证合一”改革走在了全国的前列，成为全国“放管服”改革领域的亮点品牌。大力推行“一次办妥”政府服务体系建设，在企业创办时实行“一窗受理、一表申请、一套材料、一网归集、一档管理”的“五个一”办理模式，有效解决企业办理证照时“部门多次跑、材料重复交、办理时间长”等问题。逐步下放经济管理权限，充分释放自贸区在自主决策、制度创新、探索实践等方面的空间和活力，加快自贸区体制、机制创新。

2. 招商引资成效显著

在扩大投资领域开放方面，落实负面清单管理制度，进一步激发企业活力。截至 2017 年底，河南自贸区新设立企业 23623 家，注册资本总额 3175.41 亿元。新设立企业中，内资企业 23484 户，注册资本 3098.81 亿元；外资企业 139 户，注册资本 76.6 亿元，合同利用外资 8.22 亿美元，实际利用外资 4.98 亿美元。分片区来看，郑州片区新设立企业 17793 家，注册资本总额 2124 亿元人民币；开封片区新设立企业 2212 家，注册资本总额 507.05 亿元人民币；洛阳片区新设立企业 3618 家，注册资本总额 544.36 亿元人民币。国内外 500 强企业 129 家，占新注册企业总数的 0.55%。其中，郑州片区 93 家，开封片区 16 家，洛阳片区 20 家。

3. 对外贸易发展形势喜人

自河南自贸区挂牌以来，海关各项业务发展平稳，贸易便利化水平不断提升，外贸发展形势喜人。截至 2017 年 11 月底，河南自贸区实现进出口总额 174.3 亿元人民币。

河南自贸区大力培育跨境贸易新业态，助推贸易转型升级。河南跨境电商是“网上丝绸之路”的标杆和典范。第一，业务发展水平全国领先。2017 年 1～11 月，郑州实现跨境电商交易额 440.3 亿元，占全省总交易额的 46.8%，完成全年目标的 97.2%。目前自贸区海关备案企业已达 1110 家，法人注册企业 120 多家，园区上市企业 9 家，产业生态基本形成；辐射全球 77 个国家和地区，间接服务 3 万多家企业，3557 万终端消费者。第二，推动中国成为全球电子商务新的国际贸易规则的制定者。2017 年 7 月，首届全球跨境电子商务大会在郑州举行，彰显了河南跨境电子商务在全球的影响力。此次会议在跨境电商发展的制度创新、交流合作以及机遇和挑战等方面达成了一系列共识，最重要的便是提出引导建立 EWTO（电子世界贸易组织）的贸易制度和规则，为中国赢得新的国际贸易规则领域的话语权。2017 年，郑州全面启动 EWTO 核心功能集聚区建设，标志着河南跨境电商发展又开辟了一个新领域，将为构建 EWTO 国际规则做出里程碑式的贡献。

4. 金融改革创新成效显现

第一，政府相关部门出台政策支持自贸区建设。2017 年 8 月，河南银监局印发了《关于简化中国（河南）自由贸易试验区内银行机构和高管准入方式的实施细则》和《河南银监局关于进一步加强中国（河南）自由贸易试验区金融服务工作的二十条措施》（简称“二十条措施”）两个制度文件助力河南自贸区金融改革创新。“二十条措施”精准对接现代立体交通体系、现代物流体系、现代综合交通枢纽建设的金融需求，提出了支持物流和供应链发展的金融创新。第二，不断创新金融产品。在河南银监局支持下，全省银行业金融机构不断加强沟通协调，积极争取各方面的支持，不断提升自贸区机构准入效率。比如中国银行河南省分行着力打造自贸区三级服务体系，已经在郑州、洛阳、开封 3 个片区挂牌成立 4 家自贸区业务专业服务机构；中原银行在自贸区设立了 7 家分支机构，并将进一步打造自贸区特色经营机构；交通银行河南省分行积极争取总行离岸中心支持，为企业办理离岸结算业务；平安银行郑州分行开立自贸区特色同业往来账户，积极尝试开展人民币贸易融资资产的跨境转让。

5. “一带一路”交通物流枢纽加速形成

航空枢纽建设方面，截至2017年底，郑州机场有货运航空公司21家，货运航线34条，通航城市37个，其中全球前20位货运枢纽机场已通航15个。客运航空公司41家，客运航线187条，通航城市95个，基本形成了横跨欧亚美三大经济区、覆盖全球主要经济体的枢纽航线网络。陆港建设方面，郑欧班列实现“八去八回”，形成“境内境外双枢纽、沿途多点集疏”格局，境内外合作伙伴达2480余家，形成了遍布欧盟、俄罗斯及中亚地区的24个国家121个城市业务网络。

二　自贸区是河南提升经济发展的新动力

河南地处中部地区的核心地带，拥有庞大的人口市场、优越的地理位置，在国家发展大局中的作用愈来愈重要。随着国家“一带一路”倡议的推进，中西部地区的进一步开发逐渐被提上日程，河南连接东西、贯穿南北的区位优势也愈发明显。鉴于此，河南自贸区作为第三批挂牌成立的内陆型自贸区之一，将充分发挥交通、区位、产业等独特优势，着力深化改革开放，强化体制机制创新，打造对外开放高端平台，逐步发展成为“一带一路”建设的核心腹地，从而为内陆地区开展国际经济合作和转型发展探索新模式，引领带动全省乃至中西部地区参与全球资源整合，打造内陆开放高地。

（一）打造河南新的经济增长极

经济发展的过程就是不断寻找和培育经济增长极的过程。根据“经济增长极”理论，经济增长通常是从一个或数个“增长中心”逐渐向其他部门或地区传导。因此，应选择特定的地理空间作为增长极，以带动经济发展。顺应这一发展规律，国家也在不断培育经济增长极。从20世纪80年代设立深圳、珠海等沿海经济特区，到90年代设立上海浦东、天津滨海等国家新区，之后又通过国家经济技术开发区、国家高新区等国家开发区平台以及跨境电商试验区、航空经济试验区等专业化国家试验区的建设，使得经济开发逐步向内陆地区扩展。当前自贸区的建立为身处内陆地区的河南提供了对外开放的新高地。河南应借助自贸区制度创新，简化行政手续，营造更加公平透明的营销环境，对接国际贸易投资新规则，从而最大限度地释放经济潜能，为经济发展注入新动力，引领经济快速发展，加快形成中原经济区增长极。

（二）促进区域经济协调发展

长期以来，东部是中国开放型经济发展前沿地区，相比中西部地区，东部地区在全球资源要素的配置能力方面更胜一筹。要素分配不均衡导致各地区开放的层次不同，进而也加剧了东西部地区经济发展的不平衡。内陆省份受限于地理位置，在外向型经济发展中处于不利地位，缺乏对外开放的平台和发展引擎。河南作为中部崛起战略的主体省份，是全国区域协调发展的战略支点和重要的现代综合交通枢纽，在地理位置上处于“一带一路”西向、南向和连接“海上丝绸之路”的交会点，在经济发展水平上为中西部省份之首。因此，河南自贸区的设立对于内陆地区实现更高层次的对外开放具有重要的战略意义，自贸区的探索有望为中西部内陆省份提供可复制、可推广的成功经验，从而辐射带动中西部地区经济转型，促进东中西部地区的协调发展。

（三）打造河南对外开放新高地

河南地处内陆，不靠海、不临边、不沿江，与东部和南部省份相比，对外开放水平偏低。在进出口总额方面，2016 年广东和江苏进出口总额分别是河南的 13.4 倍和 7.1 倍；从进出口结构来看，2016 年，河南高新技术产品进出口总额为 3592.7 亿元，仅分别为广东和江苏的 8.4% 和 16.9%。从外资利用情况来看，2016 年，河南实际利用外商直接投资额为 169.9 亿美元，广东和江苏分别为河南的 1.37 倍和 1.44 倍；河南引进的外商投资主要

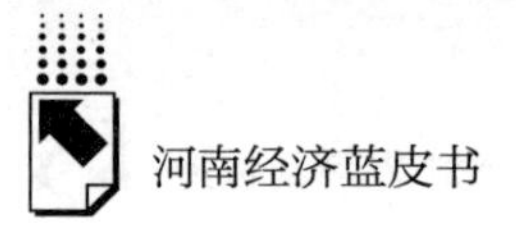

集中在制造业领域，第三产业实际利用外资比例远低于全国水平和其他省份。在吸引外资方面，河南仍有较大的发展空间和提升潜力。

自贸区是制度和规则创新的重要试验田，投资和贸易便利化方面的创新和探索是重要的试验内容，这些探索有助于进一步扩大河南对外开放程度，加速优质资源、人才、资金等向河南集聚，为河南提升开放型经济水平提供优越的营商环境。河南可根据自贸区的战略定位，发挥区位优势，积极融入“一带一路”建设，加强与“一带一路”沿线国家的合作，促进投资和贸易发展，打造内陆对外开放新高地。

（四）促进河南产业结构升级

改革开放几十年以来，中国经济取得了举世瞩目的成就，但是经济高速增长的背后，却是区域发展失衡、居民收入差距扩大等。在这种发展模式下，东部地区建立了较为完备的产业体系，而中西部地区则落入了产业结构低端化、产品同质化的“比较优势陷阱”。与东部发达省份相比，内陆地区传统产业比较多，工业的发展主要依靠重工业和化工业，缺乏相对高端的制造产业，而且产业规模小，相互之间的关联性又很低，导致产业链较短，不能形成具备一定规模的产业链。

当前，河南产业结构升级和工业化步伐明显加快，但仍然存在一些问题：一是第三产业比重有待进一步提升，结构有待进一步优化；二是工业主导层次相对较低，对资源依赖性较强，产业带动力有待加强；三是工业企业规模小，行业集中度不高，自主创新能力不足，对经济增长贡献率有待提升。

河南产业升级问题迫在眉睫，而自贸区的设立为河南加快产业升级提供了历史新机遇。一是河南可根据自贸区的战略定位，发展特色和优势产业，避免以往的同质化竞争和恶性价格竞争；二是能够利用自贸区投资便利化政策以及产业扶持政策，促进资本流动和高端人才流入，在河南建立高端技术研发中心，向产业链高端迈进；三是自贸区在金融、物流、海关监管、投资贸易便利化等方面的政策和管理体制创新，有助于河南催生高附加值的战略性新兴产业，拓展传统贸易业态，促进产业集聚。

三 以自贸区为抓手培育河南经济新优势的路径选择

河南经济新优势的培育要立足于自贸区战略，顺应重大国家战略任务，发挥自身优势，旨在将河南打造成内陆开放型经济示范区。

（一）依托自贸区，提升河南开放型经济发展水平

充分利用自贸区制度创新的优势，加快在投资、贸易、金融领域的创新，以自贸区为窗口，扩大开放程度。一方面要勇于打破传统制度束缚，敢于创新，借助投资贸易便利化措施和金融创新，进一步打开“引进来，走出去”的大门，在增加贸易额、投资额的基础上，注重质量的提升和新兴贸易业态的拓展。另一方面，要善于利用自贸区这张名片，以开放、包容的姿态，积极融入国家“一带一路”建设，加强与“一带一路”沿线国家的经贸合作，将自贸区打造成为河南对外开放的新标杆。

（二）依托自贸区，探索发展自由贸易港

党的十九大报告提出“赋予自由贸易试验区更大改革自主权，探索建设自由贸易港”。自由贸易港是全球开放水平最高的特殊经济功能区，是自贸区的“升级版”。目前，上海、广州、厦门等地区正在积极探索和筹备建设。河南应该积极关注自由贸易港建设，学习借鉴中国香港、新加坡、迪拜、汉堡、鹿特丹等自由贸易港的发展经验。河南虽身处内陆，没有海港的区位优势，但郑州航空港是国内第一个也是唯一一个由国务院批复设立的航空港经济发展先行区，是河南对外开放的重要平台和窗口，河南应该利用郑州航空港的口岸优势，利用作为全国铁路网、高速公路网中心的地理优势，对标国际最高水平，探索建设内陆型自由贸易港，在内陆地区建立高标准的对外开放区域，这将有利于河南在国际分工中居于更加有优势的位置，并为内陆地区建立自由贸易港探索新路径，积累经验。

（三）依托自贸区，加快跨境电子商务发展

跨境电商是国际贸易新兴业态，具有全球性、开放性的特点。而河南跨境电商一直走在全国前列，具备先发优势，是跨境电商发展的风向标。河南自贸区的设立为跨境电商的提速发展提供了历史契机。河南应该依托自贸区的政策创新优势，进一步探索多样化的跨境电商业务模式，鼓励创新型电子商务向河南境内集聚，构建种类丰富的跨境电子商务产业链和生态链。以促进贸易便利化为核心，探索适合跨境电商发展的监管模式，充分利用大数据、云计算等，整合各部门资源，打造高效完善的电子商务服务平台，使得商品交易和信息流通更加高效率、低成本，促进河南新型贸易业态发展。

（四）依托自贸区，助推河南产业结构升级

一是充分发挥河南区位优势，积极承接境内外产业转移，加强项目对接，重点与境外优势企业合作，引进高精尖的重大项目，提升产业合作层次，大力发展高端制造业和现代服务业。二是依托自贸区，实现自贸区与航空港的耦合发展。航空港是河南产业升级的重要加速器，航空港布局的“大产业”是以航空物流业、高端制造业和现代服务业为主导产业，具有增长率高、带动性强的显著特征。河南应充分借助自贸区和航空港两大国家战略，发展高技术、高附加值的临空指向性产业，助推河南向全球产业链高端跃升，进而优化产业结构。

（五）依托自贸区，加速建立河南高端智库

河南劳动力资源丰富，但质量偏低，外向型经济专业人才更是捉襟见肘。以郑州大学为例，郑州大学商学院国际贸易专业每年本科和研究生毕业生仅有 50 人左右，而其中真正从事外贸的学生更是寥寥无几。另外，河南地处内陆，在人才引进方面也不占优势。因此，河南应利用自贸区的政策优势，抓紧培育和引进国内外人才，让自贸区在建设过程中所需的贸易、金融、航运、管理、物流等领域的高层级人才得到充分保证。一方面，要充分

挖掘本地资源，利用本省院校培养所需人才，与此同时，还要加强对高校“智囊团”的重视，汇集他们的智慧，并及时对他们的建议进行归纳、分析，对合理有效的优质建议及时采纳。另一方面，要注重吸纳来自国内外的优秀人才，开设人才高密度聚集和人才培养可持续的引智实验区。开设绿色通道吸引优秀留学人才，与国外人才创新项目开展合作交流，学习先进管理制度，打破人才培养障碍。总之，要紧密围绕自贸区，结合产业项目开展人才培养工作，打造高端人才团队，加快自贸区高端智库建立，为河南经济发展提供智力支持。

参考文献

陈有真等：《内陆自贸区建设：中国深化经济体制改革的必然选择》，《理论视野》2015 年第 8 期。

方磊等：《中国内陆地区自贸区建设模式研究》，《中州学刊》2016 年第 1 期。

黄建忠等：《中国自由贸易试验区研究蓝皮书（2015）》，机械工业出版社，2015。

裴长洪等：《中国（上海）自由贸易试验区一周年总结研究》，机械工业出版社，2015。

刘霞辉：《中国经济转型的路径分析》，《北京工商大学学报》2016 年第 1 期。

夏旭田等：《第三批自贸区布局内陆开放，着眼风险测试与差异化探索》，《21 世纪经济报道》2017 年第 4 期。

汪和建：《经济全球化转型与中国经济增长模式转换——问题与策略》，《学术研究》2016 年第 4 期。

B.27
河南跨境电子商务现状、问题与发展建议

潘　勇*

摘　要：　近年来，河南依托国家和省委省政府相关政策以及郑州航空港交通枢纽建设在跨境电子商务发展方面逐步具备一定优势。本文梳理了2013～2017年河南跨境电子商务的发展现状，认为当前跨境电子商务还存在对政策的依存度过高、进口业务亟须转型升级、物流和产业链仍需完善、信息化水平仍然较低以及跨境电子商务专业人才缺乏等问题，并提出了有针对性的对策建议。

关键词：　河南　跨境电子商务　对外贸易

随着信息技术发展和消费者需求结构变化，传统的大额对外贸易逐渐被多批次、小批量的外贸需求订单所替代，跨境电子商务引领的“互联网+外贸”正成为外贸增长新的发力点。河南抓住国家促进跨境电子商务发展的政策利好，出台配套措施，努力积累跨境电子商务发展的先发优势。

一　河南跨境电子商务发展现状

（一）国家政策叠加优势明显，河南跨境电子商务发展步入新阶段

河南跨境电子商务经历了跨境电子商务试点城市阶段和跨境电子商务综

---

* 潘勇，博士，教授，博士生导师，河南财经政法大学电子商务与物流管理学院院长，中国信息经济学会副理事长。

合试验区阶段。

1. 跨境电子商务试点城市阶段

2012 年 5 月，国家发改委下发《关于组织开展国家电子商务示范城市电子商务试点专项的通知》，确定由海关总署组织有关示范城市开展跨境贸易电子商务服务试点工作。同年 8 月，郑州跨境贸易电子商务服务试点方案获批。同年 12 月，由国家发改委、海关总署共同组织的跨境贸易电子商务服务试点工作正式启动，首批选定上海、重庆、杭州、宁波、郑州 5 个试点城市，之后又相继批复广州、深圳、天津共 8 个试点城市，共同探索制定通关服务信息流程和统一的标准规范。郑州成为首批中国跨境贸易电子商务服务试点城市之一，河南跨境电子商务发展步入新阶段。2013 年 7 月，郑州“E 贸易”试点进行首单业务测试。2013 年 12 月，郑州试点信息化平台率先上线。2014 年 7 月，海关总署发布〔2014〕57 号公告，增列海关监管方式代码“1210”①。“1210 模式”由河南创新提出并由海关总署推广至全国。2015 年 3 月，郑州试点在全国率先突破单日放量 100 万单；8 月，在全国率先突破双日 200 万单；11 月，实现综合税收 1.05 亿元，直接或间接拉动就业 30000 人；截至 2015 年底，郑州试点业务单量、实现税收额、企业参与数等综合指标排名均居全国试点城市首位。

2. 跨境电子商务综合试验区阶段

2016 年 1 月 6 日，国务院印发《关于同意在天津等 12 个城市设立跨境电子商务综合试验区的批复》，郑州正式开展跨境电子商务综合试验区建设。2016 年 5 月，河南省政府印发《中国（郑州）跨境电子商务综合试验区建设方案》，对试验区建设进行全面部署。乘着获批建设的强劲东风，郑州跨境电子商务综合试验区初步构建了“三个平台，七大体系”的顶层设计框架。同年 8 月，中国（河南）自由贸易试验区决定设立。2017 年 3 月

① 海关监管方式代码“1210”，即“保税跨境贸易电子商务”，适用于境内个人或电子商务企业在经海关认可的电子商务平台实现跨境交易，并通过海关特殊监管区域或保税监管场所进出的电子商务零售进出境商品（海关特殊监管区域、保税监管场所与境内区外之间通过电子商务平台交易的零售进出口商品不适用该监管方式）。

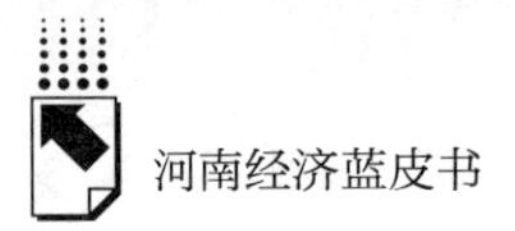

15日，中国（河南）自由贸易试验区批复设立；4月1日，正式挂牌。中国（河南）自由贸易试验区的设立，将吸引大批国内外物流龙头企业落户河南，进而形成国际物流资源的共通融合，这对于中原经济带资源的盘活、内陆的发展以及河南的跨境电子商务发展都有积极的促进作用。

（二）进出口业务增长迅速，跨境电子商务成为外贸新增长点

郑州自2012年被国家列为跨境电子商务服务试点城市以来，跨境电子商务零售进出口业务发展较快，业务单量、货值总量、综合税收额等综合指标均居全国试点城市首位。根据河南保税物流中心数据，2013年7月15日开始测试时业务量仅仅427单，全年累计9061单，交易总货值472万元。2014年共计受理50.1万单，交易总货值1.63亿元。2015年业务量呈爆发式增长，业务量达5109.15万单，交易总货值39.26亿元，关税征收额约1.12亿元，其中进口货值达38.68亿元，出口货值达0.58亿元，单日进出区最高业务量更是突破105万单。2016年受国家实施跨境电子商务零售进口税收政策及监管措施的影响，郑州跨境电子商务各指标曾一度出现较大波动，但总体看仍保持快速增长态势，2016年业务量达8290.3万单，交易总货值64亿元，同比增长超过60%。

2016年全省跨境电子商务交易额达768.6亿元，比2015年翻了一番多。2017年1~9月，全省跨境电子商务交易额达750.8亿元（含快递包裹），占全省对外贸易的23.7%；其中全省跨境电子商务出口交易额为547亿元，占全省跨境电子商务总交易额的72.9%，B2B出口交易额为288.5亿元，占全省跨境电子商务出口总额的52.7%。另外，B2C出口迅猛发展，根据郑州海关监管数据，跨境电子商务零售出口达730.3万票，同比增长3.4倍，商品总值为2.4亿元，同比增长约10.2倍。

（三）坚持发展新理念，郑州模式领先全国

1. 创新

河南保税物流中心在全国首创了“电子商务+保税中心+行邮监管”

的通关监管模式，即“1210 模式”，也被称为“郑州模式”。正是这个模式，让郑州“E 贸易”扶摇直上，“凭空”打造出一个领先全国的新兴产业，使不沿海不沿边的河南，依靠 E 贸易实现了内陆省份弯道超车，打造了一条“网上丝绸之路”。

李克强总理指出“跨境电子商务综合试验区不是政策洼地，而是制度高地。试验的核心，是监管模式的创新和发展模式的创新”。郑州跨境电子商务综合试验区正是秉持这一原则，始终承担着探索构建中国特色跨境电子商务发展新模式、新规则的使命。河南保税物流中心创新性地提出了“三个一”的通关模式，即“一次申报、一次查验、一次放行”，大大提升了通关效率，被李克强总理称赞为“秒通关”。

河南保税物流中心作为“1210 模式”的制定者和践行者，不断拓展服务范围、提高服务水平，吸引了聚美优品、唯品会、网易考拉、小红书等全球前十位的跨境电子商务平台集聚园区。截至 12 月 25 日，郑州“E 贸易”交易额突破百亿大关，达到 100.02 亿元，提前完成年度目标同比增长 62.2%；纳税 12.49 亿元，同比增长 101.8%，创郑州跨境电子商务业务发展新纪录。

2014 年 5 月，习近平总书记考察郑州跨境贸易电子商务试点项目时，提出“买全球卖全球”的目标。2016 年，河南保税物流中心不断强化核心区功能，持续优化升级“秒通关”信息化平台，建成“1 + 9”跨境综合试验区智能查验分拨中心，在提高 30% 的物流时效的基础上还降低了 20% 的成本。目前，郑州跨境电子商务综合试验区已在顶层设计、通关模式、质量安全、业务流程、平台建设等方面积累了“可复制、可推广”的经验，为跨境综合试验区、河南自贸区建设提供了核心支撑。

2. 协调

河南跨境电子商务的快速发展得益于省政府与国家相关部门的积极协调，得益于不同部门之间的密切配合，得益于保税区、综合试验区内部企业之间的相互配合。实现监管模式由原来的“三合一”转变成“一平两融多合一”，即搭建一个连接政府各部门办事大厅和企业的服务线上线下窗口，达到内贸和外贸融合发展目标，实现网购保税、一般直购、一般贸易、邮件、快件、国内普货等多种业务监管场地合一。

3. 绿色

绿色是互联网经济的重要特征之一，互联网与传统产业融合之后，也能让传统产业绿色发展。郑州跨境电子商务正支撑着工业、农业等各个领域传统外贸和生产型企业的转型升级，通过对传统产业进行互联网基因改造，依托“互联网 + 跨境贸易 + 智能制造”，实现优进优出和产业迭代更新。

4. 开放

郑州跨境电子商务主动融入“一带一路”体现了开放的理念。与此同时，河南也加快了各类开发开放区域、开放平台以及口岸建设步伐。目前，郑州航空港经济综合实验区、中国（郑州）跨境电子商务综合试验区、郑洛新国家自主创新示范区、中国（河南）自由贸易试验区都已落地河南。同时，河南也是内陆省份中拥有口岸种类最全、数量最多的省份。除此之外，河南目前正在着力打造一批产业园区，培育一批龙头企业，实现国际国内合作与省内产业转型升级良性互动，加快培育外贸竞争新优势，助推“河南制造”更好更快走出国门。

5. 共享

共享是互联网文化，是互联网发展的根本宗旨。郑州跨境电子商务综合试验区大量的中小企业通过电子商务平台，直达客户终端，通过在线化、直接化经营模式，正在引领中外消费者进入普惠贸易新时代。

（四）交通物流枢纽优势显著，跨境电子商务配套物流体系趋于完善

郑州是国家中部地区重要的中心城市，是集航空、铁路、高速公路为一体的综合交通枢纽，围绕“枢纽 + 通道 + 口岸”，着力提升物流中心功能。铁路“双十字”和“米字形”高铁网、郑欧班列、航空港轮辐式航线、以郑州为核心的“两环多放射”高速公路网、“三横八纵”国省干线公路网等，逐步形成辐射全国、联通世界、服务全球的多式联运的交通大格局。航空、铁路、公路、保税中心的资源被整合起来，实现了“机、铁、公、海”

一体化集散分拨功能。

截至2016年，河南铁路网、公路网布局基本完成，航线网络建设拓展加速，郑州机场已开通国际航线54条，联通亚、欧、美、澳四大洲，汇聚了周边省份及长三角、珠三角、环渤海湾等地区的进出口货物，卢森堡航空、俄罗斯空桥航空、美国特特拉斯航空、丝绸之路西部航空、阿联酋航空、大韩航空和泰国暹罗航空等40余家国内外知名航空巨头纷纷抢滩入驻。2016年，郑州机场出入境航班1.62万次，机场货邮吞吐量达45.9万吨，比2015年增长13.1%。2017年，郑欧班列实现每周“8去8回”，境内辐射全国3/4的省份，境外覆盖20个国家108个城市。郑欧班列的贯通让郑州成为中部亚欧大陆桥的新起点，具有较低的运输成本、较大的载货能力以及较强的辐射带动能力，让更多的“中国制造”源源不断地从全国集结到郑州后再向世界各地发出。

（五）郑州跨境电子商务综合试验区建设再发力，产业集聚效应初步显现

随着郑州跨境电子商务综合试验区资源虹吸效应的逐步显现，部分跨境电子商务产业链龙头企业和平台逐步进驻园区。目前，河南保税物流中心备案企业已达1000多家，进口货源地覆盖50多个国家，出口地覆盖70多个国家。聚美优品、网易考拉、小红书、唯品会等多家电商云集于此，跨境电子商务产业链和生态链日臻完善，间接服务3万多家企业，3557万终端消费者。经过郑州跨境电子商务综合试验区的不断探索，日臻完善，通过建设再发力，将进一步增强产业集聚效应。

二　河南跨境电子商务发展中存在的主要问题

（一）行业与政策的依存度过高

2016年之前，“老三样”即化妆品、保健食品和母婴用品是郑州跨境电

子商务综合试验区的主要商品交易品类。此三类商品交易高度依存于产业政策，一旦产业政策改变，便会对商品交易格局产生较大影响，如2016年4月的跨境税收调整，便对河南跨境电子商务造成很大冲击。之后河南跨境电子商务进口商品逐步从“单一品类”向“全品类”过渡，2017年新增备案商品超过6000种，总备案商品超过67000种，但是离“全品类”仍然有一定的距离。为了保证跨境电子商务健康有序的发展，国家再次将跨境零售进口监管过渡期政策延长一年，至2018年年底，但是我们仍需要未雨绸缪，妥善应对政策调整的影响。

（二）进口业务亟须转型升级

河南开展跨境电子商务以来，取得了显著的成绩，进口方面形成了可向全国推广的保税进口模式，并且充分利用综合交通枢纽优势及保税仓的功能优势，建成全球跨境物品集散分拨中心，但在某些方面仍然存在一些问题。一是省内自建平台不足，严重依赖外来平台。河南本土跨境电子商务进口平台有万国优品、中大门、郑欧商城等，线上平台运营能力较差，线上流量较少。以郑欧商城为例，其销售收入主要来自线下实体店、经销商、零售商订单等。二是进口商品结构单一，跨境电子商务消费者参与度不高。目前进口商品主要以化妆品、母婴用品、电子产品等居多，商品结构较为单一。消费者对进口电子商务平台认识不足，跨境在线消费还有很大空间。

（三）跨境电子商务物流和产业链亟待进一步完善

跨境电子商务订单多以零售为主，具有金额小、体积小、频率高的特点，其物流形式多采用国际第三方物流、B2C外贸企业联盟集货和保税区备货，以及海外仓储等方式。国际第三方物流可以使得跨境电子商务企业的主要精力放在主营业务上，但是资费不一，并且不能保证供货的准确性和及时性；B2C外贸企业联盟集货和保税区备货不仅可以产生规模效益，降低运输成本，而且可以缩短配送时长，但是管理起来相对困难；海外仓储模式可以有效提高速度，但成本较高。因此，跨境电子商务物流的复杂性和特殊性容易造成如下问题：一是跨境物流配送滞后。跨境物流配送路线长、运输方式复杂，配送时间较长。二是物流体系信息化程度较低。存在多家物流公司信息资源整合困难的问题，以至于包裹无法全程追踪，无法实现全流程透明。三是物流售后维权困难。跨境物流配送方式交互复杂，通关手续烦琐等，甚至造成清关障碍和破损、丢包的情况，消费者问责主体不明。

河南跨境电子商务仍处于探索性发展阶段，完备的跨境电子商务产业链还没有完全建立，依然存在许多薄弱环节，包括：跨境电子商务综合试验区企业招商受限，龙头企业尚少，辐射效应低，产业集聚效应不明显；跨境电子商务配套服务主体处于起步阶段，专业化程度低，缺乏自主创新能力；跨境电子商务平台多但是不强，引流能力差，分销体系及分销渠道单一，链条整体整合能力弱，与国内的龙头跨境电子商务平台相比，缺乏竞争优势；相关配套服务，如在支付、退税、通关、监管服务等方面存在相当程度的工作效率低、服务态度差等问题。

（四）信息化水平仍然较低

据河南信息中心的数据，2016 年，河南省信息社会指数仅为 0.3743，低于全国平均水平（0.4519）。全省信息社会指数同比增速为 4.69%，虽然同比增速居全国前列，但是信息化水平依然较低。全省信息社会发展水平居全国第 26 位，落后于经济发展指数排名（全国第 22 位）。除此之外，地市间信息社会发展水平也不平衡，省辖市之间在信息社会发展水平上差距悬殊，其中，信息化指数最高的郑州是周口的约 1.77 倍。

随着跨境电子商务的发展，跨境电子商务参与主体和参与客体的逐渐增多，面对错综复杂的出入境信息流、资金流、货物流，企业之间必须打造完整的信息化链条，构建完备的信息网络，聚合强大的信息化平台。当前河南大部分企业的信息化应用水平普遍较低，严重阻碍了全流程的信息化系统的建设与推广。

（五）跨境电子商务专业人才缺乏

跨境电子商务作为新兴的对外贸易方式，需要既懂得网络营销推广、网站设计维护、网络产品规划、电子商务供应链等电子商务知识，又需要掌握国际贸易实务、国际贸易法律、报关报检等国际贸易知识的复合型专业人才。虽然部分高校开设了电子商务和国际贸易专业，但其专业课程和培养目标仅限于各自专业范围，专业课程交叉少，部分专业课虽有交叉，但由于不是主修专业，学生们不重视而仅对其有浅显了解。除此之外，企业对人才的实践能力要求高，而大部分学校仅仅是理论的灌输，高校培养与企业需求存在脱节。

三　河南跨境电子商务未来发展的策略建议

（一）持续创新政府监管与通关体系

河南首创“电子商务＋保税中心＋行邮监管”的跨境电子商务保税通关模式，打造了领先全国的“秒通关”综合信用服务平台。但是，通关、通检服务、进出口标准化监管、电子支付监管、退税问题、外汇管理等仍然是制约跨境电子商务发展的重大问题。要创新跨境电子商务监管模式，推动建立货物贸易与服务贸易、进口与出口的标准化监管流程，支持B2B、B2C等不同种类业务模式的商品便捷通关。制定跨境电子商务进出境商品检验检疫申报和放行流程规范，完善跨境电子商务进出境商品检验检疫工作机制。推动组织机构代码和物品编码在跨境电子商务产品质量监管领域的应用，与全国组织机构代码库、商品信息库进行数据对接。

（二）建立跨境电子商务信息共享机制

要探索建立跨境电子商务信息共享机制，统一信息的标准规范、备案认证和管理服务，整合河南商务公共服务云平台、河南电子口岸与其他跨境电子商务公共服务平台资源，丰富完善跨境电子商务“单一窗口”综合服务平台功能，为监管部门和企业提供备案管理、统计监测、电商信用、风险预警、质量追溯等服务。依托“单一窗口”综合服务平台，统一信息标准规范、信息备案认证、信息管理服务，实现企业“一次备案、多主体共享、全流程使用”，监管部门、金融机构、电子商务企业、物流企业之间信息互联互通，口岸管理部门信息互换、监管互认和执法互助，为跨境电子商务信息流、资金流、货物流“三流合一”提供数据技术支撑。

（三）优化进口的同时扩大出口

跨境电子商务出口能够刺激海外流通末端需求，扩大对外贸易增量市场，加快新型外贸产业体系形成，创新驱动力（由境内产能驱动转变为境外需求拉动，由境外需求拉动转化为中国制造转型升级），实践结构性改革。除此之外，河南跨境电子商务的发展对政策有相当高的依存度，要想改变省内跨境电子商务参与主体政策依存度过高的情况，降低新税政策缓冲期对跨境电子商务产业的负面影响，就要在优化进口产业结构的同时扩大出口业务。第一，通过跨境进口来提升制造门槛，倒逼本土传统制造业转型升级，加大自主研发、自主营销、自主设计、自主服务力度，提质增效，提高产品的国际竞争力。第二，鼓励企业加强海外仓布局，打造跨境电子商务双向平台，拓宽出口营销渠道，在进口的同时推动出口。第三，革新外贸传统营销方式，探索“互联网 + 外贸”的营销模式，引导传统制造业和外贸的“触网”升级。

（四）完善跨境电子商务产业链

逐步整合完善跨境电子商务产业链，协同跨境电子商务主体与各配套服务主体（如第三方物流企业、金融机构等），推进跨境电子商务行业的全方位发展。一是完善全省跨境电子商务产业规划、空间布局，鼓励、支持各地突出特色、错位发展，建设一批特色鲜明、功能完备、产业集聚、富有活力的跨境电子商务综合园区。二是加强与国内外知名电子商务企业的合作，培育引进跨境电子商务第三方平台或服务企业，完善跨境电子商务配套产业链。引导现有电子商务平台开展跨境电子商务服务，支持本土跨境电子商务平台的发展。三是大力引进、培育外贸综合服务企业，为跨境电子商务企业提供通关、物流、仓储、融资、检验检测认证等全方位服务，提升跨境电子商务产业综合服务水平。

（五）加快培育创新主体，促进传统外贸升级转型

加快培育创新主体，解决跨境电子商务服务短板。一是加大以世界工厂网为代表的 B2B 出口平台、以河南保税物流中心为代表的进口平台的知名企业引进力度，辐射带动本土跨境电子商务企业的发展。二是加快跨境电子商务核心功能区的创新升级，持续推进信息通关服务平台、智能分拨体系等创新体制机制建设。三是加强培育本土跨境电子商务供应链服务企业，加大孵化力度，创新培育跨境电子商务供应链本土企业，解决跨境电子商务供应链服务短板。

（六）加快引进和培养跨境电子商务所需的综合性人才

首先，郑州跨境电子商务综合试验区应加快出台相关人才引进政策，吸收引进国内外专业的跨境电子商务管理团队和创新型人才。其次，搭建产学研结合创新服务平台，充分利用省内高校资源，培养本地“植根性”的创新型管理团队和综合性研究人员。最后，完善管理机制、协调机制、风险机制、评价机制、激励机制，通过机制完善保障产学研的创新积极性，刺激产学研产出，留住产学研人才。

B.28
河南商务中心区和特色商业区发展研究

袁祖霞　司曼珈　刘秋香*

摘　要： 为解决长期以来河南服务业发展增速偏低、占比偏低等“两个偏低”现象，推动服务业集聚发展，培育新的经济增长点，实现经济转型升级，2012年河南省委省政府做出了规划建设商务中心区和特色商业区的重要战略举措。本文通过对近年来“两区”发展变化情况进行深入分析，发现目前“两区”发展仍存在基础设施、营商环境滞后，产业集聚度较低、辐射带动能力较弱，“两区”之间发展不平衡等问题，并提出了针对性对策建议。

关键词： 河南　商务中心区　特色商业区

2012年，为解决长期以来河南服务业发展增速偏低、占比偏低等“两个偏低”现象，推动服务业集聚发展，培育新的经济增长点，实现经济转型升级，河南省委省政府做出了规划建设商务中心区和特色商业区的重要战略举措。商务中心区，是指在省辖市市区和未纳入中心城市组团的县城、县级市市区内，集聚金融、信息、研发、企业总部、中介服务及商业贸易等机构，拥有商务办公、会展（展示）、酒店、公寓、文化、娱乐等配套设施，

* 袁祖霞，高级统计师，河南省统计局副局长；司曼珈，高级统计师，河南省统计局统计监测评价考核处处长；刘秋香，河南省统计局统计监测评价考核处副处长。

能够为区域经济活动提供综合商务服务的城市功能区。特色商业区是在省辖市市辖区和纳入中心城市组团的县城、县级市市区内，集聚相关服务业企业，形成特色鲜明、具有一定规模和较强辐射带动作用，为一定区域提供特色商贸服务和相关商务服务的服务业集聚区。商务中心区和特色商业区（以下简称“两区”）是河南服务业发展的主要载体。

六年来，河南“两区”建设不断推进，基础设施逐步完善，规模总量持续壮大，集聚效应显著提升，业态模式创新发展，经济效益不断提高，成为引领带动全省服务业发展的新引擎。但目前“两区”发展仍存在基础设施不够完善，营商环境不够优化，产业集聚度、辐射带动能力有待进一步提高，“两区”之间发展不平衡现象较为突出等问题。各地应进一步强化服务业载体建设，促进“两区”提质扩容增效发展，实现以“两区”为抓手，推动现代服务业强省建设。

一 “两区”建设不断推进

（一）投资力度持续加大，基础设施日臻完善

六年来，全省“两区”投资力度不断加大，成为全省第三产业投资乃至全部固定资产投资增长的新亮点。2013～2016 年，“两区”分别完成固定资产投资 635.29 亿元、981.78 亿元、1610.01 亿元、2239.28 亿元，四年累计完成 5466.36 亿元，累计增长 2.5 倍，年均增速达 52.2%。“两区”投资年均增速比同期全省投资增速和第三产业投资增速分别高 35.8 个和 32.2 个百分点。“两区”投资额占全省投资的比重由 2013 年的 2.5% 上升为 2016 年的 5.6%，占第三产业投资的比重由 5.7% 上升为 11.6%。2016 年“两区”对全省第三产业投资增长的贡献率为 22.3%，对全省投资增长的贡献率为 13.1%。2017 年 1～11 月，全省“两区”完成固定资产投资 2498.69 亿元，同比增长 26.2%，比全省服务业投资平均增长水平高 11.8 个百分点。

“两区”引进项目特别是大项目不断增多。2013 年“两区”施工项目

个数仅398个，2016年增加到1056个；其中亿元以上项目个数由196个增加到564个，亿元以上项目占比由49.2%提高到53.4%。2017年1～11月施工项目个数为1720个，同比增加783个，其中：亿元以上项目652个，增加136个；新开工项目1226个，增加619个。

投资力度持续加大，“两区”内道路、市政管网、公共服务等配套基础设施逐步完善，城市窗口形象日益显现。截至2017年9月底，全省“两区”建成区面积达175.11平方公里，占规划面积的52.0%。

（二）集聚效应显著提升，规模总量不断壮大

基础设施逐步完善，营商环境日益优化，使得“两区”吸引力、集聚力不断提升。截至2016年底，全省“两区”入驻服务业企业1.62万家，比2013年底增加1641家，增长11.3%，其中规模以上服务业企业达到4345家，比2013年的1675家增加2670家，增长159.4%；规模以上服务业企业占比由2013年的11.5%提高到2016年的26.8%，提高15.3个百分点。2016年“两区”服务业企业吸纳从业人员达到63.29万人，比2013年的33.25万人增长90.3%。入驻“两区”的个体经营户户数及其从业人员保持年均15%以上的增长速度。2016年“两区”内金融机构期末存、贷款余额分别达1.24万亿元、0.81万亿元，比2013年分别增长66.8%、56.7%。“两区”金融机构期末存贷款平均余额占全省比重由2013年的20.7%上升到2016年的22.7%。2013～2016年，“两区”实现增加值、税收收入年均增长速度均达20%以上，2016年增加值、税收收入分别达到1214.49亿元、248.27亿元。2016年“两区”晋星个数达到66个。2017年前三季度，“两区”共入驻服务业企业1.53万家，同比增加1078家，增长7.6%，其中规模以上服务业企业达到4437家，同比增加1099家，增长32.9%；“两区”服务业企业从业人员达到57.07万人，同比增长38.7%。

（三）规模以上企业占比增加，特色集群日益突出

各地立足区位、交通优势，充分挖掘历史、文化资源，精准定位主导产

业，着力引进培育龙头企业，围绕关联性极强的产业链上下游进行资源整合和项目布局，形成特色产业集群。在“两区”入驻服务业企业中，规模以上企业个数占比由2013年的11.5%提高到2016年的26.8%，提高15.3个百分点。规模以上企业实现增加值占“两区”全部增加值的比重由2013年的78.8%提高到2016年的91.8%，提高13.0个百分点。

各商务中心区突出生产服务功能，以商务楼宇为载体，大力发展金融服务、信息服务、科技研发、商务中介等生产性服务业。各特色商业区突出生活服务，重点建设特色街区、专业交易市场，形成区域性、专业性服务中心。2016年，全省商务中心区生产性服务业增加值同比增长45.1%，占比达65%；特色商业区主导产业增加值同比增长31.0%，占比为65.5%。全省“两区”已经初步形成了林州建筑业总部大厦等199栋特色专业楼宇，开封鼓楼、内乡县衙等116条特色街区，新郑华南城、平顶山中原玉石城等167个新型专业市场。

（四）业态模式创新发展，产业层次不断提升

各地积极推动“两区”业态模式融合创新发展。搭建公共技术、交易展示、成果转化、创业孵化等公共服务平台，积极推动与制造业融合发展；完善物流配送、检验检测、资金结算、信息服务等配套功能，推动专业市场与电商平台融合；加快城市综合体建设，集聚先进业态和高端品牌，提供消费、娱乐、休闲等一站式服务；积极探索发展互联网金融、体验式消费等新型业态。

新业态新模式蓬勃发展，推动了“两区”转型升级，提升了产业层次。2014～2016年，以现代物流为主的交通运输、仓储和邮政业固定资产投资累计增长3.3倍，互联网和相关服务业固定资产投资累计增长7.6倍，与提高居民生活质量息息相关的教育、文化体育和娱乐业固定资产投资分别增长4.4倍、3.1倍。“两区”入驻企业中，交通运输、仓储和邮政业及租赁和商务服务业企业个数增长较快，累计增长速度分别达86.5%、53.2%，所占比重分别由2013年的1.8%、10.5%提高到2016年的3.0%、14.2%。

2017年前三季度，全省“两区”租赁和商务服务业、教育、文化体育和娱乐业、卫生和社会工作营业收入分别增长34.7%、31.7%、31.0%、23.6%，比“两区”全部营业收入平均增长速度分别高出12.7个、9.7个、9.0个、1.6个百分点。

（五）经济运行质量提高，效益好于全省平均水平

产业集聚发展，特色主导带动，业态模式创新，使得“两区”经济运行质量不断提升，成为服务业发展高地。2014～2016年，全省“两区”平均固定资产投资效益，即每万元固定资产投资创造的增加值增量大幅度增加，分别达535元、806元、1456元。“两区”从业人员产出效益，即从业人员平均实现增加值2015年为18.99万元，2016年提高到19.19万元。2016年，“两区”固定资产投资效益、增加值收入效益（税收与增加值之比）比全省服务业平均水平高40%以上，从业人员产出效益比全省服务业平均水平高一倍以上。

二 “两区”对现代服务业强省的支撑带动作用不断增强

在“两区”发展引领带动下，全省服务业“两个偏低”现象显著改善，国民经济产业结构逐步优化。2013～2016年，全省第三产业增加值分别比上年增长9.9%、9.6%、10.9%、9.9%，分别比全省GDP增速快0.9个、0.7个、2.6个、1.8个百分点。全省服务业增加值占GDP比重由2012年的33.8%提高到2016年的41.9%。2016年，全省第三产业增加值增长速度比第二产业高2.4个百分点，比全国平均水平高2.1个百分点；服务业对GDP增长贡献率达到49.3%，成为全省经济增长的主要推动力量。

“两区”成为区域服务业集聚发展的主平台。截至2016年底，郑州市“两区”入驻企业超过4000家，从业人员13万人；洛阳市、许昌市“两区”企业达2000家，从业人员近5万人；商丘、南阳、三门峡等市“两

区”企业均超过1000家，从业人员超过2万人。2016年，郑州市“两区”营业收入近600亿元，商丘、许昌、洛阳等市“两区”营业收入达200亿元左右，开封、安阳、南阳、新乡、焦作等市“两区”营业收入超过100亿元。全省175个“两区”中，年营业收入超过50亿元的达11个，其中3个超过100亿元。

近年来的考核评价结果显示，“两区”对区域服务业的引领带动作用十分明显。如从2016年度“两区”考核评价结果看，在绝对量指数排名前20位的“两区”中，郑州市、商丘市各占5席，安阳市、许昌市各占2席，四市中，郑州市服务业增加值在18个省辖市中名列前茅，商丘市位居第9，安阳市、许昌市服务业增加值分别位居第5、第6位，四市合计占全省服务业增加值的39.0%。按发展指数排序的前20位的“两区”中，商丘市有4个，驻马店市有3个，许昌市、周口市各有2个；四市服务业增加值增速均位居18个省辖市的前列，分别为第5、第2、第3、第9位。

三　当前“两区”发展存在的突出问题

（一）基础设施需进一步完善，营商环境仍需优化

截至2017年三季度，全省175个“两区”合计建成区面积占规划面积比重刚刚过半。个别地区“两区”建设起步较晚，“空白”较多，全省有36个“两区”建成区面积占规划面积比重不到20%，产业承载能力较弱。“两区”内道路、市政管网、公共服务等配套基础设施尚需进一步完善，信息网络、数字化管理等综合配套设施需加大覆盖力度。部分地方“两区”管理体制机制不顺，政策扶持不到位，创新服务不够，人才支撑缺乏，营商环境不优，影响“两区”建设发展进程。

（二）企业集聚度不高，辐射带动能力不强

受区域消费水平、“两区”承载能力等影响，“两区”入驻服务业企业

数量依然偏少，具有规模效应、竞争力强、市场影响力大的龙头企业尤为缺乏，有效集聚不足，产业辐射和带动能力不强。2016 年，全省平均每个“两区”入驻服务业法人企业个数不足 100 家，超过一半的“两区”服务业法人企业个数不足 50 家，1/3 的“两区”入驻服务业企业还不到 20 家。在入驻“两区”的 1.62 万家服务业企业中，规模以上服务业企业个数所占比重不到 30%。2016 年，平均每个“两区”营业收入 13.97 亿元，有 38 个“两区”营业收入不足亿元；“两区”服务业企业平均从业人员仅 39 人。

（三）产业结构不优，区域服务功能有待进一步发挥

全省“两区”入驻企业仍以批发零售、住宿餐饮等传统服务业企业为主，两个行业合计单位数占“两区”全部企业总数的 56.2%；房地产业企业个数占 10.4%；知识密集型，具有高附加值的租赁和商务服务业，信息传输、软件和信息技术服务业，科学研究和技术服务业，文化体育和娱乐业占比分别为 14.2%、3.8%、3.7%、3.1%；信息服务、法律服务、咨询与调查、文化艺术、休闲健身等新兴服务业企业数量少，规模小。“两区”产业层次较低，品牌优势不足。

在 60 个商务中心区中，楼宇经济规模小，企业总部引进少，商务服务机构集聚能力不足，科技研发、电子商务、金融、现代物流等生产性服务业发展不够，为区域经济活动提供综合商务服务的城市功能尚未充分发挥。2014～2016 年，“两区”信息传输、软件和信息技术服务业，金融业，租赁和商务服务业，科学研究和技术服务业四个主要生产性服务业行业合计投资额增长速度分别为 233.6%、15.0%、－3.4%，连续两年大幅度下滑；四行业投资额占“两区”总投资额的比重只有 5% 左右。2016 年，“两区”信息传输、软件和信息技术服务业，科学研究和技术服务业增加值分别增长 11.7%、3.7%，均远低于“两区”服务业增加值平均增速 36.7%。特色商业区主导产业不明显，“特”字不突出，为一定区域提供特色商贸服务和相关商务服务的功能有待进一步挖掘。

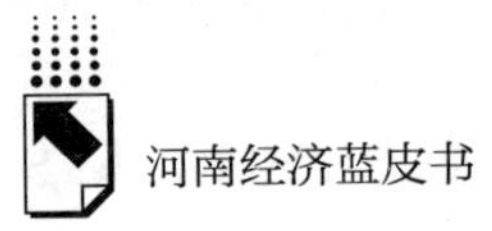

（四）“两区”发展不平衡现象较为突出

河南“两区”规划建设战略已经推进了六年，但部分地方由于思想认识不到位、“两区”规划不完善、发展空间受限等原因，“两区”建设进展缓慢，发展不均衡现象十分明显。2016 年，商丘市商务中心区、永城市商务中心区、郑东新区中央商务区固定资产投资额均超过 50 亿元，有 8 个商务中心区和特色商业区完成固定资产投资额超过 40 亿元，这 11 个“两区”合计完成固定资产投资额占 175 个“两区”投资总额的 1/5 多，但仍有 12 个“两区”固定资产投资完成额为零。2016 年有 45 个“两区”利用省外境外资金为零。2016 年，的郑州市金水区特色商业区服务业法人企业个数最多，达 1127 家，郑东新区中央商务区、许昌市魏都区特色商业区服务业法人企业个数均超过 900 家，有 4 个“两区”服务业法人企业个数在 500 ~ 900 家，41 个“两区”服务业法人企业个数在 100 ~ 500 家，以上 48 个“两区”服务业法人企业合计 1. 26 万家，占全省 175 个“两区”服务业法人企业总数的 77. 6%，但仍有 39 个“两区”服务业法人企业个数不足 10 家，其中 6 个“两区”服务业法人企业个数为零。

四　加快“两区”发展的对策建议

2016 年，全国服务业增加值占 GDP 比重已达 51. 6%，是国民经济第一大产业。研究表明，中国已逐渐进入工业带动服务业、服务业反哺工业，工业和服务业融合发展的阶段。国家战略的叠加、区位优势的凸显、生产要素的聚集，使得河南现代服务业发展正面临新的机遇；转型升级攻坚战的打响，使得现代服务业发展力度再次加大。2017 年 6 月 5 日，河南省委省政府印发《河南省建设中原城市群实施方案》，明确提出了“建设现代服务业强省”、“持续推进服务业‘两区’建设”、“提升服务业集聚区发展水平”等目标要求。

各地要进一步理清发展思路，加强商务中心区和特色商业区与全省

“三区一群”建设战略的协同发展；优化发展环境，增强“两区”聚集能力；围绕特色主导产业，立足专业化、差异化发展，进一步壮大“两区”规模，提高集群发展水平；创新业态模式，提升产业层次；加强人才引进和培养，强化人力智力支撑，推动商务中心区和特色商业区提质扩容增效发展，以“两区”创新发展，推动现代服务业强省建设，助推全省经济转型升级。

（一）进一步理清发展思路

按照省委省政府《统筹推进国家战略规划实施和战略平台建设工作方案》要求，加强商务中心区和特色商业区与全省“三区一群”建设战略的协同发展，发挥优势，突出特色，完善规划，明晰目标，加快产业集聚，提升质量效益，打造区域服务业发展高地，为现代服务业强省建设提供有力支撑。

（二）优化发展环境，增强“两区”承载能力

营商环境是“两区”持续发展的重要动力来源。要进一步加大投资力度，完善配套基础设施。要按照省委省政府统一部署和工作要求，积极复制推广全省国家战略规划实施和战略平台建设的创新举措，充分释放政策红利；持续深化“放管服”改革，创新地方优势，提升服务效能，以解决实际问题为导向，强化对企业的精准服务，降低企业的制度交易成本，不断增强商务中心区和特色商业区的吸引力、承载力。

（三）明确主导产业，提升“两区”产业集群竞争力

商务中心区要突出生产性服务功能，围绕制造业产业转型创新发展需求，积极发展研发设计、物流配送、现代金融、检验检测、展示交易等产业，推动生产性服务业向“微笑曲线”两端延伸，拉长产业链条，提高附加值，实现生产性服务业与先进制造业的深度融合发展，形成“两区”与产业集聚区相互支撑、相互促进的发展格局。特色商业区要突出生活性服务

功能，以城市综合体、现代专业市场和精品商业街为载体，集聚发展零售、餐饮、休闲、娱乐、健康、文化等产业，提供多层次、多样化、高品质生活服务，增强区域消费服务能力。“两区”要围绕主导产业，着力引进培育行业优势企业，发挥龙头带动作用，积极延伸产业链、价值链，吸引相关中小企业集聚，加速形成产业集群，打造“两区”品牌，提升区域影响力、竞争力。

（四）创新业态模式，优化产业结构，提升质量效益

各地要充分依托自由贸易试验区、大数据综合试验区建设，借势全省物流业、旅游业、健康养老等产业转型发展，积极培育云计算、大数据、物联网、服务外包、跨境电子商务、创意设计等新兴产业，跨界融合“互联网+”、“文化+”、“旅游+”、“生态+”等业态模式，不断提升产业层次，提高质量效益，实现“两区”转型升级。

（五）加强人才引进和培养，强化人力智力支撑

多渠道引进高级管理人员、高层次研发人才和高级创新人才等高端人才，优化生活服务，解决其后顾之忧；吸引外来人员务工，为“两区”发展提供人力支持；大力开展创业培训，建立创业孵化基地，促使更多的小微企业借助“两区”平台实现快速发展。

B.29
河南区域经济协调发展研究

罗勤礼　季红梅　张喜峥　徐　良　雷茜茜　胡昶昶*

摘　要：　“十二五”时期，河南区域经济呈现相对差距不断缩小、经济联系日趋密切等诸多新的特征，但各区域发展不平衡、不协调的问题依然突出。2016年底，河南省第十次党代会对全省构建区域协调发展新格局提出新的具体要求，基于此，本文对全省四大发展区域的发展特点和发展阶段进行对比分析，认为各区域可结合自身发展特点和优势，实现在自身快速发展基础上的省域内协调发展。

关键词：　河南　区域经济　协调发展

2016年底，河南省第十次党代会明确提出，未来五年决胜全面小康、让中原更加出彩是摆在全省面前的重大历史任务。这其中，构建区域协调发展新格局，形成多点支撑带动全面发展新局面，是完成这一任务的关键，也是持续落实习近平总书记对河南提出的打好“四张牌”要求的具体体现。在这一关键时间节点，对当前河南区域经济发展所处的阶段、区域经济协调发展面临的格局，以及未来一个时期全省区域经济协调发展的趋势进行分析和判断，成为全省经济发展过程中亟须研究的一个课题。

* 罗勤礼，高级统计师，河南省统计局总工程师；季红梅，河南省统计局国民经济核算处处长；张喜峥，高级统计师，河南省统计局国民经济核算处副处长；徐良，河南省统计局国民经济核算处副处长；雷茜茜，河南省统计局国民经济核算处；胡昶昶，河南省统计局国民经济核算处。

一　河南区域经济协调发展进入新阶段

长期以来，区域经济发展不平衡是河南的一个基本省情。改革开放以来，河南区域经济整体上实现了由非均衡发展到均衡发展，再到协调发展的历史性转变，相继经历了低水平相对均衡到快速发展中差距扩大再到全面深化中差距不断缩小的演进历程（主要依据衡量经济发展相对差距的“人均GDP变异系数”① 进行判断界定），呈现出明显阶段性特征。

（一）发展历程

第一个阶段（1978～1993年）为低水平相对均衡阶段。这一时期，河南处于改革开放初期，经济发展由计划经济向市场经济转轨，要素在各区域之间的流动开始由纵向调拨转为以需求和效率为导向的横向直接流动，全省各区域②开始推动横向经济联合，河南工业化进程开始加快，产业布局发展也开始出现新的特点。河南区域经济差距，在这一时期经历了在低水平基础上的“先下降后上升”过程，全省区域经济发展整体上相对均衡。

第二个阶段（1994～2007年）为快速发展中差距扩大阶段。这一时期，河南县域经济开始加快发展，形成了若干以中小企业为主的专业化产业集群，部分县市开始呈现产业与城镇融合发展的新局面。随后，中原城市群概念和范围日益明晰，河南区域经济在壮大县域经济和构建中原城市群双轮驱动下，持续发展。与此同时，由于不同地区资源禀赋、产业基础、基础设施等条件不同，河南区域经济发展差距，在这一时期呈现出在各地竞相发展中“先下降后扩大”的趋势。

第三个阶段（2008年至今）为全面深化中差距不断缩小阶段。这一时

① 衡量区域经济发展差异的指标较多，常用的主要有“人均GDP变异系数”，该系数能够直观地反映区域经济差异的变化趋势，一般来说，人均GDP变异系数越大表明区域间的相对发展差距越大，反之则相反。

② 这里“各区域”指河南省各省辖市，下同。

期，是河南全面建设小康社会、实现中原崛起的关键时期，河南提出诸多促进区域协调发展的新战略，例如：河南省“十一五”规划提出要逐步改变城乡二元结构，构建城乡区域协调发展新格局；河南省“十二五”规划提出要构建以中原城市群为重点的城市化战略格局，促进大中小城市协调发展等。随着一系列战略举措相继出台和实施，河南区域经济协调发展开始进入全面深化阶段，区域发展差距整体上逐年缩小，河南区域经济协调发展开始进入新的阶段。

（二）新阶段的特征

1. 区域相对差距不断缩小，区域经济联系日趋密切

区域经济协调发展是指在区域开放条件下，区域间经济联系日益密切、相互依赖，各区域的经济均持续发展且差异趋于缩小的过程[①]。从趋势上看，2008 年以来，河南区域发展差距扩大趋势开始得到初步抑制，全省人均 GDP 最高的省辖市与最低的省辖市的比值，从 2008 年的接近 4.3 倍不断下降至 2016 年的 3.2 倍，下降趋势明显。

在区域相对差距缩小的同时，全省各区域间经济关联互动也日趋频繁，区域间协调发展态势日益明显。根据测度区域间经济联系度的莫兰指数（*Moran's I*）[②] 数据，2008 年以来，全省各地区之间经济联系度均为正值，且整体上缓慢上升，区域间经济联系度由 2008 年的 0.116 逐年提高到 2012 年的 0.137，这表明这一时期全省各区域间经济联系在不断加强。2013 年之后，全省各区域间经济联系度在波动中略有下降，但仍高于 2008 ~2009 年。

2. 区域产业结构不断优化，转型发展成效明显

近年来，河南经济发展呈现“二、三、一”格局，各产业对经济增长

① 覃成林等：《中国区域经济协调发展的趋势及特征分析》，《经济地理》2013 年第 33 卷第 1 期。

② 莫兰指数，是用来度量空间相关性的一个重要指标，其值在 -1 到 1 之间。对于区域间经济联系，一般来讲，莫兰指数大于 0 表示区域间经济联系为正相关，其值越大表明区域间经济联系越紧密。

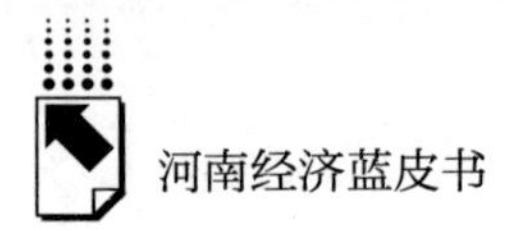

的贡献率也呈现“第一产业相对稳定，第二产业总体下降，第三产业不断提高”的特征，其中，2016 年全省第三产业对经济增长的贡献率首次超过第二产业。

通过测算“产业结构层次系数”①，对全省及各区域产业结构水平进行度量。测算结果显示，2008 年以来，全省产业结构层次系数除了在 2010 年略有下降外，整体上呈上升趋势，2008 年该值为 2.152，2016 年达到 2.312。

表 1　2008 ~ 2016 年河南历年产业结构层次系数

2008 年	2009 年	2010 年	2011 年	2012 年	2013 年	2014 年	2015 年	2016 年
2.152	2.171	2.168	2.194	2.213	2.235	2.252	2.288	2.312

同期，省内各区域产业结构层次系数也发生了积极变化：一方面，全省各省辖市产业结构层次系数均有不同程度的提高，这表明各区域产业结构层次均在不断向高级化方向发展；另一方面，全省只有郑州、洛阳两市产业结构层次系数高于同期全省平均水平，黄淮四市及鹤壁、濮阳、南阳等市的产业结构层次系数均低于同期全省平均水平，其他各市产业结构层次系数则在不同年份围绕全省平均水平上下波动。全省各区域产业结构在不断优化中呈现明显的区域特征。

3. 区域劳动力配置不断优化，就业结构偏差缩小

近年来，全省各地结合自身实际，不断优化要素配置和生产力布局，通过区域发展有序转型，产业的转移带动劳动力的迁移和流动，促使各区域就业结构明显改善。通过计算就业结构偏离度②，对全省及各区域就业结构和产业结构的偏差情况进行测度，可以看到全省及大部分区域就业结构偏差在不断缩小。

① 产业结构层次系数，主要用来反映一定区域内产业结构高级化程度，一般来讲，其值越大表明产业结构高级化水平越高。

② 就业结构偏离度，即计算给定区域“就业占比与产业占比差的绝对值”，其值越大，表明就业结构与产业结构越不对称。

表 2　2008 年、2012 年、2016 年河南就业结构偏离度情况

单位：%

年份	第一产业	第二产业	第三产业	总偏离度
2008	34. 3	29. 1	5. 3	68. 7
2012	29. 3	23. 2	6. 1	58. 6
2016	27. 7	17. 6	10. 0	55. 5

2008 年以来，全省就业结构的偏离度整体上由 68. 7% 逐年降低到 2016 年的 55. 5%，就业结构与产业结构不对称的情况得到明显改善。分产业看，第二产业就业结构偏离度降低最快，降低了 11. 5 个百分点，其次是第一产业，降低了 6. 6 个百分点，这与河南目前正处于工业化中期的阶段性特征相吻合；第三产业就业结构偏离度则有所扩大，提高了 4. 7 个百分点，这一特点说明近年来河南服务业的快速发展引起的服务业增加值占比变动快于服务业就业结构变动。

二　河南区域经济协调发展面临新格局

河南省第十次党代会提出，促进区域协调发展是要坚持分类指导，推动各地向心发展、错位发展、互动发展。同时按照这一要求，将全省 18 个省辖市划分为四大发展区域①：一是郑洛城市区，包括中心城市郑州和副中心城市洛阳；二是提质发展区，包括开封、新乡、许昌和漯河等 4 个产业基础和配套条件较好的省辖市；三是转型发展区，包括平顶山、安阳、鹤壁、焦作、濮阳、三门峡和济源等 7 个资源型省辖市；四是跨越发展区，包括南阳、商丘、信阳、周口和驻马店等 5 个农业比重大的省辖市。新战略提出新要求，全省区域经济协调发展面临新的格局。

这里选取能够反映区域经济规模、结构、效益等特征的部分指标，以

① 谢伏瞻：《深入贯彻党中央治国理政新理念新思想新战略为决胜全面小康让中原更加出彩而努力奋斗》，2016 年 10 月 31 日。

2010 年为基期，对“十二五”以来全省四大区域经济发展水平进行比较，得到以下几个全省区域经济发展新格局的典型特征。

（一）从规模看，郑洛城市区经济总量占比最高、幅度提升最高，跨越发展区投资、消费规模提升幅度最大

近年来，在全国经济发展步入新常态的背景下，河南积极应对风险挑战，坚持把稳增长保态势作为全局工作的突出任务，全省各区域经济健康发展，综合实力不断迈上新台阶。

从经济规模看，2010 年郑洛城市区 GDP 占全省比重为 27.4%，低于同期跨越发展区的 27.9%，但 2016 年郑洛城市区占比则达到 29.1%，六年间提高了 1.7 个百分点，在四大区域中提升幅度最高，占全省比重最高。与此同时，提质发展区和跨越发展区占比也均有小幅上升，而转型发展区占比则明显下降，由 2010 年的 26.9% 下降到 2016 年的 24.8%。

表 3　2010 年和 2016 年全省四大区域生产总值及占比情况对比

区域	GDP(亿元)		占全省比重		
	2010 年	2016 年	2010 年(%)	2016 年(%)	提高幅度（个百分点）
郑洛城市区	6349.56	11777.02	27.4	29.1	1.7
提质发展区	4106.98	7319.74	17.8	18.1	0.3
转型发展区	6233.94	10036.51	26.9	24.8	-2.1
跨越发展区	6447.52	11354.95	27.9	28.0	0.1

从投资规模看，2010 年以来，郑洛城市区和提质发展区固定资产投资总量稳步上升，但占全省比重均有小幅下降，转型发展区基本保持稳定，跨越发展区占比则明显上升，由 2010 年的 27.2% 提高到 2016 年的 28.1%，占比反超郑洛城市区，位居全省第一位。

从消费规模看，近年来，各区域社会消费品零售总额均有大幅提高，整体发展相对均衡。其中，郑洛城市区和跨越发展区在 2010 年社会消费品零售总额占全省比重相当，均为 31.5%，到 2016 年，跨越发展区规模则相当

表 4　2010 年和 2016 年全省四大区域固定资产投资规模及占比情况对比

区域	固定资产投资(亿元)		占全省比重		
	2010 年	2016 年	2010 年(%)	2016 年(%)	提高幅度(个百分点)
郑洛城市区	3778.84	11081.32	28.4	27.9	-0.5
提质发展区	2350.66	6857.70	17.6	17.2	-0.4
转型发展区	3566.99	10655.67	26.8	26.8	0.0
跨越发展区	3630.36	11159.21	27.2	28.1	0.9

于郑洛城市区的 1.04 倍，位居全省第一位，郑洛城市区则退居第二位。同期，提质发展区占比小幅提升 0.3 个百分点，转型发展区占比则略下降 0.1 个百分点。

表 5　2010 年和 2016 年全省四大区域社会消费品零售总额及占比情况对比

区域	社会消费品零售总额(亿元)		占全省比重		
	2010 年	2016 年	2010 年(%)	2016 年(%)	提高幅度(个百分点)
郑洛城市区	2518.28	5473.20	31.5	31.0	-0.5
提质发展区	1337.06	2989.23	16.7	17.0	0.3
转型发展区	1623.09	3556.28	20.3	20.2	-0.1
跨越发展区	2519.65	5699.64	31.5	31.8	0.3

（二）从结构看，提质发展区和跨越发展区产业结构、城乡人口结构调整步伐相对较快

近年来，河南把调结构、转方式作为主攻方向，大力推进产业结构调整和需求结构优化，积极推进新型城镇化，全省经济转型升级取得新突破，转型发展迈出新步伐。

从产业结构看，2016 年全省四大区域中，郑洛城市区第一产业占比最低，跨越发展区占比最高，提质发展区和转型发展区占比则在 8% ~11% 左右，对比 2010 年，提质发展区和跨越发展区占比调整幅度最大；同期，第

三产业（服务业）占比最高的是郑洛城市区，接近50%，占比最低的是转型发展区，接近36%，对比2010年，各区域服务业发展明显加快，占比均有大幅提升，六年间提高幅度均在10个百分点以上。

表6　2010年和2016年全省四大区域产业结构及变化情况对比

单位：%，个百分点

区域	第一产业增加值占GDP比重			第三产业增加值占GDP比重		
	2010年	2016年	提高幅度	2010年	2016年	提高幅度
郑洛城市区	4.9	3.3	-1.6	37.5	49.3	11.8
提质发展区	14.9	10.8	-4.1	25.2	37.4	12.2
转型发展区	9.8	8.9	-0.9	23.3	35.9	12.6
跨越发展区	25.4	19.5	-5.9	28.1	38.2	10.1

从人口结构看，郑洛城市区常住人口增加最多，六年间增加了131万人，提质发展区和转型发展区常住人口小幅增加，而跨越发展区常住人口则出现减少，2016年比2010年减少了29万人；城镇化方面，2016年郑洛城市区城镇化率最高，达到62.7%，高于全省平均水平14.2个百分点，其次是转型发展区，城镇化率高于全省平均水平0.6个百分点，与之相对应，提质发展区和跨越发展区城镇化率却均低于同期全省平均水平。但动态来看，2010年以来，提质发展区和跨越发展区在四大区域中城镇化率提升幅度最大，均同比提高了8.3个百分点，快于同期郑洛城市区和转型发展区。

表7　2010年和2016年全省及四大区域常住人口和城镇化率情况对比

区域	常住人口(万人)		城镇化率		
	2010年	2016年	2010年(%)	2016年(%)	提高幅度(个百分点)
全省	9405	9532	38.8	48.5	9.7
郑洛城市区	1521	1652	55.3	62.7	7.4
提质发展区	1725	1731	38.9	47.2	8.3
转型发展区	2170	2189	41.0	49.1	8.1
跨越发展区	3989	3960	31.3	39.6	8.3

（三）从效益看，郑洛城市区、提质发展区和跨越发展区发展质量相对较好

坚持提高经济发展质量和效益，是近年来河南适应经济发展新常态、促进经济平稳健康发展的重要着力点。

从发展速度看，2010～2016 年，全省经济年均增速为 9.4%，这其中，提质发展区 GDP 年均增速达到 10.2%；跨越发展区紧随其后，年均增速为 9.5%；郑洛城市区与全省持平；转型发展区年均增速则处于四大区域最后，年均增速为 9.2%，低于全省平均水平 0.2 个百分点。

表 8　2010～2016 年全省及四大区域生产总值年均发展情况

单位：%

区域	GDP 年均增速	区域	GDP 年均增速
全省	9.4	转型发展区	9.2
郑洛城市区	9.4	跨越发展区	9.5
提质发展区	10.2		

从财政收入看，全省四大发展区域中，郑洛城市区财力最强，2016 年郑洛城市区财政一般公共预算收入达到 1313.84 亿元，分别是提质发展区的 2.8 倍、转型发展区的 2.1 倍、跨越发展区的 2.2 倍，占全省财政一般公共预算收入的比重达到 43.8%。与此同时，从占全省比重变化情况看，郑洛城市区和跨越发展区提升幅度最大，2016 年比 2010 年均提高了 2.3 个百分点，提质发展区则提高了 0.6 个百分点，而转型发展区占比则下降了 5.2 个百分点，回落幅度相对较大。

从居民收入看，郑洛城市区作为全省经济社会发展核心区，其城镇居民人均可支配收入最高，2016 年其城镇居民人均可支配收入相当于全省平均水平的 118.8%，转型发展区城镇居民收入水平接近全省平均水平，提质发展区和跨越发展区收入水平则明显低于全省平均水平。农村居民人均可支配收入方面，郑洛城市区、提质发展区、转型发展区均高于全省平均水平，而

表9　2010年和2016年全省四大区域财政一般公共预算收入及占比情况对比

区域	一般公共预算收入(亿元)		占全省比重		
	2010年	2016年	2010年(%)	2016年(%)	提高幅度(个百分点)
郑洛城市区	528.82	1313.84	41.5	43.8	2.3
提质发展区	191.07	469.15	15.0	15.6	0.6
转型发展区	333.25	630.48	26.2	21.0	-5.2
跨越发展区	220.92	588.43	17.3	19.6	2.3

跨越发展区农村居民人均可支配收入则明显低于全省平均水平。与此同时，纵向动态来看，郑洛城市区、提质发展区、跨越发展区人均收入水平提升明显，而转型发展区提升速度相对略慢。

表10　2010年和2016年全省及四大区域居民收入变化情况对比

区域	城镇居民人均可支配收入			农村居民人均可支配收入		
	2010年(元)	2016年(元)	2016年相当于全省比重(%)	2010年(元)	2016年(元)	2016年相当于全省比重(%)
全省	15930	27233	100.0	5524	11697	100.0
郑洛城市区	18427	32361	118.8	7215	14781	126.4
提质发展区	14922	26315	96.6	6279	12718	108.7
转型发展区	15816	26983	99.1	6102	12349	105.6
跨越发展区	13876	24677	90.6	5004	10269	87.8

（四）几点结论

整体来看，近年来，全省各区域间经济协调发展呈现诸多新的特点，河南区域经济发展中长期存在的不平衡、不协调等问题正在得到积极改善，具体来看：郑洛城市区，依托国家建设中心城市、构建中原城市群副中心城市等契机，积极加快不同要素聚集和产业转型升级，依靠创新发展，区域经济综合实力快速提升，对全省经济发展的辐射力、带动力进一步增强；提质发展区，依托产业基础和配套条件较好的优势，大力优化产业布局，积极推动与郑洛城市区深度融合、联动发展，推进产业集群高端化发展，区域经济优化升级步伐明显加快；转型发展区，基于自身资源型城市的特点，外引内联，加快区内资源整合、拉长产业发展链条，着力破解制约转型发展的突出瓶颈，经济发展相对平稳，但在区域竞相发展格局中，步伐稍显滞后；跨越发展区，坚持突出重点、弥补短板、强化弱项，积极改变长期以来农业大而不强、工业小而不足的状况，加大投资力度，夯实发展基础，持续壮大第二、三产业规模，加快城镇人口集聚，经济整体规模、结构和效益，均呈现相对较好发展态势。

三　河南区域发展阶段判断和协调发展前景展望

发展是解决所有问题的关键，河南在加快区域经济协调发展的同时，也应遵循客观规律，根据各地发展实际，采取差异化的发展战略，这其中，正确认识各自区域所处发展阶段，就是促进区域经济协调发展过程中不可或缺的一环。

（一）河南各区域发展阶段判断

判断经济发展阶段，目前主要是基于对工业化所处阶段的判断。工业化是一个国家或地区经济实现现代化的重要途径，国际经验也表明，工业化是经济发展不可逾越的阶段。河南促进区域经济协调发展，关键环节也在于推动各地加快工业化步伐。这里综合钱纳里、克拉克、库兹涅茨以及世界银行等组织提出的划分标准，分别从经济发展水平、产业结构、工业结构、空间结构以及就业结构等方面对河南及各区域发展所处阶段进行判断（具体划分标准见表 11）。

1. 河南经济发展目前正处于工业化中期阶段

根据阶段划分标准，综合判断，河南目前正处于工业化中期阶段。

2. 郑洛城市区处于工业化后期阶段，提质发展区和转型发展区处于工业化中期发展阶段，跨越发展区则处于工业化初期向工业化中期迈进阶段

对于郑洛城市区，2016 年三次产业结构为 3. 6∶47. 4∶49. 3，属于后工业

表 11　工业化水平评价标准及阶段划分

基本指标	前工业化阶段	工业化实现阶段			后工业化阶段
		工业化初期	工业化中期	工业化后期	
三次产业结构	A > I	A > 20%，A < I	A < 20%，I > S	A < 10%，I > S	A < 10%，I < S
制造业增加值占总商品价值比重(工业结构)	20%以下	20% ~40%	40% ~50%	50% ~60%	60%以上
人口城镇化率(空间结构)	30%以下	30% ~50%	50% ~60%	60% ~75%	75%以上
第一产业就业人员比重(就业结构)	60%以上	45% ~60%	30% ~45%	10% ~30%	10%以下

注：三次产业结构中，A 代表农业，I 代表工业，S 代表服务业。

化时期；2016 年常住人口城镇化率为 62.7%，属于工业化后期阶段；2016 年第一产业从业人员比重为 23.6%，属于工业化后期阶段；另外，从工业结构看，目前处于工业化中期接近工业化后期阶段。因此，整体判断，郑洛城市区发展快于同期全省发展进程，已经步入工业化后期发展阶段。对于提质发展区和转型发展区，根据阶段划分标准，综合判断，目前正处于工业化中期阶段。而对于跨越发展区，2016 年三次产业结构为 19.5∶42.3∶38.2，属于工业化中期下限边缘；2016 年常住人口城镇化率为 39.6%，处于工业化初期阶段；从就业结构看，2016 年第一产业就业人员占从业人员的比重为 42.6%，处于工业化中期下限边缘；另外，从工业结构看，处于工业化初期接近工业化中期阶段。因此可以认为，跨越发展区当前正处于工业化初期向工业化中期迈进阶段。

（二）河南各区域协调发展展望

基于工业化水平评价及阶段划分标准的河南省四大区域发展阶段判断表明，当前省内各区域经济发展不平衡，不充分、不协调的问题仍很突出，并可能在一定时期内长期存在。但各区域可结合自身比较优势，在突破行政壁垒，创新机制体制，加强相邻城市合作联动等方面进行有益尝试，从而实现在各区域快速发展基础上的省域内协调发展。

推进省内各区域经济协调发展，要打破省内各大中小城市之间彼此分割、各自独立发展的观念，树立合理分工、优势互补、协调发展的意识，不断形成综合性与专业性有机结合的城市职能分工体系；同时，要从各区域实际出发，协调解决发展过程中的矛盾与问题，进一步加强区域间的分工协调配套，优化产业布局，合理配置区域资源，形成错位竞争。因此，一方面，各区域要发挥各自的比较优势和竞争优势，大力发展各区域优势产业，并在产业定位上有所侧重；另一方面，各区域要加强合作，逐步形成各具特色又相互补充的经济整体，从而推动省内各区域经济的整体协调发展。

四　促进河南区域经济协调发展的对策建议

今后几年，是河南全面建成小康社会加快现代化建设的关键时期，全省要以全面改革创新为动力，以提高经济增长质量和效益为中心，加快经济转型升级步伐和发展方式转变，推动全省经济持续健康发展。

（一）全面深化改革，增强经济发展动力

一是要正确处理好政府与市场的关系，进一步加大简政放权力度，切实消除目前在一些领域仍或多或少存在的“玻璃门”和“弹簧门”现象，更好发挥政府作用，为各类市场主体营造公平竞争环境；二是要加快投融资体制改革，推进实施政府购买服务、公私合作模式和特许经营制度，调整和优化投资结构，提高投资质量与效益；三是要优化收入分配体制，规范收入分配秩序，激发市场需求，进一步释放产业结构优化的需求动力。

（二）大力推进工业化，加快城市化进程

省内各区域应根据自身条件，发展不同类型工业，以工业化促进城市化，以工业化带动经济的长期较快发展。对于跨越发展区，要加速农业产业化步伐，加快劳动力转移，发展农产品深加工、精加工，建设以农产品精深加工为主的绿色农产品加工制造产业中心；对于转型发展区，要坚持做大做

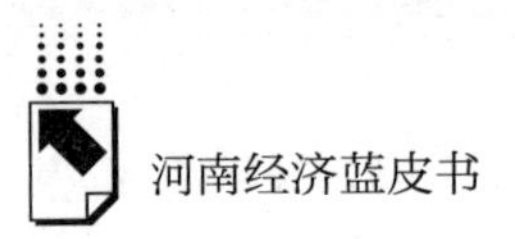

强资源型工业，延伸产业链条，实现资源型产品的深加工、精加工，逐步改变资源的粗放型生产方式。

（三）制定科学规划，促进区域间产业整合

合理的区域分工是区域经济协调发展的基础，因此，要优化整合区域间和区域内产业资源。一是要加强区域产业的合理分工与合作，各区域要突出发展优势产业，形成各自的比较优势，同时，通过合作把有关区域之间的相关产业联结成一个整体，进行优势互补，提高竞争力和效益；二是各地区要正确选择主导产业，引导区域优势资源向优势产业集中，从而形成集聚效应，实现规模效应；三是要通过产业政策调整，合理促进区域间的产业转移，实现资本、技术等生产要素从先进地区向欠发达地区的良性流动，从而提高欠发达地区的自我发展能力。

参考文献

覃成林、郑云峰、张华：《中国区域经济协调发展的趋势及特征分析》，《经济地理》2013 年第 1 期。

覃成林、张华、毛超：《区域经济协调发展：概念辨析、判断标准与评价方法》，《经济体制改革》2011 年第 4 期。

国家发展与改革委员会：《中原城市群发展规划》，2016 年 12 月。

河南省人民政府：《河南省国民经济和社会发展第十三个五年规划纲要》，2016 年 3 月。

中共河南省委组织部、河南省发展和改革委员会：《打好“四张牌”教育读本》，河南人民出版社，2017。

B.30
河南现代种业发展的调查与思考

李煊　赵华*

摘　要： 河南是全国农业大省，也是制种、用种大省，种业发展在经济发展全局中地位重要、作用明显。但河南农作物种业发展基础还比较薄弱，自主创新能力不强。本文采取实地调查、座谈走访、收集分析数据等方法，认真剖析当前河南省种业存在的问题和面临的挑战，认为河南现代种业发展仍具有基础优势和良好条件，潜力巨大，并提出了几点切实可行的对策建议，为全省种业发展提供一些参考。

关键词： 河南省　现代种业　农业

国以农为本，农以种为先。种业是关系国计民生的基础性、战略性高技术产业，是促进农业长期稳定发展的根本，也是深化农业供给侧结构性改革的“龙头”。2016 年河南省《政府工作报告》中明确提出，要加快调整产业结构，制定实施制造业、服务业、种养业供给侧结构性改革专项方案。为加快推进高效种养业转型升级，提高农产品市场竞争力和综合效益，2017 年 11 月底，河南省人民政府印发《河南省高效种养业转型升级行动方案（2017 ~ 2020 年）》。当前，对河南种业的发展历程和现状进行深入分析，有助于促进加快河南农业供给侧结构性改革，促进农业转型升级，提高农业生产效率。

* 李煊，河南省政府研究室综合研究处处长；赵华，工程硕士，河南省政府研究室综合研究处副处长。

一　河南省种业发展基本历程

新中国成立以来，河南农作物、畜禽种业、林木种苗、水产四大领域的种业经历了从无到有、从简单粗放的“经验育种”到“科学化育种”和“精准化育种”的转变，为全省乃至全国农业综合生产能力的稳定提高发挥了积极作用。

（一）农作物种业

河南省大部分地处暖温带，南部跨亚热带，四季分明，雨热同期，土壤肥沃，河流众多，适宜小麦、玉米、花生、芝麻等多种农作物生长。新中国成立以来，河南农作物种业和全国一样大致经历了自繁自用、“四自一辅”、“四化一供”、种子工程、种子产业化五个阶段。各个阶段的发展都是由当时的农业生产力水平、生产方式决定的。

（二）畜禽种业

河南省豫南、豫西等丘陵山区和黄河滩区，具有土地潜力大、人口密度低、防疫条件好、环境承载能力强等特点，饲草和秸秆资源丰富，发展畜牧业区位优势明显。河南畜禽种业发展历程大致分为3个阶段：一是新中国成立至改革开放初期，这一时期主要解决粮食问题，养殖业还处于次要的地位。二是1988～2006年，重点发展家禽和牛羊兔等节粮型畜禽。三是2006年至今，此阶段生产先进技术装备和手段得到应用，国际交流合作持续深入，法治化管理不断加强。

（三）林木种苗业

河南林业育苗历史悠久、源远流长，泡桐、楸树、杜仲、核桃、大枣等林木种苗种植面积较大。新中国成立以来经历了4个阶段：一是1949年至20世纪50年代末。开始设立林木种子机构，负责全省育苗管理、调剂余缺。二是20世纪60～80年代。设立农林厅种苗站，指导林业育苗。三是20世纪90年代。河南林木种质资源研究开始设立种质资源保护科研课题，种苗产业进入法治化、规范化发展的快车道。四是“十二五”时期以来。全省种苗产业保持快速发展态势。

（四）水产种业

河南自北向南横跨海河、黄河、淮河、长江四大流域，分布鱼类资源136种，水域面积700余万亩，其中宜渔水面450万亩。黄河鲤鱼成为主要养殖经济鱼类。在全省农业种业门类中，水产种业是最年轻的一个，大致经历了天然采苗—人工育苗—全人工育种—现代化水产种业逐步形成的历程。

二　河南现代种业发展总体成效

近年来，河南种业在现代科技引领和种养业发展强劲需求的拉动下，实现了稳步健康发展。

（一）农作物种业基础好业绩优

一是河南农作物品种创新能力始终处于全国领先水平。河南在小麦、玉米、花生、芝麻等主要农作物育种上具有明显优势，形成了郑麦、周麦、温麦、百农、新麦、郑单等系列品牌，培育出了豫麦18、郑麦9023、矮抗58、周麦22、郑单958、郑稻18、新稻18、豫花15、豫芝DS899等一大批农作物优良品种。二是种质资源储备大幅增加。河南省农业科学院作为农作物种质资源中期库，保存各类农作物引进资源、野生资源、中间材料、骨干亲本、品种资源等共计106323份。三是创新平台大量搭建。河南已成为全国重要的农业科技创新区域中心，拥有省农科院、河南农大、河南科技学院（在原百泉农专基础上组建的本科院校）等一批在农作物科研和人才培养方面颇具影响力的研发机构，现有国家小麦工程技术研究中心、省部共建小麦玉米作物学国家重点开放实验室、河南粮食作物协同创新中心等16家国家级研发平台。四是专家人才队伍力量雄厚。涌现出张新友（花生育种专家)、张海洋（芝麻育种专家)、茹振钢（小麦育种专家)、程相文（玉米育种专家）等一批各领域国内知名的作物遗传育种专家，打造了一批在国内具有明显优势的创新团队。五是种子企业发展壮大。现有注册登记农作物种子企业 536 家，其中省级办证种子企业 161 家，市、县（区）级办证种子企业 370 多家，经营规模居中部 6 省乃至全国前列。

（二）畜禽种业发展快成效好

一是品种资源保护成绩斐然。现有地方品种资源 31 个，约占全国地方品种总数（545 个）的 5.7%，其中地方畜禽资源 27 个，自主培育品种 4 个；建成资源保种场 18 个，占资源总量的一半以上，南阳牛、郏县红牛等 7 个品种被列入国家级畜禽遗传资源保护名录，淮南猪、固始鸡等 21 个品种被列入第一批省级畜禽遗传资源保护名录。河南省还是北方中蜂中心产区之一。二是资源选育利用及新品种（品系）培育持续取得新进展。2008 年以来共有 4 个新品种通过国家畜禽遗传资源委员会审定，卢氏鸡绿壳蛋、郏县红牛、小尾寒羊、正阳三黄鸡、淅川乌骨鸡等品种的选育也都取得了积极进展。三是供种能力不断提升。全省种畜禽场（站）达到 486 家，种公猪站 66 家，国家级种公牛站 4 家，奶牛、肉牛冻精生产能力分别达 300 万支、500 万支；新增肉羊冻精生产能力 10 万支。建成种猪、奶牛 2 个省级性能测定中心，完善了市县乡三级家畜改良技术推广网络，设立畜牧技术推广机构 627 个，形成了比较健全的畜禽良种繁育推广体系。

（三）林木种苗业基础好气象新

根据不同林木特性采用相应的保存方法，坚持保护、评价和开发利用并重，分区域、分树种、有计划地保存林木种质资源。一是大力保护珍稀植物。加强国家级、省级自然保护区原地保存林木种质资源建设，保护珍稀植物 200 多种。二是加强种质资源库和基因库建设。通过营建卢氏县、孟州市温带阔叶工业用材种质资源保存库，保存臭椿、刺槐、毛泡桐等 16 个树种

1855 份种质。建立了牡丹、蜡梅、桂花等 9 个树种的基因库 12 个，收集保存树种品种 700 余个，优良无性系 1000 多个，地理种源 650 多个，优良家系 600 多个。三是保护树种种质资源。依托良种基地保存了油松、日本落叶松、毛白杨等 10 个树种的种质资源，营建杉木、榆树、泡桐等 8 个树种基因库种源试验林 273 公顷。四是开展林木种质资源普查。2016 年 11 月启动全省林木种质资源普查以来，种质资源普查信息管理系统的外业数据采集部分已委托南京林业大学研发完成，外业调查工作已全面铺开。

（四）水产种业态势好亮点多

目前，河南拥有 20 个国家级水产种质资源保护区，总面积 189971.5 公顷，保护对象包括黄河鲤鱼、淇河鲫鱼、青虾等 11 个重要经济水生生物种质资源。在养殖生产环节认证黄河鲤鱼、淇河鲫鱼、草鱼等 31 个省级原良种场。淇河鲫鱼为河南特有地方品种，濮阳等地泥鳅苗种繁育和稻田、莲池养殖成为亮点，每年向周边省份供苗种 3 亿 ~5 亿尾。信阳的中华鳖、青虾、黄鳝及小龙虾等特色水产品种种苗生产正在形成规模化发展态势。

三　河南现代种业发展面临的问题和挑战

相比欧美发达国家和地区，中国种业落后了二十多年。经过几十年的发展，河南省尽管种业已取得长足进展，但由于基础差、起步晚、产业化时间短，还存在不少问题和不足，产业发展面临着诸多挑战。

（一）现有品种难以满足农业生产转型发展的要求

从农作物种业看，育种缺乏统一布局和资源有效整合，河南育种目标和品种筛选方法与生产需求出现脱节，突出表现为“四多四少”：高产品种多，优质专用品种少；粮食作物品种多，经济作物品种少；高肥水品种多，节肥节水节药品种少；适合人工劳动的品种多，适宜全程机械化、轻简化栽培品种少。玉米、棉花、花生、芝麻等河南优势作物，机械化收割程度较低。据测算，如果玉米实现籽粒机收，每亩将节本增效150元以上。从畜禽种业看，商业化育种体系不健全，企业育种过于重视眼前利益，缺少长远规划，品种选育缺乏系统性，无法摆脱对国外品种的依赖，造成优良地方品种资源流失、自主产权弱化。从种苗业看，种苗供给和市场需求错位，市场需求结构呈现出“大苗少、新品种俏、彩叶热、容器苗好、绿化苗滞销”的特征，常规园林绿化苗木种苗“大路货”多，大量同质化绿化苗木销路不畅。从水产种业看，多数厂家生产重数量、轻质量，现代水产种业意识淡漠。

（二）企业竞争力不强，在产业中的主体地位缺失

一是总体实力偏弱。企业数量多，龙头企业少，产业聚集度较低。截至2016年，全省536家农作物种子企业中，育繁推一体化种子企业只有6家，“中国种业骨干企业”只有7家，全部销售额仅84.76亿元，净利润仅约6.47亿元，规模最大的秋乐种业销售收入也就5亿元左右；种畜禽场（站）486家，其中省级办证企业仅99家，不足1/4；种苗生产企业2.2万家，平均经营规模仅5公顷多；国内证券市场有8家上市种子企业，河南仅有2家种企在新三板挂牌融资。二是创新能力低下。资金、人才、技术积累有限，许多种业企业自身没有科研人员和育种条件，育种专业化程度不高；绝大多数公司没有品种权，只是“代繁”或者“经销”公司。全省33家省级种猪场，仅有9家拥有全自动种猪测定系统，不到总数的1/3。发达国家从2012年起就全面利用全基因组选择技术进行育种，而河南刚处于起步阶段。三是经营机制不活。调研发现，一些种子企业实为科研院所的下属机构，“事企分离”至今尚未完成；多数企业运行机制僵化，经营管理手段落后。

（三）科技研发投入少效率低，企业与科研机构存在“两张皮”现象

一是育种资金支持力度不够大。近年来，河南省各种社会资金大量涌入农业领域，但主要流向农业生产方面，用于企业科技创新的不多。二是知识产权保护不到位。社会知识产权意识不浓，对新品种知识产权不够重视或缺乏

保护能力，加之法律法规和种子管理制度又不尽完善，使得新品种无法得到应有的保护。三是产学研结合不紧密。河南种业发展总体上仍处于初级阶段，科研机构和企业的种业科技创新分工不明确，协同创新体制不完善。

（四）人才发展体制机制不活，创新人才流失日益严重

一是部分科研人员思想观念保守。高校、科研院所专业技术人员“吃财政饭”意识仍较浓厚，离岗创业积极性不高。二是科研单位经费不足。存在“育种的不如卖种的，搞科研的不如搞经营的”现象，挫伤了科研人员的育种积极性。三是人才流失严重。社会“重商轻农”的思想依然严重，各级各类农业院校培养的人才虽多，但实际从事农业、种业的比例却非常低。

（五）种业监管体系与全面依法治种的要求不相适应

一是监管形势发生了转变。自种子市场放开以来，河南种子生产经营主体数量剧增，分子育种等新技术得以应用，种子侵权行为呈高科技化趋势，违法手段隐蔽性高，市场秩序不够规范，违法生产经营行为时有发生。二是监管力量相对薄弱。与所需承担的监管任务相比，河南种业执法力量薄弱，一些种子管理机构不健全，人员短缺、经费不足等，监管服务水平难以满足行业发展需要。三是监管合力尚未形成。在种子案件查处过程中，相关部门职责交叉、缺位、越位、错位的情况时有发生，对违法行为处罚力度总体偏轻，违法成本偏低，威慑力不够。

总之，河南现代种业发展与国内先进省份乃至发达国家相比，无论是产业规模、创新能力，还是企业实力、竞合水平，都有不小差距，前进的道路上面临着多重困难和严峻挑战。同时，我们也应充分认识到，河南现代种业的发展仍具有基础优势和良好条件，潜力巨大。

四　河南现代种业发展的对策建议

结合调研思考，我们认为，河南打造现代种业发展高地，应当以促进

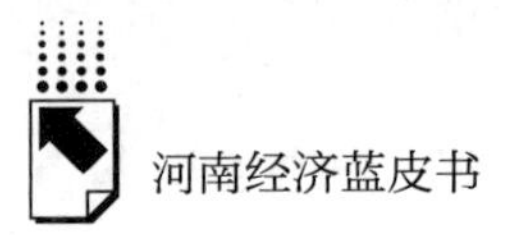

“四优四化”为目标，以推进农业供给侧结构性改革为统领，聚焦提升种业科技创新能力、企业竞争能力、供种保障能力和市场监管能力，深化改革创新破瓶颈，扩大开放合作添活力，健全创新体系强支撑，优化发展环境聚合力，着力构建以产业为主导、企业为主体、基地为依托、产学研相结合、育繁推一体化、彰显河南优势、具有河南特色的现代种业体系，促进河南由种业大省向种业强省转变。

（一）统筹推进品种创新，夯实现代种业高地建设的物质基础

1. 提升主导品种优势，持续擦亮“豫字号”品牌

河南育种创新自然禀赋优越、历史底蕴深厚，长期以来品种创新能力整体处于全国领先水平，部分领域处于世界先进水平，在小麦、玉米、花生、芝麻等农作物育种上具有明显优势，郑麦、周麦、温麦、百农、新麦、郑单（玉米）等品牌享誉海内外，芝麻育种方面有“世界芝麻看中国，中国芝麻看河南”的优势。同时，在肉牛、生猪、蛋鸡等畜禽种业，泡桐、楸树、杜仲、核桃、大枣等林木种苗，以及黄河鲤鱼等水产种业创新方面也形成了一定优势。建议加强省级层面统筹，引导各方面紧紧抓住这些优势不放，分领域持续开展育种联合攻关，加快新品种选育，力争开发出一批突破性品种，壮大提升主导品种优势。

2. 顺应市场需求变化，大力推进种业供给侧结构性改革

当前，推进农业供给侧结构性改革正处在攻坚阶段，种业是农业供给侧的源头，地位特殊、作用巨大。从河南实际出发，建议在农作物方面，立足面条、馒头为国人主食当家品种的实际，大力培育优质强筋小麦品种、优质弱筋小麦品种；顺应压减玉米播种面积的形势，开发优质高油酸花生、优质水稻、高蛋白大豆、甜糯玉米、青贮玉米等新品种。在种苗方面，顺应城镇化深入发展、城市绿化美化加速推进的形势，大力培育推广以容器苗为主导的生态型苗木、速生用材林苗木以及绿化大苗、花卉，特别是彩叶树种和花灌木种苗。在畜禽、水产方面，挖掘利用南阳黄牛、淮南猪、固始鸡、卢氏鸡、黄河鲤鱼等肉质鲜美、适应性强、耐粗饲等优良特性的地方种质资源，

推进品种创新，满足人们怀念“老口味”的需求。

3. 追踪生产技术趋势，加快选育适于机械化作业的农作物新品种

同全国一样，长期以来河南农作物品种适合人工劳动的多，适于机械化作业的少，特别是玉米、棉花、油菜、芝麻等作物机械收割难度很大，与当前农村劳动力大量转移、农业机械化快速发展的形势不相适应。建议发挥育种力量较为雄厚的优势，着眼未来，提早布局，加快选育适宜全程机械化的田间机械粒收玉米、芝麻等农作物新品种。

（二）加快壮大市场主体，打造现代种业高地建设的动力引擎

世界种业发展实践证明，种企强则种业兴，发展现代种业必须坚持以企业为主体，做大做强种业企业。从当前实际出发，建议从四个方面实施重点突破。

1. 深化种业科技体制改革，构建产学研、育繁推一体化的种业创新联盟

调研发现，在目前省内种业科技创新资源主要集中在科研院所和高等院校、种业企业普遍实力较弱的情况下，简单推进科研院所和高校与其所办种企“事企脱钩”，不利于发挥集中力量办大事的制度优势，也不利于调动种业科研人员的积极性。建议整合省内开展育种科研的高校、科研院所与种企资源，分行业、领域组建种业创新联盟，配套研究制定落实科技成果转化收益、科技人员兼职取酬等制度规定的具体办法，完善科研计划和加大对企业商业化育种支持力度的制度机制，构建科企紧密合作、收益按比例分享的产学研联合攻关的育种科研新模式，培育新型市场主体。

2. 推进省内种企兼并重组，打造河南“种业航母”

建议借鉴组建中原银行的做法，对地方国有企业混改与合作方式进行探索，对省内国有或国有控股种企进行跨区域、跨领域整合重组，鼓励、推动省内龙头种企或其他与种子产业关系密切的化工、农药、食品、生物等领域的优势企业，通过并购、参股、控股等资本运作方式，参与组建混合所有制的育繁推一体化种业集团。

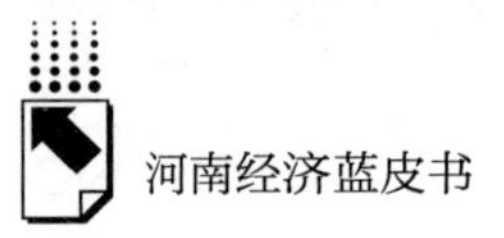

3. 扩大对外开放，引进大型龙头企业

坚持不求所有但求所用的理念，以市场换资源，以市场换人才，以市场换发展。建议在政策许可范围内，支持、引进国内外大型种业企业到河南设立研发机构、育种基地、种子仓库，或与省内企业合资组建企业，对省内种业企业进行重组，输入人才、技术、设备及管理经验，带动提升河南种业发展水平。眼下有两件事已经基本成形，建议有关方面乘势推进、努力办好：一是抓住泰国正大集团在河南布局禽业生产的机遇，用好家禽发展基金，引导、支持正大集团建设10万只规模的祖代家禽种场，打造满足河南市场需求、辐射全国的种禽业生产基地；二是利用德清源集团在卢氏县发展24万只商品蛋鸡生产的机会，探讨扩大合作范围，推动绿壳蛋鸡种业树品牌、扩规模、上水平。

4. 打造产业集群，谋划建设种业产业集聚区

近年来，不少占据河南用种市场主体份额的农作物种企，其育种基地和仓储设施都建在甘肃、新疆等地，既造成企业制种成本居高不下，也不利于省内农民增收、农业增效。新乡及周边大面积的黄河滩区土地，非常适于建设农作物种子繁育基地，且已初具规模。新乡平原新区针对性地规划建设了1座集种子研发、生产、加工、仓储、交易于一体的种业产业园区，已有部分种企进驻，成效初显。建议省里在新乡谋划建设农作物种业产业集聚区，打造“中国种谷”，吸引种企集聚，提升种业效益。

（三）着力完善创新平台，提升现代种业高地建设的支撑能力

现代种业是典型的技术密集型产业，其发展离不开创新平台和载体的有力支撑。

1. 加强育种创新支撑能力建设

一是落实省政府与深圳华大基因签署的战略合作协议，建设河南省动物种质资源库（基因库）公共技术服务平台，打造全国一流的动物种质资源及其生物信息基地、生物技术研究基地、动物种质创新基地、生物技术人才孵化基地，力争实现2020年动物种质资源库动态存储量达到120万份。二

是推进河南现代农业生物育制种技术研究中心建设，着力打造立足河南、服务全国、面向全球的国内外一流的现代农业生物育制种技术研究中心，形成全国育制种产业的技术交流地、人才聚集地和企业孵化器。三是加快建设河南省奶牛生物育种工程中心，构建奶牛登记及测定体系，实施遗传改良计划，形成20万头规模奶牛性能测定体系。四是谋划建设肉牛、肉羊、家禽性能测定机构，尽快填补肉牛、肉羊、家禽育种性能测定的空白，消除产业发展瓶颈。

2. 加强种业基地生产能力建设

农作物领域，在加快海南繁育种基地和西北制种基地建设的同时，重点抓好省内种子生产基地建设，在不同生态类型区建设标准化小麦种子繁育基地和现代化种子加工中心，鼓励和扶持有条件的种子企业在省内建设玉米、杂交水稻制种生产基地，在优势区域建设标准化的棉花、花生等大宗经济作物繁育基地。种畜禽领域，重点加强原种场和扩繁场建设。建议有关方面密切跟踪农业部支持打造全国重点肉牛育种企业的工作安排，积极对接沟通，争取进入国家重点扶持行列。种苗领域，重点加强以繁育生态、乡土和珍贵苗木为主的保障性苗圃和重点采种基地建设。水产领域，重点推进遗传育种中心和具备一定规模的原良种场升级改造，不断增强供种能力。

3. 加强种业市场监管服务能力建设

一是重点推进河南省与中国农科院共建农业信息服务平台、成果转化交易平台等，提高科技资源共享水平。二是加强种子质量检测体系建设，按期建成省级种子检验室，开展品种真实性鉴定、转基因品种检测等项目。三是加快建设省市县三级种业信息平台，探索建设“互联网+种业”电商平台，培育种业经营新模式。

（四）持续加强政策扶持，强化现代种业高地建设的制度保障

打造现代种业发展高地，是一项战略举措，也是一项系统工程，需要方方面面的协调配合、政策保障。

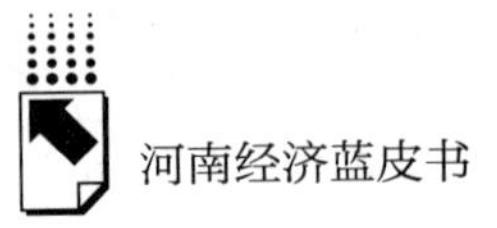

1. 加强产业统筹规划

建议省里参照谋划推进现代物流等11个重点产业发展的做法，落实“一个项目、一个领导、一套班子、一抓到底”的工作机制，组建由省有关领导任组长、省直有关部门和高校、科研院所参与的专门工作班子，按照育种规律相同、育种技术相似、推进机制相近的原则，坚持统分结合的原则，系统谋划种业的整体发展思路和策略，指导制定涵盖全领域的现代种业发展中长期规划，分领域、分板块明确工作目标任务和政策举措，增强产业发展的科学性、系统性和预见性。

2. 创新财政投入机制

重点做好三个方面的工作：一是建立种业发展基金。调研发现，省财政出资5000万元入股国家协同创新联盟种业创新基金，但目前只有河南秋乐种业一家企业得到基金的扶持，受益面有待扩大。建议设立河南省现代种业发展基金，通过基金平台充分发挥政府资金和社会资金聚集效应，支持更多育繁推一体化种企开展商业化育种。二是创新财政支持种业发展机制。现行的短周期、一年一申报、不申报即不给支持的科研项目财政支持模式，与种业科研周期长、不可预知因素多的规律不相适应。建议对财政支持育种科研机制做出调整完善，对一些重大项目直接列入财政中长期规划，纳入预算，保持公共财政对育种研发、种质资源保护等方面的连续、稳定投入。三是认真落实有关补贴政策。坚持公平原则，简化审批程序，落实新品种审定后的补助政策，对各类种业企业一视同仁地予以奖补。将种子生产、加工、制种机械纳入农机具购置补贴范围。

3. 落实税收金融政策

种企呼声较高的主要有以下三个方面：一是落实免税政策。免征育繁推一体化种业企业的生产经营所得税，对种业企业兼并重组涉及的税收予以优惠。二是落实信贷政策。鼓励引导金融机构特别是政策性银行将种子收购贷款作为农业政策性贷款予以对待；落实林权抵押贷款和农业产业化龙头企业贴息贷款政策，为种企特别是种苗企业拓宽融资渠道。三是创新种业保险。商业保险机构现行产品不能有效降低种企风险，建议参照居民大病保险的做法，种企拿大头、财政补小头，鼓励引导保险机构提供更加有力有效的制种保险。

4. 破除土地、人才及口岸等瓶颈制约

土地方面，主要是种苗企业建立育种基地面临诸多政策障碍，产业规模难以扩大。人才方面，突出的问题是高校和科研院所思想不够解放，拿着政策要政策，科研人员到种企兼职从事科研育种工作之路不畅。口岸方面，郑州进境植物种苗口岸早已获批，但迟迟未能落地，种苗进口舍近求远，企业成本增加。以上几个问题，都需要有关方面拿出针对性解决办法。

B.31
河南现代服务业发展状况研究

王予荷　常伟杰*

摘　要： 加快发展现代服务业，是河南优化经济结构、转换发展动力、推动经济社会持续健康发展的必然选择和战略举措。近年来，河南现代服务业保持了快速发展态势，总量不断壮大，占比不断提高，现代物流、信息服务、金融、健康养老等现代服务业的重点领域呈现竞相发展势头。展望2018年，河南现代服务业发展机遇与挑战并存，现代服务业发展空间和前景仍然广阔。

关键词： 河南　现代服务业

现代服务业是随着现代经济和社会活动的发展而涌现的新兴行业，现代服务业的发展状况是衡量一个地区经济综合竞争力的重要指标。加快发展现代服务业，是河南优化经济结构、转换发展动力、推动经济社会持续健康发展的必然选择和战略举措，对河南省全面建成小康社会、加快推进现代化建设具有重要意义。

一　现代服务业基本内涵和分类

（一）现代服务业内涵

现代服务业是一个相对动态的概念，属于第三产业，但同时又不断扩

* 王予荷，河南省统计局服务业统计处处长；常伟杰，高级统计师，河南省统计局服务业统计处。

展着第三产业。现代服务业是在工业高度发展阶段产生的，是在传统产业创新的基础上，依托电子信息等高技术和现代管理理念、经营方式、组织形式和高素质人力资源而逐步发展起来的，是基于新兴服务业态的成长壮大和传统服务业改造升级，而形成的新型服务业体系，既包括新兴服务业态，也包括现代化的传统服务业。相对于传统服务业，现代服务业产业特征表现为“三高”，即“高人力资本含量”、“高技术含量”和“高附加价值”。

（二）现代服务业分类

国家统计局文件明确规定，第三产业即为服务业，但对现代服务业的定义截至目前尚没有明确规定。《河南省人民政府关于建设高成长服务业大省的若干意见》（豫政〔2014〕42 号）将批发和零售业、住宿和餐饮业、房地产业、其他公共服务业等 4 个行业作为河南的传统服务业；将现代物流业、信息服务业、金融业、旅游业、文化产业、科技和教育事业、商务服务业、健康服务业、养老和家庭服务业等 9 个行业作为河南的现代服务业。《河南省“十三五”现代服务业发展规划》确定现代物流、现代金融、信息服务、文化旅游、健康养老服务为主导产业，科技服务、商务服务、会展服务、服务外包、居民和家庭服务为新兴产业，商贸流通、房地产为传统产业。

结合国家统计局确定的生产性服务业、高技术服务业、科技服务业等行业分类，根据《河南省人民政府关于建设高成长服务业大省的若干意见》及《河南省“十三五”现代服务业发展规划》文件精神，参照外省现代服务业划分依据，本文从现有国民经济行业分类中选取符合条件的行业作为现代服务业，包括交通运输、仓储和邮政业，信息传输、软件和信息技术服务业，金融业，租赁和商务服务业，科学研究和技术服务业，水利、环境和公共设施管理业，教育，卫生和社会工作，文化、体育和娱乐业等 26 个行业大类，租赁业、居民服务业修理和其他服务业中的部分行业大类。

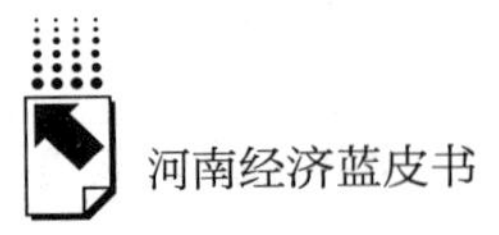

二　河南现代服务业发展状况

近年来，在省委、省政府正确领导下，全省上下认真贯彻落实国家加快服务业发展的各项政策措施，围绕高成长服务业大省建设，明确发展重点，加快载体建设，强化招商引资，完善政策措施，营造优良环境，全省现代服务业保持了快速发展态势，现代服务业的重点领域呈现竞相发展势头。

（一）现代服务业总量不断壮大，占第三产业增加值比重呈平稳上升态势

2011～2017年，河南现代服务业增加值由2788.75亿元发展到9484.15亿元，占第三产业增加值的比重由42.2%提高到49.4%，年均提高1.0个百分点，呈现逐年上升的良好态势。

（二）现代服务业保持快速增长势头，对经济增长贡献率逐年提升

在经济总量不断壮大的同时，现代服务业发展速度也不断加快，对经济增长的贡献率逐年提升。2011～2017年，现代服务业年均增速为14.1%，比第三产业年均增速高3.6个百分点，比GDP年均增速高5.0个百分点。现代服务业对服务业增长的贡献率由53.0%提高到60.0%；对GDP增长的贡献率由15.4%提高到24.9%，均呈现逐年上升态势。

（三）现代服务业重点领域硕果累累

在经济发展新常态背景下，“互联网+”、电子商务、现代物流等新经济不断涌现并快速成长，已经成为加快服务业新旧动能转换、推动服务业快速发展的新动力和助推器。现代物流、金融、文化旅游、信息服务、健康养老等主导产业支撑带动能力进一步增强。

1. 现代物流发展态势良好

河南发展现代物流具有得天独厚的区位和交通优势。2017 年郑州机场货邮吞吐量突破 50 万吨，达到 50. 27 万吨，增长 10. 1%，增速居全国主要机场首位；郑欧班列实现往返均衡和高频常态开行；基本形成了覆盖全国及东亚、东南亚主要城市，连接迪拜和温哥华的枢纽航线网络。深入推进供给侧改革，国际多式联运、城市停车场、“互联网 +”、便捷交通等新兴业态模式日益兴起，为交通提质转型提供了载体支撑。货物运输量和周转量持续增长，2017 年全省货物运输量、货物周转量同比增速分别为 11. 7% 和 11. 2%，快递业务量和业务收入分别增长 28. 0% 和 22. 9%。近年来，河南物流业实现了稳定较快发展，物流需求规模不断扩大，物流投资力度持续加大，重点领域物流优势进一步强化，物流业增加值较快增长，支撑服务能力持续增强。2017 年前三季度，全省社会物流总额达到 8. 16 万亿元，同比增长 10. 1%，增幅比上年同期高 1. 9 个百分点，比全国高 3. 2 个百分点。

2. 信息传输、计算机服务和软件业快速发展

大力发展信息服务业，制定出台河南省推进国家大数据综合试验区建设实施方案和若干意见，加快推动 18 家大数据产业园区和 60 个大数据领域创新平台建设。深入推进郑州国家信息消费示范城市建设，六家电商企业入选商务部 2017 ~2018 年度电子商务示范企业。2016 年，河南省信息传输、计算机服务和软件业增加值达 768. 90 亿元，占 GDP 的比重为 1. 9%，占第三产业增加值比重为 4. 5%；2011 ~2016 年年均增长 15. 4%，分别比 GDP、第三产业增加值年均增速高 6. 0 个和 4. 7 个百分点。2017 年前三季度，全省电子商务平台完成商品、服务类交易额 4169. 22 亿元，同比增长 25. 6%；全省实现网上零售额 1207. 60 亿元，增长 62. 4%；1 ~11 月，实现规模以上信息传输、计算机服务和软件业企业营业收入 751. 71 亿元，同比增长 7. 9%，营业利润 151. 09 亿元，增长 8. 7%。

3. 金融业成为拉动经济增长的主要动力

近年来，河南推动金融业加快发展，“金融豫军”不断壮大。中原银行、中原农业保险公司、中原股权交易中心开业运营，中原航空港产业投资

基金获批设立，民营银行、中原寿险加快组建，中国进出口银行河南省分行获批筹建，浙商银行正式入驻，实现全国 12 家股份制银行全部落户郑东新区，2017 年制定出台《关于发挥资本市场作用助力脱贫攻坚的意见》，推动兰考县普惠金融改革试验区启动普惠授信，首个金融业务窗口落户河南自贸区洛阳片区，推动棉纱期货郑商所上市，设立中原小额贷款有限公司，龙湖金融岛外环项目整体开发加快推进，郑东新区金融集聚核心功能区建设进一步扩容提质。截至 12 月末，金融机构本外币各项存款余额超过 6 万亿元，达 60037.60 亿元，同比增长 9.2%；各项贷款余额超过 4 万亿元，达 42546.80 亿元，同比增长 14.6%；郑东新区累计入驻金融机构近 300 家。2017 年河南省金融业增加值为 2530.32 亿元，2011 ~ 2017 年年均增长 16.9%，比 GDP 年均增速高 7.7 个百分点，占 GDP 的比重为 5.6%，比 2010 年提高 2.6 个百分点，对 GDP 增长的贡献率为 5.3%，对第三产业的贡献率为 12.4%。

4. 旅游市场不断发展壮大

近年来，河南省先后举办了世界旅游城市市长论坛、焦作国际太极拳交流大赛、三门峡国际黄河旅游节，组建了沿黄九省（区）旅行社合作联盟，赴天津、北京、东北三省等客源地举办推介活动。洛阳龙门文化旅游园区、鸡公山文化旅游园区等重大项目加快建设，三门峡温泉保健、栾川冰雪度假、安阳航空运动等快速发展。成功举办开封清明文化节、南阳玉雕节、洛阳牡丹花会等文化节会，加快推进郑州、洛阳国家文化消费试点城市建设。召开全省旅游业转型发展工作会议，举办“中华源”沿黄九省（区）国际精品旅游线路采购大会等推介活动，出台《河南省旅游产业转型升级行动方案》等文件，编制上报全国红色旅游经典景区三期建设方案。2017 年少林寺、龙门石窟、云台山、清明上河园、洛阳老君山五个景区营业收入超亿元。目前河南 5A 景区的数量达到 13 家，在全国排第三位。2017 年，河南累计接待海内外游客预计突破 6.6 亿人次，旅游总收入预计突破 6700 亿元，同比分别增长 14% 和 17% 左右，增幅均高于全国平均水平。

5. 健康养老产业开始转型攻坚

近年来，河南强力推进健康养老产业融合发展，通过完善政府购买服务，加强基础设施建设等多措并举降低养老成本，着力引进一批有行业影响力和竞争力，具有示范性、带动性的养老服务集团，不断提高健康养老产品和服务供给的质量效益。郑州大健康、郑州仁人健康体检中心、艾迪康医学检验中心等一批民营机构投入运营。2017 年河南进入健康养老产业转型发展攻坚时期，9 月 19 日省政府办公厅连续下发《河南省推进健康养老产业转型发展方案》、《河南省支持健康养老产业转型发展若干政策》、《河南省健康养老产业布局规划》等一揽子文件，加快推进健康养老产业成为河南经济发展新的增长点。9 月 24 日，又印发《河南省人民政府办公厅关于全面放开养老服务市场提升养老服务质量的实施意见》，要求加快推进养老服务业供给侧结构性改革，让广大老年群体享受优质养老服务，鼓励社会力量积极参与，推进健康养老产业转型，促进河南健康养老产业快速发展。研究编制《河南省“十三五”健康老龄化规划》等政策文件，深入推进郑州、洛阳、濮阳等 11 个国家和省级医养结合试点城市试点工作，与省内外金融机构签订以开发性金融支持河南省健康养老体系建设合作协议。

6. 文化产业取得长足发展

在省委省政府的高度重视和正确领导下，河南文化产业建设取得长足发展，文化产业整体实力和竞争力不断提升，继 2015 年河南省文化及相关产业增加值突破 1100 亿元之后，2016 年突破 1200 亿元，文化产业发展再上新台阶，为稳步推进河南文化大省、强省建设提供了有力支撑。“三网融合”全面推进，数字电视、手机传媒等新兴业态发展迅猛，交互式网络电视（IPTV）业务正式启动，《大河报》入选全国首批数字出版转型示范单位；电视剧《花木兰传奇》、文化栏目《汉字英雄》等创收视新高，《太极传奇》、《冰上天姿》等演艺节目在省内外反响强烈；河南电视台国际频道正式面向全球开播，国家级文化和科技融合示范基地落户洛阳高新区，中原出版传媒集团实现主营业务整体上市，约克股份（本土动漫企业）在新三板挂牌。

三　现代服务业发展面临的机遇和挑战

（一）现代服务业发展面临的机遇

1. 经济发展阶段变化为服务业发展提供良好的宏观环境

习近平总书记在十九大报告中指出：深化供给侧结构性改革一个重要方面就是支持传统产业优化升级，加快发展现代服务业，瞄准国际标准提高水平。习近平总书记指出了服务业发展的方向，现代服务业高人力资本含量、高技术含量、高附加值的特征，更加符合经济高质量发展的要求。整体来看，世界经济深度调整，经济新常态为现代服务业发展提供了机遇，供给侧改革为现代服务业发展提供了路径，“互联网 +”、电子商务等为现代服务业发展提供了载体，居民收入的持续提高为现代服务业发展提供了保障，现代服务业处于可以大有作为的重要战略机遇期。

2. 现代服务业拥有宽松的内部发展环境

近年来，省委、省政府对现代服务业发展寄予厚望，围绕现代服务业强省建设，出台了一系列政策措施，着力加快服务业重点项目建设，持续推进服务业集聚集群发展，深化服务业供给侧结构性改革，促进现代服务业转型发展。这些政策措施的红利将会陆续得到释放，促使河南现代服务业在未来一段时期继续保持稳定较快的发展。加上全省“米字形”高速铁路网等重大基础设施日益完善，服务业政策体系和营商环境持续完善和优化，现代服务业重点领域支撑带动能力显著增强，新兴服务业蓬勃发展，河省现代服务业将进入提速发展新阶段。

3. 国家战略助推河南现代服务业发展

粮食生产核心区、中原经济区、郑州航空港经济综合实验区、郑洛新国家自主创新示范区、中国（河南）自由贸易试验区、中国（郑州）跨境电子商务综合试验区、（兰考）首个国家级普惠金融改革试验区等战略，都与服务业发展息息相关。粮食生产核心区建设，要求实现集约化、组织化、专业化、社会化，为农业服务公司“施展拳脚”提供了可能。中原经济区战略的任务之一，是建设全国重要的经济增长板块，建设先进制造业基地和现代服务业基地。交通枢纽建设与华夏文化的传承创新，更是服务业发展不可分割的组成部分。郑州航空港经济综合实验区、郑洛新国家自主创新示范区、中国（河南）自由贸易试验区等国家战略的实施，既可提升河南战略地位，为河南提供开放环境，又有利于河南加快要素融合，河南现代服务业“乘上”重大战略组合叠加效应的“东风”，发展平台更广阔，未来发展前景更可期。

（二）河南现代服务业发展面临的挑战

尽管近年来河南服务业尤其是现代服务业快速发展，但由于历史欠账多，河南现代服务业发展也面临严峻挑战。

1. 河南服务业比重偏低，远低于全国平均水平

近年来，虽然河南服务业增加值一直保持9%左右的增长速度，但与其他省份相比，服务业增加值在GDP中的占比仍然偏低，2017年河南服务业增加值占GDP的比重为42.7%，比全国平均水平低了8.9个百分点。

2. 现代服务业发展相对滞后，龙头企业带动力不强

商务服务、文化娱乐、科学研究和技术服务业以及信息传输、软件和信息技术服务业等现代服务业尚处于起步和发展阶段，规模不大、实力不强，占比不到40%。从规模以上服务业数据看，除交通运输、通信等行业外，河南其他行业缺乏龙头企业带动，高层次服务产品供给能力尚有待提高。

3. 现代服务业发展基础有待进一步夯实

城镇化水平偏低，对现代服务业支撑力度不足。2017年，河南城镇化率为50.16%，低于全国平均水平8.36个百分点。河南城市化发展存在很大的增长空间，需求潜力巨大。居民收入水平有待继续提高，2017年河南城镇、农村居民人均可支配收入分别为29557.86元、12719.18元，分别比全国低6838.14元和712.82元，在全国排名均处靠后位置。

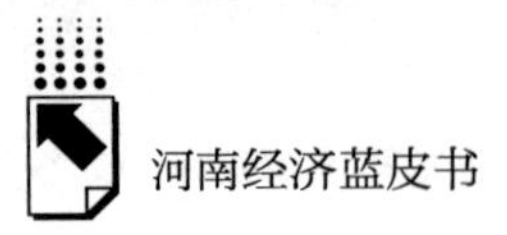

四　多措并举，加快发展现代服务业

整体看，河南现代服务业发展基础逐步稳固，空间和前景仍然广阔。随着加快现代服务业发展一系列政策措施的逐步落实，河南现代服务业对经济增长的作用将不断增强。

（一）提升服务业发展协调度，加速服务业融合发展

围绕促进全省产业结构战略性调整，加强政府引导和正确舆论导向，促进传统服务业与现代服务业的协调发展。坚持承接转移传统服务业与培育新兴服务业相结合，放宽市场准入，不断扩大需求，在大力发展现代服务业的同时，要结合河南实际加快改造提升传统服务业，确保传统服务业与现代服务业协调发展，为服务业大省建设提供强力支撑。

（二）发挥河南比较优势，促进现代服务业快速发展

结合河南实际，最大限度地发挥比较优势，积极发展壮大现代服务业。一方面，依托交通区位、文化旅游资源和新兴产业等方面的优势，鼓励企业通过自主创新和技术引进等有效途径，促进自身经营和管理方式升级，进一步发展壮大现代物流业、高技术服务业、特色旅游业等产业，不断增强其对经济增长的支撑作用。另一方面，加快发展现代医疗、健康养老、文化创意、新型餐饮、互联网金融、网络教育等科技含量高、发展潜力大、带动效应强的新兴产业，加速积聚经济发展新动能，推动现代服务业快速发展。

（三）壮大现代服务业规模，形成新的经济增长点

积极扶持服务业新兴业态，为河南省服务业健康发展培育新生力量。引导现代服务业企业加快发展，让领军企业真正成为全省服务业发展的驱动

力。把有发展潜力的现代服务业企业作为示范企业，在发展政策和发展环境上，应优先给予支持，通过跟踪、扶持、培育，使其壮大成长为品牌龙头企业，并发挥行业领头羊作用。同时，要积极出台相关政策，优化发展环境，着力解决中小企业融资难问题，不断增强企业的核心竞争力和可持续发展能力。

B.32

从市场主体看河南经济结构的调整

杨全明　张奕琳　黄莹莹*

摘　要： 近年来，全省经济持续健康发展，市场主体潜能持续得到释放，实体经济转型升级加快，基本单位数量持续增长。本文利用相关性分析，得出全省企业地区分布与区域经济结构、企业产业分布与产业结构均具有高度相关性的结论。基本单位在不同行业与地区的分布及变化可以反映出整体经济结构的变化趋势。通过梳理2011年以来全省基本单位数量和结构变化情况，分析全省经济结构转型升级取得的成效和存在的问题，并对经济结构持续优化提出建议。

关键词： 河南　市场主体　经济结构

近年来，全省紧紧围绕中原崛起河南振兴富民强省总目标，统筹稳增长、促改革、调结构、惠民生，促使各项政策措施得到强力实施，成效显著，经济发展呈现出结构优化、动力转换、发展方式转变加快的良好态势。市场主体[①]潜

* 杨全明，高级统计师，河南省统计局普查中心主任；张奕琳，高级统计师，河南省统计局普查中心副主任；黄莹莹，经济师，河南省统计局普查中心。

① 市场主体是指具有独立经济利益和资产，享有民事权利和承担民事责任的可从事市场交易活动的法人或自然人。企业是最重要的市场主体。

能持续得到释放，实体经济转型升级加快步伐，全省基本单位[①]特别是企业单位数量持续增长。基本单位分布与经济结构[②]具有高度相关性，一个地区基本单位在不同行业与地区的分布及变化，可以反映出整体经济结构的变化趋势。

一　基本单位分布与经济结构具有高度相关性

从基本单位的地区、行业分布和经济结构看，基本单位数量多的地区，其经济总量相对较大，经济发展水平相对较高；基本单位数量多的行业，创造的增加值也较多。为准确反映基本单位分布与经济结构之间的相关性，我们利用相关系数[③]来衡量。

通过对 2016 年全省企业法人单位数与 GDP 地区分布和产业结构进行相关分析，计算出全省企业地区分布与区域经济结构相关系数为 0.9745，为极强相关；企业产业分布与产业结构相关系数为 0.6447，为强相关。三次产业由于具有不同的技术特征和发展水平，基本单位产业分布与产业结构相关性相对略低，主要表现在第三产业上。2014 年至 2016 年第三产业企业单位数占全省比重分别为 59.6%、64.5%、69.5%，实现增加值占全省比重分别为 37.1%、39.5%、41.8%，说明全省经济结构调整已取得显著成效，但结构优化任务依然很重。因此，分析基本单位的总体状况和结构，对研究全省经济结构具有重要意义。

---

① 基本单位是各类法人单位及其所属产业活动单位的总称，是构成整个社会经济活动最基本的单元，也是社会经济信息的主要来源和载体。

② 经济结构是经济系统中各个要素之间的空间关系，包括企业结构、产业结构、区域结构等，本文主要研究河南省产业结构与区域结构。

③ 相关系数一般用字母 r 表示，r 的取值范围为：$-1 \leq r \leq 1$。通过 r 的绝对值大小可以判断线性相关的密切程度。$|r| < 0.2$，为极弱相关或无相关；$0.2 \leq |r| < 0.4$，为弱相关；$0.4 \leq |r| < 0.6$，为中等程度相关；$0.6 \leq |r| < 0.8$，为强相关；$0.8 \leq |r| < 1$，为极强相关。

表 1　2016 年全省三次产业法人单位数与三次产业占 GDP 比重*

指标名称	企业法人单位数占比(%)	占 GDP 比重(%)
全　　省	100.0	100.0
第一产业	4.7	10.6
第二产业	25.8	47.6
第三产业	69.5	41.8
相关系数	0.6447	

*本文引用的 GDP 数据源于河南省统计局核算处，其他图表数据均根据《中国统计年鉴》、《河南统计年鉴》及河南省基本单位名录库管理系统数据汇总计算取得。

表 2　2016 年全省分省辖市法人单位数与 GDP 地区分布

地　区	企业法人单位数占比(%)	占全省 GDP 比重(%)
全　　省	100.0	100.0
郑　　州	26.3	19.7
开　　封	3.6	4.3
洛　　阳	8.4	9.3
平 顶 山	3.8	4.5
安　　阳	4.1	5.0
鹤　　壁	2.2	1.9
新　　乡	6.2	5.3
焦　　作	3.3	5.1
濮　　阳	3.5	3.6
许　　昌	7.6	5.8
漯　　河	1.6	2.7
三 门 峡	3.0	3.3
南　　阳	8.0	7.7
商　　丘	5.4	4.9
信　　阳	3.4	5.0
周　　口	3.5	5.6
驻 马 店	4.9	4.9
济　　源	1.1	1.3
相关系数	0.9745	

二　全省基本单位总体情况

近年来，全省供给侧结构性改革成效不断显现，改革红利逐步释放，大众创业、万众创新态势向好，市场主体蓬勃发展，新设主体高速成长，基本单位总量不断扩大，各类企业特别是非公有制企业数量增长较快，从事第三产业的单位明显增多，反映出全省经济结构战略性调整取得明显成效。

（一）企业单位增长较快，经济活力不断增强

2011 年以来，全省法人单位数量持续快速增长，2016 年，全省累计拥有法人单位 81.68 万个，比 2011 年增长 97.9%；其中，企业作为最重要的市场主体，数量增长最快，从 27.13 万个增至 58.06 万个，增长了 114.0%，在全部法人单位中占比从 65.7% 上升至 71.1%。特别是自 2014 年 9 月李克强总理在夏季达沃斯论坛上发出“大众创业、万众创新”的号召后，全省贯彻“双创”政策各项措施纷纷落地，为创业创新保驾护航，有效激发了社会活力，释放了巨大创造力，企业数量呈井喷式增长，从 2014 年的 40.00 万个增加至 2016 年的 58.06 万个，平均增速为 22.1%。

表 3　2011～2016 年全省按机构类型分法人单位数及占比

单位：万个，%

年份	法人单位合计	企业法人		事业法人		机关法人		社会团体		其他法人	
		绝对数	占比	绝对数	占比	绝对数	占比	绝对数	占比	绝对数	占比
2011	41.28	27.13	65.7	4.07	9.9	1.18	2.9	0.57	1.4	8.32	20.2
2012	42.65	28.42	66.6	4.10	9.6	1.18	2.8	0.56	1.3	8.40	19.7
2013	51.19	31.91	62.3	6.44	12.6	1.37	2.7	0.57	1.1	10.90	21.3
2014	62.38	40.00	64.1	6.70	10.7	1.43	2.3	0.71	1.1	13.53	21.7
2015	76.32	53.56	70.2	6.69	8.8	1.45	1.9	0.81	1.1	13.81	18.1
2016	81.68	58.06	71.1	6.68	8.2	1.45	1.8	0.83	1.0	14.65	17.9

注：“其他法人”包括民办非企业单位、基金会、居委会、村委会、农民专业合作社、其他组织机构。

（二）非公有制企业迅猛发展，国有、集体控股企业比重下降

全省在深化国有企业改革，推进国有经济战略性调整的同时，大力发展非公有制经济，进一步消除了制约非公有制经济发展的体制性障碍和政策性因素，营造了良好的体制环境，民营经济的活力不断增强。改革的成效直接体现在了不同类型企业数量的变化上。

从企业控股情况看，全省非公有制企业数量不断增大，2016 年占全省企业数量比重达到 95.6%，成为市场经济的重要组成部分。非公有制企业中，私人控股企业 44.81 万个，比 2011 年增长 98.0%，占全部企业总数的 77.2%；港澳台商控股企业 697 个，比 2011 年增长 28.1%，占比为 0.1%；外商控股企业 553 个，比 2011 年增长 1.5%，占比为 0.1%。2011 年以来，全省国有、集体控股企业数量比重持续下降，至 2016 年，国有控股企业占比由 3.7% 降至 2.7%；集体控股企业比重由 3.9% 降至 1.8%。

表 4　2011～2016 年全省分企业控股情况单位数及占比

单位：万个，%

年份	企业法人	占比	国有控股企业	占比	集体控股企业	占比	其他控股企业	占比
2011	26.95	100.0	0.99	3.7	1.04	3.9	24.92	92.4
2012	28.30	100.0	1.03	3.6	1.06	3.7	26.22	92.7
2013	—	—	—	—	—	—	—	—
2014	40.00	100.0	1.05	2.6	1.05	2.6	37.90	94.8
2015	53.56	100.0	1.42	2.7	1.15	2.1	51.00	95.2
2016	58.06	100.0	1.56	2.7	1.02	1.8	55.48	95.6

注：①其他控股企业包括私人控股、港澳台商控股、外商控股和上述五类以外的企业控股情况。②未取得 2013 年数据。

（三）逾七成单位向第三产业集结，产业结构不断优化

近年来，全省全面加快服务业发展，把推动服务业大发展作为产业结构优化升级的战略重点，以改善政策和体制环境为保障，促进服务业总量扩

张、结构优化、水平提升。服务业在生产总值中的比重稳步提升，单位数量保持了快速增长。2011 年以来全省第三产业法人单位数平均增长 19.2%，其中 2013 年和 2015 年增速达到 41.8% 和 24.5%。2016 年，全省第三产业法人单位 62.01 万个，占比为 75.9%，比 2011 年提高 13.4 个百分点，逾七成单位向第三产业集结，且比重明显增大，表明全省产业结构调整效果显著，政策效力持续增强。特别是 2013 年以来，经过不断改革与创新，困扰全省多年的第三产业增加值增速偏低、第三产业增加值占 GDP 比重偏低“两个偏低”问题得到扭转，2014 年至 2016 年河南第三产业增加值增速分别为 9.6%、10.5%、9.9%，第三产业占 GDP 比重由 2013 年的 35.6% 增至 2016 年的 41.9%。

从行业分布看，2011 ~ 2016 年第三产业单位结构不断优化。一是传统服务业改造升级速度加快。全省创新经营模式，发展新兴业态，推进商贸、餐饮、住宿等传统服务业转型升级，批发和零售、住宿和餐饮业单位数年均增速为 25.1%。二是服务业支柱产业快速发展。交通运输、仓储及邮政业，金融业和房地产业等服务业支柱产业单位数年均增长 21.2%。三是服务业发展领域不断拓展。发展了一批潜力大、成长性好的新兴服务业，信息服务业单位数年均增长 26.8%，商务服务业单位数年均增长 30.9%，居民服务和其他服务业单位数年均增长 24.0%，科学研究和技术服务业单位数年均增速达到 43.4%。

表 5　2011 ~ 2016 年全省按三次产业分的基本单位数及占比

单位：万个，%

年份	法人单位数	增速	第一产业		第二产业		第三产业	
			绝对数	占比	绝对数	占比	绝对数	占比
2011	41.28	3.0	1.52	3.7	13.95	33.8	25.81	62.5
2012	42.65	3.3	1.59	3.7	14.26	33.4	26.81	62.9
2013	51.19	20.0	1.07	2.1	12.11	23.7	38.01	74.3
2014	62.38	21.9	3.45	5.5	14.00	22.4	44.93	72.0
2015	76.32	22.4	4.50	5.9	15.90	20.8	55.92	73.3
2016	81.68	7.0	4.68	5.7	14.99	18.3	62.01	75.9

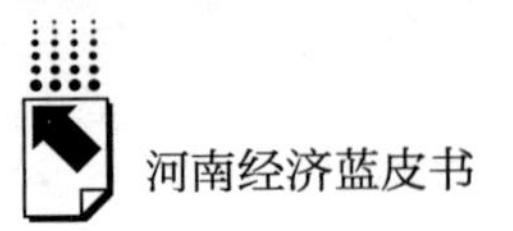

（四）区域集聚特征明显，两成单位集中在郑州市

从基本单位的地区分布情况看，河南各类单位分布较为集中，这与全省坚持核心带动、节点提升、轴带发展、对接周边，加快中原城市群发展，深入实施中心城市带动战略密切相关。2016 年，法人单位数逾五成集中在郑州、南阳、洛阳、许昌、新乡五个省辖市，单位数分别为 17.17 万个、7.51 万个、6.88 万个、5.69 万个、5.40 万个，占全省比重分别为 21.0%、9.2%、8.4%、7.0%、6.6%。省会郑州的龙头带动作用不断增强，集聚了大量市场主体，对全省经济发展的辐射带动作用持续增强，2011 年至 2016 年郑州市法人单位数平均增长 22.3%，占全省比重从 15.2% 上升至 21.0%，其中，企业法人数量占全省比重从 18.4% 上升至 26.3%。

表 6 2011～2016 年全省分省辖市法人单位数

单位：万个，%

地　区	2011 年	2012 年	2013 年	2014 年	2015 年	2016 年	2011～2016 年平均增速	2016 年各省辖市占比
全　省	41.28	42.65	51.19	62.38	76.32	81.68	14.6	100.0
郑　州	6.28	6.80	7.15	9.34	14.01	17.17	22.3	21.0
开　封	2.10	2.19	2.52	3.05	3.27	3.15	8.4	3.9
洛　阳	3.44	3.58	4.26	4.94	5.84	6.88	14.8	8.4
平顶山	2.11	2.14	2.46	2.81	3.38	3.35	9.7	4.1
安　阳	2.23	2.25	2.53	2.99	3.19	3.60	10.0	4.4
鹤　壁	0.68	0.70	0.92	1.10	1.37	1.73	20.4	2.1
新　乡	2.50	2.55	3.28	3.97	5.04	5.40	16.6	6.6
焦　作	1.67	1.71	1.99	2.38	2.76	2.90	11.6	3.6
濮　阳	1.73	1.76	2.13	2.48	3.18	3.11	12.4	3.8
许　昌	2.67	2.85	3.54	4.60	5.40	5.69	16.3	7.0
漯　河	0.80	0.81	1.16	1.36	1.53	1.53	13.8	1.9
三门峡	1.39	1.49	1.52	2.14	2.33	2.43	11.9	3.0
南　阳	4.13	4.16	5.46	6.49	8.21	7.51	12.7	9.2
商　丘	2.09	2.11	3.49	4.27	5.06	4.83	18.2	5.9

续表

地　区	2011 年	2012 年	2013 年	2014 年	2015 年	2016 年	2011～2016 年平均增速	2016 年各省辖市占比
信　阳	2.12	2.15	2.64	3.25	3.66	3.59	11.1	4.4
周　口	2.14	2.16	2.80	3.19	3.34	3.65	11.2	4.5
驻马店	2.82	2.86	2.84	3.43	3.93	4.26	8.6	5.2
济　源	0.37	0.37	0.52	0.58	0.81	0.92	20.3	1.1

（五）全省“四上”单位数量长期保持快速增长

“四上”单位[①]都是规模较大的企业，占全部基本单位数的比重虽然不高，但对全省经济发展有举足轻重的影响。经测算，2016 年前三季度，月度入库“四上”单位经营活动拉动全省前三季度 GDP 增速 1.008 个百分点，其中规模以上工业拉动 GDP 增速 0.5 个百分点，有资质的建筑业拉动 GDP 增速 0.1 个百分点，限额以上批发和零售业、住宿和餐饮业拉动 GDP 增速 0.066 个百分点，房地产开发经营业拉动 GDP 增速 0.074 个百分点，其他营利性服务业拉动 GDP 增速 0.268 个百分点[②]。一个行业的“四上”单位并不能代表本行业的全部，但其经济指标在本行业中所占比重较大，因此，不同行业“四上”单位数的变化情况，能更大程度地反映出整体经济结构的变化趋势。

2011 年以来，河南经济转型发展成效显著，全省“四上”单位数量以 10% 左右的速度保持稳定增长，对全省经济总量增长的贡献逐步增强，为经济增长提供了有力支撑。随着 2013 年规模以上服务业单位被纳入“四上”单位统计范围，重点服务业单位数保持着 20% 以上的高速增长，产业结构持续优化。2016 年全省“四上”单位数量达到 6.16 万个，比上年增长

① “四上”单位是统计工作中对规模以上工业、有资质的建筑业、限额以上批发和零售业、限额以上住宿和餐饮业、全部房地产开发经营业、规模以上服务业法人单位，以及非批发和零售业法人单位附营的限额以上批发和零售业产业活动单位、非住宿和餐饮业法人单位附营的限额以上住宿和餐饮业产业活动单位的简称。

② 引自河南省统计局联合课题组《月度入库“四上”单位对 GDP 增长的影响研究》，2016。

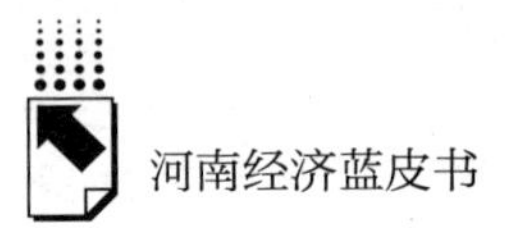

10.7%，比2011年增长64.2%。从全国排名看，2016年河南“四上”单位数量位于全国第5位，居中部六省首位。

表7　2011～2016年全省“四上”法人单位数及增速

单位：个，%

年份	合计	增速	工业		建筑业		批发和零售业		住宿和餐饮业		房地产业		重点服务业	
			绝对数	增速	绝对数	增速	绝对数	增速	绝对数	增速	绝对数	增速	绝对数	增速
2011	37525		18328		5645		6226		2363		4963			
2012	41332	10.1	19237	5.0	5936	5.2	6368	2.3	2368	0.2	5316	7.1	2097	
2013	45645	10.4	20558	6.9	6431	8.3	7331	15.1	2441	3.1	5438	2.3	3446	64.3
2014	50676	11.0	21736	5.7	6367	-1.0	8797	20.0	2464	0.9	5662	4.1	5650	64.0
2015	55689	9.9	22878	5.3	6352	-0.2	10251	16.5	2617	6.2	6158	8.8	7433	31.6
2016	61623	10.7	23665	3.4	7012	10.4	12217	19.2	2870	9.7	6687	8.6	9172	23.4

三　存在的主要问题

（一）结构层次偏低，传统型企业占据主阵地

从2016年行业分组的企业单位数据看，传统行业仍占主导地位，经济结构调整与优化任重道远。以工业为例，采矿业企业数量占工业单位数的4.0%，制造业占93.7%，电力、燃气及水的生产制造业占2.3%。制造业中，企业数量排名前六位的行业是：非金属矿物制品业、通用设备制造业、农副食品加工业、专用设备制造业、化学原料和化学制品制造业、金属制品业，可见，传统产业仍是工业发展的主体，推动新旧产业转换任务仍然艰巨。第三产业中，批发和零售业，交通运输、仓储和邮政业，住宿和餐饮业等传统服务业企业数量占比为57.9%，仍处于主导地位；租赁和商务服务业，科学研究和技术服务业，信息传输、软件和信息技术服务业，房地产业，居民服务、修理和其他服务业，金融业，文化、体育和娱乐业等现代服务业企业数量合计占比为38.9%，比传统服务业比重少了19个百分点，服务业内部结构有待进一步优化。

（二）地区差别较大，分布不够平衡

受地理位置、自然环境、经济发展状况、城市化水平、人口密度等诸多因素的影响，全省企业法人单位分布较多集中在交通更为便捷的西部和中北部地区，而东南部地区企业分布相对较少。2016 年，全省半数以上企业法人集中分布在郑州等五个省辖市，其中郑州 26.3%、洛阳 8.4%、南阳 8.0%、许昌 7.6%、新乡 6.2%，这些地区 GDP 合计在全省所占比重也相对较高，达到 47.8%。2016 年全省 GDP 地区占比前六位分别为：郑州 19.7%、洛阳 9.3%、南阳 7.7%、许昌 5.8%、周口 5.6%、新乡 5.3%，可见，全省企业单位地区分布与经济结构基本吻合。影响区域经济不平衡的因素有很多，其中区位和交通条件影响较大。作为综合交通枢纽的郑州及其辐射带动的中北部和西部地区吸引了更多的外商投资及国内固定资产投资，这在很大程度上决定了投资的空间格局，影响了企业的发展空间以及各地区的产业结构，也确定了全省各地区经济发展的不平衡性，并且这种不平衡性将在未来较长一段时期内难以改变。

（三）企业规模普遍偏小，第三产业企业表现尤为突出

近年来，通过各项支持企业发展利好政策的相继实施，全省各种类型的企业单位数量快速增长。2016 年，全省企业法人单位 58.06 万个，其中，“四上”企业 6.16 万个，占全部企业法人单位的比重为 10.6%；非“四上”企业单位 51.90 万个，比重达到 89.4%。

2016 年，全省八成以上企业年营业收入低于 500 万元，其中，年营业收入 50 万元及以下企业 28.31 万个。年营业收入低于 500 万元的企业中，第三产业企业数量达到 34.59 万个。可见，企业规模偏小的问题在第三产业表现得尤为突出。企业规模小，实力弱，融资难，对市场和技术的变化风险抵抗力差，不利于企业的长期持续发展。大量的小企业生得快死得也快，且成长乏力，必将影响经济的持续稳定增长。

（四）外资企业数量少，占全省比重下降

近年来，全省吸引外资能力提升较快，但整体开放程度仍较低。从登记注册类型看，截至2016年，全省港澳台商投资企业和外商投资企业所占比重仅为0.3%。2011年至2016年，全省外商投资企业单位占全部企业法人单位比重从0.3%降至0.1%，整体呈减少趋势。港、澳、台商投资企业单位数增长了30.9%，但占比由0.3%降至0.2%。2016年，全省超过1/3的外商投资企业和港澳台商投资企业年营业收入低于500万元。这说明全省还需进一步扩大对外开放，有效利用自身优势吸引外资，并加大支持力度，鼓励外资企业发展。

（五）发展制约较多，企业“关停破产”现象不容忽视

受经济下行趋势影响，2015年全省退库“四上”企业2361个，其中工业企业840个，退库数量最多，占比为35.6%；服务业企业460个，占比为19.5%。2016年全省退库“四上”企业1859个，其中工业企业664个，占比为35.7%；服务业企业335个，占比为18.0%。分析企业退库原因，其中半数以上是关闭、停产、破产或注（吊）销，另有四成左右企业属于规模萎缩。企业“关停破产”是市场配置资源的结果，采取市场倒逼机制，促进企业转型升级，有利于调整产业结构，但对地方经济发展的削弱作用不可忽视。

表8　2015～2016年全省申报退库的“四上”单位情况

单位：个

所属专业	2016年					2015年				
	退库单位数	“四上”转“四下”企业	当年没有经营活动的企业	破产、注（吊）销企业	其他原因退出	退库单位数	“四上”转“四下”企业	当年没有经营活动的企业	破产、注（吊）销企业	其他原因退出
合计	1859	791	96	887	85	2361	786	199	1248	128
工业	664	237	0	414	13	840	221	0	593	26
建筑业	0	0	0	0	0	95	0	49	45	1

续表

所属专业	2016 年					2015 年				
	退库单位数	"四上"转"四下"企业	当年没有经营活动的企业	破产、注（吊）销企业	其他原因退出	退库单位数	"四上"转"四下"企业	当年没有经营活动的企业	破产、注（吊）销企业	其他原因退出
批发业	232	125	0	99	8	192	82	0	101	9
零售业	307	165	0	118	24	362	169	0	164	29
住宿业	50	25	0	22	3	54	32	0	18	4
餐饮业	115	42	0	64	9	103	44	0	51	8
房地产开发经营业	156	0	96	52	8	249	0	150	91	8
服务业	335	197	0	118	20	460	238	0	182	40
投资业	0	0	0	0	0	6	0	0	3	3

注：投资业指其他有 5000 万元以上在建项目的法人单位。

四　思考与建议

全省基本单位数量的变化反映了全省市场主体的发展情况，也反映了全省经济结构调整的成果。当前经济发展存在的潜在性问题和不确定因素仍然较多，下阶段，必须坚定信心，以习近平总书记提出的“打好四张牌”为引领，加快转变经济发展方式和提高经济整体素质，继续深化供给侧结构性改革，巩固政策效果，发挥优势推进产业结构优化升级，推动经济社会持续平稳健康发展。

（一）加强政策扶持，持续优化产业结构

加快优化产业布局和推动产业结构调整、转变经济发展方式，是全省今后经济工作的重要任务。要科学合理布局，做好顶层设计，为企业发展提供政策上的强有力支持。

一是做强传统优势产业。坚持区别对待、分业施策，以产业链延伸为主攻方向，推动冶金、建材、化工、轻纺等传统产业绿色化、循环化和高端化发展。二是积极培育壮大新兴产业。加大高新技术产业、现代装备制造业、

信息产业、网络经济等领域的投资力度，扶持高端装备制造、电子信息技术产业、新材料产业、新能源产业等发展前景好、有市场需求的战略性新兴产业，抢占产业发展制高点，培育竞争新优势。三是加快打造现代服务业。认真落实国务院关于加快发展生产性服务业、生活性服务业的指导意见，大力发展电子商务、金融服务业、现代物流业等生产性服务业和文化、旅游产业等生活性服务业，提升服务业整体发展水平。

（二）统筹推进“三区一群”建设，以重点带动全局发展

2017 年 4 月，省委办公厅、省政府办公厅联合印发了《关于统筹推进国家战略规划实施和战略平台建设的工作方案》，明确提出要聚焦“三区一群”建设，构建支撑全省未来发展的改革开放创新三大支柱。这是破解河南发展瓶颈、补短板、增活力的重要战略抓手。

“三区一群”的先行先试政策，是在为全省转型发展探路，在实践中，对于郑州、开封、洛阳等核心区来说，首要任务是释放政策红利，分享发展成果；对于没有覆盖到或覆盖较少的广大外围区来说，必须摒弃“旁观者”思维，正确认识和高度关注“三区一群”所承载的改革任务及其重要作用，积极融入对接，通过异地共建、协同区域发展等方式，放大“三区一群”的叠加联动效应，谋求自身发展，为全省经济发展大局服务。

（三）优化经济功能区载体服务，集聚优势产业

近年来，全省先后建设了 188 个产业集聚区、175 个服务业“两区”、18 个城乡一体化示范区和郑州航空港经济综合实验区（以下简称“五区”）。目前，全省“五区”、“四上”单位共计 25093 个，占全部“四上”单位数比重超过 1/3，在推动全省经济快速发展中发挥着重要的载体支撑作用。尤其是产业集聚区，已成为全省工业布局的一个最重要的阵地，2015 年产业集聚区实现增加值占全省规模以上工业增加值比重达到 60.4%，2016 年比重提升至 64.8%。

在经济新常态背景下，要持续强化经济功能区载体功能，增强要素集聚和辐射带动能力。一是“五区”发展与管理应把握好区域分工与融合发展、

空间拓展与集约发展、经济发展与社会建设、市场促进与政府引导等方面的关系，改进管理体制，提升服务水平。二是因地制宜引导优势产业集聚集群发展，立足增强区域服务和辐射带动能力，强化高端要素集聚、主导产业支撑和特色集群培育，统筹推进传统产业转型升级、创新型企业培育和重点项目建设，推动“五区”提质扩容增效发展。

（四）培育小微企业，做好做优大企业

一是加强对小微企业的引导和培育。积极推进大众创业万众创新，落实国家支持小微企业发展的有关政策，支持鼓励小微企业发展壮大。充分利用“多证合一”登记制度改革提供的数据资源发现达到规模标准的企业，建立“准规模”企业名单，对有资质有潜力的企业予以重点关注，通过扶持培养使其成长壮大，促进“四上”单位总量增长，为经济增长提供支撑。二是鼓励大中型企业做好做优。政府要主动作为，为大企业做好做优保驾护航，持续发挥其对地区经济的支撑和引领作用。要鼓励产值体量大、产品结构优、创新能力强、带动范围广的优势企业，进一步提质增效，树立发展标杆，发挥引领带动作用；引导优势企业强强联合，形成一批主业突出、核心竞争力强的规模型企业集团；保障资金支持，通过继续设立转型发展资金或技术改造专项资金等方式支持传统企业进行优化升级；对纳入“四上”的企业配套设施建设重点予以保障，让有限的要素资源，发挥更好的经济社会效益，进一步提升河南整体经济实力。

参考文献

朱胜：《统计学原理》，中国统计出版社，2015。

王智勇、张车伟、连鹏灵：《产业结构与区域经济发展——以河南省为例》，《山东经济》2011 年第 6 期。

张道航：《从“极化发展”到“泛化延伸”——论经济功能区在区域经济发展中的角色转换》，《长白学刊》2011 年第 1 期。

B.33
从国家中心城市定位看郑州房地产发展

顾俊龙　秦洪娟　朱丽玲*

摘　要： 2017年1月，国家发改委出台《关于支持郑州建设国家中心城市的指导意见》，明确提出支持郑州建设国家中心城市。为助力郑州国家中心城市建设，本文在对8个国家中心城市的经济社会和房地产业主要指标进行对比分析、总结郑州房地产业发展特点的基础上，通过建立房地产发展协调性评价体系，对郑州房地产业的发展潜力进行评价并提出值得关注的问题，最后针对问题提出了相应建议。

关键词： 郑州　国家中心城市　房地产

国家中心城市是指居于国家战略要津、肩负国家使命、引领区域发展、参与国际竞争、代表国家形象的现代化大都市。在全国布局建设若干国家中心城市，是实现"城镇化质量明显提高"、推动中国城市现代化进程的必然要求。2017年1月，国家发改委出台了《关于支持郑州建设国家中心城市的指导意见》，明确提出支持郑州建设国家中心城市。至此，全国共有北京、天津、上海、广州、成都、重庆、武汉和郑州8个城市进入"国家中心城市"建设规划。要建设国家中心城市，充分发挥国家中心城市的功能和作用，房地产业作用重大。房地产业发展水平应与国家中心城市定位相匹

* 顾俊龙，博士，河南省统计局固定资产投资处处长；秦洪娟，河南省统计局固定资产投资处正处级调研员；朱丽玲，硕士，河南省统计局固定资产投资处。

配，与经济社会发展水平相适应。在这方面，其他中心城市房地产发展的经验值得郑州借鉴。因此，以建设国家中心城市为契机，从国家中心城市定位及与其他城市的比较来分析郑州房地产市场发展面临的机遇与挑战，在此基础上提出促进郑州国家中心城市建设的针对性对策建议有重要意义。

一 经济社会发展水平对比

城市房地产市场的发展，与城市的经济发展和社会需求密切相关，房地产市场对经济的增长有重要的拉动作用，反过来房地产市场的发展水平也应与当地的经济社会发展水平协调。为更好地定位郑州房地产市场发展水平，我们首先对8个国家中心城市的经济社会发展水平进行分析对比。

（一）城市定位

在城市定位上，从国务院关于城市总体规划的批复中可以看出，明确被赋予“全国性”职能的城市是北京、上海、广州、重庆，北京是全国性的政治与文化中心，上海为“全国重要的经济中心”，广州与重庆均为“中国重要的中心城市”；天津、武汉、成都和郑州则是区域性中心城市，天津是环渤海地区的经济中心城市，武汉是中部地区的中心城市，成都是西部地区的中心城市。郑州被定位为“中部地区重要的中心城市”和“国家重要的综合交通枢纽”，同样突出“交通枢纽”功能的还有广州、重庆、成都、武汉。

表1　8个国家中心城市定位情况

城市	批复部门和内容	批复时间	城市定位
郑州	国家发展改革委关于支持郑州建设国家中心城市的指导意见	2017.01	郑州作为中原城市群核心城市，区位优势明显，腹地市场广阔，人力资源丰富，文化底蕴厚重，建设国家中心城市具有良好条件和巨大潜力，但经济发展体量、科技创新水平、辐射带动能力等仍需加快提升
	国务院关于郑州市城市总体规划的批复	2010.08	郑州是河南省省会，国家历史文化名城，中国中部地区重要的中心城市，国家重要的综合交通枢纽

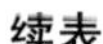
续表

城市	批复部门和内容	批复时间	城市定位
北京	国务院关于北京城市总体规划的批复	2005.01	北京是中华人民共和国的首都，是全国政治中心、文化中心、国际交往中心、科技创新中心
上海	国务院关于上海市城市总体规划的批复	2001.05	上海市是中国直辖市之一，全国重要的经济中心……把上海市建设成为经济繁荣、社会文明、环境优美的国际大都市，国际经济、金融、贸易、航运中心之一
天津	国务院关于天津市城市总体规划的批复	2006.07	天津市是环渤海地区的经济中心……将天津市逐步建设成为经济繁荣、社会文明、科教发达、设施完善、环境优美的"国际港口城市"，北方经济中心和生态城市
广州	国务院关于广州市城市总体规划的批复	2016.2	广州是广东省省会、国家历史文化名城，中国重要的中心城市、国际商贸中心和综合交通枢纽
武汉	国家发展改革委关于支持武汉建设国家中心城市的复函	2016.12	武汉作为中国中部和长江中游地区唯一人口超千万人、地区生产总值超万亿元的城市，区位优势突出，科教人才资源丰富，文化底蕴深厚，具备建设国家中心城市的基础条件，同时仍需进一步提升辐射带动功能、创新发展能力和开放竞争水平
	国务院关于武汉市城市总体规划的批复	2010.03	武汉市是湖北省省会，国家历史文化名城，中国中部地区的中心城市，全国重要的工业基地、科教基地和综合交通枢纽
重庆	国务院关于重庆市城乡总体规划的批复	2011.01	重庆市是中国重要的中心城市之一，国家历史文化名城，长江上游地区经济中心，国家重要的现代制造业基地，西南地区综合交通枢纽
成都	国务院关于成都市城市总体规划的批复	2015.11	成都是四川省省会，国家历史文化名城，国家重要的高新技术产业基地、商贸物流中心和综合交通枢纽，西部地区重要的中心城市

对比国家发改委关于支持郑州、武汉建设国家中心城市的指导意见中的定位，郑州是中原城市群核心城市，腹地广阔的中原城市群是郑州发展的强大基础，武汉则是中部和长江中游地区唯一人口超千万人、地区生产总值超万亿元的城市，经济体量大是武汉的现有优势。与其他中心城市相比，郑州经济总量较小说明房地产发展还有较大空间，人力资源丰富则预示着有潜在需求，市场空间和发展潜力巨大。

（二）土地面积和人口

从行政区域土地面积看，8 个城市中，重庆土地面积达 82374 平方公里，居第 1 位；成都、北京、天津土地面积超过 1 万平方公里，郑州高于上海。但从市辖区面积和建成区面积看，除武汉与郑州较为接近外，其他城市市辖区和建成区面积均远远高出郑州。

从全市常住人口看，郑州是唯一的未超过千万人口的城市，但作为河南这一人口大省的省会城市，郑州市辖区人口密度最高，达 4845 人/平方公里，比第二位的上海高出近 600 人/平方公里。同时，QQ 大数据《2017 全国城市年轻指数报告》[①] 显示，郑州是 8 个城市中年轻指数最高的城市，表明当前郑州的青年占比较高，是“有活力”的城市。

表 2　8 个国家中心城市土地面积及人口情况

城市	2015 年土地面积（平方公里）	市辖区	建成区	2015 年末常住人口（万人）	市辖区	2015 年常住人口密度（人/平方公里）	市辖区	2016 年城镇化率（%）
郑州	7446	1010	438	956.9	489.3	1285	4845	71.0
北京	16411	7664	1401	2170.5	1979.7	1323	2583	86.5
上海	6341	5515	999	2415.3	2345.6	3809	4253	87.6
天津	11917	10324	870	1547.0	1455.6	1298	1410	82.9
广州	7434	3843	1237	1350.1	1175.1	1816	3058	86.1
武汉	8569	1738	566	1060.8	719.9	1238	4142	79.8
重庆	82374	5473	1329	3016.6	834.8	366	1525	62.6
成都	12121	3240	616	1228.1	698.1	1013	2155	70.6

注：土地面积和人口数据取自 2016 年《中国城市统计年鉴》和各城市年鉴，城镇化率取自各城市 2017 年统计年鉴，常住人口密度为计算所得。为保持可比，市辖区范围北京剔除门头沟、怀柔等生态涵养发展区，上海剔除崇明区，天津剔除蓟州，广州剔除从化和增城，武汉与成都剔除县区，重庆市辖区范围为都市经济发展圈，郑州为市内五区和上街区。

① QQ 大数据发布的 2017 全国城市年轻指数是腾讯利用 QQ 登录用户中 16～35 岁年轻群体为基础，根据现有城市年轻人口占比波动、2016 年全国城市年轻指数等多项数据加权计算得出。

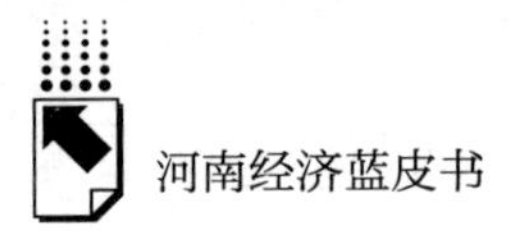

国家中心城市是承担国家功能、展示国家形象的大都市。这个“大”字不容忽视。当前郑州市辖区和建成区面积小，人口密度高。为建设中心城市，郑州应加快城市规划调整，适度扩大城区面积，建设大郑州。城市面积的扩张，也必将为房地产发展带来巨大空间。

（三）地区生产总值和结构

从各市 GDP 看，北京和上海作为“超级城市”，GDP 超过 2 万亿元；天津、广州、重庆三市均超过 15000 亿元，武汉、成都在 12000 亿元左右。相对而言，郑州和重庆主城① GDP 相对较小，相当于北京 2006 年的水平、武汉 2012 年的水平，虽然郑州发展较快，但经济实力不强仍是其面临的突出问题。

从各市 GDP 占其所在省份的比重看，郑州低于广州、武汉、成都、重庆主城四地，郑州在全省的经济首位度较低、龙头带动作用较弱。

从产业结构看，郑州第三产业占 GDP 比重为 51.3%，低于其他 7 市，但增长速度居第 1 位。郑州第三产业呈现起点低、增速快的特点。第三产业具有生产与消费统一、易于吸纳劳动力的特点，其发展的好与坏直接影响经济发展水平与质量，第三产业快速增长、比重提高，意味着郑州经济发展结构正在不断改善。

从房地产业增加值看，受经济总量限制，郑州房地产业增加值在 8 个城市中也处末位。但郑州房地产业增加值增速高于 GDP 增速，房地产业对 GDP 增长的贡献率高于北京、上海、重庆、广州。

（四）居民购买力和人才集聚

居民的收入，尤其是可支配收入，是决定居民生活水平和购房能力的重

① 为口径一致可比，根据《重庆市人民政府关于重庆特大城市、都市发达经济圈、城市规划区、主城等名称及相关范围界定的通知》，本文将重庆都市发达经济圈即主城数据单独列出，但部分指标无此口径数据。

表3　2016年8个国家中心城市经济状况

城市	GDP（亿元）	GDP增速（%）	GDP占所在省份比重（%）	第三产业比重（%）	第三产业增速（%）	房地产业增加值（亿元）	房地产业增加值增速（%）
郑州	8114	8.5	20.0	51.3	11.4	479	9.8
北京	25669	6.8		80.2	7.0	1673	5.5
上海	28179	6.9		69.8	9.6	2126	4.5
天津	17885	9.1		56.4	10.0	806	17.5
广州	19547	8.2	24.6	69.4	9.6	1621	6.4
武汉	11913	7.8	36.9	52.8	9.9	770	10.0
重庆	17559	10.7		48.4	11.0	913	7.5
#主城	7647	10.5	43.5	61.1	11.4		
成都	12170	7.7	37.2	53.4	9.0	1397	8.7

注：数据来源于2017年《中国统计年鉴》和各地区统计年鉴。

要因素。与其他7个城市相比，近年来郑州城镇人均可支配收入水平低、增长慢，2016年城镇人均可支配收入增长6.8%，低于其他城市均超过8%的增速。郑州人均收入低于其他城市，住房购买力低，是制约郑州房地产发展的主要因素。

目前郑州只有郑州大学1所“211”大学，数量不仅远低于北京、上海、武汉等教育重地，也是8个城市中唯一仅有1所“211”大学的城市，在校研究生数量也远低于其他城市。教育越发达，承载的人口量越多，对房地产和经济发展越有利。郑州优质高校少，吸引的学生少，人才集聚能力落后于其他中心城市。相比较而言，青年人才集聚量少，抑制了留在当地的高校人才所带来的房地产需求。

表4　2016年8个国家中心城市收入、消费及教育资源情况

城市	城镇人均可支配收入（元）	同比增长（%）	城镇人均消费性支出（元）	同比增长（%）	“211”高校（个）	在校研究生（万人）
郑州	33214	6.8	23210	9.8	1	2.3
北京	57275	8.4	38256	4.4	26	29.2
上海	57692	8.9	39857	7.9	10	14.5
天津	37110	8.8	28345	8.1	4	5.5

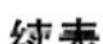
续表

城市	城镇人均可支配收入(元)	同比增长(%)	城镇人均消费性支出(元)	同比增长(%)	"211"高校(个)	在校研究生(万人)
广州	50940	9.0	38398	7.4	4	8.2
武汉	39737	9.1	26535	10.8	7	11.5
重庆	29610	8.7	21031	6.5	2	5.2
成都	35902	8.1	23514	7.7	5	—

注：数据来源于2017年《中国统计年鉴》和各地区统计年鉴。

总的来说，作为一个相对年轻的城市，郑州处于“加速度”阶段，城区建设、经济总量、人民生活、科教水平都与其他城市有差距。这些存在差距的领域的发展，都会带动郑州房地产业的发展。

二 房地产业发展进程对比

通过对近几年8个城市房地产指标的对比，发现郑州房地产市场有三个特点。

（一）郑州房地产开发增速居八城市之首

2012年，郑州房地产开发投资仅1095.14亿元，居8个中心城市末位；2016年则达到2778.95亿元，仅次于北京、上海、重庆，高于天津、广州、武汉、成都。十八大以来，郑州房地产开发投资快速增长，2013～2016年平均增速达25.4%，是8个城市中唯一平均增速超过20%的城市，也是唯一历年增速均在两位数以上的城市。北京、武汉、重庆2016年房地产开发投资出现下降；上海、成都2015年和2016年增速低于10%。郑州人口流入量大，住房需求旺盛，尤其是2016年市场开发规模迅速壮大，并保持高速增长。

2017年前三季度，郑州房地产开发投资2222.57亿元，同比增长23.1%，占固定资产投资比重为41.9%。其余7市，北京、成都分别下降

3.5%、0.7%；上海、天津、广州、武汉、重庆分别增长5.0%、4.2%、7.9%、8.6%和7.5%。2017年，随着国家和各地楼市政策不断收紧，各地区房地产开发投资大多低速增长，郑州房地产开发投资增速虽较2016年也有所回落，但仍然较高。

表5　8个国家中心城市房地产开发情况

城市	2016年房地产开发投资(亿元)	占固定资产投资比重(%)	2016年房屋施工面积(万平方米)	2013~2016年投资平均增速(%)	2017年前三季度投资增速(%)
郑州	2778.95	39.7	14229.97	25.4	23.1
北京	4000.57	50.7	12976.00	8.1	-3.5
上海	3709.03	54.9	15111.24	13.5	5.0
天津	2300.01	18.0	9349.76	15.7	4.2
广州	2540.85	44.5	10061.92	16.1	7.9
武汉	2517.44	35.5	11803.10	16.5	8.6
重庆	3725.95	23.4	27363.39	14.1	7.5
#主城	2358.36	43.5	14796.80	11.7	11.8
成都	2641.14	31.6	19880.94	8.9	-0.7

（二）郑州商品房销售面积后来居上

商品房作为兼有居住使用的消费品和投资品双重属性的特殊商品，其销售状况既受供求关系影响，也是楼市政策的直接反映。十八大以来，中央为促进房地产市场平稳发展，加强对房地产市场的监控，适时出台了调控政策，各地区商品房销售面积也随之出现波动。总体看，8个中心城市的商品房销售面积增速走势基本一致，但郑州的增速在8个城市中总是处于相对较高的水平，总量排位从2012年的第8位前移到2016年的第4位。2016年郑州商品房销售面积2859.18万平方米，较上年大幅增长50.6%，增速略低于天津，远超其他6市。郑州房地产市场发育晚，但近年来增长势头猛、增速快，在较低水平上实现了高速增长。而其他城市已在前期实现了快速增长，故当前增速放缓。

2017年前三季度，郑州商品房销售面积达2070.58万平方米，同比下降1.6%。2016年房地产市场出现较大波动后，各地区纷纷出台限购、限贷等调控措施，所以商品房销售面积均有明显回落。

（三）郑州商品房价格增长较快

在过去几年里，由于城镇化进程加快推进、人民群众提高居住质量的需求迫切，商品房销售市场普遍旺盛，销售价格不断攀升。从当前价格看，2016年商品房混合单价北京、上海突破两万元，天津、广州、武汉超过万元，郑州、重庆、成都三市尚在万元以下，但郑州显著高于重庆、成都。从增长趋势看，郑州2016年商品房混合单价比2012年增长30.5%，虽然4年间平均增速比北京、上海、天津的要小，但2016年价格出现了过快上涨。2016年9月郑州新建商品住宅价格环比指数为107.5，远高于其他城市。郑州的商品房价格呈现出加快上涨的态势。

表6　8个国家中心城市商品房价格情况

城市	2016年商品房混合单价(元/平方米)	2016年比2012年增长(%)	2016年9月新建商品住宅价格环比指数
郑州	8163	30.5	107.5
北京	27497	61.5	104.5
上海	24747	76.0	102.7
天津	12830	56.1	104.0
广州	16384	24.5	103.1
武汉	10048	36.8	103.8
重庆	5485	8.0	101.0
#主城	6903	7.7	—
成都	7504	3.0	102.5

注：商品房混合单价为商品房销售额/销售面积的简单平均，新建商品住宅价格环比指数取自国家统计局公布的70个大中城市住宅价格指数。

三　房地产市场发展潜力对比

改革开放以来，特别是1998年城镇住房市场化改革后，中国房地产市场快速发展。房地产在市场规模不断壮大、有效提高居民居住水平的同时也在固定资产投资、GDP、财政收入增长中做出了突出的贡献。为更好地把握房地产业在郑州建设国家中心城市中的定位和作用，本文从房地产市场和经济发展、社会发展三大方面，选取土地购置面积、开发投资、商品房销售、GDP、公共财政预算收入、燃气普及率、人均公园绿地面积等 28 个指标，构建房地产发展协调性评价体系，并基于客观赋值的熵权法对 8 个中心城市房地产市场与经济、社会发展的协调性进行综合判断，计算一级、二级和三级指标的得分，对各城市进行更深入的比较分析。

由表 7 可以看出，8 个中心城市中，郑州房地产发展协调性综合评价得分仅略高于武汉市，表明当前郑州房地产市场与经济、社会发展的协调性较差。从三个一级指标看，郑州房地产市场得分较高，但经济发展和社会发展得分却处于最低水平。下面我们对分项指标进行逐一分析。

表 7　8 个国家中心城市房地产发展协调性

城市	综合评价		房地产市场		经济发展		社会发展	
	得分	排名	得分	排名	得分	排名	得分	排名
郑州	0. 1045	7	0. 1489	2	0. 0672	8	0. 0494	8
重庆	0. 1767	1	0. 2343	1	0. 1640	4	0. 0515	7
上海	0. 1487	2	0. 1267	4	0. 1781	2	0. 1600	3
北京	0. 1415	3	0. 0958	5	0. 1810	1	0. 1963	2
天津	0. 1191	4	0. 0911	6	0. 1665	3	0. 1171	4
成都	0. 1148	5	0. 1468	3	0. 0717	6	0. 0999	6
广州	0. 1106	6	0. 0703	8	0. 1039	5	0. 2213	1
武汉	0. 0843	8	0. 0860	7	0. 0679	7	0. 1045	5

（一）房地产市场得分状况

房地产市场评价中，郑州得分低于重庆，处于第二位。其中，郑州市场总量得分低于重庆，与天津、上海、成都相当，市场趋势得分居第一位，得益于郑州土地交易、商品房供应和近年来商品房供应增长趋势均得分较高；

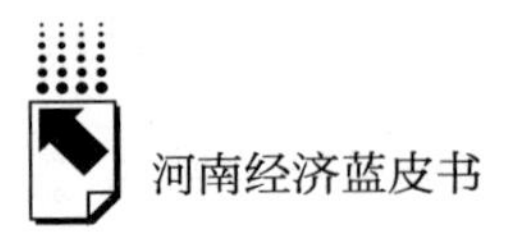

但在8个城市中市场饱和度相对较高，2013～2016年，郑州新开工面积累计13684.90万平方米、竣工面积累计5558.73万平方米、销售面积则为7971.65万平方米，相比新开工面积累计10060.37万平方米、竣工面积累计3062.49万平方米、销售面积累计10151.35万平方米的武汉，新开工面积累计16770.74万平方米、竣工面积累计8168.88万平方米、销售面积累计12827.63万平方米的成都，均有一定差距。其他城市中，北京房价收入比最高，市场泡沫度得分最低，重庆市场总量得分远超其他地区，武汉和上海2016年土地交易得分处于较低水平。

（二）经济发展得分状况

经济发展评价中，郑州得分处于8个城市的最末位，与武汉、成都水平相当，远低于北京、上海、天津、广州、重庆。如前所述，郑州经济发展处于“总量小、速度快”的加速阶段，地区生产总值、公共财政收入、第三产业占比、人均GDP等指标得分均低于其他城市，但决定未来经济发展水平的GDP增速以及决定未来发展结构的固定资产投资及其增速得分处于较高水平。其他城市中，北京和上海的公共财政收入得分明显高于其他地区，北京、上海、广州第三产业占比得分高、固定资产投资得分较低，重庆、成都、武汉、天津则与郑州一致，均是第三产业占比得分低，当前经济发展依然处于依赖固定资产投资拉动的阶段。

（三）社会发展得分状况

社会发展评价中，郑州得分亦处于8个城市的最末位，除人口增长外，收入、消费和生活设施水平与其他7个城市有较大差距。尤其是在生活设施方面，人均公园绿地面积7.14平方米，比最高的广州少14.68平方米，燃气普及率为92.06%，比居倒数第二的重庆低3.28个百分点。

综合一、二、三级指标得分，可以看到郑州作为中心城市，房地产业起点低，有明显的后发优势和巨大的发展空间。但同时，经济体量小、收入水平低、生活基础设施落后等不足制约着房地产业的发展。

四 几点结论

（一）郑州经济社会发展较为依赖房地产业

虽然在8个中心城市中，郑州经济、社会发展水平在8个城市中居末位，但房地产市场却在土地供应、商品房供应、市场趋势等多个指标上得分较高，显示郑州经济社会发展落后于房地产市场发展，经济发展对房地产业的依赖较为明显。从另一判断房地产市场投资是否过热的指标房地产开发投资与GDP之比也可看出端倪，一般认为该比值控制在10%以内比较合理。但事实却是，中国大部分城市的房地产开发投资与GDP之比早已超过合理值。2016年郑州房地产开发投资占GDP比重为35%，武汉、重庆、成都为20%左右，北京、上海、广州、天津在20%以下。在工业产业结构偏向中低端、城镇化率和消费率偏低的环境下，郑州经济增长对固定资产投资和房地产业的依赖度较高。

（二）郑州房地产业依然有较大潜力

从长期来看，房地产市场需求随着人口增长和城市的发展而增大。一方面，建设国家中心城市这一全新的历史起点，必然会要求城市各项基础配套设施日益完善和城市规模日益扩大。城市框架的拉大势必会对房地产开发产生需求。另一方面，河南2016年人口超过1亿人，常住人口近9500万人，而且当前河南的城镇化率仅49%，低于全国平均水平。河南居民在选择就业地区时多将郑州作为第一选择。当前郑州已是8个城市中市辖区常住人口密度最大的城市，并将持续保持人口净流入态势，房地产市场需求将不断增大。“2017年中国房地产500强”榜单前20位的房企中已有18家进驻郑州，证明了各大房企都看好郑州。

（三）郑州城区面积较小制约房地产业发展

与其他中心城市相比，郑州当前城区面积较小，空间布局太密，受

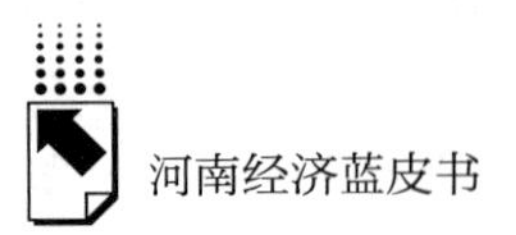

限明显。在总体狭小的空闲面积制约下，房地产发展空间和市场布局都受到约束，很难做到房地产市场布局与产业分布相匹配、与城市功能相契合、与人居环境相协调，影响了大都市郑州、美丽郑州、生态郑州的建设。

（四）加快经济发展，提高人才集聚能力和购买力是当务之急

从对比看，虽然郑州近年来经济增长较快，但是经济实力不强、总量偏小仍然是其发展面临的突出问题。从带动区域协调发展的责任看，当前郑州省内首位度仅20%，对周边区域辐射带动能力明显不足。产业结构不优、高端产业缺失致使城市难以吸引高质量人才进入。郑州唯有进一步升级产业结构，补齐科技创新和高端产业短板，通过产业升级加快城市经济发展，才能提升城市人才集聚能力和住房购买能力，为房地产市场的发展提供新活力。

（五）房地产发展短板不容忽视

对比来看，郑州当前生活基础设施建设较为落后，收入和消费水平偏低、城市绿化环境较差，这都是影响人们生活质量的重要因素。加快建设国家中心城市，根本目的是更好推动人的全面发展和社会全面进步，提高居民生活水平。因此，应促进就业、提高人均可支配收入和消费性支出，加强地铁和城际铁路等基础设施建设，扩大城市绿地面积等，为居民提供一个舒适的居住环境。

五　几条建议

郑州国家中心城市建设，对于引领中原城市群发展，推进河南新型城镇化进程，努力打好“四张牌”都有重大的意义。无论是在当前还是未来，房地产业的健康发展都对城市建设有着举足轻重的作用。因此，针对郑州房地产发展中存在的不足及所具备的条件，提出以下几点建议。

（一）坚持“房住不炒”，把握房地产业居住定位

习近平在十九大报告中指出，“坚持房子是用来住的、不是用来炒的定位”，这是总书记在2016年中央经济工作会议后再次强调房地产业的居住属性。因此，在建设国家中心城市的进程中，我们应牢牢把握房地产的居住定位，以保障人民群众住有所居为目的，摒弃以房地产拉动经济的旧观念、旧套路。

（二）科学规划“大郑州”发展，拓展房地产发展空间

抓住建设国家中心城市的机遇，按中心城市定位统筹引领“大郑州”建设，相应扩大房地产发展空间。一是扩大城区面积。应尽快规划扩大郑州城区面积，谋求大的经济发展空间，为房地产市场提供更广空间，使房地产市场更好布局，将潜力转化为现实发展优势。二是完善城市功能。加强基础设施建设、加快轨道交通的互联互通，使综合交通、市政设施、公共服务、医疗教育等资源趋于均衡和有机结合，引导住房需求分布更加合理。三是优化环境。加强城市绿化建设，提高绿化覆盖率，改善居民生活质量。

（三）加快经济发展，扩大房地产消费空间

将房地产需求转化为消费，需要购买力的提高，需要经济发展水平和人民收入水平的提高。一是升级产业结构，围绕做强先进制造业、做大现代服务业、做优都市农业、做活网络经济，统筹传统产业改造升级和新兴产业培育。二要提高人民收入水平。促进就业创业，完善以创业带就业扶持政策，使群众就业更加充分、收入更有保障，加快形成以中等收入阶层为主体的社会结构。三要多方式、广领域引进国内外高层次人才，弥补高端创新资源不足的短板。围绕推动“智汇郑州”人才工程实施，吸引鼓励青年大学生在郑创新创业，留住在郑大学生，吸引外地大学生到郑州发展。

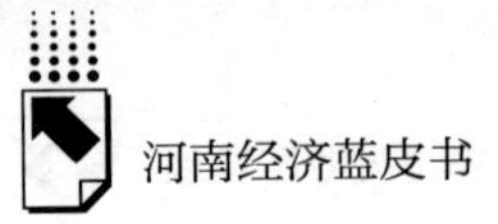

（四）坚持多元供应，满足住有所居

十九大报告明确指出“加快建立多主体供给、多渠道保障、租购并举的住房制度”，让全体人民住有所居。一要发挥市场配置资源的决定性作用，发挥房地产企业的积极性，增加市场中的商品类住房供给；二要发挥政府在保障性安居工程中的主导作用，建设政府保障的公共住房体系；三是大力发展住房租赁市场，探索构建政府公租房和市场租赁房相结合的“大租赁”平台，建立合理有序的住宅租赁市场。

B.34

河南省白酒业发展面临的问题及对策建议

胡兴旺　周占杰　赵艳青*

摘　要： 近年来，河南省白酒业发展缓慢，呈现“有量无市、价低税少”的特点。本文将河南省白酒业与安徽、江苏、湖北三省进行对比分析，找出了河南白酒业发展面临的几个主要问题，分别是：多头管理，缺乏行业规划；企业转型动力不足、创新能力低；市场环境差、营销手段落后；产品差异化不足、豫酒风格不鲜明；支持政策不足、保护力度较弱。最后，提出加强白酒业管理、创新、品牌带动、金融政策支持等推进河南省白酒业转型发展的建议。

关键词： 河南　白酒业　转型发展

河南是全国重要的白酒生产大省、消费大省，同时也是酒文化大省，但近几年来受多种因素影响，河南白酒业发展缓慢，在全国白酒市场中的地位明显下降，产量与销售收入、利润总额和税收贡献不成比例，呈现“有量无市、价低税少”的特点。目前外省白酒品牌正加快强势布局河南市场，河南白酒业面临着更为激烈的竞争环境，迫切需要多措并举加快发展，全面推进“豫酒振兴”。通过调研座谈，并与安徽、江苏、湖北三省份酒业发展

* 胡兴旺，博士，研究员，河南省财政厅政策研究室主任；周占杰，博士，河南省财政厅政策研究室；赵艳青，硕士，河南省财政厅政策研究室。

情况进行比较，本文分析了河南省白酒业存在的问题，研究提出促进河南省白酒业转型发展的对策建议。

一　河南省白酒业与其他三省的对比

安徽、湖北与河南相邻，三省酒企众多，白酒市场相互渗透，常被作为标杆，但近年来，豫酒与安徽、湖北酒业的差距持续扩大；而江苏经济发达，酒类消费市场繁荣，一度成为中国白酒的产销量大省，产销量在全国排名第四位，并且江苏酒企强势布局河南，不断扩大市场份额。现就河南省白酒业发展现状与其他三省进行比较分析。

（一）从行业规模来看，河南省企业多、产量高、产值低

2016 年，河南省白酒企业实现产量 117.50 万千升，同比增长 3.65%，位居全国第 2 位，比 2015 年上升一个位次。其中规模以上白酒企业 123 家，产值 200 亿元。全国规模以上白酒企业 1578 家，产值 6000 亿元，河南省以占全国 7.8% 的白酒企业，只创造了占全国 3.3% 的产值。江苏省白酒企业产量比河南省低，产值却比河南省高，在规模以上企业数占河南省比重不到 2/3 的情况下，实现的产值却是河南省的 1.2 倍。湖北省在规模以上企业数只有河南省的 58.5%、产量也只有河南省 76.9% 的情况下，实现的产值却与河南省相同。河南、江苏、湖北三省每万千升产量的产值分别为 1.70 亿元、2.25 亿元、2.21 亿元，河南省最低（见表 1）。

表 1　2016 年河南、江苏、湖北、安徽四省白酒业规模对比

省份	产量(万千升)	规模以上企业数量(家)	产值(亿元)
河南	117.50	123	200
江苏	106.89	80	240
湖北	90.32	72	200
安徽	44.89	102*	—

* 该数据为 2015 年数据。

（二）从行业效益来看，河南省白酒业收入低、利润小、税收贡献少

2015 年河南省白酒业实现产品销售收入 296.38 亿元，位居全国第 5 位；实现利润 26.22 亿元，位居全国第 7 位；实现税金 16.44 亿元，位居全国第 8 位。总体上看，河南虽仍保持白酒大省地位，但用占全国 8.4% 的产量，仅形成占全国 5.3% 的销售收入，实现占全国 3.6% 的利润，上缴占全国 3.0% 的税金。全国 19 家白酒上市公司 2016 年缴纳税金达到 442.78 亿元，同比增长 16.6%，超过 2016 年全国税收 4.8% 的增速，平均每家上市企业缴纳税金 23.3 亿元，高于河南省全部白酒企业上缴的税金。

河南省白酒业产品以中低档为主，每千升白酒利润为贵州的 1/25、四川的 1/2、江苏的 1/4、安徽的 1/3、湖北的 2/3。从表 2 可见，与河南白酒销售收入差距不大的江苏和安徽利润总额分别是河南的 3.8 倍和 1.2 倍，上缴税金分别是河南省的 2.5 倍和 2.7 倍；百元产值税收贡献，河南省为 8.2 元，而江苏省、湖北省分别为 17.3 元和 11.4 元；销售利润率，河南省为 8.8%，江苏、安徽、湖北三省分别为 34.6%、13.5%、4.3%。

表 2　2015 年河南、江苏、湖北、安徽四省白酒业效益对比

省份	产品销售收入（亿元）	同比增长（%）	利润总额（亿元）	同比增长（%）	税金总额（亿元）	同比增长（%）
河南	296.38	-0.44	26.22	-2.05	16.44	5.30
江苏	284.25	8.91	98.43	7.88	41.40	15.48
安徽	231.83	4.52	31.20	16.49	44.58	10.19
湖北	761.64	21.27	32.77	4.53	22.81	-4.12

（三）从企业发展来看，河南省酒企规模小、盈利水平低、无上市企业

根据上市公司的财务信息披露及相关资料，本文选取了安徽古井贡酒、

迎驾贡酒、口子酒业、金种子酒业四大上市公司，江苏洋河股份、今世缘酒业两家上市公司，以及河南省规模较大的宋河酒业、杜康、张弓、赊店老酒四家公司2016年的企业数据进行对比。从表3可见，其他两省酒企营业收入均在14亿元以上，除了金种子，利润总额都在9亿元以上，上缴税金基本过亿。宋河、杜康、张弓、赊店等河南知名酒企中，只有宋河年营业收入超过10亿元，为17.65亿元，杜康为9.56亿元，张弓和赊店在3亿元左右，除了宋河，其余企业税金都没有过亿元，与苏酒、徽酒形成鲜明对比。投资利润率（限于数据，按照利润总额和资产总额计算），洋河、古井贡酒、迎驾贡酒、口子酒、今世缘分别为20.0%、13.2%、16.1%、18.6%、16.3%，而宋河、杜康、张弓、赊店分别为6.5%、5.4%、7.4%、6.7%。销售利润率，洋河、古井贡酒、迎驾贡酒、口子酒、今世缘分别为45.2%、19.1%、29.9%、37.5%、39.4%，而宋河、杜康、张弓、赊店分别为12.4%、12.3%、5.3%、12.6%。

河南省有123家规模以上白酒企业，但大多数为中小型酒企。其中，虽然宋河、宝丰的改制，伊川、汝阳杜康的合并将豫酒品牌的发展推上了一个新的台阶，但河南仍没有一家酒企成功上市。在19家国内上市白酒企业中，安徽有古井贡酒、迎驾贡酒、口子酒业、金种子酒业4家上市企业，在数量上与传统酒业大省四川平分秋色。江苏有洋河股份、今世缘酒业两家上市酒企。湖北虽没有上市酒企，但白云边、稻花香等知名酒企营业收入高、税收贡献大。

表3　2016年河南、江苏、安徽部分白酒企业主要指标对比

企　业	产量		资产总额			营业收入		利润		上缴税金	
	总量(万千升)	增速(%)	合计(亿元)	流动资产(亿元)	非流动资产(亿元)	总额(亿元)	增速(%)	总额(亿元)	增速(%)	总额(亿元)	增速(%)
洋河股份	20.45	-4.9	388.04	253.25	134.79	171.83	7.0	77.61	8.3	18.08	26.4
古井贡酒	8.38	8.6	87.36	47.05	40.31	60.17	14.5	11.51	19.1	4.87	36.0
迎驾贡酒	4.72	-3.7	56.51	41.15	15.35	30.38	3.8	9.07	27.7	3.87	75.9
口子酒业	2.87	0.6	56.90	38.03	18.87	28.30	9.5	10.60	29.3	2.36	27.6

续表

企业	产量		资产总额			营业收入		利润		上缴税金	
	总量(万千升)	增速(%)	合计(亿元)	流动资产(亿元)	非流动资产(亿元)	总额(亿元)	增速(%)	总额(亿元)	增速(%)	总额(亿元)	增速(%)
今世缘酒业	2.89	-0.5	61.79	45.45	16.34	25.54	5.3	10.06	11.4	1.64	43.9
金种子酒业	1.63	-23.2	32.72	21.41	11.31	14.35	-16.9	0.27	-57.1	0.90	42.9
宋河酒业	3.90	1.3	33.90	26.50	7.40	17.65	1.5	2.19	-6.4	1.23	11.0
杜康控股	1.50	25.0	21.73	16.00	5.73	9.56	18.6	1.18	148.3	0.27	9.7
张弓酒业	0.80	1.5	2.70	1.80	0.90	3.80	2.1	0.20	0.7	0.30	2.0
赊店老酒	0.45	30.0	5.53	2.97	2.56	2.93	50.0	0.37	—	0.77	35.0

（四）从产品情况来看，河南省缺知名品牌、产品差异小、香型无风格

河南白酒历史文化厚重，培育出了素有“六朵金花”美称的宋河、宝丰、杜康、仰韶、赊店、张弓等白酒骨干企业，但河南省白酒以中低档为主，缺少知名品牌，品牌张力不足。在2014年发布的中国白酒业百强中，河南只有六种产品上榜，而且基本排在中后位，包括伊川杜康（第30名）、宝丰祖传（第50名）、宋河皇封（第71名）、张弓射雕（第73名）、赊店经典（第75名）、仰韶神醴（第99名）。而其他三省知名品牌多、名酒种类多，洋河、古井贡、口子窖、白云边、稻花香都是全国知名品牌。其中，洋河股份在《2016年中国品牌价值评价信息》中以494.09亿元的品牌价值，排名全国第一。豫酒产品差异化不足，没有形成高、中、低档全价位、全覆盖的产品序列，而其他三省酒企做到了产品品牌化、品牌系列化，如洋河的梦之蓝、天之蓝、海之蓝、绵柔苏酒、柔和双沟、珍宝坊、蓝瓷、洋河大曲等不同的品牌、不同的产品之间，有着非常严格的区隔和定位、定价，而且在每个价位段都有自己的主导产品。豫酒没有风格和个性，贵州酒是以茅台为代表的酱香，川酒是以五粮液、泸州老窖为代表的浓中带酱香，苏酒、徽酒是以洋河双沟和古井为代表的淡雅浓香，山西酒是以汾酒为代表的清香，而豫酒一味模仿川酒，丧失了风格个性，难以吸引消费者。

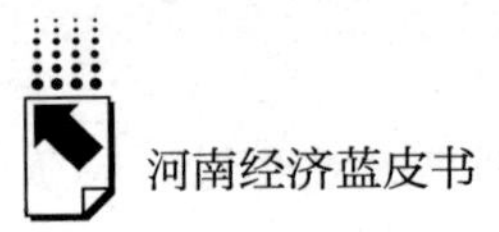

（五）从市场行情来看，河南省白酒市场份额小、本省市场受外省品牌冲击大、外省市场河南省品牌难进入

河南将近有400亿元的市场容量，然而地产酒只有100亿元，只占了不到30%的市场份额。在外来名酒的强势挤压下，众多区域性地方酒企生存环境不断恶化，出现了大本营守不住、外围拓展不开的窘境。从全国来看，苏酒、徽酒、鄂酒逐渐崛起，豫酒品牌在逐步边缘化。从河南市场来看，豫酒企业在本土市场的话语权受到了严重冲击，甚至出现了河南消费者不愿喝河南酒，河南经销商不愿卖河南酒的尴尬局面。茅台、五粮液、洋河、古井贡、泸州老窖等外省中高档酒及牛栏山二锅头、红星二锅头、龙江家园、东北老村长、黑土地等低档酒纷纷抢占河南市场，获取了大量的市场份额。例如，茅台系列在豫销售额达35亿元、五粮液30亿元，洋河20亿元、泸州系列18亿元、古井贡10亿多元，大量挤占河南市场，而豫酒竞争力明显不足。在全国的白酒销售梯队中，河南省也只有宋河、仰韶能进入销售规模在10亿元左右的第四梯队，更多的地方小酒企营收只有几千万元，而江苏的洋河处于第一梯队的百亿俱乐部，安徽的古井贡酒，湖北的白云边、稻花香、枝江处于销售规模为50亿~100亿元的第二梯队，安徽的口子窖、迎驾贡酒，江苏的今世缘处于销售规模为20亿~50亿元的第三梯队。

（六）从营销方式来看，模式传统、手段落后、创新不足

近年来，白酒业处于调整期也处于行业的商业模式创新期，整体看流通领域的创新大于生产领域，先是B2C独领风骚，后是O2O沉积后的强劲爆发，再是B2B在争议中一路高歌，商业模式的创新不仅在造就百亿、千亿酒商，而且在重构酒业的消费者服务体系。而河南省的营销手段多是打价格战和做传统广告宣传，销售渠道依旧是传统的经销商、分销商，进酒店、进商超。豫酒价格透明、利润率低，导致本省大经销商不卖本省酒的现象，也导致豫酒市场难以被打开。河南传统销售渠道基础不牢固，互联网销售渠道更是薄弱，虽然也有以酒便利、酒客来等为代表的新零售酒商，在门店陈

列、价格标杆、会员数据、精准营销上有不少亮点，但没有形成商业模式创新规模。对比外省白酒品牌发现，洋河微分子、淡雅河套等新品的上市和推广独具特色；洋河、古井及汾酒等名优酒厂纷纷在酒厂驻地建立起了“酒文化主题旅游”区，金沙酒业集团也在逐步探索建设金沙酱酒体验馆、金沙城市酒窖；迎驾贡酒推进了数字化营销建设工程，对安徽、江苏等核心市场2万多家终端网点进行了普查和建档，为营销决策和市场开拓提供了有力的数据支撑，这些营销新模式都成为白酒企业营销发力的新竞争点。

二　河南省白酒业发展存在问题的原因分析

（一）多头管理，缺乏行业规划

河南省白酒业缺乏统一的管理部门，酒业生产归口省工信委的省食品办管理，酒类管理办公室设在商务厅，而具体业务由省酒业协会负责，市场流通又由工商、质检等有关市场监管部门负责。河南省没有出台促进酒业发展的专项政策和白酒业发展规划，对豫酒振兴缺乏顶层设计。同时也没有制定针对酒类流通管理的地方性法规，难以形成有利于豫酒发展的省内酒类市场流通秩序。

（二）企业转型动力不足，创新能力低

豫酒企业在白酒业发展的黄金十年中忙于改制，错失了发展机遇。在中国白酒业进入产能过剩、供大于求、中低速发展的成熟期和行业分化期后，一直处于行业中低端水平的豫酒缺乏龙头带动，没有竞争力强的品牌和产品，面对同行业挤压式竞争，未能主动转型适应市场变化，技术研发、品牌建设、营销渠道缺乏创新。绝大多数豫酒企业打破了原有的价格体系，加大了低端产品的生产规模，降低了中高端产品价格，虽然产量大，但产值小，盈利水平低，难以力争上游，处于发展动力持续下滑的被动局面。企业经营困难，再加之生产设备老化、酿造工艺退化、基酒品质下降、企业改制不彻底、人员负担重、人员结构老化，严重影响了企业转型发展。

（三）市场环境差，营销手段落后

外省白酒进入河南省基本没门槛，河南省白酒进入外省却遭遇诸多阻力，加上豫酒企业之间的恶性竞争以及河南经销商不卖河南酒、河南人不喝河南酒的市场氛围，豫酒企业的生存环境恶劣。同时，多数豫酒企业缺少前瞻性的营销规划和可持续性投入，过分追求眼前销量，忽视企业文化和品牌塑造，缺乏流动资金，广告宣传不到位，在激烈的市场竞争中营销模式因循守旧、墨守成规，常陷入打资源消耗战的同质化竞争误区。而互联网营销、电商平台建设在白酒业更处于落后地位。

（四）产品差异化不足，豫酒风格不鲜明

白酒业目前市场集中度相对较低，不同企业产品具有一定差异和市场识别度。而豫酒主要为中低端产品，产品差异化不足，没有独具特色的香型和风格，缺乏产品理念的创新。在品牌的打造上，缺乏系统性和持久性，企业经营战略摇摆不定，不专一、不聚焦，难以在品牌系列化上与知名酒企分庭抗礼。同时，不同的品牌、不同的产品之间，也没有严格的区隔和定位、定价，再加上豫酒风格逐步弱化，近年来虽然在陶香型、芝麻香型上做出了有益尝试，但依旧不稳定。由于消费者对品质和产品有更高层次的需求，不具备个性化风格的豫酒，难以走出差异化路子。

（五）支持政策不足，保护力度较弱

四川、贵州、山西等省都出台专门政策措施、提出明确目标，大力支持白酒业发展。多数省份成立了酒类专卖管理局，负责酒类产销管理，大力推动了地产酒振兴和流通市场建设。河南省没有出台促进酒业发展的专项政策，缺少振兴豫酒的行动计划，鼓励引导白酒企业进行技术改造、品牌建设及品牌推介等的政策和措施不够。由于政策支持不足，外省白酒企业进入河南省基本没门槛，河南省白酒企业进入外省却遭遇诸多阻力，难以与出台支持保护政策、强化市场准入省份的白酒企业在一个政策平台上竞争。

三　推进河南省白酒业转型发展的建议

河南省白酒业要加快破解自身短板制约，充分发挥市场和政府的作用，以供给侧结构性改革为抓手，以产品结构提升为主线，以扩大规模为目标，提品质、创名牌、促转型，推动做大做强豫酒品牌，努力实现豫酒振兴。

（一）加强白酒业发展统筹

加强对全省白酒业发展的宏观引导，抓紧制定河南白酒业发展规划，科学合理引导全省白酒业健康可持续发展。借鉴四川、贵州、山西等省的经验，发挥白酒业发展领导小组职能，研究制定促进豫酒产业健康发展的政策措施，协调解决豫酒发展中的重大问题。白酒生产的重点市县也应根据实际情况建立相应的工作机制，制定本地区白酒发展规划和相关政策措施，及时指导帮助企业解决发展中出现的问题。同时，充分发挥省白酒业协会在产业发展、技术进步、标准制定、贸易促进、行业准入、公共服务等方面的重要作用。

（二）推进白酒业转型发展

加大力度支持科技创新能力建设，强化企业创新主体地位，引导企业加大创新投入，围绕白酒业发展关键核心技术，依托国家级、省级重点白酒技术研发中心、企业技术中心、质量检测中心，建立产学研平台联合攻关，提高企业产品质量和企业创新能力。加快标准化、专业化、高端化的酿酒先进装备研发，推动白酒业机械化、自动化、信息化、智能化发展进程。鼓励企业采用新材料、新工艺，加快技术改造，发展绿色酿造，推进降耗和资源综合利用，大力发展白酒业循环经济。促进白酒业生态绿色化发展。大力发展生态种植，围绕白酒业发展对原料的需求，整合种植资源，调整农业种植结构，推广“企业 + 基地 + 农户 + 合作社”的订单农业模式，建立专业化、标准化和规模化的优质原料基地。支持加强“校企”、“院企”合作，着重培养“产、学、研、销”复合型人才。同时，大力引进创新型人才和团队，为振兴豫酒提供支撑。

（三）完善豫酒产业体系

打造完整的集产、供、销为一体的经营体系，以基酒酿造及贮存、成品酒勾调灌装作为基础产业，向玻璃制品行业、印刷行业、包装容器行业、物流运输行业等白酒上、下游配套产业进行延伸，保障白酒稳定生产，维护和提升白酒品质，有效地降低生产成本。借鉴兄弟省市经验，引导酒企集群发展，建设集酿酒、科研、商贸、旅游、文化于一体的酒产业园区和特色风情小镇，不断完善白酒业体系。鼓励宋河、仰韶、杜康、赊店、宝丰等企业集团以资产、品牌为纽带，开展跨地区兼并、收购和重组以及建设分装生产线等，依托开发区，打造豫酒工业园区，促进豫酒产业集群发展，提升豫酒实力。

（四）实施品牌带动战略

振兴河南省白酒业，关键要坚持品牌带动与产品结构调整相结合，扶持豫酒企业实现全省布局，培育豫酒的领军企业和领军品牌，从而带动豫酒振兴，实现“豫满中国的豫酒梦”。积极调整优化白酒产品结构，以供给侧结构性改革为引领，市场需求为导向，积极布局差异化产品，完善品类布局，努力提升豫酒产品的性价比和附加值，打造“风格个性化，香味复合化”、各种香型并存、高中低度同在、高中低档兼具的系列化豫酒产品，满足消费者不同层次的消费需求。着力支持加强品牌培育，以提升品牌价值为核心，大力巩固和提升宋河、仰韶、杜康、宝丰、张弓和赊店老酒等著名品牌地位，积极培育发展潜力较大、市场销量较好的鹿邑大曲、卧龙、汉华、红旗渠、富平春、百泉春、皇沟、鸡公山等名优白酒，力争形成一批在全国具有较强市场影响力的知名品牌。采取以奖代补等措施，支持通过各种形式对豫酒品牌进行推介，积极培育全国性大品牌，支持豫酒品牌向河南以外地区快速扩张。

（五）创新豫酒营销模式

支持豫酒企业充分利用和结合新技术、新业态，不断进行产品、渠道及营销模式的创新，全力打造酒类产品立体化营销模式。组织行业研讨、品牌推广活动，把宣传河南酒业品牌与宣传河南、宣传河南人有机结合，重点对豫酒抱团发展进行系统设计包装，在主流媒体和新媒体上进行经常性集中宣传推介。要大力弘扬豫酒文化，结合现代人的生活方式开创消费新文化。鼓励和支持白酒企业深挖白酒文化资源，加强企业文化建设，打造特色酒庄，发展工业旅游，开发白酒旅游商品，促进酒旅融合发展；倡导推进集门店体验、品鉴体验、酒庄体验、旅游体验、收藏体验于一体的全景体验式营销，大力推出创意定制、包装设计等附加服务，以品牌文化、知识传播培养忠实消费群体。引导“豫酒”与“豫菜”、“豫茶”、“豫旅”相结合，重点在餐饮服务业推介省内酒类品牌。深化和加强河南省白酒企业与京东、酒便利、酒蚂蚁等大型网商和专业网商的战略合作，充分利用“互联网+”和大数据，建立多元化的营销模式，对销售额达到一定规模的酒类企业给予营销资金支持，重点支持企业搭建豫酒（电商）营销平台，鼓励省内企业与全国知名电商深化合作，促进线上线下互动融合发展。建立网上产品质量追溯体系，为提高豫酒省外市场占有率创造条件。充分利用“一带一路”、自贸区、粮食生产核心区等战略平台，扩大白酒出口，提升河南省白酒国际影响力。

（六）营造豫酒发展环境

加强整顿规范白酒市场秩序。工商、质检等有关市场监管部门应加大对全国范围内豫酒品牌的打假力度，切实维护企业合法权益。严格白酒生产经营许可制度，坚决取缔无工商营业执照、生产许可证等相关证照的小生产作坊，严格限制无酿造能力的液态法白酒生产，坚决关停不具备基本生产条件及靠采购基酒勾兑白酒的企业。强化白酒市场准入管理，确保白酒在原料、加工、包装、运输和食用等全过程中的卫生和安全。支持企业建立健全涵盖计量、质量、安全、环境保护的标准化监测管理体系，提升白酒业标准化水平。利用大数据、物联网、射频识别等信息技术，加强白酒产品追溯体系建设，对生产原辅料、生产加工工艺、产品、检验、包装、贮存、安全生产、流通等进行规范，建立酒类生产、流通、销售等各环节的全程监管防伪追踪追溯信息服务平台。

（七）强化财政金融政策支持

发挥财政资金的杠杆作用，通过奖补、贷款贴息、产业发展基金等支持白酒企业技术进行改造、技术创新。支持符合条件的白酒企业发行企业债券、中小企业集合债券、短期投融资券等，拓宽企业融资渠道，提高企业融资能力。加大对资质好、管理规范的白酒中小企业信用担保机构的支持力度，鼓励担保机构为中小企业提供信用担保和融资服务。鼓励支持优势豫酒企业首发上市、借壳上市、发行债券和私募股权融资。对白酒类生产经营企业所需建设用地指标予以优先安排、重点保障，对列入政府重点扶持名录的白酒类企业在供地安排上给予倾斜。

（八）提高企业现代管理水平

推进实行企业内部市场化管理，组建研发、生产、后勤服务、营销、物流、内部资金、物资、人力资源等内部市场，使各种生产要素在市场机制作用下在公司内部合理流动，实现优化配置，从而提高经济效益，增强企业竞争力。推动业务流程再造，千方百计降库存、降成本，强化预算调控和成本费用管理，发挥激励约束机制作用，提高全员降本增效意识，创新工作方法，深入挖掘降本增效潜力。积极推进国有企业混合所有制改革，鼓励外部资本投资白酒业，丰富企业股权结构。鼓励原酒企业和下游瓶装白酒生产企业交叉持股，通过股权合作稳定原酒销售渠道。加强与国内知名酒企的合作，推动河南省白酒企业做大做强。

B.35
河南省健康养老产业转型发展研究

杜文凯　梁前广　李向东*

摘　要： 近年来，河南在健康养老事业和产业发展方面取得了积极成效，但总体看，健康养老产业发展的质量和效益还不高，还不能适应老年人多层次多样化的需求。未来随着老龄化程度的加深，在保障基本养老服务的基础上，如何优化养老产品的供给结构和提升养老产品质量、促进产业转型发展，成为我们亟待解决的重大问题。本文通过对河南健康养老产业发展形势、存在问题进行深入分析，研究提出健康养老产业发展的思路、方向及工作重点，为省委、省政府决策提供参考。

关键词： 河南　健康养老　养老服务

健康养老产业不仅是一项民生事业，也是蕴藏亿万商机的朝阳产业。当前，河南正处于经济结构转型升级的关键时期，加快推动健康养老产业转型发展、培育形成现代服务业的支柱产业，有利于优化产品供给结构，提高产业发展质量和核心竞争力，对满足老年人多层次多样化健康养老服务需求、释放内在消费潜力、培育新的经济增长点具有重大意义。

一　河南发展健康养老产业面临的形势

近年来，随着人口结构的老化、养老观念的转变、保障能力的提升和产

* 杜文凯，河南省发展和改革委员会政策研究室；梁前广，中原信托有限公司；李向东，河南省发展和改革委员会政策研究室。

业等支撑条件的完善，河南发展健康养老产业具备了良好的基础条件和广阔的市场空间，迎来了前所未有的发展机遇，但也面临一系列的困难和挑战，需要在充分发挥特色优势的基础上，加大转型发展攻坚力度，努力培育形成新的经济增长点。

（一）发展机遇空前

国家高度重视并大力支持发展健康养老产业。党的十八大以来，国家出台了一系列发展养老、健康服务产业的政策措施和规划，习近平总书记在党的十九大报告中强调，要积极应对人口老龄化，构建养老、孝老、敬老政策体系和社会环境，推进医养结合，加快老龄事业和产业发展。李克强总理也明确指出，千万不要小看家政服务、社会养老，这些都是朝阳产业，要加快发展养老服务业。河南省委、省政府高度重视健康养老产业的发展，将健康养老产业作为十二个重点产业之一，积极推动其转型发展，相继出台了一系列关于社会养老服务体系建设的政策文件，研究制定了推动健康养老产业转型发展方案、空间布局规划、若干支持政策及重点项目库等，在审批、用地、用水、用电、税收及建设运营补贴等方面，给予明确的政策扶持，为全省应对人口老龄化挑战、推动健康养老产业转型发展指明了方向。

（二）发展条件优越

河南区位优越，交通便利，新郑机场成为全国八大区域性枢纽机场之一，高速公路通车里程居全国第二，“米”字形高速铁路网和现代综合交通枢纽格局正在加速形成，立体综合交通网络不断完善。自然人文资源丰富，拥有长江、淮河、黄河、海河四大水系景观资源，太行山、伏牛山、桐柏－大别山等山系自然生态景观类型多样，动植物资源丰富，太极、佛教、道教等养生文化底蕴深厚，中医药资源独具特色，气候兼有南北之长，生态环境宜居，文化资源和旅游景区数量位居全国前列，为河南发展疗养康复、休闲养生等产业提供了重要支撑。

（三）发展潜力巨大

河南是人口大省，2016 年末全省常住人口 9532 万人，全省 65 周岁及以上老年人口 942 万人，2010～2016 年河南老年人数年均增长 4.2%，高于全国增速近 0.3 个百分点，比 2006～2010 年增速提高了 2.9 个百分点，呈现高于增速全国、增速快速增长的特征。近年来，随着人民生活水平的不断提高，老年人高龄化趋势明显，全省 80 周岁及以上的老年人口呈激增趋势，2016 年全省 80 周岁以上老年人达到 150 万人。同时老年人的养老观念和养老模式也发生了明显变化，老年人开始对独立生活、休闲娱乐、旅游度假等方面出现需求，逐渐从传统的“养儿防老”观念转向“主动养老”，养老服务模式也呈现出新的变化，互助养老、旅游养老、候鸟式养老、异地养老、基地养老等模式日益受到更多老年人的青睐，健康养老产品和服务的总需求急剧增加，为健康养老产业的可持续发展提供了充足条件和巨大空间。

（四）发展基础坚实

服务体系日益健全，建立了以居家为基础、社区为依托、机构为支撑，覆盖城乡的“9073”养老供给体系。2016 年底，拥有社区养老服务设施和社区日间照料中心 8970 个，拥有各类养老服务机构 3913 个，其中医养型、护理型养老机构分别为 315 家、122 家，医疗、养老床位数分别达到 52.2 万张、49.5 万张。产业支撑能力显著提升，河南积极引导支持本土养老企业拓展布局，吸引国内外地产、金融保险、医疗、养老等领域大型领军企业集团入驻，实施了一批综合性健康养老项目，初步形成了欧安乐龄、瑞阳等一批大型健康养老集团和知名养老服务品牌，培育了以老年康复辅具、日用品、保健用品及相关研发、培训企业等为主的老年用品产业体系，相继建设或投入运行一批集医疗、康复、养老、娱乐等于一体的健康养老基地和健康养老特色小镇，全省健康养老产业呈现出蓬勃发展态势。

虽然近年来河南健康养老产业发展取得了一定成效，但受发展基础、发展阶段等因素影响，仍面临一些突出的困难和问题，主要表现在以下几

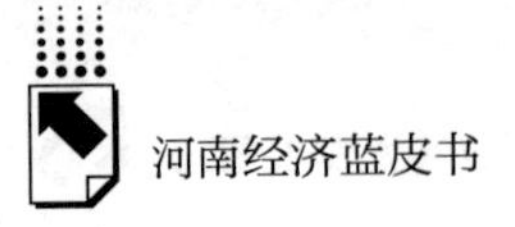

方面。

一是产业基础较为薄弱。目前，全省健康养老服务以政府投入为主，社会资本投资规模较小，引进的大中型企业、行业龙头和知名品牌企业较少，高端、多元融合的大型健康养老基地和社区建设相对滞后。产业服务水平不高，产业融合不足，服务模式、业态功能较为单一，尚未形成涵盖多领域、多形式、多元化的养老产业链。

二是政府投入亟待提高。各省、自治区、直辖市不断加大省级政府投入，如上海市“十二五”期间累计发放床位补助超10亿元；浙江省累计投入养老服务资金179亿元，并设立200亿元产业基金；重庆市对自建和租建养老机构分别按床位补助5000元和1000元，对城镇社区养老服务中心和农村幸福院每个分别给予20万元和5万元补贴。相对而言，河南床位建设及运营补贴、护理人员补贴、护理保险都是由各地承担，省级财政尚未安排相应专项资金。

三是服务功能层次较低。目前河南养老机构基本上以养老院、日间照料中心、农村敬老院等为主，大中型养老机构较少，以提供传统生活基本保障服务为主，医疗、护理、慰藉、康复、临终关怀等专业化服务较少。同时，标准规范、医养结合、评估监管、金融保障等市场服务体系不完善，尚未形成产业发展合力。

四是人才培育尚需加强。人才队伍薄弱仍然是制约河南健康养老产业发展的瓶颈，从业人员大多是“4050”人员和农村进城务工人员，经职业技能培训的持证上岗人员仅占从业人员的一半，多数从业人员专业水平、业务能力和服务质量不高，整体素质有待提高。职业认同度低、社会地位低、收入待遇低、劳动强度高等，造成养老服务行业吸引力不强，人员流失率高。

五是体制机制亟待完善。虽然国家和河南省出台了一系列养老产业扶持政策，但仍存在政策落实难问题。如，民办养老机构难以享受与公办机构同等的优惠政策，土地、规划、环评等审批时限较长，消防验收审核较为困难，目前全省建成的1130家社会办养老机构尚有462家因未取得消防许可证而不能取得养老证许可。同时，民办养老机构融资难、获取土地难、医养融合度不高、养老服务监管机制不健全等问题依然存在。

二 河南健康养老产业的发展思路和目标

中国经济正处于上升时期，社会保障制度的建设处于补短板阶段，加之中国社会结构的变化和人民生活水平的不断提高，养老的方式以及人们对社会化养老服务的需求越来越呈现出个性化和多样化特征。结合河南人口老龄化的发展趋势和经济社会的未来发展态势，全省养老服务体系应该从“补缺型”向“适度普惠型”发展。

（一）发展思路

在新的发展阶段，推动健康养老产业发展，应聚焦健康养老产业重点领域和关键环节，突出融合发展、政策支持、主体培育、人才支撑，着力推动医养融合化发展，着力推动居家社区养老服务社会化发展，着力推动养老机构多元化发展，着力推动健康养老基地品质化发展，培育发展新业态、新模式，构建健康养老产业体系，将健康养老产业打造成为全省经济转方式、调结构、稳增长的新动力、新优势和新的增长点。

（二）主要目标

到2020年，基本形成层次分明、布局合理、多业融合的健康养老产业体系，建成一批特色突出、优势显著的健康养老产业基地，培育一批服务优质、带动力强的骨干企业，健康养老产业规模不断壮大，成为现代服务业的支柱产业，总体发展水平走在全国前列。

1. 医养融合发展

基本建立完善的医养结合体制机制和政策法规体系，形成规模适宜、功能合理、综合连续、高效便捷的医养结合服务网络。郑州国家区域医疗中心和高端医疗集聚区建设取得显著进展，形成全国知名医养型健康养老基地；

许昌、南阳、焦作等地区域重要的中医医养型基地建设初具规模；洛阳、新乡、平顶山、濮阳等地形成一批区域性医养结合知名品牌。

2. 居家社区养老

建设一批社区养老服务中心、居家养老服务站点和社区智慧养老服务平台，基本建立覆盖新旧居民住宅区的居家养老服务设施网络，形成“15 分钟城市社区居家养老服务圈”。

3. 机构养老

培育一批社会信誉良好的养老服务品牌，公办养老机构改革取得显著进展，实现助养型养老机构乡镇全覆盖，建设一批护理型养老机构，护理型床位达到总床位数的 30% 以上、政府运营的养老床位数占当地养老床位总数的比例应不超过 50%。

4. 市场主体培育

引进一批具有国际影响力的知名养老品牌，培育一批具有核心竞争力的养老服务集团，形成一批优势龙头企业和细分行业领军企业，年营业收入超亿元健康养老企业 20 家以上。

5. 示范基地建设

“一圈四带多点”① 健康养老产业基地总体布局初步形成，鄢陵、登封、汝州等基础较好的县（市）率先形成规模，建成一批省级健康养老示范基地，全省建成省级健康养老产业基地 30 个以上。

三　河南省发展健康养老产业的战略重点

在保障基本养老服务供给的基础上，积极引入社会资本，优化健康养老产品和服务供给结构，推动养老与医疗、生态、旅游、地产、保险等融合发展，培育壮大专业化人才队伍，加快构建完善的政策支持体系，促进产业转型发展。

① “一圈”，郑州大都市区健康养老圈；“四带”，沿南太行、伏牛山、桐柏 - 大别山、明清黄河故道的四条健康养老产业带；“多点”，包含濮阳、周口、漯河等市以及新兴增长中心、特色小镇、重要功能区、功能节点等。

（一）构建多层次立体式健康养老产业体系

围绕满足老年人多层次、多样式、个性化健康养老服务需求，在保障基本养老服务供给的同时，积极探索发展中高端新型健康养老服务模式，加快构建以普惠型为主、品质型为补充的健康养老产业体系。

1. 强化基本养老服务

按照“保基本、兜底线”原则，完善基本养老保障制度，加快建立与地方经济发展水平、职工平均工资增长、物价上涨幅度等相适应的基本养老服务保障体系。建立长期护理保险制度，鼓励保险机构开发养老年金保险、长期护理保险、老年人意外险、养老机构责任险等养老保险产品。扩大政府购买养老服务范围，完善政府购买养老服务目录和办法等相关制度，建立健全基本养老服务“补需方”的财政补贴政策和机制，优先保障经济困难的孤寡、失能、高龄老年人的服务需求。

2. 提升居家养老服务水平

加快建立以企业和机构为主体、社区为纽带，满足居家老年人服务需求的居家养老服务体系，重点培育发展专业化社会组织和企业，上门为居家老年人提供助餐、助浴、助洁、助急、助医等专业化服务。依托社区卫生服务中心对接专业化医疗服务资源，面向居家老人提供上门巡诊、健康管理、中医保健等医疗服务。积极搭建智慧养老服务平台，整合社区周边各类服务资源，为辖区老年人提供多样化养老服务。建立规范统一的需求评估体系，对有居家养老需求的老年人开展需求评估，建立起对生活护理、医疗护理等多种服务的评估标准。

3. 创新发展新型社区养老服务模式

引导社会力量参与社区养老综合服务设施建设、运营和管理。创新居家社区养老服务模式，拓展日间照料中心功能，促进与社区卫生服务中心的空间对接、集中布局，向社区养老服务中心转变，为社区老人提供集短期托养、医疗保健、精神慰藉等于一体的一站式服务。推动老年人家庭无障碍设施的改造，加快推进坡道、电梯等公共设施改造。探索建设嵌入式、多功能、小型化社区养老服务设施，构建“机构—日托—居家”三位一体的养老服务网络，推进机构服务家庭化、家庭照护专业化，实现居家、社区、机构养老的深度融合。

4. 探索发展基地养老

依托各地生态、医疗、文化、旅游等资源优势，以医养融合、康养旅游、多业融合等为重点，建设一批健康养老产业示范基地，吸引休闲疗养、康复保健、健康食品、养老康复用品等领域优势企业和资源要素向基地集中布局，完善健康制造、物联网、电子商务、文化创意、体育休闲等配套产业链条，培育发展避暑度假、休闲体验和保健养生等新业态，打造环境优美、服务健全、配套完善、多业融合的高端养生养老居住区。

（二）推动养老与相关产业融合发展

重点推动养老与医疗、旅游、地产、保险等业态融合发展，着力培育新业态、新模式，通过融合优化整合资源、拓宽发展路子、放大叠加效应，促进健康养老产品和服务的提质转型。

1. 加快推进医养融合

统筹医疗卫生与养老服务资源，推动大型医疗、康复护理、养老机构、社区卫生服务中心、家庭病床等之间实现有效互通转接，为老年人提供医养一体的服务。一是推进医疗卫生机构提供养老服务。开设老年病科、老年病门诊，推动闲置或利用率较低的医疗卫生计生机构，兴办或转型为康复医院、老年病医院、护理院等，完善养老机构与医院协作体制，开通预约就诊绿色通道，为入住老年人提供医疗巡诊、健康管理、保健咨询、预约就诊、急诊急救、中医养生保健等服务。二是推进养老机构开展医疗服务。支持民办养老机构根据需求和规模设置医务室、护理站或独立的医疗机构，对符合条件的内设医疗机构按规定纳入医保定点范围。三是促进社区居家医养融合发展。推动医疗卫生服务向社区、家庭延伸，支持社区卫生服务中心、乡镇卫生院与社区托养机构、家庭幸福院签约，为社区高龄、失能、部分失能等行动不便或确有困难的老年人，提供定期体检、上门巡诊、社区护理、健康管理等基本服务。

2. 促进与旅游融合发展

依托南太行山、伏牛山、桐柏－大别山，黄河、淮河等生态资源优势，在省内旅游度假区、风景区、历史文化名城等生态文化资源富集区域，建设旅游度假养老养生目的地。一是积极推广康养旅游模式。积极引进国内康养旅游龙头企业，支持连锁机构建设，充分发挥西部山区、景区和水库、沿黄生态休闲景观、中部体验农业等养老资源和中原文化博大精深的优势，大力推广异地疗养型、候鸟式安居型、旅游观光型、休闲度假型等模式。二是建设康养旅游基地。引导各地深度挖掘区域内丰富的旅游资源，创新发展休闲旅游、养生度假及异地旅居等康养旅游产业，开发景区森林浴、天然氧吧、竹林疗养、温泉康疗等适合老年人的养老旅游产品，拓展康复理疗、文化体验、休闲养生等服务功能，配套完善住宿、餐饮、医疗等公共设施及无障碍养老旅游设施，打造特色鲜明、具有国际水准的健康医疗旅游养老度假胜地。三是完善异地养老服务体系。支持省内企业建立国内分支机构，引进国际国内连锁机构，建立完善跨区域的老年人信息库、区域生态系统数据库、医疗保险联结机制、旅游线路规划等，实现老年人跨区域随时可转移、享受服务、支付结算等。

3. 促进养老与地产、保险融合发展

坚持科学规划、合理布局，积极引入社会资本，在生态、产业基础好的区域，建设一批融产业、文化、旅游、养老等多种功能于一体的大型养老基地。一是支持地产、险资参与养老事业。加强与国内外知名保险、金融、地产等大型企业集团对接，支持通过投资设立养老社区、养老机构等方式参与健康养老服务产业发展，提供居家养老服务。鼓励保险、地产企业建设医疗养老综合体、高品质老年大学等。二是创新发展养老保险及地产产品。引导、规范保险、金融机构开发适合老年人的理财、信贷、保险等产品，发展个人储蓄型、理财型养老保险产品。鼓励国内外知名房地产企业、保险金融机构等投资建设花园式、疗养康复式养老社区，融入养老养生、康复保健、长寿文化等理念，配套完善各类服务设施，吸引老年人入住。三是创新养老服务模式。充分发挥养老资本运作优势，紧随国际和先进地区养老模式创新，开展房产销售，以保险主业延伸养老产业及以险资为基础进行“轻资

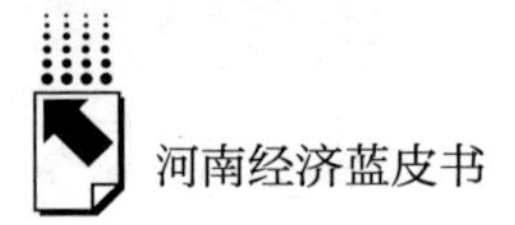

产”运营管理的养老模式。适度开展抵偿养老，大力发展储蓄型、保险型养老服务模式，推广医养高端养老模式。

（三）发展壮大健康养老供给主体

把品牌培育作为推动健康养老产业提质转型发展的重要抓手，以龙头企业引领带动产业转型、以品牌创建促进服务品质提升，推动健康养老产业扩规模、上水平。

1. 引进一批行业龙头企业

充分利用河南资源优势，依托国内外重要经贸活动或开展专题招商，积极与国内外健康养老产业领军企业对接，吸引国内外知名保险、地产、医疗、金融等领域的大型企业，在河南设立独立法人机构或分支机构，允许外资以多种形式开设健康养生企业和机构，布局有牵动力和影响力的重大项目，培育具有示范带动性的养老服务集团，加快打造全国知名的健康养老目的地。

2. 壮大一批本土骨干企业

鼓励本土健康养老企业上下游配套发展，向中医药养生、文化旅游、保健食品、医疗康复等领域拓展产业链条，开展跨地区、跨行业、跨所有制的兼并重组，形成一批主业突出、核心竞争力强的大企业集团。引导家政、物业、社会组织等企业和机构，加盟、参与、托管社区居家养老服务中心，通过连锁化、规模化、专业化运营，做强一批中小企业，打造河南健康养老产业发展的骨干力量。

3. 做大一批老年用品生产企业

聚焦老年生活照护、医疗康复、饮食服装、营养保健、休闲旅游、文化娱乐、金融、房地产等领域，开展老年服务产品研发、生产、营销，加快发展高附加值的生产型服务业。加强老年用品的商贸流通体系建设，建设一批具有区域影响力、以老年用品为主的大型交易市场。通过合股、参股等方式组建新企业集团，发展壮大一批老年服务产业龙头企业，形成特色显著、竞争力强的知名品牌。

（四）加大改革创新力度

针对制约河南健康养老产业发展的瓶颈问题，进一步加大改革创新力度和政策支持力度，强化要素支撑，持续优化发展环境，切实为健康养老产业转型发展营造良好环境。

1. 加强顶层设计

结合河南实际，强化产业规划布局引导，加快构建养老服务供给体系、保障体系、政策支撑体系、需求评估体系、行业监管体系等“五位一体”的健康养老服务体系，带动健康养老产业转型发展。

2. 深入推进公办养老机构改革

在确保国有资产不流失、养老公益用途不改变、服务水平不降低和满足特困对象集中供养的前提下，积极推进公办养老机构“公建民营”、“公办民营”，在确保服务质量的前提下，通过独资、合作、联营、参股、租赁和委托管理、服务外包等方式，依法合规地将公办养老机构委托给社会组织、企业或个人进行运营，提高公共养老资源的配置效率和管理水平。

3. 完善支持政策

在土地要素方面，加强健康养老产业规划与城乡总体规划、土地利用总体规划的衔接，统筹考虑健康养老产业建设用地需求。在年度建设用地计划指标中，适当向健康养老项目倾斜，区分营利性养老服务机构和非营利性养老服务机构，有序适度扩大用地供给。加强健康养老产业用地监管，严禁改变建设用地性质、容积率等土地使用条件，变相搞商品住宅开发。在资金保障方面，支持通过建立基金、发行债券等直接融资方式支持养老设施建设，探索允许营利性养老机构使用有偿取得的土地、设施等财产进行抵押融资，积极推广 PPP 模式，引导社会资本投资健康养老产业。鼓励商业保险资金积极兴办养老社区以及养老健康服务设施和机构，引导慈善资金投向社会养老服务项目。同时，加大财政支持力度，将养老服务保障经费列入年度预算，建立稳定的经费投入保障机制。在人才支撑方面，加大护理人员培训力度，积极开展从业人员的在岗培训和继续教育，完善薪酬待遇、福利补贴、职业资格认定等方面的配套政策；支持高等院校和职业院校增设健康养老相关专业和课程，扩大健康养老领域管理人才规模。

B.36
后　记

2017 年注定是不平凡的一年。党的十九大胜利召开，提出了习近平新时代中国特色社会主义思想，做出了中国特色社会主义进入新时代和中国社会主要矛盾已发生历史性新变化的重大判断，开启了从全面建成小康社会到社会主义现代化强国的新征程。在此背景下，河南省统计局组织编撰的第 20 本“河南经济蓝皮书”顺利出版面世。

多年来，“河南经济蓝皮书”始终秉持“质量优先、打造河南智库”的宗旨，为省委省政府决策参考和社会各界了解河南经济形势提供了重要依据，成为一本具有鲜明特色的当代河南经济史志。2018 年“河南经济蓝皮书”继续肩负历史使命，紧扣时代脉搏，将党的十九大精神落实到分析研究中，进一步提升了统计服务水平。

为进一步提高“河南经济蓝皮书”的出版质量，编辑部组织两次专家评审会对稿件进行把关。今年编撰工作还得到了省委政研室、省政府研究室等省直部门以及郑州大学、河南财经政法大学等高校的大力支持，不但稿件内容丰富，稿件质量也较往年有了很大提升。在此向所有参与投稿的单位、作者以及评审专家表示衷心感谢！

由于时间仓促和编者水平所限，编撰过程中难免有纰漏不妥之处，希望社会各界人士提出宝贵的意见和建议；同时也衷心期望各界专家学者不吝赐稿，不断丰富和提升“河南经济蓝皮书”的内容和质量。

本书在主编、副主编的领导下制定工作方案，编辑部具体组织实施，参加编辑工作的人员有庄涛、宗方、唐建国、曹雷、张小科、崔岚。

本书编辑部
2018 年 1 月 20 日

皮书起源

"皮书"起源于十七、十八世纪的英国，主要指官方或社会组织正式发表的重要文件或报告，多以"白皮书"命名。在中国，"皮书"这一概念被社会广泛接受，并被成功运作、发展成为一种全新的出版形态，则源于中国社会科学院社会科学文献出版社。

皮书定义

皮书是对中国与世界发展状况和热点问题进行年度监测，以专业的角度、专家的视野和实证研究方法，针对某一领域或区域现状与发展态势展开分析和预测，具备原创性、实证性、专业性、连续性、前沿性、时效性等特点的公开出版物，由一系列权威研究报告组成。

皮书作者

皮书系列的作者以中国社会科学院、著名高校、地方社会科学院的研究人员为主，多为国内一流研究机构的权威专家学者，他们的看法和观点代表了学界对中国与世界的现实和未来最高水平的解读与分析。

皮书荣誉

皮书系列已成为社会科学文献出版社的著名图书品牌和中国社会科学院的知名学术品牌。2016 年，皮书系列正式列入"十三五"国家重点出版规划项目；2013~2018 年，重点皮书列入中国社会科学院承担的国家哲学社会科学创新工程项目；2018 年，59 种院外皮书使用"中国社会科学院创新工程学术出版项目"标识。

中国皮书网

（网址：www.pishu.cn）

发布皮书研创资讯，传播皮书精彩内容
引领皮书出版潮流，打造皮书服务平台

栏目设置

关于皮书：何谓皮书、皮书分类、皮书大事记、皮书荣誉、
皮书出版第一人、皮书编辑部

最新资讯：通知公告、新闻动态、媒体聚焦、网站专题、视频直播、下载专区

皮书研创：皮书规范、皮书选题、皮书出版、皮书研究、研创团队

皮书评奖评价：指标体系、皮书评价、皮书评奖

互动专区：皮书说、社科数托邦、皮书微博、留言板

所获荣誉

2008 年、2011 年，中国皮书网均在全国新闻出版业网站荣誉评选中获得“最具商业价值网站”称号；

2012 年，获得“出版业网站百强”称号。

网库合一

2014 年，中国皮书网与皮书数据库端口合一，实现资源共享。

权威报告·一手数据·特色资源

皮书数据库

ANNUAL REPORT(YEARBOOK) DATABASE

当代中国经济与社会发展高端智库平台

所获荣誉

- 2016年，入选“‘十三五’国家重点电子出版物出版规划骨干工程”
- 2015年，荣获“搜索中国正能量 点赞2015”“创新中国科技创新奖”
- 2013年，荣获“中国出版政府奖·网络出版物奖”提名奖
- 连续多年荣获中国数字出版博览会“数字出版·优秀品牌”奖

成为会员

通过网址www.pishu.com.cn或使用手机扫描二维码进入皮书数据库网站，进行手机号码验证或邮箱验证即可成为皮书数据库会员（建议通过手机号码快速验证注册）。

会员福利

- 使用手机号码首次注册的会员，账号自动充值100元体验金，可直接购买和查看数据库内容（仅限使用手机号码快速注册）。
- 已注册用户购书后可免费获赠100元皮书数据库充值卡。刮开充值卡涂层获取充值密码，登录并进入“会员中心”—“在线充值”—“充值卡充值”，充值成功后即可购买和查看数据库内容。

数据库服务热线：400-008-6695
数据库服务QQ：2475522410
数据库服务邮箱：database@ssap.cn
图书销售热线：010-59367070/7028
图书服务QQ：1265056568
图书服务邮箱：duzhe@ssap.cn

社会科学文献出版社 SOCIAL SCIENCES ACADEMIC PRESS (CHINA) 皮书系列
卡号：548741352114
密码：

S 基本子库
SUB DATABASE

中国社会发展数据库（下设 12 个子库）

全面整合国内外中国社会发展研究成果，汇聚独家统计数据、深度分析报告，涉及社会、人口、政治、教育、法律等 12 个领域，为了解中国社会发展动态、跟踪社会核心热点、分析社会发展趋势提供一站式资源搜索和数据分析与挖掘服务。

中国经济发展数据库（下设 12 个子库）

基于"皮书系列"中涉及中国经济发展的研究资料构建，内容涵盖宏观经济、农业经济、工业经济、产业经济等 12 个重点经济领域，为实时掌控经济运行态势、把握经济发展规律、洞察经济形势、进行经济决策提供参考和依据。

中国行业发展数据库（下设 17 个子库）

以中国国民经济行业分类为依据，覆盖金融业、旅游、医疗卫生、交通运输、能源矿产等 100 多个行业，跟踪分析国民经济相关行业市场运行状况和政策导向，汇集行业发展前沿资讯，为投资、从业及各种经济决策提供理论基础和实践指导。

中国区域发展数据库（下设 6 个子库）

对中国特定区域内的经济、社会、文化等领域现状与发展情况进行深度分析和预测，研究层级至县及县以下行政区，涉及地区、区域经济体、城市、农村等不同维度。为地方经济社会宏观态势研究、发展经验研究、案例分析提供数据服务。

中国文化传媒数据库（下设 18 个子库）

汇聚文化传媒领域专家观点、热点资讯，梳理国内外中国文化发展相关学术研究成果、一手统计数据，涵盖文化产业、新闻传播、电影娱乐、文学艺术、群众文化等 18 个重点研究领域。为文化传媒研究提供相关数据、研究报告和综合分析服务。

世界经济与国际关系数据库（下设 6 个子库）

立足"皮书系列"世界经济、国际关系相关学术资源，整合世界经济、国际政治、世界文化与科技、全球性问题、国际组织与国际法、区域研究 6 大领域研究成果，为世界经济与国际关系研究提供全方位数据分析，为决策和形势研判提供参考。

法律声明